Kohlhammer

Horst Heidbrink, Helmut E. Lück,
Heide Schmidtmann

Psychologie sozialer Beziehungen

Verlag W. Kohlhammer

Dieses Werk einschließlich aller seiner Teile ist urheberrechtlich geschützt. Jede Verwendung außerhalb der engen Grenzen des Urheberrechts ist ohne Zustimmung des Verlags unzulässig und strafbar. Das gilt insbesondere für Vervielfältigungen, Übersetzungen, Mikroverfilmungen und für die Einspeicherung und Verarbeitung in elektronischen Systemen.

1. Auflage 2009

Alle Rechte vorbehalten
© 2009 W. Kohlhammer GmbH Stuttgart
Gesamtherstellung:
W. Kohlhammer GmbH + Co. KG, Stuttgart
Printed in Germany

ISBN 978-3-17-020050-0

Inhalt

Vorwort. 7

1 **Einführung in die Psychologie sozialer Beziehungen** 9
1.1 Ein Blick zurück: Freiherr von Knigge 9
1.2 Psychologie sozialer Beziehungen – ein neues Forschungsgebiet. . . . 11
1.3 Abgrenzungen 13
1.4 Wirkungen sozialer Beziehungen: Die Hawthorne-Studien 15
1.5 Wahrnehmung sozialer Beziehungen: Die Heider-Simmel-Studien . . 17

2 **Beziehungsformen** 21
2.1 Freundschaftsbeziehungen 22
    2.1.1 Definitionen und Konzepte von Freundschaft. 23
    2.1.2 Freunde – beste und enge Freunde 25
    2.1.3 Freundschaft und Lebensalter. 26
    2.1.4 Freundschaft als Prozess 28
    2.1.5 Frauen- und Männerfreundschaften. 32
    2.1.6 Freundschaft im Wandel 33
2.2 Partnerschaft und Liebe 36
    2.2.1 Liebe aus psychologischer Sicht. 38
    2.2.2 Die biologischen Grundlagen der Liebe 42
    2.2.3 Erfolg und Misserfolg von Partnerschaften 53
    2.2.4 Empfehlungen für gelingende Partnerschaften. 61
2.3 Soziale Beziehungen in der Familie 64
    2.3.1 Eltern-Kind-Beziehungen 67
    2.3.2 Geschwisterbeziehungen 73
2.4 Beziehungen am Arbeitsplatz und in der Nachbarschaft 84
    2.4.1 Beziehungen im Arbeitsumfeld 85
    2.4.2 Nachbarschaftsbeziehungen. 100
2.5 Soziale Beziehungen im Internet. 111
    2.5.1 Kennzeichen der Internetnutzung 112
    2.5.2 Kennzeichen computervermittelter Kommunikation 115
    2.5.3 Theorien der computervermittelten Kommunikation 117
    2.5.4 Online- und Offline-Beziehungen 119

3 **Beziehungstheorien**. 127
3.1 Von der Evolutionstheorie zur Evolutionspsychologie 127
    3.1.1 Grundgedanken der Evolutionstheorie 127
    3.1.2 Ethologie 129
    3.1.3 Soziobiologie 130
    3.1.4 Evolutionäre Psychologie 131

3.2		Ausgewählte psychoanalytische Ansätze	138
	3.2.1	Sigmund Freud	138
	3.2.2	Psychosexuelle Entwicklungsphasen	139
	3.2.3	Psychosoziale Entwicklung	140
	3.2.4	Frühkindliche Deprivation	142
	3.2.5	Entwicklungsphasen nach Erik H. Erikson	143
3.3		Bindungstheorien	147
	3.3.1	Allgemeine Zielsetzung und Wertung der Bindungstheorien	147
	3.3.2	Begriffliche, historische und theoretische Grundlagen	147
	3.3.3	Bindungsstile: Die Untersuchung von Ainsworth et al.	149
	3.3.4	Entwicklung des Bindungsverhaltens	151
	3.3.5	Zur Stabilität des Bindungsstils	151
	3.3.6	Einige kritische Anmerkungen	152
	3.3.7	Studien an Jugendlichen und Erwachsenen	152
	3.3.8	Das zweidimensionale Modell von Bartholomew	153
3.4		Austauschtheoretische Ansätze und Gleichgewichtstheorie	155
	3.4.1	George Caspar Homans und Peter Blau	155
	3.4.2	John W. Thibaut und Harold H. Kelley	159
	3.4.3	Kritik an den Austauschtheorien	160
	3.4.4	Das Investitionsmodell von Caryl E. Rusbult	160
	3.4.5	Kerngedanken der Gleichgewichtstheorie	162
	3.4.6	Austausch von Ressourcen: Uriel G. Foa und Edna Foa	163
3.5		Systemtheoretische Ansätze	165
	3.5.1	Der Systembegriff	166
	3.5.2	Systemtheorien im Bereich sozialer Beziehungen	168
3.6		Soziale Netzwerke	173
	3.6.1	Beschreibung von Mustern sozialer Beziehungen	175
	3.6.2	Flexibilisierung sozialer Beziehungen	177
	3.6.3	Funktionen von Netzwerken	180
4		**Interpersonelle Beziehungen im Kontext globaler Veränderungen**	184
Literatur			191
Sachregister			211
Personenregister			215

Vorwort

In einer viel beachteten Untersuchung trugen 179 Jugendliche und Erwachsene eine Woche lang Geräte, sodass sie nach Zufall und im Durchschnitt alle zwei Stunden während des Tages „angepiept" werden konnten. Die Personen sollten dann angeben, was sie gerade machten. Es zeigte sich, dass die Personen in 70 % ihrer Angaben nicht allein, sondern mit anderen Personen zusammen waren (vgl. Larson, Csikszentmihalyi & Graef, 1982). Rechnet man diese Angaben auf das Leben eines Erwachsenen zwischen 18 und 65 hoch, so bedeutet dies, dass jeder Erwachsene insgesamt über 200 000 Stunden mit anderen Menschen zusammen ist. Soziale Beziehungen machen einen zentralen Teil unseres Lebens aus, und Beziehungen wie Freundschaft, Liebe, Abschied, Nachbarschaft, Beziehungen am Arbeitsplatz usw. erlebt jeder täglich. Zur Entstehung dieser Beziehungen, zur Bedeutung für den Einzelnen, zur Aufrechterhaltung, Gestaltung und Verbesserung sowie zur Beendigung dieser Beziehungen hat die Psychologie inzwischen eine Fülle von Forschungsergebnissen zusammengetragen, sodass die Psychologie sozialer Beziehungen zu einem wichtigen Forschungsbereich der Psychologie geworden ist.

Als Steve Duck 1988 das *Handbook of Personal Relationships* veröffentlichte, stellte er im Vorwort fest, dieses Gebiet sei etwa vor 10 Jahren entstanden. Das würde heißen, etwa im Jahr 1978 – also erst vor ca. 30 Jahren. Eine solche Datierung ist immer willkürlich, aber sicher ist die Psychologie sozialer Beziehungen ein junges Forschungsgebiet, allerdings mit allen Anzeichen schnellen Wachstums: Es gibt heute Lehrbücher, Handbücher, Fachzeitschriften und Kongresse, die nur der Psychologie sozialer Beziehungen gewidmet sind. Kaum ein Lehrbuch der Sozialpsychologie verzichtet auf entsprechende Kapitel und in der Entwicklungspsychologie, die noch in den sechziger Jahren fast ausschließlich das sozial isolierte Individuum im Blick hatte, ist die Bedeutung der sozialen Beziehungen für die Entwicklung erkannt worden und zu einem der wichtigsten Themen der Entwicklungspsychologie geworden. Soziale Beziehungen – in der englischsprachigen Literatur meist „Personal Relationships" oder „Close Relationships" genannt – ist also ein vergleichsweise neues, interdisziplinäres Unterfangen, mit Bezügen zu Biologie, Systemtheorie und zu anderen Gebieten.

In dieser Einführung versuchen wir einen verständlichen Überblick über die heutige Forschung zu geben. Hierbei beziehen wir auch Untersuchungsergebnisse mit ein, die in den letzten 15 Jahren in Zusammenarbeit mit unseren Doktoranden und Studierenden an der Fern-Universität gewonnen wurden. Diesen Studierenden, die unsere Interessen teilten, sagen wir an dieser Stelle Dank. Wir danken ferner Herrn Dr. Ruprecht Poensgen und Frau Ulrike Merkel vom Verlag Kohlhammer für die engagierte und kompetente Betreuung des Buchprojektes. Andrea Hampe und Gabriela Sewz danken wir für die kritische Durchsicht des Buchmanuskriptes.

Horst Heidbrink
Helmut E. Lück
Heide Schmidtmann

Hagen und Bochum, im Herbst 2008

1 Einführung in die Psychologie sozialer Beziehungen

1.1 Ein Blick zurück: Freiherr von Knigge

Wer kennt ihn nicht, den Namen „Knigge"? Umgangssprachlich steht der Name für Benehmen, Manieren, gute Umgangsformen – also für ein bestimmtes, konformes Verhalten im Alltag. Aber mit dieser Auffassung vom „Knigge" missversteht man das Anliegen des Freiherrn von Knigge ganz grundlegend.

Seit Menschen leben ist es notwendig, das soziale Verhalten zu regeln. Zum Teil ergaben sich diese Verhaltensregeln aus biologischen oder physiologischen Grundlagen. Auf die Jagd gehen besser die Stärkeren, den Neugeborenen geben die Mütter Nahrung, Lebenserfahrungen haben eher die Älteren usw. In jedem Fall muss das Verhalten zwischen den Menschen geregelt werden. Hier waren in früheren Jahrhunderten kulturelle Regeln entstanden, die ihre Wurzeln zum größten Teil in religiösen Vorstellungen hatten. Im Mittelalter war der Lebenslauf einer Person weitgehend durch die Geburt bestimmt. Welchen Beruf eine Person ergreifen oder wer geheiratet werden konnte oder wurde, war durch Regeln festgelegt bzw. wurde durch andere Personen (Eltern, Zünfte usw.) nach überlieferten Vorschriften entschieden.

Mit der Aufklärung waren alte Verhaltensregeln und historisch vorgegebene Rollenvorschriften fraglich geworden. Mit seinem Buch „Ueber den Umgang mit Menschen", das zuerst 1788 erschienen war, gab Adolph Freiherr von Knigge (1752–1796) seinen Zeitgenossen Hilfestellung. Knigge wurde in Bredenbeck bei Hannover geboren. Er entstammte einer verarmten Adelsfamilie, lebte in adeligen Diensten und trat als Autor und Herausgeber von Büchern – in späteren Lebensjahren vor allem als Autor von Satiren – hervor. Knigge zeigte Sympathie für die französische Revolution und verzichtete selbst auf seinen Adelstitel; seine Position ist als „radikal aufklärerisch" bezeichnet worden.

Knigges Buch über den Umgang mit Menschen war an bürgerliche Kreise gerichtet und erwies sich schon zu Knigges Lebzeiten als Erfolg. Das Buch wurde immer wieder aufgelegt, dabei gekürzt und dem Zeitgeschmack angepasst. Auf diese Weise wurde es schon im 19. Jahrhundert verwässert. Hatte Knigge damals eine zeitgemäße Lebensphilosophie entworfen, reduzierte sich das Buch später nur noch zu einer Zusammenstellung von Empfehlungen zur äußerlichen Anpassung („Welche Handschuhe zu welcher Gelegenheit?").

1 Einführung in die Psychologie sozialer Beziehungen

Über sein Anliegen schreibt Knigge im Vorwort zur ersten und zweiten Auflage:

„Wenn ich zum Beispiel lehren will, wie vertraute Freunde im Umgange mit einander sich betragen sollen, so scheint es mir sehr passend, erst etwas über die Wahl eines Freundes und über die Grenzen freundschaftlicher Vertraulichkeit zu sagen, und wenn ich über das Betragen im geselligen Leben mit manchen Classen von Menschen rede und zeige, wie man ihrer Schwächen schonen soll, so stehen philosophische Bemerkungen über diese Schwächen selbst und über deren Quellen nicht am unrechten Orte" (Knigge, 1788 / 1975, S. 5 f.).

Der psychologische Gehalt des Originalbuches von Knigge ist also nicht in dessen „charakterpsychologischen" Empfehlungen zu sehen, die mit Ergebnissen der modernen Psychologie nicht in Übereinstimmung zu bringen sind. Seine Stärke liegt in den differenzierten Beobachtungen zu Persönlichkeitszügen, Erziehungswirkungen und in den genauen Beobachtungen der Menschen und ihrer sozialen Beziehungen.

Wenn man über den Sprachstil des 18. Jahrhunderts und manches andere hinwegsieht, klingen Knigges Empfehlungen durchaus plausibel und sinnvoll. Knigge:

„Klagt dir ein Freund seine Noth, seine Schmerzen, so höre ihn mit Theilnehmung an! Halte dich nicht mit moralischen Gemeinsprüchen auf, mit Bemerkungen über das, was anders hätte sein und was er hätte vermeiden können, da es doch einmal nicht anders ist. Hilf, wenn du es vermagst; tröste und verwende alles, was ihm Linderung geben kann; aber verzärtle ihn nicht an Leib und Seele durch weibische Klagen. Erwecke vielmehr seinen männlichen Muth, daß er sich erhebe über die nichtigen Leiden dieser Welt" (1788 / 1975, S. 204).

Das klingt doch ganz vernünftig! Sieht man einmal von der heutigen „Lebenshilfe"-Literatur ab, so muss man sagen, dass in der psychologischen Fachliteratur der Gegenwart Empfehlungen der Art von Knigge sehr selten zu finden sind. Michael Argyle und Monika Henderson (1986) gehören zu den wenigen psychologischen Autoren, die aus ihren Forschungsergebnissen in England Empfehlungen abgeleitet haben. So findet man bei ihnen u. a. folgende Regeln für Freunde und Freundinnen (S. 121):

1. freiwillig Hilfe anbieten, wenn sie benötigt wird,
2. die Privatsphäre des Freundes/der Freundin respektieren,
3. Geheimnisse wahren,
4. einander vertrauen, sich aufeinander verlassen,
5. sich für den anderen in dessen Abwesenheit einsetzen und
6. einander nicht öffentlich kritisieren.

Solche Regeln – nur etwas anders formuliert – könnten ohne Weiteres von Knigge stammen. Historisch betrachtet: Unsere heutigen Lebenserfahrungen und Lebensregeln haben ihre Wurzeln zum nennenswerten Teil in der Zeit der Aufklärung.

In den Kapiteln 2–4 dieses Buches geht es weniger um die Geschichte der sozialen Beziehungen und um Lebensregeln, sondern um Probleme und Ergebnisse neuer empirischer Forschung.

1.2 Psychologie sozialer Beziehungen – ein neues Forschungsgebiet

Der Begriff der sozialen Beziehungen taucht Mitte des 20. Jahrhunderts vor allem in der amerikanischen psychologischen Literatur auf, zunächst als „interpersonal relations" und – später häufiger – als „social relationships". Noch 1958 (deutsch 1977) schrieb Fritz Heider in seiner *Psychology of interpersonal relations*, „The study of interpersonal relations has been treated only tangentially in the field of personalility and social psychology" (1958, S. 3). Mit seiner Behauptung, die Psychologie sozialer Beziehungen sei von der Persönlichkeitspsychologie und Sozialpsychologie nur „berührt" worden, hatte er Recht. Die Untersuchung der zwischenmenschlichen Beziehungen rechnet Heider dann vor allem der Sozialpsychologie zu. Und heute, 50 Jahre später, ist das Gebiet der Psychologie sozialer Beziehungen ein großes Forschungsgebiet geworden, in dem vor allem Sozialpsychologen arbeiten, außerdem einige Kommunikationspsychologen, wenige Soziologen, Familienpsychologen und Klinische Psychologen (vgl. Perlman & Duck, 2006, S. 23).

Verfolgt man die Geschichte des Begriffs, dann verfolgt man zugleich die Geschichte der theoretischen Ansätze, die sich mit Beziehungen zwischen Menschen befasst haben. Zu diesen Ansätzen zählen mindestens die folgenden:

- Die frühe Soziologie mit Georg Simmel (1858–1918), der die Soziologie als Lehre der Formen der Wechselwirkung oder der Vergesellschaftung ansah und mit seiner Analyse von „mikroskopischen" Vorgängen die Grundlage für die Mikrosoziologie schuf. Leopold von Wiese (1876–1969) verfasste unter Einfluss von Simmel eine (heute fast vergessene) Beziehungslehre der Soziologie.
- Die Austauschtheorie des Soziologen George Caspar Homans seit den fünfziger Jahren.
- Die Social-Perception-Forschung, beginnend in den fünfziger Jahren, die sich mit der menschlichen Wahrnehmung als Prozess und mit der Wahrnehmung und Bewertung anderer Personen befasste (vgl. Klassiker: Tagiuri & Petrullo, 1958).
- Die Balancetheorie, die u.a. Einstellungen sozialer Anziehungen untersucht – ausgehend von Fritz Heider ab den sechziger Jahren.
- Etwas später, ebenfalls ausgehend von Heider, die Attributionstheorie, die Prozesse der Selbst- und Fremdzuschreibung in den Blick nimmt.
- Die Erforschung der (spontanen) Attraktion zwischen Personen durch Forscher(innen) wie Ellen Berscheid – heute die meistzitierte Autorin im Be-

reich der Psychologie sozialer Beziehungen – und Eleonore Hatfield Walster beginnend in den siebziger Jahren. In diesen Bereich gehören die Arbeiten von Donn Byrne, der herausfand, dass interpersonelle Anziehung durch ähnliche Einstellungen begünstigt wird.
- Die Erforschung von Freundschaftsbeziehungen im Nachgang zu Jean Piaget und Lawrence Kohlberg durch Robert L. Selman und andere.
- Studien zur non-verbalen Kommunikation und sozialen Beziehungen ab Ende der sechziger Jahre durch Michael Argyle in Großbritannien.
- Die Erforschung von Liebesbeziehungen und insbesondere der Liebesstile.
- Die frühe Bindungsforschung von John Bowlby und deren experimentelle Umsetzung durch dessen Schülerin Mary Ainsworth und andere.
- Schließlich die Soziobiologie seit Mitte der siebziger Jahre und die moderne Evolutionspsychologie und Bio-Psychologie etwa seit den letzten 20 Jahren.

Dies sind einige Meilensteine in der Beziehungsforschung, auf die wir im vorliegenden Buch mehr oder weniger ausführlich Bezug nehmen. Man sieht auf den ersten Blick, dass diese Theorien und Forschungsaktivitäten in sehr verschiedenen Bereichen entwickelt wurden. Dementsprechend hat sich auch die Forschung nicht „gradlinig" entwickelt. Schon Robert A. Hinde, von Hause aus Ethologe, versuchte mit seinem Buch *Towards Understanding Relationships* (1979) Forschungsergebnisse aus vielen Bereichen zu integrieren. Dieses Buch wird daher von manchen als Beginn der Erforschung sozialer Beziehungen als eigenes Wissenschaftsgebiet angesehen.

Eine eigene Fachorganisation, die *International Association for Relationship Research (IARR)* (http://www.iarr.org/), wurde 2004 durch Fusion von zwei vorher bestehenden Vereinigungen gegründet und hat heute bereits ca. 700 Mitglieder. Die erste spezialisierte Zeitschrift, das *Journal of Social and Personal Relationships*, wurde 1984 begründet, zehn Jahre später kam *Personal Relationships*, eine zweite Zeitschrift, hinzu. 1988 erschien das erste Handbuch, das *Handbook of Personal Relationships*, herausgegeben von Steve Duck. Eine überarbeitete Neuauflage erschien 1997. Ein zweites Handbuch haben Clyde und Susan S. Hendrick 2000 unter dem Titel *Close Relationships* veröffentlicht. 2006 erschien das *Cambridge Handbook of Personal Relationships*, herausgegeben von Vangelisti und Perlman. Diese wenigen Fakten zur Institutionalisierung der Psychologie sozialer Beziehungen als eigenes Wissensgebiet lassen erkennen, dass es sich um ein neues Gebiet *in schnellem Wachstum* handelt.

Auffällig ist, dass es zunehmend Verbindungen zwischen verschiedenen Bereichen gibt. Um eine andere Metapher zu verwenden: Die einzelnen Seen der Forschung werden inzwischen zunehmend durch Wasserstraßen verbunden (vgl. Perlman & Duck, 2006).

1.3 Abgrenzungen

Fritz Heider hat in seinem „Klassiker" *Psychologie der interpersonalen Beziehungen* (engl. 1958, deutsch 1977) den Gegenstand seines Buches so umrissen:

„Im Rahmen dieses Buches bezeichnet der Begriff „zwischenmenschliche Beziehungen" Relationen zwischen wenigen, für gewöhnlich zwischen zwei Personen. Wie eine Person über eine andere denkt und fühlt, wie sie sie wahrnimmt und was sie mit ihr tut, welche Taten oder Gedanken sie von ihr erwartet, wie sie auf Handlungen der anderen Person reagiert – dies sind einige Phänomene, die behandelt werden sollen. Dabei werden wir uns in erster Linie mit „Oberflächen"-Angelegenheiten beschäftigen, Ereignissen, die sich im täglichen Leben auf bewusster Ebene abspielen, und nicht so sehr mit unbewussten Prozessen, wie sie die Psychoanalyse mit der „Tiefen"-Psychologie studiert" (Heider 1977, S. 10).

Harold H. Kelley u. a. definierten „close relationships" so:

„Zwei Personen stehen in einer Beziehung zueinander, wenn eine Person auf die andere Einfluss hat und wenn sie in der Weise voneinander abhängig sind, dass eine Veränderung bei der einen Person eine Veränderung bei der anderen verursacht, und umgekehrt" (vgl. Kelley et al., 1983).

Mit dem Hinweis auf die Wechselbeziehung verweisen Autoren wie Kelley auf die sozialen Interaktionen zwischen Personen, zwischen denen eine Beziehung besteht. Sehr weit fasst Günter Wiswede in seinem Lexikon der Sozialpsychologie den Begriff der sozialen Beziehung (2004, S. 61):

„Ganz allgemein bezeichnet man als B. jede Form permanenter Interaktion. I. e. S. werden engere (private, intime) Austauschprozesse als B. angesehen. B. haben verschiedene Wurzeln (z. B. Verwandtschaft, Zuneigung und Liebe, gemeinsamer Arbeitsplatz, Rollenkontext usw.)".

Besonders anschaulich ist die Definition von Michael Argyle und Monika Henderson (1986, S. 12):

„Als ‚Beziehungen', ‚persönliche Beziehungen' oder ‚Dauerbeziehungen' bezeichnet man regelmäßige soziale Beziehungen mit bestimmten Personen über eine gewisse Zeit hinweg. (…) In vielen Fällen finden wir Bindung oder gegenseitige Verpflichtung; das bedeutet, dass der andere bei Abwesenheit vermisst und das Ende der Beziehung als schmerzlich und belastend erlebt wird."

Diese Definition kann uns zunächst einmal als anschauliche Beschreibung genügen.
Mehrere Autoren haben versucht, soziale Beziehungen zu klassifizieren oder in Dimensionen einzuordnen. Argyle und Henderson (1986, S. 13) unterscheiden vier Dimensionen:

- eng – oberflächlich
- freundschaftlich – feindselig
- egalitär – hierarchisch
- aufgabenorientiert – gesellig

Dabei beziehen sich Argyle und Henderson vermutlich auf Wish, Deutsch & Kaplan (1976). Diese Autoren haben empirisch die Merkmale von sozialen Beziehungen erfasst und durch multidimensionale Skalierung auf vier Dimensionen reduzieren können (s. auch Kap. 2.4):

- gleich vs. ungleich (in Bezug auf eine Vielzahl von Merkmalen)
- kooperativ-freundlich vs. kompetitiv und feindselig
- sozio-emotional und informell vs. aufgabenorientiert-formell
- oberflächlich vs. intensiv

In der Analyse sozialer Netzwerke wird zusätzlich zwischen starken und schwachen Bindungen unterschieden (vgl. Kap. 3.6). Starke Bindungen bestehen z. B. zwischen Eltern untereinander oder zwischen Geschwistern. Schwache Beziehungen sind weniger starr und dauerhaft, dafür haben sie aber den Vorteil größerer „Beweglichkeit".

Manche Beziehungen sind ferner erzwungen (etwa zur Familie, in die ein Kind hineingeboren wird oder zu Arbeitskollegen in derjenigen Abteilung, in der man anfängt), andere sind freiwillig (z. B. studentische Arbeitsgemeinschaft oder Mitgliedschaft im Alpenverein).

Ohne große Mühe kann man Beziehungen zwischen Geschäftsfreunden, zwischen Sangesbrüdern im Männerchor, eigene Beziehungen zur Patentante, zum One-Night-Stand usw. in solchen Dimensionen kategorisieren. Natürlich kann man sich weitere Dimensionen vorstellen und zur Beschreibung nutzen. Wichtig ist uns aber der Hinweis, dass jede Beziehung ihre Besonderheiten hat. Man kann in sozialen Beziehungen außerdem auch Verhaltensweisen finden, die den Kategorien nur unvollkommen entsprechen: Wenn sich beispielsweise zwei Personen regelmäßig zum Schachspiel treffen, ist dann die Beziehung überwiegend freundlich-kooperativ oder kompetitiv, weil jeder gewinnen will?

Schließlich haben Kategorien und Dimensionen der genannten Art ihre Begrenzungen, weil sich Beziehungen über die Zeit hinweg *ändern*. Aus oberflächlichen Beziehungen können intensive werden, aus aufgabenorientierten sozio-emotionale usw. – und umgekehrt.

Zur Abrundung des ersten Kapitels werden nachfolgend zwei „klassische" Untersuchungen zur Erforschung sozialer Beziehungen skizziert. Kapitel 2 beinhaltet eine Beschreibung der sozialen Beziehungen, wie wir sie im Alltag erleben: Beziehungsformen wie Freundschaft, Partnerschaft und Liebe, Beziehungen in der Familie, in Beruf, Nachbarschaft und Beziehungen per Internet. Die Darstellung dieser Beziehungsformen ist an neueren Forschungsergebnissen orientiert, aber doch überwiegend beschreibend und absichtlich weniger theorieorientiert. Kapitel 3 enthält dann relevante theoretische Ansätze, die aus recht verschiedenen Wissenschaftsgebieten stammen. Wir gehen von der Evolutionstheorie aus, die in der neueren Psychologie in Form der Evolutionären Psychologie (oder Evolutionspsychologie) eine unerwartete Bedeutung bekommen hat. Es schließen sich psychoanalytische Ansätze an. Diese wiederum bildeten zunächst die Grundlage für die Bindungstheorien. Die Bindungsstilforschung hat sich inzwischen weiterentwickelt und ist zu einem tragenden Ansatz der Entwicklungs- und der Sozialpsychologie geworden. Die nachfolgend dargestellten austausch- und gleichgewichtstheoretischen Ansätze greifen auf genuin sozialpsychologische Theorien zurück. Das Theoriekapitel 3 schließt mit Theorien zu sozialen Netzwerken. Mit der Darstellung der Beziehungsformen (Kapitel 2) und den erst dann folgenden Theorien (Kapitel 3) hoffen wir eine leichtere Lektüre des Buches zu erreichen. Dass Ansätze wie Evolutionäre Psychologie und Psychoanalyse hierdurch in verschiedenen Zusammenhängen erwähnt werden, war unvermeidbar, ist aber vermutlich kein Nachteil bei der Nutzung des Buches. Das Buch schließt in Kapitel 4 mit einem Ausblick in die Zukunft ab: Welche sozialen Beziehungen werden wir in ein paar Jahren und Jahrzehnten in Zeiten der Globalisierung, des Internet und der Vielfalt möglicher Lebensstile erleben? Demographischer und kultureller Wandel zeichnet sich ab und hat Auswirkungen auf Lebensformen und soziale Beziehungen der Zukunft.

1.4 Wirkungen sozialer Beziehungen: Die Hawthorne-Studien

Die Entdeckung der Bedeutung sozialer Beziehungen für das Arbeitsverhalten wird meist mit den sog. Hawthorne-Studien in Verbindung gebracht. Diese Studien sind benannt nach den Hawthorne Werken der Western Electric Company in Chicago. Sogleich ist zu sagen, dass es sich um eine ganze Serie von einzelnen Untersuchungen mit verschiedensten Fragestellungen und Forschungsmethoden handelt, die von verschiedenen Forschern, teilweise zeitlich parallel, über längere Zeit durchgeführt wurden. Als führender Kopf wird Elton Mayo (1880–1949), ein Arzt australischer Herkunft, angesehen. Er war zwar nicht von Anfang an im Forscherteam, aber er war an der Planung einiger Untersuchungen und vor allem an der Darstellung der Ergebnisse beteiligt.

Nach der Erfindung von Telefon und Grammophon gewannen die Elektro- und insbesondere die Telefonindustrie in den USA schnell an wirtschaftlicher Bedeutung. 1927 beschäftigten die Hawthorne-Werke der Western Electric Company in Chicago 22 000 Mitarbeiter. Rationalisierungsmaßnahmen und die Schaffung von Spezialabteilungen und arbeitspolitische Maßnahmen hatten bereits ihre Wirkungen gezeigt. Das Unternehmen arbeitete nach diesen Reorganisationen (1908–1923) sehr erfolgreich. Die Arbeiterschaft bestand in dieser Zeit überwiegend aus Einwanderern in zweiter Generation. Industriearbeit von unverheirateten Frauen war üblich. Die meisten Arbeiten konnten von angelernten Kräften verrichtet werden.

Und doch gab es Probleme, wie z. B. große Fluktuation (vgl. Gillespie, 1991, S. 17). Die Western Electric Company hatte die nachteiligen Wirkungen der Fluktuation erkannt und in den Zehner- und Zwanzigerjahren bereits eine Reihe von Sozialleistungen eingeführt, die Mitarbeiterinnen und Mitarbeiter an das Unternehmen binden sollten. Als die Hawthorne-Untersuchungen 1924 begannen, war die Bedeutung sozialer Faktoren vom Management bereits in zahlreiche Maßnahmen umgesetzt worden (vgl. Gillespie, 1991, S. 145).

Zu den bekanntesten Versuchsreihen der Hawthorne-Studien zählen die mehrjährigen Experimente im *Relay Assembly Test Room*. Das Unternehmen produzierte für Telefonvermittlungen jährlich mehrere Millionen Relais in vielen verschiedenen Typen. Diese Relais wurden aus Einzelteilen von Hand zusammengesetzt und kontrolliert. Fünf Arbeiter bzw. Arbeiterinnen saßen nebeneinander, eine sechste Kraft *(layout operator)* bestückte die fünf Arbeitsplätze. In einem Saal saßen mehrere hundert Personen in solchen Gruppen zusammen. Für eine Versuchsserie wurden nun im April 1927 sechs Arbeiterinnen ausgewählt, die in einem Testraum einem Beobachter gegenüber saßen, der Leistungen erfasste und auf einem laufenden Papierstreifen Vorkommnisse, wie z. B. Unterhaltungen der Arbeiterinnen, registrierte. Ergebnis war zunächst eine unglaubliche Datenflut über Wochen und Monate. Aber die Ergebnisse waren nicht eindeutig. Es gab Leistungssteigerungen, die aber z. T. mit dem Gruppenakkord erklärbar sind; es gab auch sinkende Fehlzeiten, Proteste der Arbeiterinnen gegen regelmäßige medizinische Untersuchungen usw.

Zur Interpretation der Daten wurden Forscher herangezogen. Als Elton Mayo gebeten wurde, die vorliegenden Daten zu interpretieren, schlug er vor, die Untersuchungen um physiologische Messungen zu erweitern. Diese erbrachten jedoch keine wichtigen neuen Erkenntnisse. Zusammen mit Fritz Jules Roethlisberger (1898–1974) – einem Hochschullehrer – und William John Dickson (geb. 1904) – einem Manager des Unternehmens – (vgl. Roethlisberger & Dickson, 1939) führte Mayo 1927–1932 dann weitere Studien zu Arbeitsbedingungen und Arbeitsleistungen durch. Hatte es schon vor Mayos Zeit in den Hawthorne-Untersuchungen Mitarbeiterbefragungen gegeben, so weitete Mayo diesen Bereich beträchtlich aus. Bei der Befragung von 20 000 Mitarbeitern nach deren Arbeitsmotivation konnte Mayo seine klinisch-psychologischen Erfahrungen nutzen. Die Befragungen führten zu weiteren Untersuchungen zur Bedeutung sozialer Beziehungen in der Arbeitswelt. Deutlicher als je zuvor wurde der Einfluss informeller sozialer Normen auf die Leistung von Arbeitsgruppen und Personen ermittelt.

Mayo bezeichnete sein Vorgehen als Klinische Soziologie *(clinical sociology)*, gekennzeichnet durch sorgfältige Beobachtung und Vertrautheit des Forschers mit den Phänomenen. Die persönliche Befragung von Unternehmensmitarbeitern sollte den Mitarbeitern helfen, gefühlsmäßige Belastungen loszuwerden, Probleme zu lösen und die sozialen Beziehungen im Unternehmen bis hin zur Unternehmensleitung zu verbessern. Gleichzeitig sollte die Befragung eine wichtige Informationsquelle für die Unternehmensleitung sein. Zu den Mitarbeitern Mayos gehörte zeitweise Carl Rogers (1902–1987), der innerbetriebliche Beratungsmethoden entwickelte und wenig später die Gesprächspsychotherapie entwickelte.

Mayos These war, dass nicht die Bezahlung, sondern die informellen Beziehungen am Arbeitsplatz für die Arbeitsmotivation ausschlaggebend seien, und er wurde nicht müde, in zahlreichen Vorträgen in Amerika und Europa, in mehreren Büchern (vgl. Mayo, 1933) und einigen hundert Aufsätzen die Bedeutung der *Human Relations* zu predigen. Durch die von Mayo verfassten und gesteuerten Publikationen zieht sich als „Story" die „Entdeckung" der sozialen Bedingungen menschlicher Arbeitsleistung und die Aussage, dass die von ihm geleiteten Untersuchungen zu erheblichen Produktionssteigerungen geführt hätten. Heute weiß man, dass beide Aussagen nur teilweise oder gar nicht zutreffend sind, die empirischen Daten gestatten teilweise nicht diese Schlussfolgerungen (vgl. Walter-Busch, 1989, Gillespie, 1991, Lück, 2004). Trotzdem hat es nach den Hawthorne-Untersuchungen geradezu eine Welle der Human-Relations-Bewegung gegeben, die nach dem Zweiten Weltkrieg auch Westdeutschland erreichte und zu einem veränderten Bild des Mitarbeiters in Unternehmen führte. Mitarbeiter sollten geachtet, verständnisvoll geführt sowie ihre Vorschläge beachtet und gefördert werden. Nur so sah man auf Dauer Möglichkeiten der Produktivitätssteigerung.

Der Begriff „Hawthorne-Effekt" gehört heute zum sozialwissenschaftlichen Grundwissen. Leider wird der Begriff in mindestens zwei verschiedenen Bedeutungen verwendet. Einige Autoren verbinden mit ihm die erhebliche Bedeutung der sozialen Beziehungen für Leistungsverhalten, andere verwenden den Begriff in eingeengter Bedeutung und sehen in ihm ein methodisches Kunstprodukt (Artefakt), das dann entstehen kann, wenn Versuchspersonen wissen, dass sie Gegenstand der Forschung sind.

Die Bedeutung sozialer Beziehungen während des Arbeitsprozesses und für das Leistungsverhalten ist aber unbestritten (vgl. Kap. 2.4).

1.5 Wahrnehmung sozialer Beziehungen: Die Heider-Simmel-Studien

Am Anfang der experimentellen Erforschung sozialer Beziehungen steht eine kleinere experimentelle Studie, die Fritz Heider (1896–1988) zusammen mit seiner Studentin Marianne Simmel vor vielen Jahrzehnten am Smith College durchführte (vgl. Heider & Simmel, 1944). Heider und Simmel beginnen mit der Feststellung, dass die Wahrnehmungspsychologie sich bislang wenig mit der Wahrnehmung anderer Personen befasst habe, und dass diese Untersuchung sich von früheren dadurch unterscheide, dass nicht Gesichter ohne Handlungen, sondern Situationen und Handlungen ohne Gesichter dargeboten würden.

1 Einführung in die Psychologie sozialer Beziehungen

Im Experiment wurden die Versuchspersonen aufgefordert, einen kurzen Zeichentrickfilm zu interpretieren, in dem drei geometrische Figuren (ein großes Dreieck, ein kleines Dreieck und eine Scheibe oder Kreis) gezeigt wurden, die sich mit unterschiedlicher Geschwindigkeit umherbewegten. Die einzige weitere Figur im Feld bildete ein Rechteck, von dem ein Teilstück, ähnlich einer Tür, geöffnet und geschlossen werden konnte (s. **Abb. 1.1**).

Insgesamt führten Heider und Simmel drei Teilexperimente durch:

Experiment I: Freie Beschreibung durch die Vpn (34 Vpn)
Experiment II: Strukturierte Befragung nach der Filmdarbietung (36 Vpn)
Experiment III: Kurze, strukturierte Befragung nach rückwärts dargebotenem Film (44 Vpn).

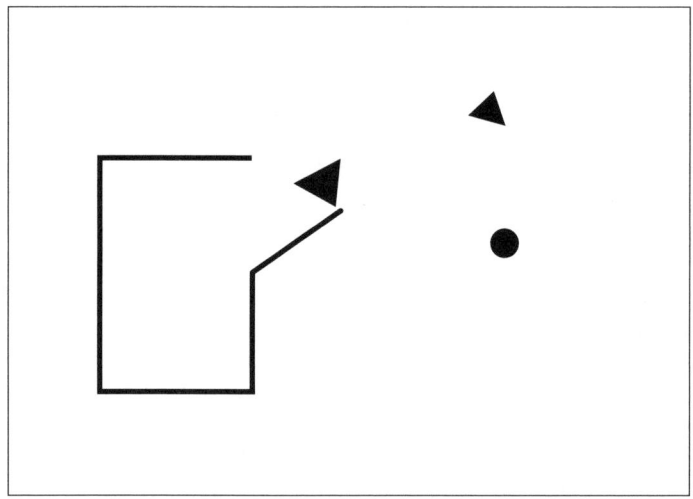

Abb. 1.1 Bild aus dem Heider-Simmel-Film (nach Heider & Simmel, 1944, S. 244)

Als Ergebnisse des ersten Experiments stellten Heider und Simmel heraus, dass alle 34 Vpn (bis auf eine) die Bewegungen als Handlungen von Lebewesen deuteten, in den meisten Fällen von Personen, in zwei Fällen von Vögeln. Die abstrakten geometrischen Figuren, die im Film Ortsveränderungen in Raum und Zeit durchführen, werden nicht nur abstrakt erlebt, sondern sie werden als handelnde Personen aufgefasst und beschrieben; ihre Bewegungen haben Ursachen, und die Personen scheinen Ziele anzustreben. Als typische Geschichte berichten Heider und Simmel:

„Ein Mann hat sich vorgenommen, ein bestimmtes Mädchen aufzusuchen, und dieses Mädchen begegnet ihm nun mit einem anderen Mann. Der erste Mann fordert den zweiten auf fortzugehen. Der zweite schüttelt verneinend den Kopf. Dann kämpfen die beiden Männer miteinander, und das Mädchen, da es dem Kampf aus dem Wege gehen will, schickt sich an, in den Raum zu gehen, zögert noch und geht schließlich doch hinein. Sie will anscheinend nicht mit dem ersten Mann zusammen sein. Der erste Mann folgt ihr in den Raum, nachdem er sich draußen von dem zweiten getrennt hat, der nun ziemlich geschwächt an der Außenwand des Raumes lehnt. Das Mädchen läuft im hinteren Teil des Raumes aufgeregt von einer Ecke in die andere. Nachdem er sich eine Zeit lang ruhig verhalten hat, geht der erste Mann nun einige Male auf sie zu, doch in dem Augenblick, in dem das Mädchen die Ecke gegenüber der Tür erreicht hat, schickt sich der zweite an, die Tür zu öffnen. Offensichtlich ist er zusammengeschlagen worden und ganz erschöpft von seinen Bemühungen, die Tür zu öffnen. In dem Moment, in dem es dem zweiten Mann gelingt, die Tür zu öffnen, verlässt das Mädchen fluchtartig den Raum. Die beiden jagen außerhalb des Raumes herum, der erste Mann folgt ihnen. Sie können ihn aber abhängen und entkommen. Der erste Mann geht zurück und versucht, seine Tür zu öffnen, doch Wut und Frustration machen ihn derart blind, dass es ihm nicht gelingt. Deshalb stößt er sie ein, rast wie verrückt im Raum herum und bricht dabei erst eine, dann noch eine Wand nieder."

In der Wahrnehmung des Geschehens werden den Personen also Motive und Absichten zugeschrieben. Diese sog. Attributionen erfolgen offenbar ganz selbstverständlich, und zwar auch dann, wenn die geometrischen Figuren nicht als Personen benannt werden, sondern ihre abstrakte Form beibehalten. Die Zuschreibungen erfolgen mit großer Übereinstimmung der Betrachter.

Dieses Experiment gab den Anstoß zur *Attributionsforschung*. Für die Psychologie sozialer Beziehungen lässt sich aus diesem klassischen Experiment entnehmen, dass wir Menschen offenbar nur wenige Informationen benötigen, um belebte und unbelebte Objekten in unserer Umgebung zu klassifizieren. Ebenso sind wir sehr schnell bereit, anderen Personen Absichten, Motive, Gefühle zuzuschreiben, die wir keineswegs direkt erfahren, sondern aus den Zusammenhängen erschließen. Diese Schlussfolgerungen erfolgen sehr schnell aufgrund einzelner Wahrnehmungen. Manchmal hilft uns der Zusammenhang. Wenn sich im Trickfilm zum Beispiel zwei Objekte mit gleicher Geschwindigkeit hintereinander her bewegen, kann das zweite dem ersten „folgen", es kann aber auch sein, dass das zweite das erste „jagt". Was nun „stimmt", folgern die Zuschauer aus dem Gesamtzusammenhang.

Im Lauf der Jahrzehnte hat es einige Wiederholungen des Versuchs gegeben, auch in anderen Kulturkreisen, teils mit dem alten Originalfilm, teils mit neu erstellten Filmen (vgl. Lück, 2006). Im Großen und Ganzen konnten die Ergebnisse von Heider und Simmel in diesen Studien bestätigt werden. Zum einen bestätigte sich die Beschreibung der Symbole in anthropomorphisierenden Begriffen sowie die Darstellung des Handlungsablaufs, bei dem typischerweise der Kreis eine Frau darstellt, die von einem aggressiven Mann (großes Dreieck) bedroht wird und der schließlich ein zweiter Mann (kleines Dreieck) zu Hilfe kommt und zur Flucht verhilft.

Bei Experimenten mit Kindern als Versuchspersonen ließ sich allerdings nicht ohne Weiteres die „Dreiecksgeschichte" von Heider und Simmel replizieren. Kleinere Kinder waren noch nicht in der Lage, Absichten und Gefühle aus dem Zusammenhang zu erschließen oder gar die „Rivalität" zwischen dem kleinen und großen Dreieck zu beschreiben.

Allerdings gibt es seit wenigen Jahren in gewisser Weise eine „Fortsetzung" der Heider-Simmel-Studien, nämlich beachtliche Untersuchungen an Kindern im jüngsten Kindesalter. David Premack hat angenommen, dass sehr kleine Kinder eigentlich alle Objekte für Lebewesen halten, die sich bewegen. Objekte, die sich nicht bewegen können, werden als unbelebt wahrgenommen (vgl. Premack, 1990).

Doch die Sache ist differenzierter, Kinder können nämlich noch mehr: Wenn man Kindern im Einzelversuch Zeichentrickfilme mit bewegten einfachen Objekten, wie z. B. einem „Ball" darbietet, lässt sich messen, ob die Kinder diese Objekte anschauen, weil die Bewegung ihr Interesse findet, oder ob die Kinder wegschauen, weil diese Objekte uninteressant geworden sind. Gemessen wird die Zeit des Hinschauens. Gergely Csibra (2003) berichtet über derartige Versuche an Kindern und fragt sich, ob Kinder im vorsprachlichen Alter eher teleologisch oder eher mentalistisch denken und wann und wie sich diese Denk- bzw. Sichtweisen entwickeln und verbinden. Zu den einfallsreichen Versuchsreihen gehören Zeichentrickfilme, in denen – ähnlich wie bei Heider und Simmel – ein größerer Ball hinter einem kleineren „herläuft". Biegt dieser größere Ball schließlich ab und gibt sozusagen die Verfolgung auf, findet die Filmsequenz stärkere Beachtung, als wenn der größere Ball den kleineren erreicht, wie es zu erwarten war. Csibra schließt aus derartigen Versuchen, dass Kinder bereits in der zweiten Hälfte ihres ersten Lebensjahres Handlungsziele vorwegnehmen können, also teleologisch denken können.

Wenn dem so ist, dann ist sehr wahrscheinlich, dass die Voraussetzungen für dieses Denken angeboren sind. Neugeborene Kinder (1.–5. Lebenstag) schauen häufiger und länger in ein Gesicht, von dem sie angeschaut werden, als wenn der Blick dieses Gesichtes zur Seite gerichtet ist (vgl. Farroni, Csibra, Simion & Johnson, 2002). Und bereits nach wenigen Monaten folgen Kinder mit ihrem Blick der Blickrichtung der Erwachsenen. Dies wiederum deutet darauf hin, dass Kinder bereits in den ersten Lebensmonaten Raumvorstellungen annähernd wie Erwachsene entwickeln (vgl. Butterworth & Jarrett, 1991). Befinden sich Kleinstkinder in unbekannter Umgebung, richtet sich ihr Blick auf ihre Mutter oder eine andere Bezugsperson, um zu erfahren, was zu tun ist.

Diese neueren Experimente mit Kleinstkindern überschreiten weit die Zielsetzungen, die Heider und Simmel mit ihrer Studie 1944 hatten. Ein wichtiger Unterschied liegt darin, dass diese neuen Experimente keine „Geschichten" auswerten, sondern durch systematische Beobachtung die Wahrnehmung, Blickrichtung und Aufmerksamkeit der Kinder erfassen. Hauser (2007) geht sogar davon aus, dass sich aus den Ergebnissen der Kleinstkindforschung angeborene Prinzipien ableiten lassen, auf denen die Entwicklung der sozialen Wahrnehmung und des moralisches Urteils („Moralsinn") aufbauen.

2 Beziehungsformen

Der Begriff „Beziehungen" hat im Deutschen verschiedene Bedeutungen. Hat jemand „Beziehungen", um über einen Freund Elektrogeräte mit günstigem Rabatt einzukaufen, dann spricht das bestimmt für Lebenstüchtigkeit. Nur ist das nicht die Bedeutung, die wir meinen. Seit ein paar Jahren wird unter „Beziehung" auch einfach Freund/Freundin/Lebenspartner verstanden: „Wer ist das denn, die kenne ich gar nicht?" „Das ist doch Melanie, die neue Beziehung von Bernd!" Auch diese „Beziehung" trifft nur zum Teil die Bedeutung des Begriffs in diesem zweiten Kapitel.

Uns geht es hier natürlich um verschiedene soziale Beziehungen zwischen Freunden, Liebespaaren, Arbeitskollegen, Nachbarn, Eltern und Kindern, Geschwistern und schließlich um „virtuelle" Beziehungen. Alle diese Beziehungsformen sind uns aus dem Alltag gut bekannt: Wir haben Eltern, Großeltern, die meisten Menschen haben Geschwister; fast alle haben Freunde. Unser Arbeitsleben bringt mit sich, dass wir dort gute Bekannte oder gar Arbeitsfreunde finden. Mit unseren Nachbarn ist es ähnlich. Und schließlich hat auch die Mehrheit der deutschen Bevölkerung über das Internet Kontakte zu anderen Menschen.

Man kann also davon ausgehen, dass diese sozialen Beziehungen ein ganz wichtiger Teil unseres Lebens sind und dass wir alle differenzierte Erfahrungen zur Schaffung, zur Gestaltung, zum Gelingen und zur Beendigung dieser Beziehungen haben. Anders gesagt: Wir haben alltagspsychologische Theorien zu Gestaltung und für das Gelingen dieser Beziehungen entwickelt. „Gleich und Gleich gesellt sich gern", „Früh gefreit, nie gereut". Solche Lebensweisheiten des Volksmundes haben allerdings ihre bekannten Grenzen. Es fällt auf, dass trotz all unserer Lebenserfahrungen sehr viele Menschen mit der Art und Weise ihrer sozialen Beziehungen unzufrieden sind. Dies beginnt schon beim Kennenlernen. Lebenshilfeliteratur wird in Mengen angeboten und seit ein paar Jahren hilft man sich in Internetforen:

Conny7 schreibt in einem dieser Foren am 5.11.2007:

„Ich sortiere gerade mein Leben neu. Hierzu soll auch ein neues Hobby gehören. Da die Freizeit aber bekanntermaßen begrenzt ist, frage ich mich nun, welches Hobby den netten Nebeneffekt hat, auch interessante Männer kennen zu lernen. Jazz-Dance wäre da sicher verkehrt, Standardtanz zieht meiner Meinung nach eher die uninteressanten Männer an – sonstige Mannschaftssportarten liegen mir nicht besonders.
Was schlagt ihr also vor, wo lernt ihr eure Männer kennen?"

Antworten hierzu kommen reichlich. *Carlamia* sorgt sich:

„Schon oft gehört, dass man in den Bergen bzw. auf dem Berg ganz gute Männer kennenlernen kann. Aber so ganz allein ins Gebirge mag ich auch nicht."

C. reagiert zwei Minuten später:

„In den Bergen. Hmm, hab ich jetzt noch nie gehört. Wo denn da?"

YoungAngel weiß:

„Männer sind doch überall…am schnellsten hat man welche im Job kennengelernt… genügend Kunden und Kollegen hat man ja…Fitnessstudio ist auch sehr beliebt – aber Vorsicht – sehr merkwürdig die Herren!!! :-)"

Wir verlassen diese Gruppendiskussion und lenken die Aufmerksamkeit wieder auf Forschungsergebnisse der Psychologie und ihrer Nachbarwissenschaften.

2.1 Freundschaftsbeziehungen

Freundschaft hat in unserer Kultur eine feste Tradition. Vor allem in der Klassik und der Romantik wurde ein wahrer Freundschaftskult gepflegt, der auch heute noch die Idealvorstellungen von Freundschaft mitprägt. Gleichzeitig wird immer wieder beklagt, Freundschaft habe in unserer Gesellschaft gegenüber früher an Bedeutung verloren (vgl. Brain, 1978). In der Psychologie ist das Interesse am Thema Freundschaft in den letzten Jahren deutlich gestiegen. Vor allem zahlreiche populärwissenschaftliche Darstellungen haben Frauen- und vereinzelt auch Männerfreundschaften in den Blickpunkt des Interesses gerückt – Valtin und Fatke (1997, S. 9) sprechen sogar von einem „Modethema". Vor allem die Entwicklungs- und die Sozialpsychologie haben sich vermehrt mit Freundschaftsbeziehungen beschäftigt. Im psychologischen Alltagswissen nimmt die Bedeutung von Freundschaften für das psychische Wohlergehen des Einzelnen einen festen Platz ein. So machen sich Eltern ernsthafte Sorgen um ihre Kinder, wenn diese keine Freunde haben, aber auch dann, wenn es aus ihrer Sicht die falschen Freunde sind. Aber auch für die meisten Kinder stellen Freundschaften die wichtigsten Beziehungen nach der zu den eigenen Eltern dar. Krappmann (1991, S. XI) stellt fest, dass kein Wunsch in den mittleren Kindheitsjahren mehr an Bedeutung gewinnt, als „gute Freunde, gute Freundinnen zu haben, Freunde und Freundinnen, mit denen man spielen kann, auf die man sich verlassen kann, die zu einem stehen". Insbesondere die Social Support-Forschung hat bislang Belege für die Bedeutsamkeit von Freundschaften geliefert. So ergab eine Studie von Nestmann und Schmerl (1992), dass „Freundin" und „Freund" vor „Mutter" und „Vater" sowie „beruflichen Helfern" ganz oben in der Liste der häufigsten alltäglichen Helfern/Helferinnen stehen.

2.1.1 Definitionen und Konzepte von Freundschaft

Was sind eigentlich „Freundschaften"? Wen bezeichnen wir als unseren „Freund" bzw. unsere „Freundin"? Umgangssprachliche Begriffe weisen meist einen für empirische Forschungen unliebsamen Mangel an exakter Definiertheit auf – der Begriff der Freundschaft kann diesbezüglich als ein Musterbeispiel angesehen werden. Komplizierend kommt hinzu, dass wir den Begriff der Freundschaft im Alltag in unterschiedlichen Bedeutungen verwenden. Zum einen bezeichnet er eine spezifische Art der Sozialbeziehung zwischen Personen, zum anderen können wir mit dem Begriff Freundschaft nicht nur die *Art*, sondern auch die *Qualität* einer Beziehung kennzeichnen. In diesem Sinne kann eine Mutter eine „freundschaftliche" Beziehung zu ihrer Tochter haben oder ein Angestellter die Beziehung zu seinem Chef als „freundschaftlich" beschreiben. Mit einer solchen Redeweise soll meist deutlich gemacht werden, dass eine bestimmte formelle Rollenbeziehung durch eine informelle Freundschaftsbeziehung „überlagert" wird. Die Kennzeichnung von Beziehungen als „formell" oder „informell" ist allerdings insofern unscharf, als es sich hierbei um keine präzise Abgrenzung, sondern eher um die Extrempole eines Kontinuums handelt (vgl. Gaska & Frey, 1992, S. 281).

Freundschaften haben einen „informellen" Charakter, wobei eine genauere Präzisierung jedoch schwer fällt. Was der eine schon als „Freundschaft" ansieht, mag für den anderen „nur" eine Arbeitsbeziehung sein. Die Abgrenzung fällt jedoch nicht nur in Bezug auf „formellere", weniger emotionale Beziehungen schwer, sondern auch in die entgegengesetzte Richtung. Was unterscheidet eine Freundschafts- von einer Liebesbeziehung? Die Freundschaftsforschung ist dieser Frage bislang meist ausgewichen, beispielsweise mit Hilfe der expliziten Ausklammerung „offener Sexualität" aus dem (wissenschaftlichen) Freundschaftsbegriff. Auhagen (1991, S. 17) schlägt nach der kritischen Diskussion anderer Definitionen die folgende Definition von Freundschaft (unter Erwachsenen) vor: „Freundschaft ist eine *dyadische, persönliche, informelle* Sozialbeziehung. Die beiden daran beteiligten Menschen werden als Freundinnen/Freunde bezeichnet. Die Existenz der Freundschaft beruht auf *Gegenseitigkeit*; sie besitzt für jede(n) der Freundinnen/Freunde einen *Wert*, welcher unterschiedlich starkes Gewicht haben und aus verschiedenen inhaltlichen Elementen zusammengesetzt sein kann. Freundschaft wird zudem durch vier weitere Kriterien charakterisiert: 1. *Freiwilligkeit* (…) 2. *Zeitliche Ausdehnung* (…) 3. *Positiver Charakter* (…) 4. *Keine offene Sexualität.*"

Kolip (1993, S. 82) kritisiert an dieser Definition, dass in ihr explizit formelle Beziehungen ausgeschlossen werden. Tatsächlich bezeichneten in einigen Untersuchungen vor allem Männer relativ häufig eine Frau als „engsten Freund", wobei sie meist ihre Ehefrauen meinten (vgl. Lowenthal, Thurnher & Chiriboga, 1975, Rubin, 1985). Kolip selbst definiert Freundschaften „als freiwillige Zusammenschlüsse zwischen Menschen beiderlei Geschlechts, die auf wechselseitiger Intimität und emotionaler Verbundenheit begründet sind" (1993, S. 83). Diese Definition ist deutlich weiter als die von Auhagen, überzeugt jedoch auch nicht recht. Zum Einen lässt sie kaum eine Abgrenzung zu Liebesbeziehungen zu, zum Anderen bleibt unklar, ob die geforderten „freiwilligen Zusammenschlüsse" nicht auch bestimmte formelle Beziehungen ausschließen (z. B. die Freundschaft zu einem Vorgesetzten).

Der alltägliche Sprachgebrauch kennt diffizile sprachliche Nuancierungen zur Verdeutlichung von Übergängen und Grenzen zwischen Freundschaft und Liebe. Je nach Kontext kann die Bezeichnung Freundin bzw. Freund die Partnerin bzw. den Partner in einer Freundschafts- oder in einer Liebesbeziehung meinen. Eine kontextbezogene Begriffsverwendung erhöht zwangsläufig die Wahrscheinlichkeit von Missverständnissen bzw. von Fehldeutungen durch Dritte. Dies erklärt vermutlich einige der eigentümlichen Sprachregelungen bei gegengeschlechtlichen Freundschaften. Spricht beispielsweise ein verheirateter Mann von seiner „Freundin", verbleibt in Bezug auf die Art der hiermit gekennzeichneten Beziehung ein großer Interpretationsspielraum. Die semantische Vieldeutigkeit des Freundschaftsbegriffs ermöglicht es außerdem, die „Qualität" hiermit bezeichneter Beziehungen tatsächlich weitgehend offen zu lassen. Die Unbestimmtheit des Begriffs wird zum Charakteristikum einer gewissermaßen „schwebenden" Freundschaftsbeziehung. Dies ist mit Vor- und Nachteilen verbunden. Beispielsweise ist zwischen befreundeten Paaren häufig mehr oder weniger ungeklärt, wer denn nun tatsächlich mit wem befreundet ist. Trennt sich eines der Paare, führt dies dann meist zu einer „Neudefinition" des Beziehungsnetzwerkes. Kommt es dabei zu einer „Aufteilung" der gemeinsamen Freundschaft, sind einzelne oft bitter überrascht, dass für sie nichts übrig bleibt. Auch empirisch lässt sich zeigen, dass die Begriffe *Liebe* und *Freundschaft* eine hohe semantische Ähnlichkeit aufweisen. In einer Untersuchung schätzten 58 Studenten und Studentinnen mit dem semantischen Eindrucksdifferential von Ertel (1965) die Begriffe *Freundschaft, Liebe, Sympathie, Zuneigung, Anziehung* und *Attraktivität* ein (vgl. Heidbrink, 1993). Die folgende **Tabelle 2.1** zeigt die Interkorrelationen der Polaritätsprofile.

Tab. 2.1 Korrelationen zwischen Begriffspolaritäten

Begriff	Liebe	Sympathie	Zuneigung	Anziehung	Attraktivität
Freundschaft	.91	.95	.92	.89	.79
Liebe		.96	.97	.97	.86
Sympathie			.98	.94	.81
Zuneigung				.97	.81
Anziehung					.88

Die ausnahmslos hohen Korrelationen verdeutlichen die große Ähnlichkeit der Begriffe. Die niedrigste Korrelation besteht zwischen Freundschaft und Attraktivität (.79), die höchste zwischen Sympathie und Zuneigung (.98). Freundschaft und Liebe weisen bei einer Korrelation von .91 eine gemeinsame Varianz von 83 % auf. Es ist also nicht verwunderlich, dass eine exakte Abgrenzung der einzelnen Begriffe schwierig ist.

Trotz dieser semantischen Irritationen kommen Eberhard und Krosta (2004, S. 161) in ihrer Freundschaftsstudie aufgrund von Gruppeninterviews zu dem Schluss, dass den Befragten der Unterschied zwischen Liebes- und Freundschaftsbeziehungen subjektiv durchaus klar war – sie aber Schwierigkeiten hatten, diese Unterschiede sprachlich zu beschreiben (vgl. Krosta & Eberhard, 2007).

Argyle und Henderson (1986, S. 84) fassen die Ergebnisse von Untersuchungen aus verschiedenen Ländern, in denen Personen gefragt wurden, was sie unter einem „Freund" verstehen, folgendermaßen zusammen: „Freunde sind Menschen, die man mag, deren Gesellschaft man genießt, mit denen man Interessen und Aktivitäten teilt, die hilfreich und verständnisvoll sind, denen man vertrauen kann, mit denen man sich wohl fühlt und die emotionale Unterstützung gewähren".

2.1.2 Freunde – beste und enge Freunde

Wie viele Freunde haben wir? Die Angaben zu dieser Frage differieren deutlich danach, wie die Frage nach der Anzahl der Freunde gestellt wird, aber auch danach, was wir selbst unter einem „Freund" bzw. einer „Freundin" verstehen.

Argyle und Henderson (1986, S. 86) kommen in ihrer Übersicht zu dem Schluss, dass die meisten Personen einen oder zwei „beste Freunde" haben (viele allerdings auch keinen einzigen). Fragt man nach „engen Freunden", werden im Durchschnitt etwa fünf genannt, fragt man genereller nach „Freunden" steigt die Zahl bereits auf 15.

Vorsicht ist allerdings vor allem beim Vergleich von Freundschaftszahlen aus unterschiedlichen Ländern geboten. Wenn beispielsweise in angloamerikanischen Untersuchungen höhere Freundschaftszahlen gefunden werden, dürfte dies mit dem unterschiedlichen Freundschaftsbegriff zusammen hängen: „Friend" als Begriff umschließt sowohl Freunde als auch Bekannte. Allgemein wird davon ausgegangen, „dass Freundschaften im englischsprachigen Raum, im Vergleich zu Deutschland, weniger intim, intensiv und verbindlich sind" (Eberhard & Krosta, 2004, S. 25). Erschwert wird die Übertragung angloamerikanischer Ergebnisse der Freundschaftsforschung auf deutsche Verhältnisse durch den Umstand, dass gesellschaftliche bzw. kulturelle Unterschiede mit sprachlichen Unterschieden konfundiert sind.

Andere Studien zeigen jedoch, dass auch im amerikanischen Sprachraum der Freundschaftsbegriff keineswegs derart unverbindlich ist (vgl. z.B. Bukowski, Nappi & Hoza, 1987). Vermutlich sind die Resultate von Untersuchungen zum Verständnis des Freundschaftsbegriffs stark von Inhalt und Art der jeweiligen Befragung abhängig (vgl. Auhagen, 1991, S. 5). Hierfür spricht auch die Untersuchung von Fatke und Valtin (1988), die für eine deutsche Stichprobe amerikanische Freundschaftskonzepte replizieren konnte.

Tatsächlich liefern auch die englischen Zahlen von Argyle und Henderson für den deutschen Sprachraum gute Anhaltspunkte – zumindest finden sich keine Untersuchungen mit deutlich anderen Zahlen (vgl. Eberhard & Krosta, 2004). Allerdings ergeben sich in neueren Untersuchungen Hinweise darauf, dass der früher festgestellte Zusammenhang zwischen Bildungsgrad und Anzahl der Freunde geringer wird. Vielfach wird ein Zusammenhang mit dem Rückgang der Bedeutung von Verwandtschaftsbeziehungen vermutet, die zumindest teilweise durch Freundschaftsbeziehungen substituiert werden (vgl. Schöningh, 1996, S. 195, Eberhard & Krosta, 2004, S. 32).

Die mehr oder weniger divergierenden Ergebnisse unterschiedlicher Studien ergeben sich nicht zuletzt aus dem Umstand, dass in vielen Untersuchungen die jeweiligen Stichprobenergebnisse unhinterfragt auf die gesamte Gesellschaft bezogen verallgemeinert werden. Die geschilderte Unbestimmtheit des Freundschaftsbegriffs lässt vermuten, dass sich „Freundschaften" in unterschiedlichen gesellschaftlichen Gruppen nicht nur deutlich unterscheiden, sondern auch unterschiedlichen Veränderungsprozessen unterliegen. Auf dem Hintergrund dieser Überlegung erscheint es als durchaus plausibel, dass bestimmte Untersuchungsergebnisse eher „intra-nationale", andere eher „internationale" Unterschiede (oder Ähnlichkeiten) von Freundschaftsbeziehungen akzentuieren.

2.1.3 Freundschaft und Lebensalter

Bislang besteht wenig Einigkeit darüber, in welchem Alter Kinder „freundschaftsfähig" sind und aus regelmäßigen oder auch sporadischen Spielkontakten mit Gleichaltrigen „echte" Freundschaften erwachsen. Damon (1984, S. 160) geht davon aus, dass Freundschaften während der Kindheit im Mittelpunkt der Sozialbeziehungen zwischen Gleichaltrigen stehen, sich dann später in verschiedene Rollen aufspalten (z. B. Bekannter, Nachbar, Ehepartner etc.), wobei Freundschaft jedoch etwas so Grundlegendes ist, dass sie oft als Bezugspunkt zur Charakterisierung aller anderen Sozialbeziehungen benutzt wird.

Im Rahmen von Untersuchungen zur *Entwicklung sozialer Kognitionen* ist von Selman (1976, 1984), Youniss (1982) und Damon (1982, 1984) auch der Bereich Freundschaft erfasst worden. Theoretisch und methodisch beeinflusst durch Piaget (1932) und Kohlberg (1969) sowie dem symbolischen Interaktionismus (Mead, 1934) postuliert z. B. Selman (1984) bei Kindern und Jugendlichen in Anlehnung an sein Konzept der „sozialen Perspektivenübernahme" fünf Stufen der Entwicklung des Freundschaftskonzepts: 0. *Freundschaft als momentane physische Interaktion;* 1. *Freundschaft als einseitige*

Hilfestellung; 2. Freundschaft als Schönwetter-Kooperation; 3. Freundschaft als intimer gegenseitiger Austausch; 4. Freundschaft als Autonomie und Interdependenz (vgl. Heidbrink, 1993, 1996).

In einer deutschen Studie mit 130 Personen (Kinder, Jugendliche und Erwachsene) konnten Fatke und Valtin (1988) die einzelnen Stufen im Wesentlichen replizieren. In deutlicher Abhängigkeit vom Lebensalter bestand z. B. für die Fünf- und Sechsjährigen Freundschaft vor allem aus momentanem Miteinander-Spielen, für die Achtjährigen war Freundschaft eine einseitige, zweckorientierte Beziehung. Die Zehn- bis Zwölfjährigen sahen Freundschaft als eine wechselseitige Beziehung zur Verfolgung gemeinsamer Aktivitäten und zur gegenseitigen Unterstützung in Notlagen an. Erst im Jugendalter wird die Stufe 3 erreicht – jetzt werden vom Freund bzw. der Freundin auch bestimmte charakterliche Eigenschaften erwartet: Ehrlichkeit, Zuverlässigkeit, Vertrauenswürdigkeit etc. Die vierte Freundschaftsstufe fanden Fatke und Valtin erst bei einigen Erwachsenen vor.

Krappmann (1993) vertritt die Auffassung, dass Gleichaltrigenbeziehungen zwischen Kindern eine durchaus eigenständige Beziehungsform darstellen, die auch im Jugend- und Erwachsenenalter eine wichtige Rolle spielen. Manche dieser „Peer-Beziehungen" entwickeln sich also zu Freundschaften, andere verbleiben gewissermaßen auf dem emotional unverbindlicheren Stand einer „Bekanntschaft". Unter diesem Gesichtspunkt könnte es irreführend sein, wenn Selman von „Freundschaftsstufen" spricht, da zumindest die ersten beiden Stufen den Ausgangspunkt eines eigenständigen Beziehungstyps bilden, „der bis ins Erwachsenenalter weiter besteht und eine eigenständige wichtige Bedeutung in Arbeitswelt und Freizeit hat" (1993, S. 46).

Gerade in der Adoleszenz bieten enge Freundschaften im positiven Fall den Hintergrund für eine Reihe wichtiger Entwicklungschancen (vgl. Berk, 2005, S. 551):

- Enge Freundschaften bieten Möglichkeiten, das eigene Selbst zu entdecken und ein tiefes Verständnis für andere Menschen zu entwickeln.
- Enge Freundschaften bilden die Grundlage für zukünftige intime Beziehungen.
- Enge Freundschaften helfen den jungen Menschen dabei, mit den Schwierigkeiten der Adoleszenz umzugehen.
- Enge Freundschaften können sich positiv auf die Einstellung des Jugendlichen zur Schule und seiner Mitarbeit im Unterricht auswirken.

Neben individuellen Freundschaften bilden Kinder und Jugendliche auch Cliquen – kleine Gruppen von Freunden, die sich meist in ihrem familiären Hintergrund, ihren Einstellungen und Wertvorstellungen ähneln. Zunächst beschränken sich die Cliquen auf Mitglieder des gleichen Geschlechts, mit steigendem Alter ergeben sich dann auch gemischte Gruppen. Cliquen in höheren Schulen sind erkennbar an ihrem „sozialen Status", der über ihre Beliebtheit Auskunft gibt.

Auch im frühen Erwachsenenalter (21–40 Jahre) sind Freunde meist in ähnlichem Alter, desselben Geschlechts und von vergleichbarem Bildungsniveau. Diese Faktoren stellen sicher, dass die Freunde ähnliche Interessen und Einstellungen haben. Frauen haben meist mehr enge gleichgeschlechtliche Freunde als Männer. Die schon bei Kindern und Jugendlichen zu beobachtenden Unterschiede bleiben auch im Erwachsenenalter bestehen: Männliche Freunde konzentrieren sich vor allem auf gemeinsame Unternehmungen (z. B. Sport), Frauen konzentrieren sich aufeinander, sie ziehen es meist vor, einfach nur miteinander zu reden. Nach Wright (1982) lassen sich Frauenfreundschaften als „Face-to-Face" und Männerfreundschaften als „Side-by-Side" charakterisieren.

Im mittleren Erwachsenenalter (40–65 Jahre) bleiben die typischen Unterschiede zwischen Männer- und Frauenfreundschaften bestehen. In vielen Fällen steigt die Anzahl der Freunde, wenn die Kinder selbständiger werden bzw. ausziehen. Argyle und Henderson (1986, S. 88) stellten die höchste Anzahl enger Freunde bei verheirateten Paaren fest, die bereits erwachsene Kinder hatten. Trotzdem wird es mit zunehmendem Alter schwieriger, neue Freunde zu gewinnen. Allerdings tendieren ältere Menschen dazu, länger an Freundschaften festzuhalten als jüngere, die Freundschaften schneller schließen, aber auch schneller beenden.

Für ältere Menschen stehen Freunde in engem Zusammenhang mit psychischer Gesundheit (vgl. Bliezner & Adams, 1992, Nussbaum 1994). In einer Untersuchung von Larson, Mannell und Zuzanek (1986) berichteten im Ruhestand lebende Erwachsene interessanterweise von erfreulicheren Erfahrungen mit Freunden als mit Familienmitgliedern, insbesondere in Bezug auf angenehme Freizeitaktivitäten.

2.1.4 Freundschaft als Prozess

Argyle und Henderson (1986, S. 91) beschreiben die Entstehung von Freundschaften als einen dreistufigen Prozess:

1. bei zufälligen Begegnungen Eindrücke vom Anderen gewinnen
2. erste Treffen durch Verabredung oder Einladung
3. regelmäßige Treffen und wechselseitige Bindung

Sie betrachten diesen Prozess als eine Selektion möglicher Freunde, bei dem auf jeder Stufe einige ausgeschlossen werden. Je häufiger sich Menschen treffen, desto besser lernen sie sich kennen und die Wahrscheinlichkeit steigt, dass sie sich gegenseitig schätzen lernen. Da die Kontakthäufigkeit von der räumlichen Nähe abhängt, ist es wahrscheinlicher, dass sich Freundschaften unter Menschen bilden, die nahe beieinander wohnen. Kinder und Jugendliche haben demgemäß meist Freunde aus der nahen Nachbarschaft oder der eigenen Schulklasse. Erwachsene sind demgegenüber nur zum kleinen Teil mit

Nachbarn befreundet, da Nachbarn häufig sehr unterschiedlich sind und wir unsere Freunde meist nach Ähnlichkeit zu uns selbst aussuchen – z.B. in Bezug auf Alter, sozialer Schicht und ethnischer Abstammung.

Die erste Verabredung oder Einladung stellt einen entscheidenden Schritt auf dem Weg zu einer Freundschaft dar. Wenn wir eine Einladung aussprechen, offenbaren wir dem anderen unser Interesse an ihm. Gleichzeitig können wir aber nicht sicher sein, ob dieses Interesse geteilt wird. Wir gehen also ein gewisses Risiko ein, beim anderen auf Desinteresse zu stoßen. In vielen Fällen handelt es sich bei der ersten Einladung um ein gemeinsames Essen – zu Hause oder in einem Lokal. Hierbei werden persönliche Informationen ausgetauscht, wobei dies meist eher vorsichtig geschieht. Man will etwas über den anderen erfahren, wobei es meist darum geht, wie ähnlich man sich in Bezug auf Einstellungen, Interessen, Wertvorstellungen und Lebensstil ist. Solange wir noch wenig über den anderen wissen, besteht natürlich die Gefahr, dass wir statt Gemeinsamkeiten auch deutliche Unterschiede entdecken. Brisante Themen, wie politische oder religiöse Einstellungen werden zunächst meist vermieden, um nicht gleich allzu viel Unvereinbarkeiten zwischen sich anzuhäufen. „Gleich und gleich gesellt sich gern" – dies gilt auch für Freundschaften. Mit Freunden möchten wir Erfahrungen, Vorlieben und Ablehnungen teilen. Die Gemeinsamkeiten müssen sich aber nicht auf alle Lebensbereiche erstrecken – manche suchen sich unterschiedliche Freunde für verschiedene Aktivitäten. Auch müssen sich Freunde nicht unbedingt in ihrer Persönlichkeit ähneln, sodass durchaus auch gilt: „Gegensätze ziehen sich an". Personen, die eher schüchtern und zurückhaltend sind, finden vielleicht extrovertierte Freunde besonders attraktiv, weil sie in ihrer Begleitung bestimmte soziale Aktivitäten leichter unternehmen können.

Ein wichtiges Kriterium für weitere Treffen mit potenziellen Freunden ist, ob man sich gegenseitig als „belohnend" empfindet. Wir erleben es bereits als belohnend, wenn andere unsere Einstellungen und Meinungen teilen, vor allem aber wenn ein anderer offensichtliches Interesse an uns selbst hat und uns positiv zugewandt ist. Wenn beide aus einer Beziehung Vorteile ziehen können, ist die Wahrscheinlichkeit für den Beginn einer dauerhaften Freundschaft relativ groß. Erscheint uns der Aufwand für weitere Treffen größer als unser subjektiver Nutzen, wird es hierzu vermutlich nicht mehr kommen – die potenziellen Freunde sind dann durch unser „Sieb" gefallen (vgl. Argyle & Henderson, 1986, S. 96 ff).

Die meisten Menschen haben nicht nur Freunde, sondern auch „gewesene" Freunde, mit denen sie früher befreundet waren, es aber jetzt nicht mehr sind. Argyle und Henderson (1986, S. 121 f.) haben 150 Personen befragt, aus welchen besonderen Gründen eine ihrer Freundschaften zerbrochen sei. Vorgegeben wurde ihnen eine Reihe von Freundschaftsregeln und sie sollten angeben, in welchem Ausmaß die Nichtbeachtung zum Scheitern der Freundschaft beigetragen hatte (s. **Tab. 2.2**).

In den Regeln waren sich Frauen und Männer einig, allerdings gaben Frauen häufiger an, fehlende positive Wertschätzung oder mangelnde emotionale

Tab. 2.2 Freundschaftsregeln und das Zerbrechen von Freundschaften (Quelle: Argyle & Henderson, 1986, Tabelle 7, S. 122)

	mäßig oder sehr maßgeblich für das Zerbrechen von Freundschaft	kaum maßgeblich für das Zerbrechen von Freundschaft
Eifersucht auf oder Kritik an Ihren Beziehungen zu Dritten	57 %	22 %
mit anderen über vertraulich Mitgeteiltes reden	56 %	19 %
nicht freiwillig Hilfe anbieten, wenn sie benötigt wird	44 %	23 %
kein Vertrauen in Sie zeigen	44 %	22 %
öffentliche Kritik an Ihnen üben	44 %	21 %
keine positive Wertschätzung Ihrer Person zeigen	42 %	34 %
sich nicht in Ihrer Abwesenheit für Sie einsetzen	39 %	28 %
nicht tolerant gegenüber Ihren übrigen Freunden sein	38 %	30 %
keine emotionale Unterstützung zeigen	37 %	25 %
an Ihnen herumnörgeln	30 %	25 %

Unterstützung habe zum Scheitern der Freundschaft beigetragen. Insgesamt waren es vor allem die Beziehungen zu Dritten, die zum Abbruch von Freundschaften führten: Eifersucht auf andere, Kritik an diesen sowie die Preisgabe von vertraulichen Mitteilungen.

Untersuchungen zum direkten Freundschaftsprozess sind bislang selten. Es sind nur wenige Arbeiten durchgeführt worden, die nicht retrospektiv, sondern das Verhalten und Erleben in Freundschaftsbeziehungen möglichst direkt zu erfassen versuchen (vgl. Auhagen, 1991, Duck & Miell, 1986, Hays, 1985, 1989, Heidbrink, 1993, Lambertz, 1999). Auhagen (1991), die mit

Hilfe der Doppeltagebuchmethode 18 Freundschaftspaare mit einer gleichen Anzahl Geschwisterpaaren verglich, fand beispielsweise heraus, dass Freundschaftspaare mehr Kontakte im Untersuchungszeitraum (60 Tage) hatten als Geschwisterpaare. Freundinnen hatten insgesamt am häufigsten Kontakt untereinander. Auch in Bezug auf Hilfeleistungen ergaben sich geschlechtsspezifische Unterschiede: Frauen gaben und empfingen mehr Unterstützung als Männer.

Eine Beschreibung von Freundschaften anhand von Variablen, wie Kontakthäufigkeit, Art der gemeinsamen Aktivitäten oder Ausmaß der gegenseitigen Hilfeleistungen, sagt allerdings noch recht wenig über die spezifische Qualität einer Freundschaftsbeziehung aus. Man bleibt hier gewissermaßen auf der Oberfläche des beobachtbaren Verhaltens, das allenfalls indirekt Aufschluss über die Art der emotionalen Interaktion innerhalb einer Freundschaft geben kann. So verweist Wagner (1991) darauf, dass Übersichten univariater Forschungsergebnisse eine „Scheingenauigkeit" vortäuschen und Variablen zueinander in Beziehung setzen, die gar nicht zusammen untersucht wurden. Wenn man also zusammenfasst, dass gleichaltrige Klassenkameraden, die das gleiche Geschlecht und ähnliche Interessen haben sowie nahe beieinander wohnen, mit hoher Wahrscheinlichkeit „Freunde" sind, dann bleibt völlig offen, wie hoch diese Wahrscheinlichkeit ist (S. 20). Vermutlich handelt es sich bei diesen Variablen zwar um notwendige, aber keineswegs hinreichende Bedingungen für die Entstehung von Freundschaften. Wagner schlägt ein Filtermodell vor, dass den Selektionsprozess bei der Auswahl potenzieller Freunde im Kindesalter veranschaulicht: Nacheinander werden die Kriterien Alter, Geschlecht, ethnische Gruppe und Schichtzugehörigkeit abgeprüft. Erst wenn alle Kriterien erfüllt sind, kommt es überhaupt zu einem Kontaktangebot (vgl. Wagner, 1991, S. 86). Man darf sich diese Prüfung allerdings nicht als einen geplanten Vorgang vorstellen. Nicht nur bei Kindern, sondern auch bei Erwachsenen verlaufen die einzelnen Stufen des Checks mehr oder weniger unbewusst – handlungsrelevant wird nur das jeweilige Endergebnis.

Tatsächlich ist es aus verständlichen Gründen nicht einfach, Genaueres über die Struktur und den Verlauf emotionaler Interaktionen zwischen Freunden zu erfahren, zumal es sich auch hier um Prozesse handelt, die selbst den direkt beteiligten Freunden bzw. Freundinnen nicht immer bewusst sein dürften.

Eine interessante Möglichkeit stellen Zeitreihenanalysen von Stimmungsverläufen dar, über die sich emotionale Interaktionen und Konfliktverläufe erfassen lassen. So zeigte eine Analyse der Stimmungsverläufe von sechs Freundinnenpaaren, die Lambertz (1999) über einen Zeitraum von drei Monaten kontinuierlich befragte, dass die gegenseitigen Kenntnisse der Gefühle der Freundinnen erstaunlich gering waren (vgl. auch Heidbrink, 1993).

2.1.5 Frauen- und Männerfreundschaften

Der Wert von Männerfreundschaften wurde schon in der Antike (Aristoteles, Cicero) gerühmt, Frauenfreundschaften kamen in der von Männern verfassten Literatur kaum vor. Beziehungen zwischen Frauen wurden eher als durch Missgunst, Neid und Eifersucht getrübt, ihre Freundschaften als oberflächlicher und instabiler angesehen (vgl. Dorst, 1993).

In den letzten Jahrzehnten hat sich hier eine erstaunliche Veränderung ergeben. Die Frauen haben in Bezug auf Freundschaften nicht nur aufgeholt, sondern die Männer offenbar klar „überholt". Überwiegend wird heute angenommen, dass Frauenfreundschaften intensiver und zufriedenstellender sind, mehr praktischen und emotionalen Beistand bieten als Männerfreundschaften (vgl. Kast, 1992, Dorst, 1993).

Maurer (1998, S. 65 f.) zeigte in einer Untersuchung mit 472 Vpn (311 Frauen, 161 Männer), dass Frauen differenziertere Freundschaftskonzepte aufweisen, ihnen ihre Freundschaften wichtiger und sie mit diesen auch zufriedener sind, zudem haben sie auch mehr Freundinnen als Männer Freunde.

Auch Pfisterer (2006) konnte mit Hilfe einer Neuübersetzung der ADF-Skalen (Aquaintance Description Form – Final Version 2) von Wright (1985) wesentliche Unterschiede zwischen Frauen- und Männerfreundschaften bestätigen. 240 Personen (190 Frauen, 50 Männer) sollten in dieser Untersuchung nicht nur die Beziehungen zu einem engen Freund/enger Freundin (Freund A) einschätzen, sondern im Vergleich auch eine „lockere" Freundschaft (Freund B).

Die deutsche Übersetzung ergab für die Gesamtform des „Bekanntschaftsfragebogens" hohe Reliabilitäten ($\alpha = .90$ für „Freund A" und $\alpha = .95$ für

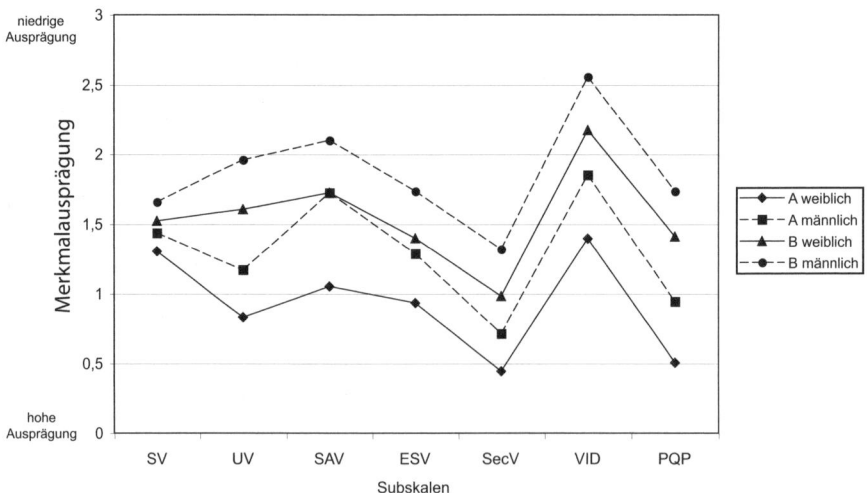

Abb. 2.1 Enge (A) und lockere (B) Freundschaften und Geschlecht im ADF (Quelle: Pfisterer, 2006, S. 52)

„Freund B"). Die Alpha-Werte (Cronbach) für die 7 Subskalen (jeweils 5 Items) lagen zwischen .65 und .85.

Sowohl für die Gesamtform als auch für alle Subskalen ergaben sich erwartungsgemäß signifikante Unterschiede zwischen der Einschätzung des „engen Freundes" (A) und des lockeren Freundes (B): Der enge Freund bzw. die enge Freundin wird als unterstützender, wertschätzender, bestätigender, einzigartiger angesehen, ihm bzw. ihr wird gern mehr Zeit gewidmet.

Abbildung 2.1 zeigt die Unterschiede zwischen Frauen- und Männerfreundschaften. Pfisterer (2006) verwendete die folgenden Subskalen des ADF-F2: *Stimulation Value (SV)*: Wahrnehmung des Freundes/der Freundin als interessant und anregend; *Utility Value (UV)*: Konkrete Unterstützung durch den Freund/die Freundin; *Self-Affirmation Value (SAV)*: Unterstützung bei der Selbstbestätigung; *Ego Support Value (ESV)*: Hohe Wertschätzung durch den Freund/die Freundin; *Security Value (SecV)*: Sicherheit vor Vertrauen(smissbrauch) verletzender Kritik; *Voluntary Interdependance (VID)*: Ausmaß, in dem zwei Personen sich gegenseitig ihre freie Zeit unter Abwesenheit von äußerem Druck widmen; *Person-qua-Person (PQP)*: Einzigartigkeit, Besonderheit der Beziehung.

Insgesamt am intensivsten sehen Frauen ihre Beziehung zu einer engen Freundin. Die Unterschiede zwischen „engen" und „lockeren" Freundschaften sind in sechs der sieben Subskalen signifikant – nur die Skala SV bleibt nicht signifikant. Enge Freunde werden also nicht unbedingt als interessanter und anregender angesehen als lockere Freunde. Im Geschlechtervergleich ist die Beziehung von Männern zu „Freund B" am wenigsten eng und intensiv, in einigen Subskalen gleichen sich der „enge" Freund und die „lockere" Freundin sogar an (z. B. in Bezug auf Selbstbestätigung und hohe Wertschätzung).

Insgesamt bestätigt die Untersuchung von Pfisterer bisherige Befunde zu Unterschieden zwischen Frauen- und Männerfreundschaften. Ihre Ergebnisse widersprechen auch deutlich der Vermutung von Wright (1982, 1988), dass Geschlechtsunterschiede zumindest bei sehr engen Freundschaften eher als gering einzuschätzen seien. Zudem scheint den Männern selbst durchaus bewusst zu sein, dass ihre Freundschaften nicht gänzlich ihren Erwartungen entsprechen. Pfisterer (2006, S. 56 f.) fragte danach, in welchem Ausmaß die eingeschätzten Freundschaften einer „idealen Freundschaft" entsprechen würden. Auf einer Prozentskala entsprach die „enge Freundin" zu 83 % einer idealen Freundschaft, der „enge Freund" nur zu 74 %. In Bezug auf die „lockere Freundschaft" ergaben sich keine Geschlechtsunterschiede: Frauen und Männer gaben an, dass diese bei ihnen zu 51 % ihrer Idealvorstellung von Freundschaft entsprechen würden.

2.1.6 Freundschaft im Wandel

Die bisherige psychologische Freundschaftsforschung klammert den sozialen Hintergrund und die gesellschaftlichen Entwicklungen weitgehend aus. Argyle und Henderson (1986, S. 106 f.) berichten über deutliche Unterschiede zwischen den Freundschaften von Mittelschichtangehörigen und der Arbeiterschicht. Mittelschichtangehörige haben nach ihren Untersuchungen mehr Freunde, die verschiedenartiger sind und in größerer Entfernung leben, als Angehörige der Arbeiterschicht. Die Unterschiede in den Freundschaftszahlen können allerdings auch auf einem unterschiedlichen Sprachgebrauch beruhen. Nach Argyle und Henderson benutzen viele Angehörige der Arbeiterschicht den Begriff „Freund" überhaupt nicht. Die Frauen treffen sich mit zahlreichen Nachbarinnen und Verwandten, die Männer haben „Kumpels", die man meist zufällig und ohne vorherige Absprache in Lokalen oder Vereinen trifft.

Da das Schichtenmodell die heutige soziale Wirklichkeit nur unzureichend erfasst, versuchen Eberhard und Krosta (2004) Freundschaftsunterschiede auf dem Hintergrund neuer Segmentierungsmodelle von gesellschaftlichen Großgruppen zu erfassen, die als „soziale Milieus" bezeichnet werden. Soziale Milieus beziehen sich nicht mehr wie das Schichtenmodell vor allem auf Berufszugehörigkeit und Lebensstandard, sondern auf Kriterien wie Alter, Bildungsstand und persönlichem Lebensstil (vgl. Schulze, 1992). Bisherige Freundschaftsuntersuchungen basieren häufig auf einer bestimmten gesellschaftlichen Gruppe (z. B. Studenten, Akademiker), die dann auf die gesamte Gesellschaft übertragen werden. Eberhard und Krosta (2004) untersuchten Personen aus dem *Unterhaltungs-* und dem *Selbstverwirklichungsmilieu* im Sinne von Schulze (1992). Das Unterhaltungsmilieu umfasst Personen von „Hauptschule ohne Lehre/ohne Schulabschluss" bis „Mittlere Reife ohne Zusatzausbildung", das Selbstverwirklichungsmilieu Personen zwischen „Mittlere Reife und berufsbildende Schule" und „Abitur und Uni-Ausbildung", jeweils im Alter zwischen 18 und 35 Jahren. Mittels eines Fragebogens wurde der milieutypische „persönliche Stil" erhoben (z. B. politische Einstellungen, Freizeitverhalten, kulturelle Vorlieben) und nur „typische" Vertreter der beiden Milieus ausgesucht. Aufgrund von Diskussionen in Frauen- und Männergruppen der beiden Milieus kommen die Autoren zu dem Schluss, dass sich die Freundschaftskonzepte und Verhaltensweisen in den beiden Milieus unterscheiden. Im Gegensatz zu den sonst regelmäßig berichteten Unterschieden zwischen Frauen- und Männerfreundschaften finden sie kaum geschlechtsspezifische Unterschiede innerhalb desselben Milieus.

Die typischen „Side-by-Side"-Freundschaften unter Männern finden Eberhard und Krosta (2004) vor allem im Unterhaltungsmilieu: „Es ist die gemeinsame Aktion, die verbindet, das heißt vor allem der Gang unter andere Leute, in Diskotheken oder Kneipen oder zu Freunden, durchgeführt am liebsten in größeren Gruppen. Gespräche werden als sekundär beschrieben" (S. 153). Hierin ähneln sie den Frauen aus dem Unterhaltungsmilieu weitaus mehr als den Männern aus dem Selbstverwirklichungsmilieu. Für erstere sind gemeinsame Aktivitäten (ins Kino gehen, Videos gucken, in Diskotheken gehen) mindestens so wichtig wie Gespräche. Für die Frauen aus dem Selbstverwirklichungsmilieu steht das vertrauliche Gespräch an erster Stelle, gemeinsame Unternehmungen sollen vor allem die Gelegenheit hierzu ermöglichen. Bei den Männern aus dem Selbstverwirklichungsmilieu stellten Eberhard und Krosta eine auffallende narzisstische Funktion fest: Heftige Gefühle werden vermieden, man hat alles „gut

2.1 Freundschaftsbeziehungen

im Griff", gibt sich in seinen Freundschaften locker und entspannt, aber auch eher distanziert. Man gibt vor, genügend gute Freunde zu haben, lässt aber offen, was man mit diesen eigentlich tut, wenn man sich trifft (S. 152).

Verbergen sich also hinter den in vielen Untersuchungen gefundenen geschlechtsspezifischen Freundschaftsunterschieden zumindest zum Teil nicht kontrollierte Milieuunterschiede? So plausibel dies nach den Ergebnissen von Eberhard und Krosta (2004) auch erscheinen mag, die Untersuchung von Pfisterer (2006), deren Ergebnisse zu Frauen- und Männerfreundschaften zum Teil bereits dargestellt wurden, erbrachte hierfür keine Belege. Pfisterer hat versucht, die jeweilige Milieuzugehörigkeit in Anlehnung an Eberhard und Krosta zu erfassen. Ihre Stichprobe umfasste überwiegend Personen aus dem Selbstverwirklichungsmilieu (72 %), sodass sich Unterschiede zwischen den Milieus nur unzureichend überprüfen ließen. Innerhalb des Selbstverwirklichungsmilieus zeigten sich allerdings die gleichen Geschlechtsunterschiede wie in der Gesamtstichprobe, sodass sich zunächst keine weiteren Hinweise auf Milieuabhängigkeit der Freundschaftsbeziehungen ergeben.

Hiermit sind die Aussagen von Eberhard und Krosta jedoch nicht widerlegt, zumal beide Untersuchungen methodisch sehr unterschiedlich angelegt sind. Eberhard und Krosta (2004, S. 109ff.) beziehen sich in ihren Ergebnisdarstellungen auf Gruppendiskussionen mit durchschnittlich fünf Personen, jeweils Frauen und Männern aus dem Selbstverwirklichungs- und dem Unterhaltungsmilieu. Ausgewählt wurden für die jeweiligen Gruppen nur Personen, die aufgrund einer Vorauswahl als „möglichst idealtypische Vertreter" der beiden Milieus angesehen wurden (S. 88). Ihr Vorgehen lässt sich abgekürzt als „qualitativ-psychoanalytisch" bezeichnen. Demgegenüber handelt es sich bei der Untersuchung von Pfisterer (2006) um eine quantitative Untersuchung mit einem relativ differenzierten Freundschaftsfragebogen. Hierbei zeigte sich auch, dass die Zuordnung von Personen zu den unterschiedlichen Milieus durchaus problematisch ist, insbesondere die Fragen zur Bestimmung des persönlichen Stils, die nicht immer trennscharf sind. Im Gegensatz zu Pfisterer verwendeten Eberhard und Krosta bei ihrer Milieuzuordnung auch Skalen zur Erfassung „psychischer Grundorientierungen" (Politische Unterordnung, Fatalismus, Reflexivität, Rigidität, Anomie), die nach Schulze mit alltagsästhetischen Schemata gekoppelt sind (vgl. Eberhard & Krosta, 2004, S. 87). Es ist also nicht auszuschließen, dass einige der in den Gruppendiskussionen hervorgetretenen Freundschaftsmerkmale mit dieser Art der „Persönlichkeitsauswahl" konfundiert sind. Da zur Bestimmung der unterschiedlichen Milieus insbesondere auch Merkmale des Freizeitverhaltens („mit anderen in die Stadt gehen") herangezogen werden, ist auch in dieser Hinsicht die Unabhängigkeit zwischen Milieuzuordnung und Freundschaftsverhalten nicht gewährleistet. Die Ergänzung sozialpsychologischer Forschungsstrategien um soziologisch orientierte Milieukonzepte offenbart die unterschiedlichen, nur zum Teil kompatiblen Forschungsstrategien.

Trotz dieser forschungsmethodischen Probleme zeigt sich im Bereich der Freundschaftsforschung, dass quantitative und qualitative Forschungsansätze einander sinnvoll ergänzen. Interviewstudien, Gruppendiskussionen, Fragebogenerhebungen und Prozessanalysen lassen sich in ihren Ergebnissen aufeinander beziehen und zeichnen zwar kein vollständiges, aber dennoch informatives Bild der vielfältigen Funktionen von Freundschaftsbeziehungen.

2.2 Partnerschaft und Liebe

Eine glückliche und stabile Partnerschaft bedeutet für die meisten Menschen eine hohe Lebenszufriedenheit und stellt die Grundlage für das Wohlbefinden dar. Sie gehört zu den am meisten gewünschten Lebenszielen und ist ein wichtiger Bedingungsfaktor für die psychische und physische Gesundheit. So ist es auch nicht erstaunlich, dass sich die meisten Menschen eine lebenslange, intime Partnerschaft wünschen (vgl. Buss, 1995) und drei Viertel aller Personen mindestens einmal in ihrem Leben heiraten (vgl. Schneider, 1991, S. 32). Studien über frisch verheiratete Paare zeigen, dass 80–85 % der Befragten mit ihrer Ehe zufrieden sind und dass die Mehrheit der glücklich verheirateten Paare ein Scheitern der eigenen Ehe für absolut unwahrscheinlich hält (vgl. Fowers, Lyons & Montel, 1996). Dennoch steigen die Scheidungsraten permanent. Nach den Zahlen des Statistischen Bundesamtes wurden im Jahre 2006 in Deutschland 373 681 Ehen geschlossen und 190 928 Scheidungen vollzogen (s. **Abb. 2.2**).

Dies entspricht einer Scheidungsrate von 51 %. Im Jahr 1960 kamen auf 689 028 geschlossene Ehen nur 73 418 Scheidungen (Scheidungsrate 11 %).

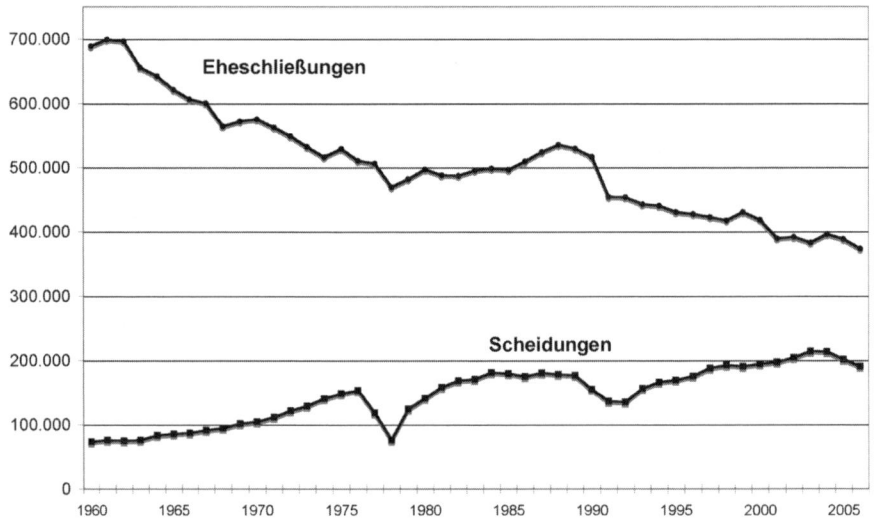

Abb. 2.2 Eheschließungen und Scheidungen in Deutschland zwischen 1960 und 2006 (ab 1.7.1977 neues Scheidungsrecht). Datenquelle: Statistisches Bundesamt (26.2.2008)

2.2 Partnerschaft und Liebe

Seither sind die Eheschließungen rückläufig, dafür steigt die Anzahl unverheiratet zusammenlebender Paare stark an. Es existieren keine exakten Daten darüber, wie hoch die Trennungsrate bei unverheirateten Paaren ist (vgl. Hahlweg, 1995). Sie dürfte aber noch deutlich höher als bei Ehepaaren liegen. Nach Lauterbach (1999) trennen sich 20 % der unverheirateten Paare bereits nach ca. zwei Jahren. Nach sechs Jahren ist die Hälfte der nichtehelichen Lebensgemeinschaften wieder gelöst, der größte Teil der zusammen bleibenden Paare entschließt sich dann doch zur Heirat. Länger als zehn Jahre dauernde nichteheliche Lebensgemeinschaften sind also auch heute noch außerordentlich selten. Hierzu passen die Ergebnisse einer Interviewstudie mit deutschen und französischen jungen Erwachsenen, die die „Partnerschaft" als konflikthafter und häufig von kürzerer Dauer beschrieben als die „Freundschaft" (vgl. Faehrmann, 1996).

Im Falle ernster Krisen kann eine Partnerschaft auch die Quelle für vielfältiges Leid darstellen. Die Folgen einer unglücklich verlaufenden Partnerschaft, einer Trennung oder Scheidung gehen mit erheblichen psychischen, physischen, sozialen und materiellen Kosten für die betroffenen Individuen einher. Dies schlägt sich in einer Vielzahl von Belastungen wie z. B. Sorgerechtskonflikten nieder. Zudem erhöht sich das Risiko, an physischen und psychischen Störungen zu erkranken. Nach Napp-Peters (1995) ist bei Scheidungen vor allem der durch die finanziellen Belastungen verursachte wirtschaftliche Abstieg problematisch. Etwa ein Viertel der Geschiedenen sind über einen langen Zeitraum auf öffentliche Unterstützung angewiesen. Besonders die Kinder sind von der Trennung bzw. Scheidung ihrer Eltern betroffen. Gravierende Veränderungen wie z. B. Wohnort- und Schulwechsel, Änderung des Erziehungsverhaltens, Absinken des Lebensstandards und häufig auch eine vaterlose Kindheit beeinflussen entscheidend ihre weitere Entwicklung. Nach Schmidt-Denter und Beelmann (1995) treten vermehrt Verhaltensstörungen auf, die je nach Alter und Geschlecht der Kinder auf unterschiedliche Weise sichtbar werden. Mädchen zeigen sich häufig überkontrolliert und überangepasst, während Jungen sich mehr unsozial und aggressiv verhalten. Hinzu können schulische Schwierigkeiten, Beziehungsprobleme mit Gleichaltrigen und ein schlechterer Gesundheitszustand kommen.

Allerdings sollten Trennungen bzw. Scheidungen nicht nur pauschal negativ bewertet werden. Für die betroffenen Paare und deren Kinder können sich durch die Beendigung einer unglücklich verlaufenden Partnerschaft und die damit verbundene Reduzierung von Konflikten und Belastungen auch positive Effekte einstellen. So kann jahrelanger Streit durch die Trennung beendet werden und im günstigsten Fall ergeben sich Möglichkeiten für die Aufnahme neuer, befriedigender Beziehungen.

„Partnerschaft" wird häufig in wissenschaftlichen Untersuchungen als relativ neutrale Bezeichnung für eine enge Beziehung zwischen zwei Menschen gewählt. Hierbei kann es sich um eine eheliche oder nicht-eheliche Lebensgemeinschaft handeln, um eine enge Liebesbeziehung oder eine lockere Zweckgemeinschaft. Wir haben schon im Kapitel zu den Freundschaftsbeziehungen gesehen, dass umgangssprachliche Begriffe unter wissenschaftlichen Gesichtspunkten fast immer einen Mangel an exakter „Definiertheit" aufweisen. Viele Untersuchungen zu Partnerschaften lassen die emotionale Qualität der untersuchten Beziehungen (zunächst) offen. Dies kann vor allem dann ein Vorteil sein, wenn man die Art bzw. Qualität der Beziehung als abhängige Variable untersuchen möchte.

2.2.1 Liebe aus psychologischer Sicht

Trotzdem gehen wir meist stillschweigend davon aus, dass es sich bei der Mehrzahl der Partnerschaften um Liebesbeziehungen handelt, wobei allerdings unklar ist, was die Besonderheit dieser Beziehung ausmacht. Tatsächlich trifft vieles von dem, was zur Charakterisierung von „Freundschaft" aufgeführt wurde, auch auf unsere Vorstellungen von „Liebe" zu. Trotz der großen Ähnlichkeit unterscheiden die meisten Menschen deutlich zwischen Freundschaft und Liebe, auch wenn es ihnen oft schwer fällt, genau anzugeben, wo diese Unterschiede liegen. Mit „Freundschaft" beschreiben wir eine zweiseitige Beziehung – wenn ich jemanden als meinen Freund bezeichne, dann gehe ich davon aus, dass dieser auch mich als seinen Freund ansieht. Mit „Liebe" bezeichnen wir eine emotionale Beziehung gegenüber einer anderen Person, die diese erwidern kann, aber nicht muss. Die Unsicherheit über die Erwiderung ist geradezu charakteristisch für eine Liebesbeziehung und basiert vor allem auf ihrem Exklusivitätsanspruch: Wir können zwar mit vielen Personen befreundet sein, „lieben" sollen wir allerdings nur eine.

Ob es sich beim Exklusivitätsanspruch der Liebe um eine rein gesellschaftliche Konvention (zur Absicherung von Ehe und Familie) handelt oder ob wir aus anderen Gründen gar nicht in der Lage sind, mehrere Personen gleichzeitig zu lieben, ist eine wissenschaftlich schwer zu entscheidende Frage. Je nachdem, wie wir „Liebe" definieren, werden wir eher der einen oder der anderen Position zugeneigt sein. Da Definitionen aber nicht „wahr" oder „falsch" sein können, sondern nur mehr oder weniger „zweckmäßig", ist eine wissenschaftliche, „objektive" Klärung dieser alten Streitfrage nicht in Sicht.

Wenden wir uns zunächst der Frage zu, wie sich „Liebe" am zweckmäßigsten definieren lässt. Liebe in einer Partnerschaft hat große Ähnlichkeit mit Freundschaft, aber es kommt noch mehr hinzu: vor allem die körperliche Intimität. Offene Sexualität ist für die meisten mit einer Freundschaft nicht vereinbar, sondern ein Kennzeichen von Liebe.

In der neueren Forschung wird Liebe mehrheitlich als ein multidimensionales Konstrukt behandelt, in dem sich die Einstellungen, Motive, Gefühle und Verhaltensweisen einer Person gegenüber einer Zielperson abbilden.

Rubin (1970) hat diese Mehrdimensionalität als Erster konzeptualisiert und wies drei Komponenten der romantischen Liebe nach: Brauchen *(need)*, Fürsorge *(care)* und Vertrauen *(trust)*. Diese drei Facetten lassen sich den für unsere biologische Reproduktion bedeutsamen Verhaltenssystemen Sexualität, Schutz und Bindung zuordnen (vgl. Shaver, Hazan & Bradshaw, 1988). Berscheid und Walster (1974) nehmen eine Unterscheidung in zwei Grundfor-

2.2 Partnerschaft und Liebe

men der Liebe vor: leidenschaftliche und partnerschaftliche Liebe, wobei die erste bei längerer Dauer häufig in die zweite übergeht.

Sternberg (1986) schlägt eine trianguläre Theorie der Liebe vor, wonach sich jede Art von Liebe aus einer jeweils unterschiedlichen Gewichtung der Komponenten Leidenschaft, Intimität und Entscheidung/Bindung zusammensetzt (s. **Abb. 2.3a–c**). Die in dieser Klassifikation enthaltenen Kombinationsmöglichkeiten lassen die Beschreibung unterschiedlicher Arten von Liebe zu. So drückt sich die Kombination von Intimität und Leidenschaft (bei Abwesenheit von Bindung) in romantischer Liebe aus, während die Kombination von Intimität und Bindung (bei Abwesenheit von Leidenschaft) auf eine partnerschaftliche Liebe hinweist. Das gleichzeitige Vorhandensein aller drei Komponenten bezeichnet Sternberg als vollständige Liebe.

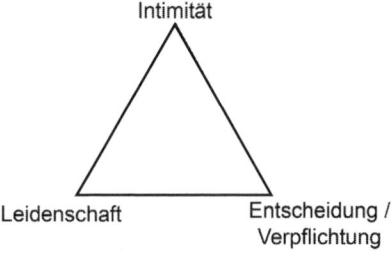

Abb. 2.3a „Dreiecks-Theorie der Liebe" von Sternberg (1986): „Ausgewogen"

Mit „Intimität" sind Gefühle der Nähe, der Vertrautheit und der Zusammengehörigkeit verbunden. „Leidenschaft" kennzeichnet eine romantische Beziehung, physische Anziehung und sexuelle Befriedigung. „Entscheidung/ Bindung bezeichnet – kurzfristig gesehen – die Entscheidung für den Partner und – längerfristig gesehen – die Verpflichtung, diese Liebesbeziehung durch Fürsorge, Treue usw. zu erhalten.

Im Idealfall ist das Dreieck groß und gleichseitig, d. h. alle drei Aspekte sind vorhanden, stark ausgebildet und ausgewogen. Wohl ausgewogen, aber mit „wenig Liebe" gestaltet wäre eine Beziehung, die Sternberg durch ein kleines, gleichseitiges Dreieck darstellt:

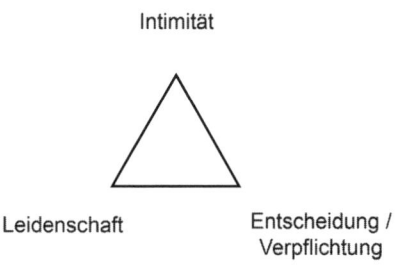

Abb. 2.3b „Dreiecks-Theorie der Liebe" von Sternberg (1986): „Wenig Liebe"

2 Beziehungsformen

Eine Liebesbeziehung, in der Entscheidung/Bindung überwiegt, wäre durch ein Dreieck darzustellen, in dem die betreffende Ecke des Dreiecks „herausragt":

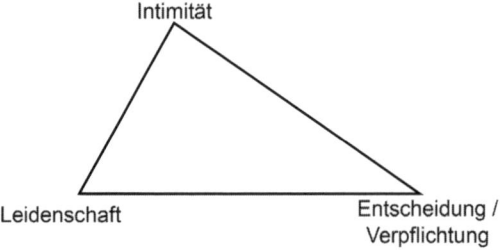

Abb. 2.3c „Dreiecks-Theorie der Liebe" von Sternberg (1986): „Kameradschaftliche Beziehung"

Eine solche Beziehung würde man im Deutschen wohl *kameradschaftliche* Liebesbeziehung nennen. Nach Sternberg lassen sich für jede Person Liebesvorstellungen in dieser Weise ermitteln, wobei er zwischen realen und idealen, eigenen und anderen, selbst wahrgenommenen und fremd wahrgenommenen Vorstellungen unterscheidet. Sternberg nimmt an, dass die Wahrnehmung der Übereinstimmung für die Zufriedenheit der Partner maßgeblich ist. Hierzu sieht er Empathie (Einfühlungsvermögen) als Voraussetzung an.

Allerdings ist auch dies nur eine der vielen Möglichkeiten, sich dem Begriff der Liebe zu nähern. Die bisher umfassendste Beschreibung der Spielarten der Liebe in intimen Beziehungen stammt von dem kanadischen Soziologen John Alan Lee (1973). Er entwickelte seine multidimensionale Theorie nach ausgiebigen historischen und literarischen Studien der westlichen Kultur der letzten 2 000 Jahre. Aus dieser Literaturstudie und eigenen Erhebungen unterschied er drei primäre und drei sekundäre Liebesstile. Die sekundären Liebestile ergeben sich aus der „Mischung" der Primärstile.

Schauen wir uns zunächst die drei „Grundfarben" der Liebe an *(in Klammern stehen die Kurzbezeichnungen, teils Wortneuschöpfungen von Lee):*

Romantische Liebe (Eros) betrifft die unmittelbare Anziehung durch die geliebte Person, wie sie in der „Liebe auf den ersten Blick" zum Ausdruck kommt. Aussehen des Partners/der Partnerin und sexuelle Leidenschaft spielen eine wichtige Rolle. Beispielitem: „Ich fühle, dass meine Partnerin und ich füreinander bestimmt sind."

Spielerische Liebe (Ludus) stellt eine interpersonelle Orientierung dar, bei der Verführung, sexuelle Freiheit und sexuelle Abenteuer im Vordergrund stehen. Die Orientierung gegenüber längerfristigen Beziehungen ist eher vermeidend und abwartend. Beispielitem: „Wenn mein Partner nicht dabei ist, flirte ich gerne mal mit anderen."

Freundschaftliche Liebe (Storge) entsteht aus Freundschaft. Die interpersonelle Orientierung ist insbesondere durch gemeinsame Interessen an bestimmten Aktivitäten und Befriedigung bei der Ausführung dieser Aktivitäten gekennzeichnet. Beispielitem: „Die beste Art von Liebe entsteht aus einer engen Freundschaft."

Aus den drei Primärtypen (Eros, Ludus, Storge) lassen sich die folgenden Sekundärtypen als „Mischformen" ableiten:

Besitzergreifende Liebe (Mania) ist eine Variante von romantischer Liebe, bei der Idealisierung und Besitzansprüche mit starken Gefühlen verbunden sind, die sowohl positiv (Erfüllung in der Verschmelzung mit dem Partner bzw. der Partnerin) als auch negativ (Eifersucht, weil sich der Partner bzw. die Partnerin nicht genauso hinzugeben scheint) sein können. Beispielitem: „Wenn mein Partner mir keine Aufmerksamkeit schenkt, fühle ich mich ganz krank."

Pragmatische Liebe (Pragma) steht in einem gewissen Gegensatz zu der Gefühlsintensität, wie sie für die besitzergreifende Liebe charakteristisch ist. Rationale Erwägungen über die Wahl des Partners bzw. der Partnerin stehen im Vordergrund. Die Beziehung soll der Herstellung wünschenswerter Lebensbedingungen oder Ereignissen dienen (z. B. Einsamkeit beenden). Beispielitem: „Es ist am besten, jemanden aus der gleichen sozialen Schicht zu lieben."

Altruistische Liebe (Agape) beinhaltet die Opferbereitschaft für den Partner bzw. die Partnerin. Die Personen, die diesem Liebesstil folgen, sind bereit, ihre eigenen Ziel- und Wunschvorstellungen zurückzustellen, wenn dadurch das Wohlergehen des Partners bzw. der Partnerin gefördert werden kann. Beispielitem: „Ich lasse oft alles stehen und liegen, um meinen Partner zu unterstützen."

Zu den Liebesstilen von Lee gibt es mittlerweile viele Untersuchungen (vgl. Hendrick & Hendrick, 1986, Bierhoff, Grau & Ludwig, 1993), in denen auch weitere Beziehungsmerkmale berücksichtigt wurden. Naheliegend ist beispielsweise die Frage, ob Liebesstile durch Gegenseitigkeit geprägt sind. Nach Bierhoff und Rohmann (2004) besteht – mit Ausnahme von Mania – für alle Liebesstile eine Tendenz zur Gegenseitigkeit. Die besitzergreifende Liebe bezieht sich meist nur auf einen Partner. Große geschlechtsspezifische Unterschiede in den Liebestilen konnten nicht festgestellt werden, wiederum mit der Ausnahme von Mania, in der die Frauen die Männer anscheinend übertreffen. Die romantische Liebe führt offenbar am erfolgreichsten zu Glück und Zufriedenheit, die spielerische Liebe eher zu Unzufriedenheit in der Partnerschaft.

Liebesstile bleiben über die Zeit relativ beständig, wobei der altruistische Stil am dauerhaftesten ist. Wenn die geliebte Person wechselt, kann dies allerdings auch zu einem Wechsel des Liebesstils führen. Nach einer Untersuchung von Amelang (1990, S. 181) sind Eros und Ludus eher partnerbezogen, Storge, Pragma, Mania und Agape eher partnerunabhängig.

Bierhoff und Rohmann (2004) ordnen die Liebesstile den drei Ebenen der Betrachtung von Liebe folgendermaßen zu:

- Leidenschaft wird durch romantische Liebe repräsentiert (sowie durch besitzergreifende Liebe),
- Intimität durch freundschaftliche Liebe und
- Bindung durch altruistische Liebe (sowie das Fehlen von spielerischer Liebe).

Die pragmatische Liebe ist hier nicht zugeordnet, weil sie durch ihre „realistische" Orientierung nur wenig den landläufigen Vorstellungen von „Liebe" entspricht (vgl. Bierhoff & Rohmann, 2004).

Hazan und Shaver (1987) haben die Theorie von Bowlby (1951, 1959, 1975) (vgl. Kapitel 3.3) aufgegriffen und verstehen romantische Liebe als Bindungsprozess. Tatsächlich konnten die drei Bindungstypen auch in Studien über Bindung zwischen Erwachsenen nachgewiesen werden, wobei sich eine ähnliche Häufigkeitsverteilung über die drei Gruppen zeigte, wie bei Kindern (Mutter-Kind-Beziehung): 56 % der 620 Probanden waren sicher gebunden, 25 % vermeidend und 19 % ängstlich-ambivalent (vgl. Hazan & Shaver, 1987, Shaver & Hazan, 1988). Bezüglich der Gruppenmerkmale zeichnen sich Erwachsene mit sicherem Bindungsstil durch hohes interpersonelles Vertrauen und lange Beziehungsdauer aus, investieren viel in ihre Partnerschaft und bezeichnen sich als glücklicher und zufriedener als andere, während ängstlich-ambivalent gebundene Personen besonders besitzergreifendes, eifersüchtiges Beziehungsverhalten, häufiges Verlieben und geringe Selbstachtung aufweisen (vgl. Collins & Read, 1990). Personen mit vermeidendem Bindungsstil tendieren zu Angst vor Nähe, pessimistischen Beziehungserwartungen, wenig Vertrauen in den Partner und hohen Trennungsraten (vgl. Hazan & Shaver, 1987).

2.2.2 Die biologischen Grundlagen der Liebe

Aus Sicht der Evolutionspsychologie kann man die romantische Liebe als einen „Evolvierten Psychologischen Mechanismus (EPM)" (vgl. Kap. 3.1.4) ansehen, der sowohl eine erfolgreiche Partnerwahl als auch das gemeinsame Aufziehen von Kindern sicherstellen soll. Viele Tiere haben spezielle körperliche und verhaltensbezogene Eigenarten entwickelt, die ausschließlich dem Paarungsverhalten dienen, insbesondere dem Umwerben des Geschlechtspartners (Pfauenrad, Brunftverhalten, etc.). In der Biologie sind vor allem die Werbestrategien bei vielen Tierarten gut untersucht. Weitaus weniger weiß man bislang über die komplementären Strategien der Umworbenen.

Bei Säugetieren und auch beim Menschen sind die Kosten der Reproduktion ungleich zu Lasten des weiblichen Geschlechts verteilt. Die Frau muss das Kind austragen, gebären, stillen, sich bis zu deren Selbstständigkeit um die Kinder kümmern. Natürlich kann der Mann hierbei mehr oder weniger helfen – rein biologisch gesehen kann er seinen Beitrag allerdings auch auf den kurzen Akt der Befruchtung beschränken. Das Risiko bei der Partnerwahl ist bei Mann und Frau ungleich hoch. Bei jeder sexuellen Verbindung riskiert die Frau, ein Kind zu empfangen, für das sie möglicherweise allein sorgen muss, wenn sich der männliche Partner als unzuverlässig erweist. Für den Mann stehen Aufwand und Risiko sexueller Kontakte in einem günstigeren Verhältnis. Allerdings besteht beim Mann das Risiko, sich an eine Partnerin zu binden, die keine Kinder empfangen kann. Auch konnten sich Männer nie sicher sein, dass die von ihrer Partnerin geborenen Kinder wirklich von ihnen (und nicht von einem Konkurrenten) gezeugt wurden. Erst in neuester Zeit ist ein sicherer Vaterschaftsnachweis durch DNA-Tests möglich, die auch für Privatpersonen zugänglich sind. Allerdings sind mit dieser neuen Möglichkeit der Vaterschaftsabsicherung längst nicht alle diesbezüglichen Probleme gelöst, wie die öffentliche Diskussion über die rechtliche und moralische Problematik von DNA-Tests zur Vaterschaftsabklärung eindrücklich zeigt.

Asendorpf und Banse (2000, S. 170) fassen die Asymmetrien zwischen Männern und Frauen und die sich hieraus ergebenden evolutionspsychologischen Hypothesen zu geschlechtsspezifischen Unterschieden in den Partnerwahlstrategien folgendermaßen zusammen:

Geschlechtsspezifische Asymmetrien
- Die minimale Investition zur Zeugung von Nachwuchs ist für Männer viel kleiner als für Frauen.
- Ein Mann kann im Prinzip viel mehr Kinder zeugen, als eine Frau gebären kann.
- Frauen können nur eine begrenzte Zeit Kinder gebären, Männer bis ins hohe Alter Kinder zeugen.
- Frauen sind sich ihrer Elternschaft sicher, Männer nicht.

Aus diesen Asymmetrien lassen sich folgende Annahmen über geschlechtsspezifische Unterschiede bei der Partnerwahl ableiten:

- Männer haben mehr Interesse an unverbindlichen sexuellen Kontakten.
- Männer haben mehr Interesse an einer großen Zahl von Geschlechtspartnern.
- Männer sind bei unverbindlichen sexuellen Kontakten weniger wählerisch.
- Männer bewerten bei Frauen Zeichen von Jugend und Fruchtbarkeit hoch, Frauen bei Männern eher die Ressourcen, die sie für Kinder bereitstellen können.
- Männer reagieren eifersüchtiger auf sexuelle Seitensprünge der Frau, Frauen eher auf enge emotionale Beziehungen des Mannes.

Für diese Hypothesen liegen eine ganze Reihe empirischer Bestätigungen vor (vgl. Kap. 3.1.4). In einer Studie in 37 verschiedenen Ländern ermittelte Buss (1989), dass Männer im Durchschnitt am liebsten eine Frau heiraten wollten, die knapp 25 Jahre alt ist, also ziemlich genau zum Zeitpunkt ihrer höchsten Fruchtbarkeit. Die Fruchtbarkeit hängt nicht nur vom Alter ab, sondern wird entscheidend von den in den Eierstöcken gebildeten Östrogenen beeinflusst. Diese wiederum wirken sich auf die Entwicklung der Gesichtsform aus: Kinn und Kiefer bleiben schmal, der Überaugenwulst wächst nicht so stark wie beim Mann, wodurch die Augen größer wirken. Die Haut wird unter dem Einfluss von Östrogenen glatter, die Lippen werden voller. Östrogene sind also den typisch „weiblichen" Gesichtsmerkmalen beteiligt (vgl. Thornhill & Gangestadt, 1999). Tatsächlich konnte diese Vorliebe von Männern für möglichst „weibliche" Frauen in Untersuchungen nachgewiesen werden. Beispielsweise finden Männer bei computertechnisch manipulierten Fotos Frauen dann attraktiver, wenn diese in Richtung weiblicherer Merkmale verändert wurden (vgl. Perrett et al., 1998). Umgekehrt scheinen die Ergebnisse deutlich komplizierter zu sein.

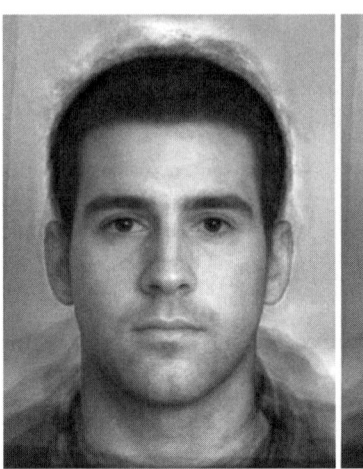

Abb. 2.4 Computersimuliertes Portrait mit hoher (links) und geringer (rechts) Maskulinität (aus Jones et al., 2008, Fig. 1, S. 80) Mit freundlicher Genehmigung von Springer Science+Business Media

Ein besonders maskulines Gesicht hängt eng mit dem Sexualhormon Testosteron zusammen. Im Gegensatz zu Östrogen fördert Testosteron das Knochenwachstum und bewirkt einen kantigeren Kiefer, ein ausgeprägteres Kinn, schmalere Lippen, buschigere Augenbrauen, einen größeren Überaugenwulst und damit kleiner erscheinende Augen (siehe linkes Bild in **Abbildung 2.4**). Männliches Aussehen steht also für einen hohen Testosteronspiegel. Die Vermutung war zunächst, dass Frauen (analog zu den Präferenzen der Männer) männlichere Gesichter attraktiver finden würden. Entgegen diesen Erwartungen fanden Perrett et al. (1998) weibliche Präferenzen für weniger männliche Gesichter. Eine Reihe weiterer Studien (Übersicht in Jones et al., 2008) ergaben Hinweise auf die Klärung dieses unerwarteten Ergebnisses. So schätzten Frauen die Persönlichkeit von maskulineren Männern als weniger gefühlvoll, warmherzig und ehrlich ein, als die Persönlichkeit von Männern mit einem femineren Aussehen. Tendenziell scheint es so zu sein, dass maskulines Aussehen mit „guten" Erbanlagen, Dominanz und Gesundheit verbunden wird, weniger männlich wirkende Männer demgegenüber als die verlässlicheren Väter angesehen werden. In sieben Studien zwischen 1999 und 2007 mit insgesamt über 1 000 Frauen ergab sich eine signifikante Abhängigkeit der Präferenz für maskulines Aussehen vom weiblichen Zyklus. In

2.2 Partnerschaft und Liebe

Abhängigkeit vom Zeitpunkt des Eisprungs stieg bei Frauen die Präferenz für maskuline Gesichter, während der übrigen Zeit (also an den unfruchtbaren Tagen) wurden weniger maskuline Gesichter bevorzugt (siehe rechtes Bild in **Abbildung 2.4**). Der evolutionäre Sinn dieses Zusammenhangs ist zumindest mehrdeutig. Jones et al. (2008) sind in ihren Interpretationen eher vorsichtig, Kast (2006) spricht den angedeuteten evolutionären Vorteil deutlich aus: „Unsere Ahnin konnte sich zunächst einen zuverlässigen Versorger an Land ziehen, um sich dann, an den fruchtbaren Tagen, mit dem Testosterontypen einzulassen, sprich: mit ihm fremdzugehen. (...) So konnte sie gleich zwei Fliegen mit einer Klappe schlagen: Für den Alltag den guten Gatten, für den Nachwuchs die guten Gene" (S. 69).

> **Aufgabe**
> Erscheint Ihnen dieser Befund als plausibel? Auf jeden Fall sollten Sie berücksichtigen, dass es sich bei den Untersuchungsergebnissen immer um statistische Durchschnittswerte handelt. Individuelle Präferenzen können also auch anders sein.

Gibt es für die Partnerwahl auch noch andere Erklärungen als unsere evolutionsbiologische Mitgift? Hasenkamp, Kümmerling und Hassebrauck (2005) versuchten über eine Telefonbefragung von 57 geburtsblinden (30 Frauen, 27 Männer) und 62 sehenden Personen (32 Frauen, 30 Männer) Anhaltspunkte dafür zu finden, ob die Ergebnisse eher den Annahmen des evolutionsbiologischen Erklärungsansatzes oder denen der konkurrierenden Theorie der strukturellen Machtlosigkeit oder der Gleichgewichtstheorie (Equitytheorie) entsprachen (vgl. Kap. 3.4.5). Evolutionstheoretisch – so die Annahme der Autoren – sollten sich keine Unterschiede in den Partnerpräferenzen der geburtsblinden und der sehenden Frauen und Männer nachweisen lassen. Geprüft wurden mittels entsprechender Befragungen die Präferenzen in Hinblick auf die physische Attraktivität (z. B. „Wie wichtig ist es Ihnen, dass ein Partner von Ihnen körperlich fit ist?") und Status/Ressourcen („... finanziell unabhängig ist?"), wobei durch Vortests gesichert wurde, dass die Fragen zur physischen Attraktivität auch von blinden Personen bewertet werden konnten (s. **Abb. 2.5**).

Bei den sehenden Frauen und Männern entsprachen die Ergebnisse den evolutionstheoretischen Erwartungen: Den sehenden Männern war die physische Attraktivität wichtiger als den sehenden Frauen, bei den Ressourcen war es umgekehrt: Hier hatten die Frauen deutlich höhere Werte als die Männer. Die Ansprüche der blinden Befragten lagen insgesamt signifikant niedriger, sowohl in Bezug auf Attraktivität als auch bezüglich Status/Ressourcen. In Bezug auf die Attraktivität ergab sich zudem eine signifikante Wechselwirkung mit dem Faktor „Sehfähigkeit": Geburtsblinde Frauen fanden die physische Attraktivität wichtiger als geburtsblinde Männer. Die Ergebnisse der Geburtsblinden lassen sich nach Meinung der Autoren noch am besten durch

2 Beziehungsformen

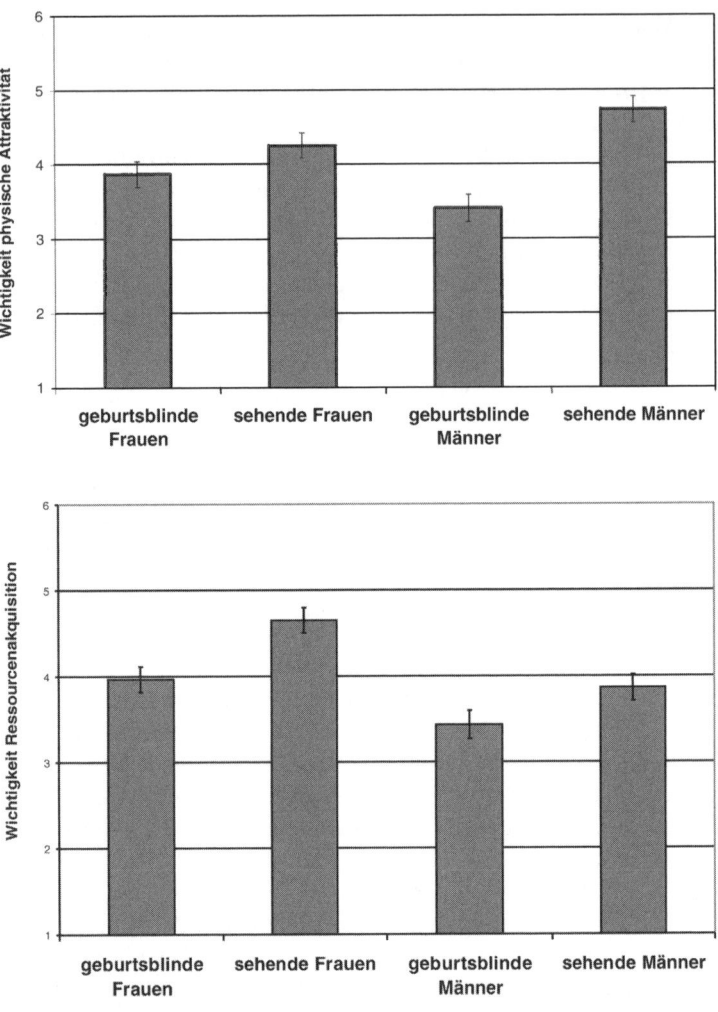

Abb. 2.5 Wichtigkeit von „physischer Attraktivität" und „Status und Ressourcen" in Abhängigkeit von Geschlecht und Sehfähigkeit (Quelle: Hasenkamp, Kümmerling & Hassebrauck, 2005, S. 85)

die Gleichgewichtstheorie (Equitiytheorie) erklären: Der in der Selbstwahrnehmung durch die Behinderung reduzierte „Marktwert" wird durch entsprechend niedrigere Ansprüche an potenzielle Partner „ausgeglichen". Kritisch merken Hasenkamp, Kümmerling und Hassebrauck (2005) allerdings auch an, dass Equitiytheorie und Evolutionstheorie hier nicht unbedingt im Widerspruch stehen, da die Evolutionstheorie die Partnerwahl als an „Idea-

2.2 Partnerschaft und Liebe

len" orientierte Strategie auffasst, die Equitytheorie eine eher pragmatische Perspektive der Partnerwahl vertritt. Da letztlich keine der drei herangezogenen Theorien den geschlechtsspezifischen Unterschied in den Attraktivitätspräferenzen der Geburtsblinden zufriedenstellend erklären kann, dürfte die Vermutung der Autoren, dass es sich auch um eine „kulturelle Überlagerung evolutionärer Muster" (S. 86) handeln könnte, am ehesten zutreffend sein.

In den letzten Jahren sind viele neurowissenschaftliche Untersuchungen durchgeführt worden, in denen die neurologischen Grundlagen der Partnerwahl näher beleuchtet wurden. Die Auswirkungen dieser gehirnphysiologischen Prozesse kennt jeder, der schon einmal „unsterblich" verliebt war.

Hierzu gehört zunächst das unbedingte Streben, die Person, in die man sich verliebt hat, für sich zu gewinnen. Man sieht zunächst nur deren Vorzüge und ignoriert alles, was einem vielleicht weniger gefallen könnte. Frisch Verliebte fühlen ungeahnte Energien, sind impulsiv, euphorisch, ihre Gedanken kreisen ständig um den oder die „Geliebte". Man hat Sehnsucht nach der geliebten Person, intensives sexuelles Verlangen, aber ein noch stärkeres Gefühl nach emotionaler Nähe und Verbundenheit. Fühlt man sich abgewiesen, kann es zu verzweifelten Verlassenheitsgefühlen kommen, manchmal auch verbunden mit hilflosem Zorn, Lethargie oder Resignation. Diese ganze Mischung an intensiven Gefühlen und Wünschen kann vom Verliebten nur schwer kontrolliert werden. Unzählige literarische Beispiele aus ganz unterschiedlichen Epochen und Ländern sprechen für die Universalität der romantischen Liebe. Jankowiak und Fischer (1992) fanden in 142 von insgesamt 166 unterschiedlichen Kulturen Belege für romantische Liebe. In den restlichen 19 Kulturen war dieser Aspekt schlicht nicht untersucht worden. In einer Untersuchung mit 437 amerikanischen und 402 japanischen Befragten fand Fisher (2006), dass sich die wesentlichen Aspekte romantischer Liebe weder nach Geschlecht, Alter, sexueller Orientierung (hetero- vs. homosexuell) noch nach ethnischer Zugehörigkeit unterschieden. Neben Sexualität und Bindungsverhalten (vgl. Kap. 3.3) stellt die romantische Liebe nach Fisher (2006) das dritte universelle emotional-motivationale System dar, durch die Balzverhalten, Paarung, Vermehrung und Elternschaft bestimmt werden. Dies ist nicht nur beim Menschen so, sondern auch bei Säugetieren und Vögeln – obwohl wir beim Menschen von romantischer Liebe sprechen und nicht von Balzverhalten.

Alle drei Systeme – Sexualität, Bindungsverhalten, romantische Liebe (Balzverhalten) – sind durch spezifische neuronale und hormonale Systeme gekennzeichnet. Sexualität durch Geschlechtshormone (beim Menschen bei beiden Geschlechtern insbesondere durch Testosteron) und Aktivitäten bestimmter neuronaler Netzwerke (insbesondere Hypothalamus und Amygdala). Bindungsverhalten (bei Säugetieren und Vögeln, z.B. enges Zusammenleben der Partner, Nestbau, gemeinsame elterliche Brutpflege) zeigte sich in Tierstudien vor allem durch die Hormone Oxytozin und Vasopressin gesteuert. Das Balzverhalten bei Tieren und die romantische Liebe bei Menschen stehen in enger Verbindung mit dem neuronalen Belohnungssystem und der Ausschüttung der

Hormone Dopamin und Norepinephrin (Adrenalin) bei gleichzeitiger Unterdrückung von Serotonin (vgl. Fisher, 2006).

Wie stark das partnerschaftliche Verhalten bei Tieren durch die Ausschüttung von Hormonen gesteuert wird, verdeutlichen Untersuchungen an nordamerikanischen Präriewühlmäusen (vgl. Lim et al., 2007, Lim, Hammock & Young, 2004a, b, Lim, Murphy & Young, 2004). Sobald ein Präriewühlmausweibchen – gesteuert über Geruchsbotenstoffe (Pheromone) – ein als Partner geeignetes Männchen trifft, bereitet sich ihr Körper umgehend auf die Paarung vor. Es folgen intensive Sexualkontakte, die sich bis zu 24 Stunden erstrecken. Danach sind die beiden dauerhaft gebunden, bauen zusammen ein Nest, verteidigen es gegen alle anderen, und bleiben monogam zusammen. Während der Paarung werden beim Weibchen Oxytozin, beim Männchen Vasopressin wirksam. Wird im Labor die Ausschüttung der beiden Hormone durch die Injektion hemmender Substanzen verhindert, kommt es zwar auch zu Sexualkontakten, aber zu keiner Bindung zwischen den Partnern. Umgekehrt führt die künstliche Verabreichung der beiden Hormone auch ohne vorausgehende Paarungen zu dauerhaften Bindungen zwischen Weibchen und Männchen (vgl. Ferguson et al., 2001). Vergleichende Untersuchungen von monogamen und nicht-monogamen Wühlmausarten zeigen zudem, dass unterschiedliche Verteilungsdichten von speziellen Rezeptoren, die die Ausschüttung des Adenocorticotropen Hormons (ACTH) steuern, eine wichtige Rolle für das Bindungsverhalten spielen (vgl. Lim et al., 2007). Der Nucleus accumbens wird bei Säugetieren, aber auch beim Menschen als ein Teil eines *Belohnungssystems* im Gehirn angesehen (sog. mesolimbisches System, zu dem u. a. auch Anteile der Amygdala und des Tegmentums gehören). In Tierexperimenten konnte gezeigt werden, dass das mesolimbisches System, in dem vor allem der Neurotransmitter Dopamin ausgeschüttet wird, verantwortlich für bestimmte Arten von Drogenabhängigkeit sein dürfte. In diesem System setzt auch die intrakranielle Selbststimulation ein, bei der sich Mäuse bis zur völligen Erschöpfung über implantierte Elektroden selbst stimulieren. Auch bestimmte Drogen, wie Kokain und Amphetamine wirken auf dieses System (vgl. Schandry, 2006, S. 458 ff).

Beruhen also möglicherweise soziales Bindungsverhalten und Drogensucht auf identischen oder doch sehr ähnlichen neurochemischen Vorgängen? T. R. Insel stellte hierzu die provozierende Frage, ob es sich bei sozialer Bindung um eine „süchtig machende Störung" handelt. Vermutlich ist der Zusammenhang allerdings genau entgegengesetzt: Evolutionär hat sich das Belohnungssystem als eine effiziente Regelungsmöglichkeit sozialen Bindungsverhaltens erwiesen (vgl. Insel, 2003). Unser Gehirn belohnt uns also für die Nähe zum Partner, stabilisiert hiermit die Partnerschaft und erhöht die Wahrscheinlichkeit, dass uns die Aufzucht der gemeinsamen Nachkommen gelingt. Die mögliche Substituierung körpereigener „Glückshormone" durch Drogen und die daraus resultierende Abhängigkeit kann man als die Schattenseite dieses evolutionär sinnvollen Mechanismus ansehen. Andererseits erklären die gehirnphysiologischen Gemeinsamkeiten zwischen den Auswirkungen von Drogen und romantischer Liebe viele Ähnlichkeiten im subjektiven Erleben. In beiden Fällen handelt es sich um „rauschhafte Zustände" mit einem deutlichen Verlust an Selbstkontrolle. Es gibt zahlreiche andere Zusammenhänge zwischen Substanzen, die in die körpereigene Hormonregulierung eingreifen, und zwischenmenschlichen Verhaltensweisen. Fisher und Thomson (2006) sehen z.B. in Antidepressiva, die den Serotoninspiegel erhöhen (sog. selektive Serotonin-Wiederaufnahmehemmer, z.B. Fluoxetin), eine ernsthafte Gefährdung romantischer Liebe. Das mit dem Verliebtsein einhergehende obsessive Denken an den Partner ist mit einer deutlichen Absenkung von Serotonin verbunden. Wird diese Absenkung durch Antidepressiva verhindert, wird gleichzeitig auch die intensive gedankliche Beschäftigung mit dem Partner mehr oder weniger unterbunden. Serotoninsteigernde Antidrepessiva werden millionenfach verschrieben. Neben den bekannten Nebenwirkungen (z.B. sexuellen Störungen) könnten sie auch kaum absehbare Auswirkungen auf Paarbeziehungen haben. Gleichzeitig zeigt die erfolgreiche Behandlung von Zwangsstörungen mit Serotonin-Wiederaufnahmehemmern (vgl. Schandry, 2006, S. 431 f) die Nähe von romantischer Liebe und zwanghaftem Verhalten.

Mittlerweile weiß man einiges über die neuronalen Vorgänge, die sich bei frisch verliebten Personen im Gehirn abspielen. Aron et al. (2005) untersuchten mittels bildgebender Verfahren zehn Frauen und sieben Männer, die nach eigenen Aussagen intensiv verliebt waren. Sie waren zwischen 18 und 26 Jahren alt. Verwendet wurde die funktionelle Magnetresonanztomographie (fMRT bzw. fMRI für *functional magnetic resonance imaging*), um die bei Liebenden aktivierten Gehirnstrukturen bildlich darstellen zu können.

Bei der funktionellen Magnetresonanztomographie macht man sich die unterschiedlichen magnetischen Eigenschaften von oxygeniertem und desoxygeniertem Blut zunutze (BOLD-Effekt). Bei der Aktivierung von Kortexarealen kommt es zu einer Steigerung des Stoffwechsels, wodurch das aktivierte Areal mit einer überproportionalen Erhöhung des Blutflusses reagiert. Aufnahmen zu unterschiedlichen Zeitpunkten können durch statistische Testverfahren miteinander verglichen und die Unterschiede räumlich zugeordnet und dargestellt werden.

In der Untersuchung von Aron et al. (2005) wurden den Vpn während der fMRT-Scans abwechselnd Fotos der geliebten Person und „neutrale" Fotos einer ihnen bekannten Person gezeigt. Um ein eventuelles Fortdauern positiver Gefühle zu unterbinden, mussten die Vpn zwischen den Fotos eine mathematische Aufgabe lösen (z.B. von der Zahl 8 421 aus in siebener Schritten rückwärts zählen). Alle Vpn waren zudem vor dem eigentlichen Versuch genau über den Versuchsablauf instruiert worden. Bei jeder Vp wurden die beiden Fotos sechsmal gezeigt; beide Fotos jeweils für 30 Sekunden, nach dem Foto des Partners musste 40 Sekunden, nach dem Foto der bekannten Person 20 Sekunden rückwärts gezählt werden. Insgesamt dauerte jeder Versuch also 12 Minuten.

Die Ergebnisse zeigten deutliche Unterschiede in den gehirnphysiologischen Aktivitätsmustern bei den beiden Bildern. Beim Anblick der geliebten Person ergaben sich Aktivierungen im mesolimbischen System, einem zentralen Belohnungssystem, und zwar insbesondere im ventralen tegmentalen Areal (VTA). Außerdem zeigten sich Aktivierungen im Nucleus caudatus, der zu den Basalganglien des Endhirns gehört. In dieser Hirnregion hatte man vor allem die Steuerung von Körperbewegungen (Willkürmotorik) vermutet. Erst in jüngerer Zeit wird der Nucleus caudatus auch als relevant für Verstärkungsprozesse angesehen. Über VTA und Nucleus caudatus laufen dopaminerge Verbindungspfade, die auch mit dem operanten Konditionieren in Zusammenhang gebracht werden, also mit dem Lernen durch Verstärkung (vgl. Schandry, 2006, S. 527 f.). Die von Aron et al. (2005) erfassten Unterschiede zwischen den Versuchspersonen korrelierten negativ mit der Dauer des Verliebtseins, d. h. die Unterschiede in den Reaktionen auf die beiden Bilder waren bei den frisch verliebten Vpn am deutlichsten (S. 333).

Es gibt also Hinweise darauf, dass sich die neurologischen Korrelate des Verliebtseins mit zunehmender Dauer verändern. In einer ähnlichen fMRT-Studie untersuchten Bartels und Zeki (2000, 2004) 17 Frauen und Männer, deren Beziehungen bereits länger dauerten (im Durchschnitt 29 Monate gegenüber sieben Monaten bei Aron et al.). Die Intensität der Liebe war in dieser Gruppe signifikant geringer (in beiden Fällen über die Passionate Love Scale (PLS) von Hatfield & Sprecher, 1986 gemessen). Auch in der Studie von Bartels und Zeki ergaben sich Aktivierungen im VTA und im Nucleus caudatus, aber zusätzlich auch in kortikalen Gehirnregionen (Gyrus cinguli und Lobus insularis). In einer entsprechenden Analyse der Vpn mit längerer Beziehungsdauer konnten auch Aron et al. diese Aktivierungen weiterer Gehirnareale belegen (vgl. Aron et al., 2005, Fisher et al., 2005). Sie bestätigen hiermit die Vermutungen von Bartels und Zeki, dass es sich bei dem neuronalen Mechanismus der Partnerwahl um einen sich mit der Zeit verändernden dynamischen Prozess handelt. Die vermuteten engen Beziehungen zwischen Sucht- und Liebesverhalten verdeutlicht auch eine neue Untersuchung bei Schlaganfallpatienten. Bei diesen führten Läsionen im Lobus insularis (also in einem Bereich, in dem auch bei längerfristig verliebten Vpn Aktivierungen beim Betrachten des Fotos der geliebten Person nachweisbar waren) dazu, dass starke Raucher kein Verlangen mehr nach Nikotin spürten (Naqvi et al., 2007).

In einer weiteren Studie verglichen Bartels und Zeki (2004) romantische Liebe mit Mutterliebe. 20 Mütter, im Durchschnitt 34 Jahre alt, wurden u. a. um Fotos ihres Kindes, eines etwa gleich alten anderen Kindes, von ihrer besten Freundin und einer Bekannten gebeten. Bei der fMRT-Untersuchung ergaben sich erstaunliche Ähnlichkeiten (allerdings auch einige Unterschiede) zu den Resultaten, die sich bei der Untersuchung zur romantischen Liebe (Bartels & Zeki, 2000) ergeben hatten.

Es zeigten sich starke Überlappungen der aktivierten Bereiche, aber auch Ähnlichkeiten in den Bereichen, die in beiden Untersuchungen deutlich verminderte Aktivitäten aufwiesen. Bei beiden Arten der Bindung, der romantischen und der mütterlichen, lagen die Aktivierungen vor allem in gehirnphysiologischen Belohnungssystemen (mit vielen Rezeptoren für Oxytozin

2.2 Partnerschaft und Liebe

und Vasopressin), gleichzeitig konnten jeweils reduzierte Aktivierungen in Bereichen festgestellt werden, die mit negativen Emotionen und Bewertungsprozessen in Zusammenhang stehen. Bartels und Zeki (2004) sehen hier einen deutlichen Zusammenhang zur alltagpsychologischen Erkenntnis, dass „Liebe blind macht" (vgl. auch die Untersuchung von Gonzaga et al., 2008). Dies gilt offensichtlich nicht nur für den Liebespartner, sondern auch für die eigenen Kinder und entspricht der Erfahrung, dass Eltern oft erstaunlich gleichmütig gegenüber kritischen Verhaltensweisen der eigenen Kinder sind.

Bisherige fMRT-Studien lassen sich auf dem Hintergrund des aktuellen Kenntnisstandes der Gehirnforschung als deutliche Belege für die Annahme heranziehen, dass die „romantische Liebe" („Verliebtsein") zentral durch subkortikale Belohnungsareale des Gehirns gesteuert wird. Romantische Liebe ist aus Sicht der Gehirnforschung ein motivationales System, in dem Belohnungen eine große Rolle spielen, und das mit ganz unterschiedlichen Emotionen verknüpft ist. Liebe ist hiernach also nicht eine bestimmte Emotion, sondern kann unterschiedliche Gefühle hervorrufen. Romantische Liebe kann auch negative Gefühle hervorrufen, wenn sie nicht erwidert wird oder gar auf direkte Ablehnung stößt. Liebe und Zorn scheinen hier eng beieinander zu liegen, d. h. Deaktivierungen in für negative Gefühle zuständigen Arealen können bei Zurückweisung leicht reaktiviert werden. Helen Fisher spricht von „Liebeshass" („love hatred"), andere auch von Verlassenheitswut, wobei sich im Sinne der „Frustrations-Aggressions-Hypothese" (vgl. Dollard et al., 1939, Kap. 3.4.1) aus zurückgewiesener Liebe Zorn und Aggression entwickeln. Gehirnphysiologen sehen den Grund in der engen Verbindung zwischen Belohnungssystemen und Gehirnarealen, die mit Wut und Aggression korrespondieren. Wird eine erwartete Belohnung nicht gewährt, reagieren wir schnell mit Wut und Ärger. Katzenliebhaber können diesen Mechanismus bei ihrer Katze schnell ausprobieren: Kraulen Sie das Tier und ziehen dann Ihre Hand überraschend zurück – aus dem behaglichen Schnurren wird ein aggressives Fauchen (oder Schlimmeres).

Man kann sich fragen, welchen evolutionären Sinn diese enge Verbindung von Liebe und Aggression hat. Bereits John Bowlby (1951) hat in seiner Bindungstheorie (vgl. Kap. 3.3) den Sinn in dem Versuch des Kindes gesehen, die Fürsorge der geliebten Person (in diesem Fall die Mutter) zurück zu gewinnen. Fisher (2006) vermutet demgegenüber, dass Hassausbrüche bei Erwachsenen nur selten erfolgreich sein dürften, den Partner zum Zurückkehren zu bewegen. Sie vermutet daher, dass Wut und Aggressivität dem enttäuschten Partner helfen sollen, sich aus der unglücklichen Beziehung emotional zu lösen und sich mittelfristig für andere, neue Beziehungen zu öffnen. Allerdings löschen diese aggressiven Gefühle nicht einfach die Liebe aus, sondern sie begleiten sie zunächst. Trotz ihrer negativen Gefühle berichten viele Verlassene, dass sie den abtrünnigen Partner eigentlich noch lieben (vgl. Ellis & Malamuth, 2000). Hass ersetzt also nicht die Liebe, sondern beide Gefühle existieren gleichzeitig.

So stark die aktuellen Gefühle im Falle des Verlassenwerdens auch sein mögen, mit der Zeit werden sie schwächer. Der Wunsch, den Partner zurückzuerobern, die Wut, das zwanghafte Denken an die gescheiterte Beziehung, all dies lässt nach. Der „Wutphase" folgt häufig die „Depressionsphase". Auch hier finden wir eine Analogie zu den Phasen, die Kinder bei andauernder Trennung von der Mutter durchlaufen. Nach der Bindungstheorie folgt auf die Phase des aggressiven Schreiens und Weinens eine Phase depressiven Verstummens (vgl. Kap. 3.3.2). In einer Studie mit 114 erwachsenen Frauen und Männern, die in den vorausgehenden acht Wochen von ihrem Partner verlassen worden waren, zeigten 40 % deutliche bis schwere Anzeichen von Depression (vgl. Mearns, 1991). Zwischen Männern und Frauen gibt es in dieser Phase deutliche Verhaltensunterschiede: Verlassene Männer greifen häufig zu Alkohol und Drogen, um ihren Schmerz zu betäuben, sie neigen zu einem waghalsigen, riskanten Fahrstil. Sie sprechen nur ungern über ihre Probleme, wenden sich weniger häufig an Freunde oder Verwandte als Frauen. Auch denken sie deutlich häufiger an Selbstmord als Frauen, vermutlich weil sie sowohl emotional als auch ganz praktisch stärker auf ihre Partnerinnen angewiesen sind als umgekehrt.

Verlassene Frauen weinen, essen zu viel oder zu wenig, schlafen zu viel oder kaum noch, verlieren das Interesse an Sex und können sich schwer auf Alltagsdinge konzentrieren. Vor allem tendieren sie dazu, ihre unglückliche Liebe stundenlang mit anderen zu erörtern. Dies kann einerseits entlastend wirken, andererseits aktualisieren sich hierdurch die depressiven Gefühle immer wieder. Resignation und Verzweiflung als Reaktion auf Verlassenwerden konnten auch bei Säugetieren nachgewiesen werden. Gehirnphysiologisch spielt auch in dieser Phase Dopamin eine zentrale Rolle. Wenn die Belohnung ausbleibt, der Partner bzw. die Partnerin also dauerhaft nicht zurückkehrt, vermindert sich die Dopaminausschüttung im Gehirn: Lethargie, Mutlosigkeit und Depression sind die Folge (vgl. Fisher, 2006, S. 189 f). Für Personen, die sich aktuell in einer Trennungsdepression befinden, mag die Interpretation ihres evolutionären Sinns zynisch klingen: In der Depression sehen wir unsere Probleme überdeutlich. Dies kann dazu führen, dass wir uns in wesentlichen Punkten ändern, die die zerbrochene Beziehung belastet und in der Folge zerstört haben. Letztlich mit dem Ziel, eine neue und erfolgreichere Beziehung aufzubauen.

Wir haben einige der neurophysiologischen Korrelate kennengelernt, die das Verliebtsein und das Ende der Liebe begleiten. Die rasante Entwicklung der modernen Technik bildgebender Verfahren hat die neurowissenschaftliche Untersuchung in den letzten Jahren extrem beflügelt. Vor allem die Möglichkeit, Vorgänge im Gehirn mit Verfahren wie der fMRT bildlich zu erfassen, scheint die Kreativität der Forschung immens anzuspornen. Allerdings sollte man berücksichtigen, dass die Forschung hier noch ganz am Anfang steht. Sicherlich werden wir in den nächsten Jahren noch sehr viel genauer Aufschluss über die neurochemischen Grundlagen zwischenmenschlicher Beziehungen erhalten. So spannend diese Ergebnisse der Neurowissenschaften auch sind, sagen sie (bislang) noch nicht sehr viel über die Unterschiede zwischen Menschen aus.

2.2.3 Erfolg und Misserfolg von Partnerschaften

Woran liegt es, wenn Paare über mehr als drei Jahrzehnte glücklich miteinander zusammen leben? Gabriela Schmid-Kloss (2004, 2006) hat sechs Paare, die mindestens 35 Jahre verheiratet waren und ihre Beziehung als glücklich beschrieben sowie zwischen 60 und 80 Jahren alt waren, gebeten, den Verlauf ihrer Ehe zu beschreiben und die subjektiven Gründe für ihre lange und „erfolgreiche" Partnerschaft zu benennen. Die Männer und Frauen wurden in narrativen Interviews getrennt befragt. Auffällig bei den langjährigen Ehepartnern ist die Art und Weise, wie sie über ihre Partner sprechen. Diese ist generell positiv, selbst negative Eigenschaften des Partners werden durch „konstruktive wohlwollende Attributionen" minimiert. Nach Jahrzehnten des Zusammenlebens ähnelten sich die getrennt befragten Partner bei der Beschreibung von lebensgeschichtlichen Ereignisse und Episoden bis hin zur Wortwahl. Schmid-Kloss (2006, S. 212) zieht aus den Befragungen den Schluss, „dass Liebe, Vertrauen, gegenseitig unterstützende Interaktionen, begünstigende Außeneinflüsse und kooperative Persönlichkeitsmerkmale den Bestand einer Beziehung fördern".

Woran hat es gelegen, wenn die Liebe endet und die (Ehe-)Partner sich trennen? Kerstin Zühlke-Kluthke (2002, S. 261ff) hat beide Partner nach der Trennung über deren Gründe befragt. Wie bei Schmid-Kloss ging es auch in ihrer Untersuchung nicht um die „objektiven" Ursachen der Trennung, sondern um die subjektiven Ursachenzuschreibungen: Warum ist unsere Beziehung gescheitert? Obwohl auch hier nur sechs Paare befragt wurden, sind einige Ergebnisse aufschlussreich. Für die Frauen lagen Kommunikationsprobleme an der Spitze der Ursachen: „Weil wir nie was wirklich geklärt haben". Die Männer nahmen diese Kommunikationsstörungen nicht wahr oder schätzten sie als weniger bedeutsam ein: „Wir haben die Streitigkeiten oft nicht zu Ende gebracht, *war ich aber auch nicht wild drauf*" (S. 265). Als „Wechsel-Attribution" bezeichnet Zühlke-Kluthke die häufige Uminterpretation zunächst positiv gesehener Eigenschaften des Partners bzw. der Partnerin ins Negative. So wird beispielsweise aus einer anfänglich beziehungsstiftenden Eigenschaft des Partners ein Trennungsgrund: Die Aussage „Selbstbewusst und ein bisschen große Klappe und ... ja irgendwie ziehen mich solche Männer immer an" wird zu: „Er war immer nur ganz auf sich fixiert und sonst nur große Klappe, ... das kann's ja nicht sein." Bei einem anderen Paar wird die anfangs bewunderte gute Laune der Ehefrau zum Vorwurf: „Dass mich das auch störte, so ihre Fröhlichkeit ... das muss gespielt sein, also irgendwie nervt das jedenfalls" (2002, S. 266). Zu ähnlichen Ergebnisse kam auch Felmlee (1995), die die Attraktivität gegensätzlicher Eigenschaften beim Partner, die sich mit der Zeit als belastend herausstellen, als „fatal attraction" bezeichnet.

Die Attributionsmuster glücklicher und unglücklicher Paare unterscheiden sich also deutlich. In zufriedenen Beziehungen neigen die Partner dazu, die Bedeutung positiver Erfahrungen mit dem Partner herauszustreichen und negative Erfahrungen herunterzuspielen. Unzufriedene Partner agieren hier genau umgekehrt: Sie streichen die negativen Erfahrungen heraus und übersehen die positiven (vgl. Bradbury & Fincham, 1990).

Die Partnerschaftsforschung untersucht vor allem den Erfolg bzw. Misserfolg von Partnerschaften. Bei heterosexuellen Partnerschaftsbeziehungen gibt es viele Hinweise auf geschlechtsspezifische Unterschiede in Bezug auf Vorstellungen und Erwartungen. Beispielsweise gibt es eine Reihe von Untersuchungen, nach denen entgegen der verbreiteten Meinung Männer romantischere Beziehungsauffassungen aufweisen als Frauen (vgl. Sprecher & Metts, 1989). Dies passt zu Befunden, dass Frauen pragmatischere Liebesstile als Männer aufweisen (vgl. Bierhoff, 1991), die zudem eine höhere emotionale Abhängigkeit von ihrer Beziehung angeben als Frauen (vgl. Frazier & Esterly, 1990). Diese höhere emotionale Abhängigkeit dürfte auch durch die in Bezug auf emotionale Unterstützung geringer ausgeprägten sonstigen Beziehungsnetzwerke von Männern bedingt sein. Männer finden emotionalen Rückhalt in sehr persönlichen Fragen häufig ausschließlich bei ihrer Ehefrau bzw. Partnerin, wogegen Frauen meist eine weitaus größere Offenheit haben, auch sehr persönliche Probleme mit Freundinnen zu besprechen (s. Kap. 2.1.5). Kurdek (1993) stellte in einer Längsschnittuntersuchung fest, dass sich die Stabilität einer Beziehung besser auf der Basis der Daten von Frauen als von Männern vorhersagen lässt. Insgesamt scheinen Frauen mehr über ihre Beziehung nachzudenken und sich auch potenzieller Probleme eher bewusst zu sein als Männer (vgl. Hassebrauck, 2003).

Mithilfe von mehr oder weniger komplexen Modellen wird in der Partnerschaftsforschung versucht, die wichtigsten Einflussvariablen auf die Stabilität einer Partnerschaft zu integrieren. Beispielhaft stellen wir zwei Modelle vor: Das austauschtheoretische Modell von Spanier und Lewis (1980) und das deutlich komplexere Vulnerabilitäts-Stress-Bewältigungsmodell von Karney und Bradbury (1995).

Spanier und Lewis (1980) entwickelten auf der Basis austauschtheoretischer Erklärungen ein zweidimensionales Modell der ehelichen Qualität und Stabilität.

Die beiden Dimensionen beziehen sich auf innere und äußere Aspekte der Partnerschaft. Die intra-dyadische Dimension wird als Kosten-Nutzen-Abwägung konzipiert: Die Partnerschaftsqualität ist hoch, wenn die (subjektive) Kosten-Nutzen-Abwägung positiv ist, und gering, wenn die Kosten den Nutzen übersteigen. Die zweite Dimension bezieht sich auf externe Faktoren, die die Stabilität der Partnerschaft beeinflussen. So können Barrieren wie finanzielle Aspekte, moralische Wertvorstellungen oder gesellschaftliche Normen einer Trennung entgegenstehen, auf der anderen Seite können attraktivere Alternativen die Stabilität gefährden.

Das zweidimensionale Modell ermöglicht die Darstellung von vier Partnerschaftskonstellationen: zufrieden-stabile, zufrieden-instabile, unzufriedenstabile und unzufrieden-instabile Partnerschaften. Es kann erklären, warum zufriedene Partnerschaften sich auflösen oder unzufriedene Partnerschaften aufrechterhalten werden. Vor diesem Hintergrund ergibt sich, dass Ehen stabil

2.2 Partnerschaft und Liebe

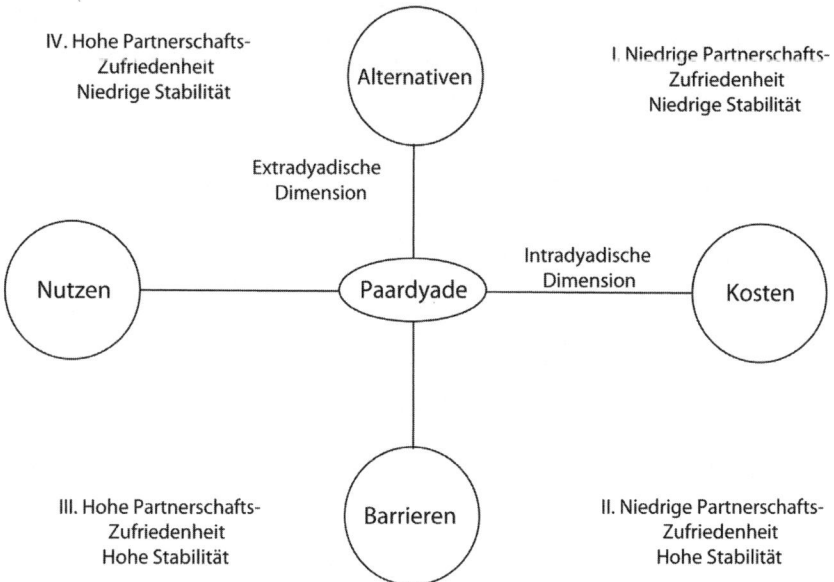

Abb. 2.6 Das Zweidimensionale Modell von Spanier und Lewis (1980)

sind, wenn die Beziehung eine hohe Attraktivität aufweist (Nutzen > Kosten), keine anderen, attraktiveren Partner vorhanden sind bzw. starke und hohe Barrieren vorliegen. So plausibel dieses Modell zunächst auch erscheinen mag, sind sein Erklärungswert und die Vorhersagekraft aufgrund der hohen Abstraktheit allerdings eher gering.

> **Aufgabe**
> Versuchen Sie Ihre jetzige (oder eine frühere) Partnerschaftsbeziehung anhand des Modells von Spanier und Lewis zu analysieren. Bei welcher der vier Konstellationen würden Sie Ihre Partnerschaft einordnen? Falls Sie mögen, bitten Sie Ihren Partner/Ihre Partnerin, dasselbe zu machen. Planen Sie in diesem Fall ein längeres Gespräch zwischen Ihnen und Ihrem Partner/Ihrer Partnerin ein.

Vulnerabilitäts-Stress-Bewältigungsmodell von Karney und Bradbury

Auf der Basis einer Metaanalyse von 115 Längsschnittstudien zur Ehezufriedenheit und -stabilität leiteten Karney und Bradbury (1995) ein pfadanalytisches Vulnerabilitäts-Stress-Adaptions-Modell ab, das die bisher gewonnenen Ergebnisse integriert und zueinander in Beziehung setzt.

2 Beziehungsformen

Das Modell beschreibt die Wechselwirkungen zwischen überdauernden Eigenschaften der Partner, belastenden Ereignissen und den Anpassungs- und Bewältigungsprozessen, die sich auf die Zufriedenheit und Stabilität der Partnerschaft auswirken.

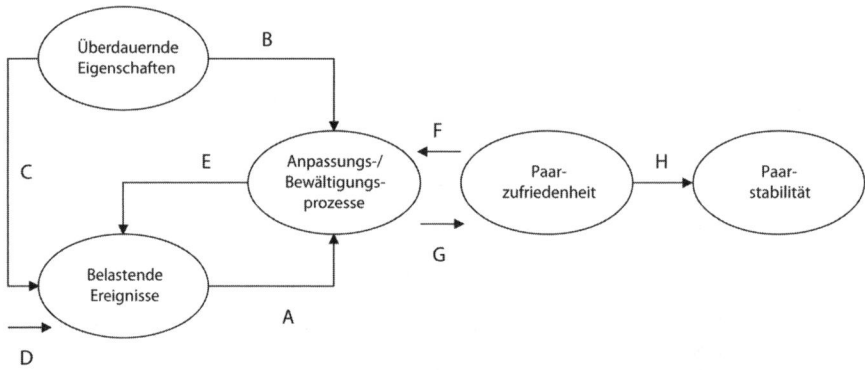

Abb. 2.7 Das Vulnerabilitäts-Stress-Adaptionsmodell nach Karney und Bradbury (1995, S. 23)

Wie **Abbildung 2.7** zeigt, stehen die drei verschiedenen Prädiktoren der ehelichen Zufriedenheit und Stabilität „Überdauernde Eigenschaften (Vulnerabilität)", „belastende Ereignisse (Stress)" und „Anpassungs- und Bewältigungsprozesse" miteinander in Wechselwirkung (durch Pfeile gekennzeichnet). Sie wirken sich auf die Partnerschaftszufriedenheit und -stabilität aus. Die Anpassungsprozesse und die Paarzufriedenheit beeinflussen sich gegenseitig. Zu den belastenden Ereignissen gehören kritische Lebensereignisse, die sowohl auf der Makro- als auch auf der Mikroebene angesiedelt sind.

Auf der Mikroebene wirken sich Widrigkeiten des Alltags auf die Anpassungsprozesse (Pfad A) aus. Dazu gehören zum Beispiel Stress mit der Kindererziehung, Konflikte über die Aufteilung der Hausarbeit oder externe Stressfaktoren (Pfad D) wie z. B. beruflicher Stress. Die belastenden Ereignisse werden aber auch noch von den überdauernden Eigenschaften beeinflusst (Pfad C). Unter den überdauernden Eigenschaften versteht man Persönlichkeitsmerkmale wie z. B. Neurotizismus und Bindungsstil, die Homogenität dieser Persönlichkeitsmerkmale zwischen den Partnern, überdauernde dyadische Variablen wie z. B. die Beziehungsdauer vor der Ehe, das Vorhandensein von Kindern sowie beziehungsspezifische Kognitionen und Einstellungen. Zu den Anpassungs- und Bewältigungsprozessen des Paares zählen insbesondere Konfliktbewältigungskompetenzen wie z. B. die gegenseitige Unterstützung in Stresssituationen, die durch die überdauernden Eigenschaften (Pfad B) direkt beeinflusst werden. Das Modell zeigt auch, dass die belastenden Ereignisse von der Art der Bewältigungsprozesse abhängen können (Pfad E). Dabei können erfolgreiche Bewältigungsprozesse belastende Ereignisse einerseits vermindern und andererseits können dysfunktionale adaptive Prozesse auch zusätzliche Belastungen erzeugen. Zudem stehen die adaptiven Prozesse in Wechselbeziehung mit der Paarzufriedenheit (Pfad F und G).

Gelingt es durch entsprechende adaptive Prozesse wie z. B. durch ein positives Interaktionsverhalten nicht, die durch die überdauernden Eigenschaften und belastenden Ereignisse verursachten Probleme zu bewältigen, stellt sich dem Modell entsprechend eine Verminderung der Paarzufriedenheit ein (Pfad F), die sich schließlich negativ auf die Paarstabilität auswirkt (Pfad H) und mit der Auflösung der Partnerschaft enden kann. Demgegenüber stabilisiert eine hohe Paarzufriedenheit die Partnerschaft. Allenfalls indirekt wird hier berücksichtigt, dass sich auch zufriedene Partnerschaften auflösen können, wenn sich für einen der Partner attraktivere Alternativen ergeben (vgl. Modell von Spanier & Lewis, 1980).

Das Modell von Karney und Bradbury (1995) beschreibt die wesentlichen psychologischen Prädiktoren der Partnerschaftszufriedenheit und -stabilität in ihren Wechselwirkungen. Eine stabile und zufriedenstellende Partnerschaft ist dann möglich, wenn die Paare fähig sind, kritische Lebensereignisse und Alltagwidrigkeiten funktional zu bewältigen, geringen Belastungen ausgesetzt sind und wenig problematische, überdauernde Eigenschaften mit in die Partnerschaft eingebracht werden (vgl. Schneewind & Wunderer, 2003). Die Partnerschaft ist demgegenüber bei Paaren gefährdet, wenn neurotische Persönlichkeitseigenschaften eines Partners oder beider Partner vorliegen, vermehrt kritische Lebensereignisse auftreten oder die Partner über geringe Bewältigungskompetenzen verfügen. Bodenmann et al. (2007) befragten 662 geschiedene Frauen und Männer in Deutschland, Italien und der Schweiz. Generell wurden mangelndes Commitment (Untreue, geringes Interesse, mangelnder Respekt) und Probleme in der Kommunikation der Partner als häufigste Ursachen für die Scheidung benannt. Alltäglicher Stress folgte an dritter Stelle, noch vor Problemen mit der Persönlichkeit des Partners.

In Bezug auf die Stressbewältigung in Partnerschaften hat sich in vielen Untersuchungen das sog. „dyadische Coping" als wichtigster Prädiktor für einen günstigen Partnerschaftsverlauf herausgestellt. Als „dyadisches Coping" wird eine bestimmte Art der gemeinsamen Stressbewältigung in Partnerschaften bezeichnet, die sich vor allem dadurch auszeichnet, dass die Partner besondere Belastungen gegenseitig erkennen, sich gegenseitig unterstützen bzw. versuchen, die Belastungen gemeinsam zu meistern. Allein aufgrund von Stress- und Copingvariablen gelang Bodenmann und Cina (2000) in 73 % der Fälle eine richtige Vorhersage von Trennungen über einen Zeitraum von fünf Jahren.

Aufgabe
Wie sieht das „dyadische Coping" in Ihrer jetzigen (oder einer früheren) Partnerschaft aus? Versuchen Sie, Stresssituationen gemeinsam oder eher „auf eigene Faust" zu bewältigen?

Auffällig ist, dass in bisherigen Scheidungsprädiktionsuntersuchungen und den resultierenden Partnerschaftsmodellen die emotionale Qualität von Beziehungen (Liebe, Leidenschaft, Zuneigung) nur wenig berücksichtigt wurde. Bodenmann (1999) entwickelt ein umfassenderes Modell, das auf den Ansätzen von Karney und Bradbury (1995) und Lösel und Bender (2003) aufbaut und neben empirisch relevanten Scheidungsprädiktoren wie Neurotizismus, Alltagsstress, Copingstrategien auch Aspekte wie initiale Liebe, gegenseitige Attraktion und Faszination, „Passung" der Partnerwahl, Bindungsstil sowie den Partnerschafts- bzw. Familienzyklus einbezieht.

Wir haben gesehen, dass sich die Anzahl der Scheidungen in den letzten 40 Jahren dramatisch erhöht hat, die Anzahl der Eheschließungen im gleichen Zeitraum kontinuierlich gesunken ist. Ist dies schon ein Zeichen dafür, dass sich die traditionellen Familienbeziehungen immer mehr zugunsten von Bekanntschafts- bzw. Freundschaftscliquen auflösen, die (zeitweilig) zusammen leben und arbeiten? Verändern die Neuen Medien nicht nur unsere Kommunikationsgewohnheiten, sondern auch unsere sozialen Beziehungen? Werden wir die direkte Kommunikation mit anderen immer mehr durch virtuelle Kommunikation ersetzen, Freunde und Lebenspartner nicht mehr direkt, sondern im Netz suchen und auch finden?

Prognosen in die Zukunft sind bekanntlich mit erheblichen Unsicherheiten behaftet. Ende des 19. Jahrhunderts sahen englische Wissenschaftler voraus, dass durch den weiter anwachsenden Verkehr London im Jahre 1961 meterhoch in Pferdemist ersticken würde (Glass, 2008, S. 124). Prognosen aufgrund bisheriger Entwicklungen können zukünftige Ereignisse, die zu gänzlich anderen Entwicklungen führen, nicht berücksichtigen. Sie sind trotzdem nicht unsinnig, weil sie uns auf problematische Entwicklungen hinweisen und so die Grundlage für Vorkehrungen zur Gegensteuerung bilden können.

In früheren Zeiten (und teilweise auch heute noch) kannten sich alle Bewohner eines Dorfes untereinander. Die „Junggesellen" und „Junggesellinnen" bildeten eine eigene Gruppe mit eigenen Ritualen, die vor allem die Partnersuche ermöglichen sollten. Hier liegt auch der Grund, warum auf dem Lande früh geheiratet wurde (und wird): Wenn man die potenziellen Ehepartner von klein auf kennt, muss man sich mit der Heirat beeilen, denn sonst schnappen andere einem die attraktivsten Partner oder Partnerinnen weg. Nicht umsonst spricht man vom „Heiratsmarkt" – auch hier sind Angebot und Nachfrage wichtige Größen. Diejenigen, die heute zwischen 25 und 35 sind, eine gute Ausbildung und einen guten Job haben, schon wegen ihres Berufs mobil sind und sein müssen, sehen sich im „globalen" Dorf einem unbegrenzten Partnermarkt gegenüber, in dem man sich mit der Suche und der Entscheidung durchaus Zeit lassen kann.

Selbst anhand des einfachen Partnerschaftsmodells von Spanier und Lewis (1980; s. oben) kann man sich die Auswirkungen dieser Entwicklungen verdeutlichen: Je größer der Markt für die potenziellen Partner wird, desto mehr steigen die Chancen, den gegenwärtigen durch einen attraktiveren Partner „eintauschen" zu können. Selbst bei hoher Partnerschaftszufriedenheit wird

2.2 Partnerschaft und Liebe

die Stabilität der Beziehung also tendenziell schwächer. Die Entscheidung zur Heirat wird hinausgezögert (es könnte sich ja noch etwas „Besseres" finden) und bei bereits Verheirateten nimmt die Wahrscheinlichkeit zu, dass sie sich wieder trennen. Die Abnahme der Eheschließungen und die gleichzeitige Zunahme der Scheidungen müssen also keineswegs bedeuten, dass die Ehe an Attraktivität verloren hat. Auch heute wünschen sich die meisten Menschen vor allem eine glückliche, intime Partnerschaft. Allerdings haben sich in den letzten Jahrzehnten möglicherweise die Präferenzen für die Auswahl des Partners bzw. der Partnerin geändert. In einer Untersuchung von Schubert zeigte sich, dass jüngere Befragte bei der Partnerwahl mehr auf postmaterialistische Werte („Selbstverwirklichung"), ältere mehr auf materialistische Werte („Sicherheit") im Sinne von R. Inglehart (1977, 1989, 1998) achten (vgl. Schubert, 2005, Schubert & Heidbrink, 2006; s. **Abb. 2.8**).

Interessanterweise zeigte sich allerdings bei den jüngsten Jahrgängen (Geburtsjahr > 1970), dass die Bedeutung der materialistischen Werte wieder ansteigt. Dies geht zwar nicht zu Lasten der postmaterialistischen Werte, macht aber dennoch deutlich, dass die gegenwärtige wirtschaftliche Situation vermutlich ihre Auswirkungen auf die Wahl des Partners bzw. der Partnerin hat. Die jüngeren Befragten achten wie ihre Großeltern wieder stärker auf materielle Sicherheit, gleichzeitig sind ihnen aber auch wie ihren Eltern die postmaterialistischen Werte zunehmend wichtig. Die Ansprüche an den idealen Partner/die ideale Partnerin werden also insgesamt höher: Er soll nicht nur

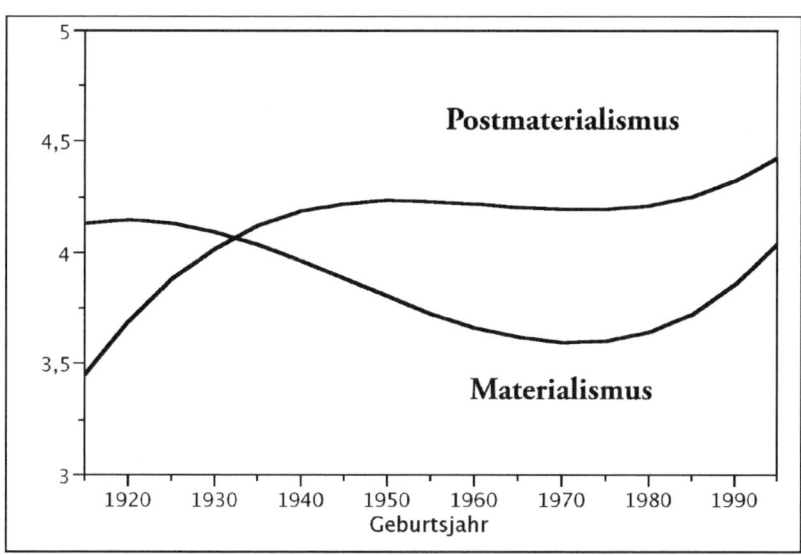

Abb. 2.8 Zusammenhang zwischen Geburtsjahr und materialistischen/postmaterialistischen Partnerwahlpräferenzen (kubische Regressionen). Quelle: Schubert & Heidbrink (2006, S. 181).

in seinem Verhalten und seiner Persönlichkeit die ideale Unterstützung der eigenen Selbstverwirklichung bieten, sondern gleichzeitig auch die materiellen Wünsche absichern. Je höher die gegenseitigen Ansprüche sind, desto größer wird das Risiko, sie nicht erfüllen zu können – sicherlich auch ein Grund für die hohen Scheidungsquoten.

Allerdings dürfte der Schluss verfrüht sein, dass wir es bei den steigenden Scheidungsraten mit einer historisch neuen Entwicklung zu tun haben. Jedenfalls dann nicht, wenn wir menschheitsgeschichtlich in größeren Dimensionen denken. H. Fisher (1989) stellte bei der Analyse von Scheidungsstatistiken aus 58 Nationen fest, dass im Durchschnitt die größte Anzahl von Scheidungen um das vierte Ehejahr herum erfolgte. Auch aktuelle Scheidungsstatistiken zeigen einen ähnlichen Trend: In Nordrhein-Westfalen ließen sich die meisten Ehepaare im Jahr 2005 ohne minderjährige Kinder im fünften Jahr nach der Heirat scheiden (2 308 Scheidungen), bei einem minderjährigen Kind erfolgen die häufigsten Scheidungen im sechsten Jahr (802), bei zwei Kindern erst nach 14 Jahren (563) und bei drei und mehr Kindern nach 15 Jahren (176) (Zahlen: Statistisches Bundesamt, 2008). Berücksichtigt man, dass diese Zahlen den Zeitpunkt bis zur Rechtskräftigkeit des Scheidungsurteils enthalten, entsprechen sie durchaus den internationalen Zahlen zwischen 1947 und 1981, auf die sich Fisher (1989) stützte. Es ist also nicht das vielbeschworene „verflixte siebte Jahr", sondern das „verflixte vierte Jahr", in dem sich die Trennungen bei Paaren mit keinem oder nur einem Kind häufen. Serielle Monogamie ist ursprünglich wohl keine Auswirkung postmaterialistischen Wertewandels, sondern steht in Zusammenhang mit unserer evolutionären Entwicklung. So vertritt H. Fisher die These, dass unsere urzeitlichen Vorfahren in der Mehrzahl nur so lange eine feste Paarbindung eingingen, bis ein einzelnes Kind die Kleinkindphase beendet hatte, also etwa vier Jahre. Danach suchten sie sich einen neuen Partner, „unbewusst getrieben von dem Wunsch nach genetischer Vielfalt bei den eigenen Nachkommen" (Fisher, 2005, S. 164).

2.2.4 Empfehlungen für gelingende Partnerschaften

Als insgesamt ermutigend hebt Bodenmann (1999) die Erkenntnis der Partnerschaftsforschung der letzten Jahrzehnte hervor, dass weniger Persönlichkeitsmerkmale oder soziodemografische Variablen für den Verlauf einer Partnerbeziehung ausschlaggebend sind, sondern Kommunikations-, Problemlösungs- und Stressbewältigungskompetenzen, die erworben und ausgebaut werden können – auch noch zu späteren Zeitpunkten im Leben.

Zu ähnlichen Aussagen kommt auch John M. Gottman (1994, 1995, 1999) aufgrund von Videoaufzeichnungen alltäglicher Streitsituationen. Gottman fasst die von ihm identifizierten negativen Kommunikationsformen in Form von *fünf apokalyptischen Reitern* zusammen, die sich in eine Beziehung einschleichen und diese schrittweise ruinieren können: 1. Kritik, 2. Verachtung, 3. Rechtfertigung, 4. Rückzug, 5. Machtdemonstration.

1. *Kritik:* Gottman geht es vor allem um die Art und Weise, wie störende Verhaltensweisen des Partners angesprochen werden. Er unterscheidet hierbei die verallgemeinernde und verletzende *Kritik* („Das Problem mit dir ist ...") von einer auf ein konkretes Verhalten bezogenen Beschwerde („Du hast mir eben gar nicht zugehört").
2. *Verachtung:* Sie kann beispielsweise in Form von Zynismus oder beißendem Spott geäußert werden und ist meist eine Folge lange schwelender negativer Gedanken über den Partner aufgrund ungelöster Probleme. *Verachtung* zielt nicht nur auf eine Verteidigung gegenüber Kritik, sondern dient der absichtlichen Verletzung des Partners.
3. *Rechtfertigung:* Auf Kritik reagieren die meisten Menschen quasi automatisch mit *Verteidigung*. Die Kritik des Partners wird abgewehrt und häufig mit eigenen Vorwürfen gekontert – die Eskalationsspirale ist ausgelöst.
4. *Rückzug:* In manchen Fällen steigt einer der Partner aus der Eskalationsspirale von Kritik, Rechtfertigung und Verachtung irgendwann einfach aus. Er ignoriert weitere Vorwürfe und reagiert mit *Rückzug* bzw. „Mauern". Das hiermit ausgesandte Signal ist für die Beziehung fatal: Du bist mir gleichgültig – nicht einmal mehr Ärger lohnt sich bei dir.
5. *Machtdemonstration:* Den ursprünglich vier Reitern hat Gottman später noch einen fünften hinzugefügt: die *Machtdemonstration* (vgl. Gottman et al., 1998). Auf Kritik folgt keine Rechtfertigung, sondern die Durchsetzung des eigenen Willens: Mir ist egal was Du sagst, ich mache was ich will! Die Machtdemonstration signalisiert, dass kein Interesse mehr an Kompromissen besteht, dass die eigenen Interessen ohne Rücksicht auf den Partner durchgesetzt werden.

Die Art und Weise der Konfliktbewältigung ist für das Gelingen einer Beziehung zwar eine wesentliche, aber möglicherweise nicht die wichtigste Bedingung. McGonagle, Kessler und Schilling (1992) fanden heraus, dass sich die von ihnen befragten Ehepaare im Durchschnitt nur ein- bis zweimal im Monat stritten. Streit-Prophylaxe-Programme können zwar die Fähigkeiten des konstruktiven Streitens bei Paaren deutlich verbessern, sie helfen jedoch nur bedingt dabei, Beziehungen auf Dauer glücklicher zu gestalten (vgl. Hahlweg & Bodenmann, 2003). Auch Gottman (2007) beobachtete in seinem „Ehelabor", dass sich selbst glücklich verheiratete Paare lautstark stritten. Es gelingt ihnen keineswegs, die „apokalyptischen Reiter" konsequent und immer zu vermeiden. Allerdings haben sie es gelernt, eine fortlaufende Eskalation von Auseinandersetzungen durch „Rettungsversuche" zu verhindern. Einen solchen erfolgreichen Rettungsversuch konnte Gottman bei Nathaniel und Olivia beobachten, die sich erbittert darüber stritten, was für ein Auto angeschafft werden sollte:

„Je mehr sie darüber reden, desto lauter wird es. Wäre man eine Fliege an der Wand ihres Schlafzimmers, dann hätte man ernsthafte Zweifel in Bezug auf ihre gemeinsame Zukunft. Dann stützt Olivia plötzlich ihre Hände in die Hüften und streckt in perfekter Nachahmung ihres fünfjährigen Sohnes die Zunge heraus. Da Nathaniel schon weiß, dass sie das gleich tun wird, streckt er ihr zuerst die Zunge heraus. Dann fangen beide an zu lachen. Wie immer löst diese alberne Geste die Spannung zwischen ihnen auf" (2007, S. 34 f).

Natürlich sind auch derartige Rettungsversuche kein Allheilmittel. Voraussetzung für das Gelingen scheint eine insgesamt positive emotionale Beziehung zwischen den Partnern zu sein, die Gottmann als „Freundschaft" bezeichnet. Überwiegen demgegenüber die gegenseitigen negativen Gefühle, können Rettungsversuche einen Streit durchaus weiter anheizen („He, es tut mir leid!" – „Ja, hinterher tut es dir immer leid, das ist ja gerade das Problem mit dir!").

Kast (2006) stellt nach der Sichtung des aktuellen Forschungsstandes fünf „Liebesformeln" als besonders wichtig für gelingende Paarbeziehungen heraus: Zuwendung, Wir-Gefühl, Akzeptanz, positive Illusionen, Aufregung im Alltag.

1. *Zuwendung:* Kontinuierliche gegenseitige Zuwendung der Partner im Alltag ist eine wichtige Bedingung für ein positives Grundgefühl. Hierbei geht es um nichts Großartiges, sondern um die Art der Reaktion, wenn uns der Partner auf Alltägliches aufmerksam macht oder uns etwas vielleicht Belangloses mitteilt. Birchler et al. (1975) stellten fest, dass sich Ehepaare Fremden gegenüber aufmerksamer und freundlicher verhalten als ihrem eigenen Ehepartner gegenüber. Nach Gottman und DeClaire (2001) ignorierten 82 % der Männer, deren Ehe akut gefährdet war, Verbindungsversuche ihrer Ehefrau, in funktionierenden Ehen lag die Ignoranzquote nur bei 19 %. Es ist allerdings nicht nur die Ignoranz der Männer, die sich destruktiv auswirkt. Wichtig ist auch, ob die Ehefrau bereit ist, auf die Sorgen des Mannes einzugehen. Dies hängt vermutlich damit zusammen, dass Männer über ernsthafte persönliche Probleme mit Freunden weniger gern reden, als Frauen mit ihren Freundinnen und ihre Frau häufig der einzige Mensch ist, mit dem sie ihre Sorgen teilen können (vgl. Kap. 2.1).

2. *Wir-Gefühl:* Austauschtheoretisch (vgl. Kap. 3.4) scheint eine Partnerschaft dann optimal zu sein, wenn beide Partner von ihr profitieren, bei keinem also die Kosten deutlich höher sind als der Nutzen. Häufig fällt es allerdings zumindest einem der Ehepartner schwer, eine für ihn selbst positive Bilanz ziehen zu können. Dieses fällt umso schwerer, wenn jeder nur versucht, auf die eigene Bilanz zu achten, da der eigene Nutzen dann schnell in Form von Kosten beim Partner aufscheint: „Warum ist das Wir-Gefühl so wichtig? Nehmen wir das Beziehungskonto als Beispiel. Aus reiner Ich-Sicht mag einem ein ständiges Einzahlen, zumal, wenn es mehr ist, als man abheben darf, bald als absurd erscheinen, als Milchmädchenrechnung, als Fehlinvestition" (vgl. Kast, 2006, S. 177). Erst das Wir-Gefühl macht die Konstruktion eines gemeinsamen Beziehungskontos sinnvoll. Indem man dem Partner etwas Gutes tut, „zahlt" man auf dieses Konto ein und stärkt wiederum das Wir-Gefühl. Dies setzt austauschtheoretische Annahmen nicht außer Kraft, sondern dient eher der Prolongierung, da nicht beide Partner immer gleichviel einzahlen und abheben müssen. Andererseits kann dieses Wir-Gefühl nur dann Bestand haben, wenn beide Partner sich um diese gemeinsame Perspektive bemühen.

2.2 Partnerschaft und Liebe

3. *Akzeptanz:* Vom perfekten Partner träumen viele, leider gibt es ihn nicht. Mit Akzeptanz meint Kast schlicht die Anerkenntnis der Tatsache, dass jeder Mensch neben Stärken auch Schwächen besitzt, die der jeweilige Partner akzeptieren sollte. Geschieht dies nicht, ergeben sich oft fruchtlose „Erziehungsbemühungen" oder ein häufiger Partnerwechsel, der von der trügerischen Hoffnung auf den idealen Partner bzw. der idealen Partnerin getragen ist.
4. *Positive Illusionen:* In glücklichen Paarbeziehungen akzeptieren die Partner nicht nur die jeweiligen kleinen (und auch größeren) Schwächen des Partners, sondern sie sehen ihn gleichsam wie durch eine rosarote Brille. Sandra Murray stellte fest, dass Ehepartner, die sich gegenseitig in Bezug auf Eigenschaften wie Intelligenz, Humor, Toleranz etc. einschätzen sollten, ihren Partner umso positiver beurteilten, je zufriedener bzw. glücklicher sie in ihrer Beziehung waren. Sie schätzten hierbei ihre Partner besser ein als diese sich selbst und auch als enge Freunde, die befragt wurden (vgl. Murray, Holmes & Griffin, 1996a, Murray et al., 2000). In einer Studie mit ca. 200 Paaren zeigte sich, dass positive Illusionen sich auch günstig auf die Beziehungszufriedenheit auswirkten (vgl. Murray & Holmes, 1997). Zusätzlich nähern Personen, die von ihrem Partner idealisiert werden, ihr Selbstkonzept diesen Idealen mit der Zeit an (vgl. Murray, Holmes & Griffin, 1996b).
5. *Aufregung im Alltag:* Gegenseitige Zuwendung und Stärkung des Wir-Gefühls gehören sicherlich auch mit dazu, wenn Paare zusammen Aufregendes erleben. Reissman, Aron und Bergen (1993) fragten 53 Ehepaare, die im Schnitt seit 14 Jahren verheiratet waren, nach besonders „aufregenden" Aktivitäten. Genannt wurden Tätigkeiten wie Bergsteigen, Skifahren, Theater- und Konzertbesuche und Tanzen. Als lediglich angenehm wurden Tätigkeiten wie Freunde besuchen, gemeinsam etwas Neues kochen, ins Restaurant oder ins Kino gehen bewertet. Die Untersucher teilten die Ehepaare in zwei Gruppen ein, wobei die eine Gruppe pro Woche anderthalb Stunden eine Aktivität der aufregenden und die andere Gruppe nur eine der angenehmen Art unternehmen sollte. Nach zehn Wochen zeigte sich, dass die Paare der „aufregenden" Gruppe mit ihrer Partnerschaft deutlich zufriedener geworden waren. In der „angenehmen" Gruppe hatte sich die Zufriedenheit nicht verändert (vgl. Reissman, Aron & Bergen 1993). Kast (2006, S. 186) fasst dies zu folgender Empfehlung an Paare zusammen: „Suchen Sie gemeinsame Herausforderungen und Aufregung im Alltag."

So sinnvoll uns diese Ratschläge auch erscheinen, nicht immer können sie eine Partnerbeziehung stabilisieren. Manchmal ist es einfach auch zu spät, um eine Beziehung noch retten zu können. H. Fisher (2005, S. 220 f.) gibt eine Reihe von Empfehlungen für den Fall, dass man letztlich doch vom geliebten Partner verlassen wird. Sie ist der Auffassung, dass man eine verlorene Liebe wie eine Sucht bekämpfen sollte. Hierzu gehört vor allem, dass „man rigoros alle Erinnerungsstücke an die Suchtsubstanz – die geliebte Person – entfernen" muss. Fotos und Briefe erinnern uns wieder an den oder die „Ex" und können die „neuronalen Schaltkreise" für die schwärmerische Verliebtheit wieder in Gang zu setzen. Unter diesem Gesichtspunkt ist es auch riskant, wenn man in der gemeinsamen Wohnung allein zurückbleibt, da hier alles an die gemeinsame Zeit erinnert. Um das ständige Denken an den Ex-Partner zumindest zeitweilig zu unterbrechen, sind ablenkende, möglichst positive Beschäftigungen zweckmäßig. Da die Verzweiflung der unerwiderten oder verlorenen Liebe mit einem sinkenden Dopaminspiegel verbunden ist, sollte man alles tun, um diese körpereigene „stimmungsaufhellende Substanz" zu erhöhen. Sport kann hierbei die gleiche positive Wirkung haben wie Psychotherapien oder Antidepressiva. Die Ratschläge mögen trivial klingen, aber sie wirken. Es gibt nur ein Problem hierbei: Man muss es schaffen, sie auch wirklich in die Tat umzusetzen!

2.3 Soziale Beziehungen in der Familie

Der Begriff der Familie ist für uns heute so selbstverständlich, dass man ihn als natürliche und übliche Lebensform ansieht. Der Begriff ist aber erst „während der Renaissance entstanden und im Rahmen der Verrechtlichung des bürgerlichen Lebens in den wachsenden städtischen Kommunen zur zentralen sozialen Grundeinheit geworden" (Petzold, 1999, S. 5). Im Mittelalter zählten ganz natürlich die Gesellen, Mägde und Knechte zu Handwerks- und Bauernfamilien. Selbst Studierende wohnten oft bei ihren Professoren und waren ebenso Teil der Familie. „Erst im 19. Jahrhundert setzte sich ein Verständnis von Familie durch, das sich an der rechtlichen Institution der Ehe und der Liebesheirat orientierte" (Petzold, 1999, S. 5; vgl. auch Mitterauer, 1989).

Heute, nachdem vielfältige neue Lebensformen entstanden sind (Stieffamilien, alleinerziehende Eltern, gleichgeschlechtliche Lebensgemeinschaften mit Kindern, Patchworkfamilien, Kinder in Pflegefamilien usw. (vgl. Kaiser, 1993), wird der Familienbegriff wieder in Frage gestellt.

Aufgabe
Gleich an dieser Stelle möchten wir Sie zu einer Aufgabe einladen: Wir möchten Sie bitten, Ihren Stammbaum bzw. Ihre Ahnentafel zu zeichnen. Dazu nehmen Sie am bestem einen größeren Bogen Papier, z. B. ein Stück alte Tapete oder eine Seite Flip-Chart-Papier. Wir geben Ihnen nur vor, dass Personen in ein rechteckiges Feld eingetragen werden, möglichst mit Geburtsnamen, Geburts- und Sterbedatum. Ehepaare werden nebeneinander eingezeichnet und mit einer waagerechten Linie verbunden. Senkrechte Linien von diesen Verbindungslinien aus nach unten stellen die Abstammung dar. (Die Zeitachse verläuft also von oben nach unten.) Auf der waagerechten Ebene der einzelnen Generation lassen sich außer den Ehepartnern auch Geschwister eintragen.

2.3 Soziale Beziehungen in der Familie

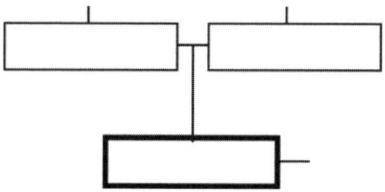

Zeichnen Sie zunächst am besten mit einem weichen Bleistift in die Mitte Ihres Papierbogens zwei in einer Zeile stehende Kästchen – vielleicht jeweils so groß wie eine Streichholzschachtel – für Ihre Eltern. Tragen Sie die notwendigen Angaben ein und verbinden Sie diese. Ziehen Sie von der Verbindungslinie eine senkrechte Linie nach unten zu einem Kästchen, in dem Ihr Name, Geburtsdatum usw. stehen sollen. Nun sollen Sie ergänzen: Geschwister, Kinder, Schwager und Schwägerinnen, Kusinen und Neffen, Nichten und Enkel, Großeltern, Urgroßeltern usw. Kurz gesagt: Alle Personen, deren Namen Sie – ohne in Unterlagen nachzuschauen – kennen und die Ihrer Meinung nach auf Ihre Ahnentafel gehören.
Betrachten Sie nun Ihren Stammbaum/Ihre Ahnentafel und beantworten Sie für sich folgende Fragen:
Gibt es unbekannte Bereiche Ihrer Abstammung und Verwandtschaft; Zweige, die Ihnen kaum bekannt sind, Personen, die Sie sich bildlich nicht vorstellen können? Woran mag dies liegen?
Sind alle Personen in der Darstellung zu finden, die für Ihre persönliche Entwicklung wichtig waren?
Haben Ihre Geschwister, Ihr(e) Ehepartner(in), Ihr(e) Kind(er) ein ähnliches Bild von Ihrem Stammbaum/Ihrer Ahnentafel? Wo bestehen Unterschiede?
Was müssten Sie tun, um ein vollständigeres Bild zu erreichen? (Im Familienbuch nachschauen? Ältere Verwandte fragen? Kirchenbücher studieren?)

Die hier vorgestellte Übungsaufgabe wird von Psychotherapeuten und Gruppendynamikern gelegentlich in Familienseminaren durchgeführt. Es zeigen sich dort beim Vergleich der Ahnentafeln große Unterschiede. Oft sind die Seminarteilnehmer selbst über „blinde" Bereiche Ihres eigenen Familienbildes erstaunt. Leicht lassen sich auch Betrachtungen erweitern: Gibt es Berufstraditionen? Gibt es regionale Familienstämme? Gibt es konfessionelle oder nationale Gruppierungen?

Weit verbreitet ist die Auffassung, dass sich die Familie im Laufe der neuzeitlichen Geschichte immer weiter verkleinert habe. Dies ist unzutreffend (vgl. Mitterauer, 1989). Großfamilien mit zahlreichen Verwandten gab es lediglich in der reichen Feudalklasse. Die Mehrzahl der Bauern war zu arm, um größere Familien ernähren zu können. Geringe Lebenserwartung, hohe Säuglingssterblichkeit, Epidemie und Kriege bewirkten, dass Kleinkinder ihre Großeltern oft gar nicht kennen lernten. Kennzeichen der Veränderungen ist wohl weniger eine Reduzierung der verwandtschaftlichen Beziehungen, sondern eher ein auffälliger Funktionswandel der Familie. Dieser Wandel ist Gegenstand familiensoziologischer Forschung geworden (vgl. u. a. Nave-Herz, 1988). Innerhalb der Psychologie war das Interesse auf Fragen der Wirkungen der Familie auf das Individuum, insbesondere auf das Kind in der Familie, gerichtet.

Hierzu gleich ein einfaches psychologisches Modell über spezifische Auswirkungen der Familienbeziehungen. Dieses sog. Konfluenzmodell *(confluence model)* haben Robert B. Zajonc und Gregory B. Markus entwickelt (vgl. Zajonc & Markus, 1975). Zajonc und Markus gingen von Ergebnissen groß angelegter Intelligenztests (z. B. an Wehrpflichtigen und Studienanfängern) aus. In mehreren dieser Untersuchungen hatte sich ein negativer Trend bezüglich der Stellung in der Geschwisterreihe und Intelligenz gezeigt.

Die Autoren versuchten sich zu erklären, warum später geborene Kinder weniger intelligent sein könnten. Sie gingen dabei von der einfachen Tatsache aus, dass Eltern für mehrere Kinder weniger Zeit haben. Mit jedem hinzukommenden Kind reduziert sich tatsächlich – statistisch gesehen – die verfügbare Zeit: beim zweiten nur noch die Hälfte, beim Dritten nur noch ein Drittel usw. Erstgeborene und besonders Einzelkinder müssten daher besonders vom Erziehungsverhalten der Eltern profitieren. Sie leben früher in der Welt der Erwachsenen und erleben z. B. ausschließlich Erwachsenensprache.

Zajonc und Markus entwarfen nun ein simples Modell: Berechnet wurde die „Familienintelligenz" als Durchschnittswert für die einzelnen IQ-Werte aller Mitglieder einer Familie, denn jedes neu hinzukommende Kind profitiere vom „durchschnittlichen intellektuellen Niveau" der Familie. Zajonc und Markus überprüften ihr Modell an großen Stichproben von Rekruten, indem sie die gemessene Intelligenz zur Anzahl und zum Geburtsdatum der Geschwister in Beziehung setzten. Das Überraschende: Die Ergebnisse entsprachen sehr genau dem Modell!

Zugegeben, das Konfluenzmodell klingt ziemlich „abgedreht" und blieb auch nicht unwidersprochen. Wenn der Mann z. B. einen IQ von 115 und die Frau einen IQ von 125 hat, dann könnte man vielleicht von einer „Familienintelligenz" von 120 sprechen. Aber wenn nun ein Kind mit einem IQ von zunächst 0 geboren wird, warum sollte dann die Familie nur noch einen IQ von $240:3 = 80$ haben? Schließlich sind die Eltern durch das Kind nicht dümmer geworden. Warum sollte man überhaupt einen Wert wie „Familienintelligenz" berechnen? Als Anekdote können wir einfügen, dass Zajonc in Deutschland einen Vortrag über sein Modell hielt und manche der Zuhörerinnen und Zuhörer daran zweifelten, ob er sein Modell ernst meinte, oder ob es sich nicht um einen intellektuellen Spaß handelte.

Inzwischen gibt es eine Fülle an Literatur zu dem provozierenden Modell. Vieles spricht für das Modell. Zajonc selbst hat daran festgehalten (vgl. Zajonc, 1976, 1983, 2001). Das Modell ist aber wahrscheinlich mathematisch-statistisch fehlerhaft (vgl. Barbut, 2006). Die innerfamiliären Wirkungsprozesse sind auch komplexer als das Modell annimmt. Eine größere deut-

2.3 Soziale Beziehungen in der Familie

sche Untersuchung mit einem Intelligenztest an einer heterogenen Stichprobe (vgl. Meise, 2005, S. 57) zeigte zwar ebenfalls „einen erheblichen Einfluss der Familiengröße auf die Testleistungen". Aber anders als nach dem Konfluenzmodell wiesen „Probanden aus Zwei- und Drei-Kind-Familien (…) ein besonders hohes Begabungsniveau auf." Dann jedoch zeigte sich der Konfluenzmodell-Effekt: „Ab der Drei-Kind-Familie nehmen die Testleistungen mit steigender Kinderzahl stetig ab, um bei der Sechs- und Mehrkind-Familie ihren niedrigsten Stand zu erreichen" (Meise, 2005, S. 57). Einzelkinder erreichen nach dieser Untersuchung aber nicht die von Zajonc vorhergesagten höchsten Werte, sondern nicht einmal die Leistungen der Probanden aus Zwei- und Drei-Kind-Familien.

> **Anregung**
> Wir können hier leider das Konfluenzmodell nicht breit diskutieren, da es uns vor allem um die sozialen Beziehungen in der Familie und nicht so sehr um Leistungsverhalten und Intelligenztestwerte geht. Wir möchten Sie jedoch anregen, das Konfluenzmodell kritisch zu untersuchen. Stellen Sie nach entsprechender Lektüre Pro- und Contra-Argumente zusammen!

2.3.1 Eltern-Kind-Beziehungen

Die Beziehungen zwischen Eltern und Kindern bestehen in der Regel mehrere Jahrzehnte und durchlaufen einen erheblichen Wandel von der Fürsorge für das Neugeborene bis hin zu eher partnerschaftlichen Beziehungen zwischen Eltern und erwachsenen Kindern. Wenigstens drei Hauptabschnitte dieser Entwicklung werden in der Literatur unterschieden: Kleinkindalter, Jugend und Erwachsenenalter.

Wissenschaftsgeschichtlich gesehen waren es zuerst und überwiegend Entwicklungspsychologen, die sich mit diesen Themen befasst haben. Dabei kann man von einer Entwicklungspsychologie erst seit den dreißiger Jahren des 20. Jahrhunderts sprechen. Bis dahin war von Kinderpsychologie und – davon getrennt – von Jugendpsychologie die Rede. Erst nach und nach setzte sich die Vorstellung von einer Entwicklungspsychologie durch, die den ganzen menschlichen Lebenslauf umfassen sollte. In den letzten Jahrzehnten haben sich zunehmend Klinische Psychologen und Sozialpsychologen für soziale Beziehungen in der Familie interessiert (vgl. zum System Familie auch Abschnitt 3.6.2).

Eltern-Kind-Beziehungen werden als *unilateral komplementär* angesehen, also als einseitig und asymmetrisch. „Komplementär" bedeutet, dass sich die Rollen von Eltern und Kindern ergänzen: Die Elternrolle ist ohne die Kinder nicht vorstellbar und umgekehrt. Durch Asymmetrie unterscheiden sich Eltern-Kind-Beziehungen auffällig von Partnerschafts-, Freundschafts- und Bekanntschaftsbeziehungen und eben auch von den Beziehungen zwischen den Kindern. Da Kinder in eine Familie hineingeboren werden, sie sich ihre Familie also nicht aussuchen können, fehlt die Freiwilligkeit der Beziehung, die z. B. für Freundschaften typisch ist. Zu der engen Verwandtschaftsbeziehung, die genetische Ähnlichkeit beinhaltet, kommt ein ähnlicher *Erlebnisrahmen* (Klima, Jahreszeiten, Tagesrhythmus, Nahrung usw.) hinzu. Hierdurch werden die affektive Bindung an die Eltern und die Übernahme von elterlichen Einstellungen und Wertvorstellungen durch die Kinder begünstigt.

Das Kind erlebt in der Familie die eigene Beziehung zu Vater und Mutter, es nimmt aber meist auch die Beziehung der Geschwister zu Vater und Mutter wahr. Hinzu kommen evtl. noch die Beziehungen zu Großeltern, anderen Verwandten und natürlich die Beziehungen der Eltern zueinander und die Geschwisterbeziehungen. „In diesem Sinn ist die Familie eine *Arena von Zweierbeziehungen* und das Kind kann wie auf einem Monitor diese Interaktionen verfolgen" (Kreppner, 1993, S. 83). Diese Vielzahl von Beobachtungen und Erfahrungen des Kindes ist offenbar für die Entwicklung der eigenen Kompetenz in sozialen Beziehungen innerhalb und außerhalb der Familie wichtig. Die Kinder nehmen aber nicht nur als „Zuschauer" am Familienleben teil, sie sind selbst aktiv gestaltende Personen. Die Familie kann als Einheit angesehen werden, „die im Verlauf der Lebensspanne eine eigene Entwicklung mit Veränderungen der Beziehungen zwischen den Mitgliedern durchläuft" (Kreppner, 1993, S. 83).

Für die Entwicklung des Kindes sind also vielfältige soziale Beziehungen, Erfahrungen und Beobachtungen ausschlaggebend. Durch Wissenschaftler wie William Stern (1871–1938), Martha Muchow (1892–1933) und insbesondere Kurt Lewin (1890–1947) ist in die entwicklungspsychologische Betrachtung auch die Bedeutung der Umwelt des Kindes aufgenommen worden. William Stern fragte sich: Wie sieht der *personale Nahraum* des Kindes aus, sein Schülerin Martha Muchow untersuchte den sog. *Streifraum* der Kinder einer Stadt und Kurt Lewin stellte mit seiner Feldtheorie die Frage: Wie sind die *Valenzen und Barrieren im Lebensraum* des Kindes zu sehen?

Wenn eben gesagt wurde, die Eltern-Kind-Beziehung sei asymmetrisch, dann gilt dies bezüglich der Lebenserfahrungen, Fürsorgepflichten usw. Eltern-Kind-Beziehungen haben aber auch nennenswerte symmetrische Qualitäten. Gerade im Jugendalter ist das Infragestellen von Regeln und Vorschriften, das Aushandeln von Spielräumen typisch. Diese Prozesse können als kleine Schritte der Veränderung von einer asymmetrischen hin zu einer symmetrischen Beziehung verstanden werden. Wie diese Prozesse verlaufen, hängt natürlich von den Beteiligten ab.

Aber schon im frühesten Kindesalter wird die asymmetrische Eltern-Kind-Beziehung durch vielfältige wechselseitige Prozesse überlagert. In sogenannten „Still-face"-Experimenten, in denen die Mütter aufgefordert wurden, ihren Kindern gegenüber ein unbewegtes Gesicht zu zeigen, beobachtete man u. a. sechs Wochen alte Kinder und konnte bereits bei diesen bis zu neun verschiedene Mimiken feststellen. Mit diesem vielfältigen Mienenspiel versuchten diese Kleinkinder offenbar ihre Mütter wieder in die Interaktion einzubeziehen (vgl. Kreppner, 1993, S. 84).

2.3 Soziale Beziehungen in der Familie

In den sechziger und siebziger Jahren wurde durch eine Reihe von Autoren die Bedeutung der Mutter-Kind-Beziehung für die Entwicklung im Kleinkindalter herausgestellt. Heute sieht man deutlicher die Bedeutung weiterer Beziehungen, wie die Vater-Kind-Beziehung und der Geschwisterbeziehungen (s. u.).

In jedem Fall scheinen die frühkindlichen Beziehungen in der Familie die Herausbildung *sozialer Kompetenzen* für spätere Lebensabschnitte, wie etwa das Vorschul- und Schulalter, prägend zu beeinflussen. Insbesondere hat die Eltern-Kind-Beziehung maßgebliche Wirkungen auf die spätere Gestaltung emotionaler Beziehungen zu anderen Menschen. Anders gesagt: Die bewussten und unbewussten Erfahrungen des Kindes mit den Eltern scheinen die innere Repräsentation von sozialen Beziehungen – auch zu anderen Menschen – wesentlicher zu prägen, als dies noch vor ein paar Jahren angenommen wurde (vgl. auch Abschn. 3.3). Man kann sich diesen Prozess so vorstellen, dass das Kind die Erfahrungen aus den Beziehungen mit den Eltern zu einem inneren Arbeitsmodell (*internal working model*) verdichtet, das als kognitives und affektives „Vorratswissen" für Beziehungen zu anderen Menschen herhalten kann. Zum Teil sammelt das Kind dieses Wissen aktiv, zum Teil erfolgt dieser Wissenserwerb unbewusst. In jedem Fall wird er durch Repräsentation von Ereignissen gebildet und aktiv in vergleichbaren Situationen genutzt.

Der Übergang von der Kindheit zur Jugend wird von den Kindern selbst, aber auch von den Eltern, sehr häufig als schwierig, konflikthaft und belastend erlebt. Verschiedene Untersuchungen über die Lebenszufriedenheit von Eltern lassen dementsprechend übereinstimmend deutlich werden, dass die durchschnittliche Lebenszufriedenheit der Eltern besonders niedrig ist, wenn das ältere der Kinder etwa 12–16 Jahre alt ist (vgl. Argyle & Henderson, 1986, S. 165). Obwohl für die Eltern die Phase der Jugend der eigenen Kinder vorhersehbar ist (und die eigene Jugend in Erinnerung ist), erleben viele Familien die nun eintretenden Veränderungen als rasant und unerwartet. Neue Interessen, Bedürfnisse und auch Fähigkeiten der Kinder machen Anpassungsprozesse innerhalb der Familie notwendig. Gewohnheiten und Wertvorstellungen der Eltern werden von den Jugendlichen infrage gestellt; andere Personen, insbesondere Freunde und Freundinnen, werden als neue Bezugspersonen gewählt und „konkurrieren" mit den Eltern. Die Eltern selbst sind in dieser Phase in der Regel zwischen 35 und 45 Jahre alt und beginnen nicht selten durch die Konfrontation mit Fragen und Kritik ihrer jugendlichen Kinder ihre eigenen Lebensformen zu reflektieren.

Ein besonderes Thema der letzten Jahrzehnte ist das der Vater-Kind-Beziehungen. In der Mitte des zwanzigsten Jahrhunderts hatte der amerikanische Soziologe Talcott Parsons (1902–1979) im Rahmen seiner Rollentheorie der Vaterrolle eine traditionelle Rolle zugewiesen (vgl. Parsons, 1949). Parsons unterschied *instrumentelle* und *expressive Rollen*, die nach seiner Auffassung in allen Gruppen zur Aufgabenbewältigung erforderlich und auch aufzufinden sind. Er sah die Rolle der Mutter in der Familie eher als expressiv und die des Vaters eher als instrumentell an. Somit fiel dem Vater in der amerikanischen Familie die Vertretung gesellschaftlicher Belange zu, d. h. die Vermittlung zwischen Familie und Gesellschaft; der Gelderwerb des Vaters erfolgt überwiegend außer Haus und damit ist dessen Freistellung von Kinderpflege und -erziehung die Folge. Die expressive Rolle der Mutter sah Parsons in der Regelung „innerer Angelegenheiten" der Familie, im Ausgleich von Spannungen usw.

Diese Familien-Rollentheorie von Parsons wurde schon früh kritisiert. Eine Kritik lief darauf hinaus, dass diese Rollenteilung vielleicht für die USA gelten könne, aber empirisch nur in ganz wenigen Kulturen zu finden sei. Spätestens in den Jahren der Studentenbewegung wurde auch Kritik an der Festschreibung dieser Rollen laut, so sehr und so oft diese Rollenteilung der Eltern auch – nicht nur in den USA – praktiziert wurde.

In den siebziger Jahren kam der Begriff der „neuen Väter" auf. Hiermit war eine veränderte Vaterrolle gemeint, die in der Bundesrepublik sichtbar wurde: größeres Interesse und Beteiligung der Väter an Babykursen, Schwangerschaft, Entbindung, Säuglingspflege und Hausarbeit.

Ein winziges historisches Detail verdeutlicht die Veränderungen, die offenbar nicht nur in Deutschland stattfanden: 1959 hatten in England 43 % der Väter noch nie eine Windel gewechselt, 1979 waren es nur noch 11 % (vgl. Beail, 1983).

Fthenakis (1985, Bd. 1, S. 16) nennt als Faktoren für die veränderte Väterrolle:

- Frauenbewegung,
- Geburtenkontrolle und Familienplanung,
- Entideologisierung der Mutterschaft,
- Zunahme der Ehescheidungen und nichttraditioneller Lebensformen,
- „Männerbewegung",
- neue soziale Einstellung zum Kind,
- verbesserte sozialwissenschaftliche Kenntnisse.

Obwohl die Beteiligung der Väter an der Erziehung selbstverständlicher geworden ist, gibt es eine Reihe von Unterschieden zwischen mütterlichem und väterlichem Verhalten. Väter scheinen im Verhalten mit den Kindern weniger direktiv zu sein (vgl. Kreppner, 1993, S. 92). Kreppner (1993, S. 95) weist auch auf eine amerikanische Untersuchung von Cowan und Cowan (1987) über das Verhalten von Müttern in den ersten Wochen nach der Geburt ihres ersten Kindes hin. Beobachtet wurde hier, dass die Mütter bei den Vätern intervenierten, wenn diese sich an der Kinderversorgung beteiligen wollten. „Sie wurden entweder direkt abgewiesen oder ihre Ungeschicklichkeit oder mangelnde Routine beim Umgang mit dem Kind hervorgehoben und so gerade in der ersten Zeit nach der Geburt eine väterliche Beteiligung von den Müttern selbst verhindert" (Kreppner, 1993, S. 95). Das Rückzugsverhalten der Väter wurde dabei mit der Klage der Mütter begleitet, die Väter beteiligten sich nicht angemessen an der Kinderpflege.

Im Verhalten zu den heranwachsenden Kindern unterschieden sich offenbar Väter und Mütter in ihrem Verhalten: Väter fordern ihre Kinder mehr

2.3 Soziale Beziehungen in der Familie

(grob)motorisch, „sie sind Spezialisten im Toben" (Petzold, 1999, S. 62). Beim Spielen sind sie auch stärker funktional, d. h. sie spielen mit ihren Kindern mit Spielzeugautos, Schiffchen usw. Vielleicht sind es wirklich „Überreste des traditionellen Geschlechtsrollenverständnisses", die dazu führen, dass Väter sich gern jene Spiele mit den Kindern aussuchen, die ihnen selbst Spaß machen, während „die weniger attraktiven Tätigkeiten eher von den Müttern erledigt werden" (Asendorpf & Banse, 2000, S. 70). Hierzu passt allerdings nicht ganz, dass Väter mit ihren Kindern mehr spazieren gehen und mehr Zeit mit dem abendlichen Zubettgehen verbringen.

Angesichts der hohen Trennungs- und Scheidungsraten stellt sich auch seit einigen Jahren in Deutschland die Frage nach den sozialen Beziehungen zwischen Kindern und getrennten Eltern. Der Psychiater Richard A. Gardner (1931–2003) hat 1985 mit dem Begriff des *Parental Alienation Syndrome* (PAS) darauf hingewiesen, dass Kinder in konflikthaften oder beendeten Beziehungen der Eltern häufig von einem Partner dem anderen Partner aktiv entfremdet werden (vgl. Gardner, 2002). Dies kann bewusst und unbewusst geschehen. Der andere Elternteil, dessen Familie, Freunde und dessen neue Partnerin bzw. neuer Partner wird „schlecht gemacht", herabgesetzt, offen oder verdeckt aggressiv behandelt und die Kinder werden u. U. für diesen Konflikt instrumentalisiert. In leichterer Form ist beim Kind eine vorübergehende Verstimmung gegenüber dem abgelehnten, jedoch meist umgangsberechtigten Elternteil zu sehen; in schweren Fällen sind dauerhafte Schädigungen des Kindes festzustellen, sodass PAS auch als Misshandlung durch einen Elternteil beschrieben wurde (vgl. Leitner & Künneth, 2004). Das PAS-Konzept hat auch in Deutschland viel Interesse gefunden – nicht zuletzt bei betroffenen Vätern und Müttern. Die Diskussion um das PAS-Syndrom ist aber leider dadurch erschwert, dass Gardner z. T. unpassende Begriffe gewählt hat. Es ist bereits fraglich, ob die Pathologisierung in Form des medizinischen Syndrombegriffs angemessen ist. Schließlich spricht Gardner von der „Programmierung" durch den entfremdenden Elternteil und sogar von „Gehirnwäsche" (vgl. Sponsel, 2007). Trotz dieser Kritik: Das Problem der Entfremdung von einem Elternteil und dessen sozialer Umgebung ist nicht zu übersehen.

Ein relativ wenig erforschtes Thema ist das der Beziehung erwachsener Kinder zu ihren Eltern. Argyle und Henderson (1986, S. 243) verweisen auf eine US-amerikanische Publikation aus dem Jahr 1978, nach der 80 % der Männer gute Beziehungen zu ihrer Mutter, aber nur 45 % der Männer gute Beziehungen zu ihrem Vater hatten; 62 % der Frauen hatten gute Beziehungen zu ihren Müttern und 45 % gute Beziehungen zu ihren Vätern. Man mag in diesen Daten eine späte Bestätigung für Freuds frühkindliche Sexualtheorie sehen, nach der sich die Kinder zum gegengeschlechtlichen Elternteil hingezogen fühlen. Man kann in den Daten auch einen Beleg für die Rivalität zwischen Vater und Sohn sehen. In jedem Fall scheinen die Beziehungen der Erwachsenen zu ihren Eltern relativ gut zu sein. Dagegen hat es immer wieder kritische Stimmen gegeben, die vor einem weiteren Zerfall der Familien und vor der Vereinsamung der älteren Generation gewarnt haben. Faktisch sind aber, zumindest in Deutschland, die erwachsenen Kinder die ersten Ansprechpartner und Helfer für die ältere Generation.

„Innere Nähe durch äußere Distanz" und „Intimität auf Abstand" sind Schlagworte, die geprägt wurden, um die Beziehungen Erwachsener zu ihren Eltern zu charakterisieren (vgl. Schütze, 1993, S. 105). Anders als bei dem Verhältnis der Jugendlichen zu ihren Eltern, das oft durch Krisen und Ablösungsprozesse gekennzeichnet ist, haben Wissenschaftler gesagt, das Verhältnis der Erwachsenen zu ihren Eltern sei „durch wechselseitiges Vertrauen und Zuneigung gekennzeichnet" (Schütze, 1993, S. 110). Natürlich kann man sich fragen, ob dies mehr oder weniger für alle Menschen gilt und die krisenhafte Adoleszenzphase praktisch für die Beziehungen im Erwachsenenalter bedeutungslos, vergessen oder verdrängt wurde. Nach einer Studie von Rossi und Rossi (1990), in der Erwachsene nach ihren gegenwärtigen und früheren Beziehungen zu ihren Eltern befragt wurden, scheint die krisenhafte Zeit der Adoleszenz keine negativen Auswirkungen auf die Beziehungen der Erwachsenen zu ihren Eltern zu haben. Wohl aber scheinen erinnerte negative Erfahrungen aus der Zeit der Kindheit „nachzuwirken". Es kann sein, dass die Befragten ihre eigene Beziehung als Jugendliche zu ihren Eltern anders wahrgenommen haben als zur Zeit ihrer Kindheit. „Wenn man sich (...) an seine Adoleszenz erinnert, fällt es nicht schwer, sich klar zu machen, dass man selbst an der emotionalen Distanz zu den Eltern kräftig mitgewirkt hat" (Schütze, 1993, S. 111).

Eine Reihe von Autoren nimmt an, dass durch positive Erfahrungen mit den eigenen Eltern in Kindheit, Jugend und frühem Erwachsenenalter eine *support bank*, also so etwas wie ein Vertrauens- oder Unterstützungsvorrat gebildet wird, der sich später auf die Beziehung der erwachsenen Kinder auf die inzwischen alt gewordene Eltern auswirkt. Dies würde den Alltagserfahrungen und z.B. auch den Annahmen der Austauschtheorie (vgl. Abschnitt 3.4.) entsprechen. Allerdings ist klar, dass ein nennenswerter Teil der Hilfeleistung gegenüber den Eltern nicht als „Rückzahlung" für frühere „Leistungen" der Eltern erfolgt. Mindestens gleich wirksam dürften formale und informale soziale Normen in unserer Gesellschaft sein, die eine Verpflichtung zur Hilfs- und Unterstützungsleistung in der Familie vorschreiben.

Sofern diese erwachsenen Kinder selbst Kinder haben, stellt sich die Frage nach den sozialen Beziehungen der Enkelkinder zu den *Großeltern*. Der Wandel der Familie in Deutschland hat bewirkt, dass immer seltener Großeltern mit Eltern und Kindern unter einem Dach wohnen. In nicht einmal 5 % aller Haushalte leben drei oder sogar vier Generationen zusammen. Dieser Wandel entspricht den Wünschen der Großelterngeneration nach Selbständigkeit, aber auch den Wünschen der Elterngeneration nach einer selbstbestimmten, harmonischen Kleinfamilie.

In Deutschland ist es aber zugleich so, dass die allgemeine geographische Mobilität gering ist, die Großeltern daher meist nicht weit entfernt wohnen und „psychologisch nah" sind. Großeltern nehmen am Familienleben teil und springen oft als Betreuungspersonen ein (vgl. Petzold, 1999, S. 64).

Die Rolle der Großeltern für die Kinder ist wenig erforscht. Literarische und autobiographische Zeugnisse und neuerdings auch Befragungen deuten aber auf die Bedeutung der Großeltern für die Sozialisation der Kinder hin. Das Verhältnis der Großeltern und Enkelkinder ist oft unbeschwert und ausgleichend in Krisensituationen. Die Großeltern genießen es oft, die Enkelkinder zu verwöhnen, ohne die Hauptlast der Erziehungsverantwortung zu tragen; nicht ungewöhnlich sind allerdings unterschiedliche Erziehungsvorstellungen von Großeltern und Eltern (s. auch Kaiser, 1993, S. 147 f.). Großeltern stehen den Enkeln nahe, auch wenn sie nicht in der Nähe wohnen. Sie sind oft diejenigen oder sogar die einzigen Menschen, die bereit und in der Lage sind, einzuspringen, wenn z. B. die Mutter krank ist.

Die Bedeutung der Großeltern für die Entwicklung und Erziehung der Enkelkinder wächst stark (vgl. Fuller-Thomson & Minkler, 2000). Hierfür spricht die häufige Berufstätigkeit von beiden Elternteilen und die derzeit hohe Scheidungsrate sowie – damit verbunden – der wachsende Anteil Alleinerziehender.

Eine Untersuchung aus den USA (vgl. Silverstein & Ruiz, 2006) weist auf die wertvolle Rolle von Großeltern hin: In einer Langzeitstudie hatten die Wissenschaftler 1390 Kinder von depressiven Müttern zu drei verschiedenen Zeitpunkten befragt. Erfasst wurden viele Faktoren, u. a. das Verhältnis zu den Großeltern. Silverstein und Ruiz fanden, dass Depression der Mütter nachteilige Effekte auf die Kinder hat, u. a. fördert sie aus verschiedenen Gründen die Depression ihrer Kinder. Allerdings zeigte sich auch, dass Großeltern hier eine Art Puffer-Wirkung haben können. Bei Kindern, die über stärkere Bindungen an ihre Großeltern berichteten, kamen depressive Verstimmungen seltener vor als bei Kindern, die wenig oder keinen Kontakt zu ihren Großeltern hatten.

2.3.2 Geschwisterbeziehungen

Wenn auch etwa jedes dritte Kind (31 %) in Deutschland ohne Geschwister aufwächst, so leben doch rund zwei Drittel (69 %) der über 20 Millionen Kinder in Deutschland mit mindestens einem weiteren minderjährigen Kind in gemeinsamem Haushalt (vgl. Statistisches Bundesamt, Pressemitteilung 388 vom 19.9.2006). Geschwisterbeziehungen sind die am längsten bestehenden Beziehungen überhaupt – verglichen mit Eltern-Kind-Beziehungen, Partnerbeziehungen, Freundschaften oder Beziehungen am Arbeitsplatz. Ohne Frage durchlaufen Geschwisterbeziehungen erhebliche Veränderungen: Sind in der frühen Kindheit die Geschwisterbeziehungen ein wichtiger Bestandteil der Sozialisation des Individuums, beschränken sie sich im Erwachsenenalter in unserer Gesellschaft manchmal auf gelegentliche Anrufe, mehr oder weniger ritualisierte Treffen bei Familienfeiern und Jubiläen und auf die Abstimmung bezüglich der sozialen Unterstützung der alt gewordenen Eltern.

2 Beziehungsformen

> **Aufgabe**
> Schreiben Sie in Stichworten auf, wie die Beziehungen zu Ihren Geschwistern waren und wie sie heute sind. Versuchen Sie Gründe für die Veränderungen zu benennen.
> Sollten Sie selbst keine Geschwister haben, so befragen Sie eine Ihnen bekannte Person – z. B. Ihren Lebenspartner/Ihre Lebenspartnerin – nach dessen/deren Geschwisterbeziehungen.
> Versuchen Sie – wenn möglich – auch das Besondere von Geschwisterbeziehungen zu ermitteln.

Geschwisterforscher unterschiedlicher Provenienz, Ethologen, Psychoanalytiker, Psychologen, Soziologen, sind sich (nach Kasten, 2004, S. 3 f.) in einer Reihe von Punkten einig:

1. Die Geschwisterbeziehung ist die längste, d. h. zeitlich ausgedehnteste Beziehung im Leben des Menschen.
2. Geschwisterbeziehungen besitzen etwas Schicksalhaftes, weil man sie sich nicht aussuchen kann, sondern in sie hineingeboren wird.
3. Geschwisterbeziehungen können nicht beendet werden, sie wirken fort, auch wenn sich die Geschwister getrennt haben oder keine Kontakte mehr stattfinden.
4. In unserem Kulturkreis gibt es keine gesellschaftlich kodifizierten Regeln, die auf den Ablauf und die Gestaltung von Geschwisterbeziehungen Einfluss nehmen (so wie Heirat, Scheidung, Taufe, Kündigung oder andere legislativ bzw. religiös verankerte Prozeduren und Rituale).
5. Zwischen Geschwistern existieren i. a. mehr oder weniger ausgeprägte, ungeschriebene Verpflichtungen, die sich in solidarischem, Anteil nehmendem, hilfsbereitem und hilfreichem Verhalten manifestieren können.
6. Durch das „Aufwachsen in einem Nest" können Geschwisterbeziehungen durch ein Höchstmaß an Intimität charakterisiert sein, das in keiner anderen Sozialbeziehung erreicht wird.
7. Typisch für die meisten Geschwisterbeziehungen ist eine tiefwurzelnde (oftmals uneingestandene) emotionale Ambivalenz, d. h. das gleichzeitige Vorhandensein von intensiven positiven Gefühlen (Liebe, Zuneigung) und negativen Gefühlen (Ablehnung, Hass).

Ob Sie bei Ihrer bei der Bearbeitung Ihrer Aufgabe auch ähnliche Merkmale der Beziehung zu Ihren Geschwistern herausgefunden haben?

Erstaunlich ist, dass „das Thema Geschwisterbeziehung von den Human- und Sozialwissenschaften lange Jahrzehnte sehr stiefmütterlich behandelt worden ist" (Kasten, 1993, S. 15), obwohl Geschwisterbeziehungen in Literatur und Kunst immer thematisiert wurden.

Auch die Psychoanalyse hat das Thema Geschwisterbeziehungen erstaunlicherweise vernachlässigt. Von seinen weit über 150 Veröffentlichungen hat Sigmund Freud keine den Geschwisterbeziehungen gewidmet (vgl. Diepold, 1988, S. 276). Auch in der Folgezeit hat sich die Psychoanalyse den Geschwisterbeziehungen wenig gewidmet – wenn man von Alfred Adler absieht (s. u.).

2.3 Soziale Beziehungen in der Familie

Freuds Auffassungen zur Geschwisterbeziehung sind allerdings an verschiedenen Stellen zu finden. Kurz gesagt, war Freud der Meinung, dass Neid und Eifersucht die dominanten Gefühle der älteren Kinder gegenüber ihren jüngeren Geschwistern sind, sind sie doch durch die Geburt des zweiten Kindes „entthront" und haben die Eltern nicht mehr allein für sich. Wie entsteht aus der hasserfüllten Beziehung nun eine auch für die Zeit des Erwachsenseins reifere Beziehung? Von Ausnahmen abgesehen wird nach Freud „die ursprünglich negative Gefühlsbeziehung mit Hilfe der Abwehrmechanismen umgewandelt. Durch Verschiebung, Reaktionsbildung, Verkehrung ins Gegenteil, Identifizierung wird der Weg zu einem Gemeinschafts- und Gruppengefühl, zu Fairness und Gerechtigkeitssinn gebahnt" (Diepold, 1988, S. 277). Die Entwicklung der angemessenen Geschwisterbeziehung ist also für Freud wesentlich dafür verantwortlich, welche Beziehungen ein Mensch später überhaupt zu anderen Menschen aufbaut. Diese Einschätzungen der frühen Psychoanalyse sind – wie fast immer bei Freud – pessimistische, plausible und spekulative Vorstellungen und keine gesicherten Forschungsergebnisse (zur Psychoanalyse vgl. Kap. 3).

In den letzten Jahren hat sich die Forschungssituation zu Geschwisterbeziehungen geändert: Ausgehend von der Entwicklungspsychologie haben Autoren Forschung betrieben und Übersichten gegeben (vgl. z. B. Kasten, 2004). Das Gebiet der Geschwisterbeziehungen wurde auch aus psychoanalytischer (vgl. Bank & Kahn, 1989, amerik. Original 1982) und familientherapeutischer Sicht (vgl. Sohni, 2004) behandelt. Innerhalb der Sozialpsychologie ist das Thema ebenfalls erst in den letzten Jahren zu den aktuellen Themen „aufgerückt" – ablesbar an der Behandlung in neueren sozialpsychologischen Lehrbüchern.

Zu den „Klassikern" der Geschwisterforschung zählen zwei deutschsprachige Autoren: Alfred Adler (1870–1937) und Walter Toman (1920–2003). Adler hat aus seinen Erfahrungen als Arzt, Therapeut und Erziehungsberater Beobachtungen zur Stellung in der Geschwisterreihe gemacht, die er zu seiner Lehre von den Organminderwertigkeiten in Beziehung gesetzt hat. Zum jüngsten Kind schreibt er in seinem Buch *Menschenkenntnis*: „Es ist für kein Kind eine angenehme Situation, immer als das Kleinste zu gelten, dem man nichts zutraut, dem man nichts anvertrauen darf. Das reizt das Kind so sehr, dass es meist danach strebt, zu zeigen, was es alles könne. Sein Machtstreben erfährt eine Verschärfung. So wird der Jüngste meist ein Mensch sein, dem nur die beste Situation genügt, der ein Streben in sich entwickelt, alle anderen zu überspringen" (Adler, 1927, S. 121). Bezüglich des ältesten Kindes verweist Adler auf die Erbtraditionen der Übernahme von Haus und Hof oder des elterlichen Betriebes. „Man muss sich vorstellen, was es für ein Kind bedeutet, in dieser Weise ununterbrochen mit dem ganzen Vertrauen der Umgebung beladen zu sein (...) Wenn die Entwicklung in dieser Richtung ohne Störung verläuft, dann werden wir beim Ältesten Züge finden, die ihn als Hüter der Ordnung charakterisieren" (Adler, 1927, S. 124). Auch das einzelne Kind sieht Adler in einer besonderen Situation: „Es ist den erzieherischen Angriffen seiner Umgebung voll ausgesetzt. Die Eltern haben sozusagen keine Auswahl, sie stürzen sich mit ihrem ganzen erzieherischen Elan auf dieses einzige Kind. Dieses wird in höchstem Grade unselbständig, wartet immer, dass ihm jemand den Weg zeigt, es sucht stets nach einer Stütze" (Adler, 1927, S. 125).

> **Aufgabe**
> Können Sie aufgrund Ihrer eigenen Lebenserfahrung diese Aussagen von Freud und Adler bestätigen, oder haben Sie andere Beobachtungen gemacht?

Waren Adlers Ausführungen auf therapeutische Erfahrungen und Plausibilität gestützt, suchte Walter Toman (1920–2003) in umfangreicheren empirischen Untersuchungen nach Persönlichkeitsunterschieden von Menschen in Abhängigkeit von der Stellung in der Geschwisterreihe (vgl. Toman, 1959, 1964, 1969).

Inzwischen ist jedoch erhebliche Skepsis bezüglich derartiger Persönlichkeitsunterschiede aufgekommen, so plausibel die Ausführungen von Adler und Toman auch sind: Ernst und Angst (1983) haben eine umfangreiche Monographie mit entsprechenden Untersuchungen vorgelegt. Die beiden Autoren kommen darin zu dem Ergebnis, dass die Stellung in der Geschwisterreihe für die Persönlichkeitsentwicklung nicht die erwarteten Auswirkungen hat. Andere Faktoren, die meist in derartigen Untersuchungen nicht ausreichend berücksichtigt wurden, haben offenbar viel stärkere Wirkungen. Ein Beispiel: Wenn man findet, dass Einzelkinder unselbständiger als andere Kinder sind, dann kann dies stimmen; es muss aber nicht am Sachverhalt des Einzelkindes liegen, sondern ebenso können der soziale Status der Eltern oder andere Faktoren eine Rolle für dieses Ergebnis gespielt haben.

Seit der Monographie von Ernst und Angst ist man daher mit der behaupteten Auswirkung der Stellung in der Geschwisterreihenfolge auf die Persönlichkeitsentwicklung sehr viel vorsichtiger geworden als zu den Zeiten von Alfred Adler. Dies bedeutet natürlich nicht, dass die Konstellationen zur Zeit der Kindheit oder des Jugendalters für das eigene Erleben oder gar die Beziehungen zu den Geschwistern bedeutungslos wären! In der Psychotherapie hat sich die Einbeziehung der Geschwisterkonstellation als höchst bedeutsam herausgestellt, und in der Fachliteratur gibt es eine Fülle von Einzelbeispielen, teils alltäglicher, teils klinisch-psychologischer Art (vgl. Bank & Kahn, 1990; Sohni, 2004).

Eine neuere deutsche Online-Untersuchung von weit über 1000 Personen nach der Stellung in der Geschwisterreihe und Persönlichkeitsvariablen (in Selbst- und Geschwistereinschätzung) erbrachte u. a. folgende Ergebnisse: Erst- und Zweitgeborene unterscheiden sich nicht bezüglich Extraversion, Erstgeborene schätzen sich selbst als sozial unverträglicher ein, sie sind gewissenhafter und intellektueller als Zweitgeborene. Zweitgeborene sind dagegen risikobereiter (vgl. Klasen, 2000, S. 90 f.). Diese Ergebnisse decken sich z. T.

mit früheren Befunden. Bemerkenswert ist aber auch an dieser Studie, dass es z. T. Beurteilungsdivergenzen in der Selbst- und Fremdbeurteilung gibt, die nicht einfach aufzuklären sind.

Ganz allgemein ist man in den letzten Jahren in der Geschwisterforschung von der Analyse struktureller Daten, wie der Geschwisterzahl usw. mehr und mehr zu „dahinterliegenden" Sachverhalten vorgedrungen. Dies brachte mit sich, dass man etwa seit den achtziger Jahren der Entwicklung mehr Beachtung schenkte, Längsschnittstudien durchführte und vielfältige, neuere Erhebungs- und Auswertungsmethoden anwandte.

Beziehungen der Geschwister zueinander werden manchmal mit den Beziehungen der Kinder zu Peers, manchmal kontrastierend mit dem Eltern-Kind-Verhältnis verglichen. Der englische Begriff *peers* bezeichnet gleichgestellte Personen, d. h. Arbeitskollegen, Spiel- und Klassenkameraden, Studienkollegen usw. (Die manchmal zu findende Übersetzung „Gleichaltrige" ist also nicht ganz zutreffend.) Im Vergleich zur asymmetrischen Eltern-Kind-Beziehung sind die Beziehungen zwischen Geschwistern und Peers eher symmetrisch (vgl. von Salisch, 1993). Allerdings ist ein Faktum nicht zu übersehen: Von Zwillingen abgesehen sind Geschwister immer unterschiedlich alt, daher meist auch körperlich unterschiedlich entwickelt und als Schüler meist auch in verschiedenen Schulklassen. Selbst wenn die Kinder gleich alt sein sollten, gibt es Unterschiede: evtl. verschiedenes Geschlecht, unterschiedliche Persönlichkeitszüge, Begabungen, Attraktivität usw. Doch die Gemeinsamkeiten haben starken Einfluss: Gleiche Eltern, gleiches Entwicklungs- und Erziehungsumfeld und gleicher Erlebnisrahmen.

„Studien, in denen die Interaktionen von Vorschul- und Schulkindern im Labor oder in deren natürlichem Umfeld zu Hause beobachtet wurden, zeigen, dass asymmetrisches Rollenverhalten unter Geschwistern sehr viel häufiger vorkommt als unter befreundeten Gleichaltrigen" (Schmid, 2004). Ältere Geschwister bestimmen häufiger, helfen eher, machen vor und erklären. „Die jüngeren Geschwister ordnen sich diesen Verhaltensweisen nicht nur unter, sondern fordern sie auch heraus" (Schmid, 2004).

Nicht ungewöhnlich für Geschwister ist die besondere emotionale Bindung des einen Kindes an einen Elternteil und des anderen Kindes an den anderen Elternteil, die sog. „split-parent identification". Auch dieser Sachverhalt kann zu Unterschieden zwischen den Geschwistern beitragen.

Untersuchungen zeigen, dass Kinder in der frühen Kindheit etwa doppelt so viel Zeit miteinander verbringen wie mit ihren Eltern. Die Geschwister lernen sich daher gut kennen. Sie kennen die Stärken und Schwächen des anderen. „Geschwister sind daher besonders gut in der Lage, einander aufzuziehen, zu ärgern, zu manipulieren, oder auf andere Weise zu kränken." Es scheint, dass sich „diese Fähigkeit schon sehr früh, nämlich ab dem Alter von 14 bis 18 Monaten ausbildet" (von Salisch, 1993, S. 62 f.). Natürlich gibt es nicht nur die herablassenden Äußerungen älterer Geschwister, wenn Jüngere bestimmte Dinge noch nicht wissen oder können, sondern auch das „Nachäffen" der Älteren durch die Jüngeren.

Neben diesen eher dysfunktionalen Verhaltensweisen ist zwischen Geschwistern eine Vielfalt von positiven Verhaltensweisen an der Tagesordnung. Aufgrund der gemeinschaftlichen Lebenswelt haben Geschwister oft die besondere Fähigkeit zur Einfühlung in die andere Person. Sie erkennen etwa ab dem zweiten Lebensjahr, ob der Bruder oder die Schwester in Not ist. Diese Beurteilung erfolgt durch Geschwister offenbar besser als durch Peers. Nicht zu vergessen ist eine spezifische Art des Einstehens füreinander, nämlich Solidarität gegenüber den Eltern und gegenüber anderen erwachsenen Personen aus der Verwandtschaft.

Zieht die Familie aus beruflichen Gründen um, wechseln die Kinder die Schule, gehen Freundschaftsbeziehungen der Kinder oft verloren. Geschwisterbeziehungen bleiben dagegen bestehen und bilden in der sozialen Umwelt des Kindes ein stabiles Element.

Geschwisterbeziehungen sind natürlich sehr unterschiedlich. Durch Untersuchungen ist bestätigt worden, dass der Altersabstand relevant ist. Besonders eng scheinen die Beziehungen von Geschwistern zu sein, deren Lebensalter nicht viel mehr als zwei Jahre auseinander liegt. Bei größerem Altersabstand ergibt sich in vielen Familien schnell die Übertragung von Teilen der elterlichen Verantwortung auf das ältere Kind: Es wird erwartet, dass dieses sich um das jüngere Kind kümmert. Es gibt psychoanalytische Arbeiten, in denen beschrieben wird, dass die jüngeren Geschwister bei Abwesenheit der Mutter ersatzweise Zuneigung, Kontakt und Bindung zum älteren Geschwisterkind suchen, wobei dieses Kind nur sehr unvollkommen mütterliche Aufgaben wahrnehmen kann (und dauerhaft sicher auch nicht will). Psychoanalytiker haben aus diesen Konstellationen auf mögliche Fehlentwicklungen geschlossen (vgl. Bank & Kahn, 1990, S. 34ff.). In jedem Fall sind Beziehungen zwischen Geschwistern, die mehr als etwa acht Jahre Altersunterschied aufweisen, weniger eng, insbesondere bei Geschwisterpaaren mit verschiedenem Geschlecht.

Eine Besonderheit in den Geschwisterkonstellationen – und daher auch in den Geschwisterbeziehungen – stellen *Zwillingsgeschwister* dar. „Zwillinge teilen im Gegensatz zu anderen Geschwisterkindern ein gemeinsames Schicksal, das bereits im Mutterleib beginnt. Sie werden im Abstand von nur wenigen Minuten oder Stunden geboren und wachsen von da an gemeinsam auf, wenn sie nicht durch besondere Umstände getrennt werden" (Watzlawik & Clodius, 2007, S. 196f.). Unterschieden werden monozygote Zwillinge mit gleichen Erbanlagen (und daher stets gleichem Geschlecht) und dizygote Zwillinge. Für viele Fragestellungen im Bereich der Anlagen-Umwelt-Forschung sind Zwillinge untersucht worden. Wenig ist allerdings über die Beziehungen von Zwillingen als Geschwister bekannt. Man kann aber annehmen, dass Zwillingsgeschwister ähnlichere Bedürfnisse haben, stärker aufeinander angewiesen sind und sich gegenseitig mehr unterstützen als andere Geschwister, die Beziehung ist also in der Regel symmetrisch. Das Bedürfnis, anders sein zu wollen als das Geschwisterkind, tritt besonders in der Pubertät auf.

2.3 Soziale Beziehungen in der Familie

Meike Watzlawik und Sandrine Clodius von der Technischen Universität Braunschweig haben 48 monozygote Zwillinge und ähnlich große Gruppen von dizygoten Zwillingen und anderen Geschwisterpaaren bezüglich ihrer Beziehung zu ihrem Geschwister verglichen. „Es stellte sich heraus, dass die monozygoten Zwillinge ihre Beziehung zueinander wesentlich ähnlicher beurteilen als andere Geschwister. Monozygote Zwillinge nehmen demnach diesbezüglich eine Sonderrolle unter den Geschwistern ein" (Watzlawik & Clodius, 2007, S. 203). Dizygote Zwillinge ähnelten nach dieser Untersuchung eher den anderen Geschwistern. Die genetische Ähnlichkeit hat also bei der Beschreibung von Zwillingsbeziehungen nennenswerte Bedeutung. Allerdings zeigte sich in dieser Längsschnittstudie auch, dass die Ähnlichkeit zur Zeit der Pubertät verschwindet. Monozygote Zwillinge schätzen zu diesem Zeitpunkt die emotionale Nähe zu ihrem Geschwister weder höher noch niedriger ein als die anderen Geschwisterpaare.

Anders als Freundschaftsbeziehungen oder gar Bekanntschaften können Geschwisterbeziehungen – wie gesagt – nicht „aufgegeben" werden. Dieser Sachverhalt ist den Geschwistern bewusst und veranlasst sie, vielleicht nach einer Phase des Rückzugs oder der Krise, weiter zusammenzustehen. Wenn Geschwister älter werden, ist es natürlich möglich, die Geschwisterbeziehung nicht weiter zu pflegen oder sogar bewusst abzubrechen. Doch scheint dies selten zu sein. In jedem Fall werden Geschwisterbeziehungen, die in der Kindheit schon durch Alters-, Größen- und Kompetenzunterschiede *asymmetrisch* sind, mit zunehmendem Alter *symmetrischer*. Die zunächst merklichen Unterschiede im Alter werden – bezogen auf das Lebensalter – immer geringer. Für diese plausible Annahme sprechen inzwischen auch Daten aus Längsschnittstudien an Kindern, die mehrfach befragt wurden (vgl. z.B. Watzlawik & Clodius, 2007).

Die Familiensoziologin Goetting (1986) hat das Konzept der Entwicklungsaufgaben *(developmental tasks)* von Robert J. Havighurst (1900–1991) herangezogen (vgl. Havighurst, 1963) und die Literatur zu den prosozialen Entwicklungsaufgaben durchgearbeitet. Zusammenfassend sagt sie, dass Geschwister folgende Aufgaben zu bewältigen haben:

1. In der Kindheit gegenseitige emotionale Unterstützung, Freundschaft und Kameradschaft, Hilfe der älteren gegenüber den jüngeren, Erweisen von Gefälligkeiten, Solidarität gegenüber anderen und gelegentlich auch gegenüber den Eltern.
2. Während des frühen und mittleren Erwachsenenalters dominieren auch Kameradschaft und emotionale Unterstützung, Kümmern um die älter gewordenen Eltern, Klären von Versorgungsfragen, Haushaltsauflösung, Beistand in Krisenzeiten.
3. Im späten Erwachsenenalter und im höheren Alter ist gefühlsmäßige Unterstützung gefragt, Fragen (vielleicht nur latent vorhandener früherer Rivalitäten) werden geklärt, Erweisen von Gefälligkeiten, Verlass auf den anderen.

Konflikte zwischen erwachsenen Geschwistern sind durchaus häufig – bekanntermaßen oft bei Erbstreitigkeiten. Doch scheinen Geschwister im Großen und Ganzen positive Beziehungen aufrecht zu halten; es gibt Hinweise darauf, dass die Beziehungen zwischen Geschwistern im höheren Alter wieder enger werden. Geschwister helfen sich in Krisensituationen (z. B. Krankheit eines Kindes) und sie regeln gemeinschaftlich die Pflege der alt gewordenen Eltern. Bedford (1993, S. 125) weist auf ein paar Unterschiede bei Geschwisterpaaren mit verschiedenem Geschlecht hin. Danach scheint es als Erwachsener für das Wohlbefinden günstiger zu sein, eine Schwester als einen Bruder in der Nähe zu haben. Doch sind diese (amerikanischen) Ergebnisse vielleicht auch nicht überzubewerten.

Ziemlich sicher wird emotionale Nähe zwischen erwachsenen Geschwistern durch räumliche Nähe begünstigt. Auch fand man, dass Erwachsene ohne Kinder und ohne Lebenspartner engere, freundschaftlichere Beziehungen zu ihren Geschwistern haben. Nicht selten ziehen ältere Geschwister, verwitwet oder auch früher schon alleinstehend, im Alter zusammen in einen Haushalt. Nach Untersuchungen sind dies zu ca. 90 % Schwestern. Dass Bruder und Schwester oder gar zwei Brüder im Alter zusammenziehen, ist offenbar in unserem Kulturkreis sehr selten.

Wenn Geschwisterbeziehungen über viele Jahrzehnte bestehen, dann können die Beziehungen recht eng sein. Doch scheint es so zu sein, dass der Tod eines Geschwisterteils in hohem Alter „akzeptiert" wird. Dies ergab eine kleinere Befragung von Personen im Durchschnittsalter von 77 Jahren, die ihren Bruder oder ihre Schwester durch Tod verloren hatten (vgl. Moss & Moss, 1986); nur ein Drittel der Personen fühlte sich stark betroffen. Dies ist zunächst überraschend. Vielleicht hatten die Befragten aber bereits mit dem Tod gerechnet und vielleicht spielte auch das Gefühl mit, man selbst sei gesünder, stärker als der Verstorbene.

Mit dem Tod eines Geschwisterteils wird nicht nur eine nahe Beziehung beendet, sondern auch eine Beziehung, die oft durch *Rivalität* gekennzeichnet war. Sie stellt sich bei spielenden Kindern fast automatisch ein. Oft sind es aber die Eltern, die diese Rivalität fördern. Wenn der Vergleich vielleicht auch nicht aktiv durch die Eltern erfolgte, in einer leistungsbezogenen Gesellschaft mit Schulunterricht, Schulnoten usw. stellt sich das Besser-Sein-Wollen zwangsläufig ein. Begünstigt wird Rivalität durch ähnliches Alter und gleiches Geschlecht.

Die Geschichte ist voll von Beispielen der Geschwisterrivalität. Erinnert sei an die alttestamentliche Geschichte von Kain und Abel, in der Kain aus Neid um die Liebe Gottes seinen jüngeren Bruder erschlägt. Ein anderes Beispiel ist die mit den Rhein-Schlössern Sterrenberg und Liebenstein verbundene Sage von den feindlichen Brüdern Heinrich und Konrad und deren tragischer Liebe zu Hildegard.

Erst wenn Jugendliche durch verschiedene Begabungen und Interessen verschiedene Wege zu gehen beginnen, mildert sich in der Regel die Rivalität ab. „Geschwister sind sich sehr viel unähnlicher als vor dem Hintergrund von durchschnittlich 50 % gleicher Gene angenommen werden könnte. Offenbar sorgt die Rivalität in Geschwisterbeziehungen dafür, dass jedes Geschwister seine Eigenheiten entwickelt und versucht, eine ‚ökologische Nische' innerhalb der Familie zu besetzen." (Schmid, 2004). Aber auch im Erwachsenenalter ist Rivalität zwischen den Geschwistern durchaus noch spürbar:

„Neid und Eifersucht können über die Zeit aufrechterhalten werden bzw. wiederaufflammen, wenn z. B. das eine Geschwister kinderlos bleibt, Ehe- und Partnerschaftsprobleme durchlebt oder arbeitslos wird und extreme politische Ansichten zu vertreten beginnt, während das andere (‚glücklichere') Geschwister sich einer großen Kinderschar erfreut und beruflich sehr erfolgreich und in einer glücklichen Beziehung lebt" (Kasten, 2004, S. 10).

Um die Qualität der Geschwisterbeziehungen standardisiert zu erfassen, haben Richard P. Lanthier und Clare M. Stocker und Wyndol Furman in den neunziger Jahren einen umfangreichen Fragebogen entwickelt, der für verschiedenen Fragestellungen eingesetzt wird: Adult Sibling Relationship Questionnaire (ASRQ). Dieser Fragebogen enthält 14 Subskalen. Diese 14 Subskalen haben sich als zuverlässig erwiesen (Stocker, Lanthier & Furman, 1997). Eine Faktorenanalyse der Skalen hat drei Faktoren herausgestellt. Der erste Faktor wurde von den ersten 8 Skalen gebildet, der zweite von den nächsten vier und der dritte von den beiden letzten, den Rivalitätsskalen (vgl. **Tab. 2.3**).

Tab. 2.3 Skalen und Faktoren des Adult Sibling Relationship Questionnaire

Subskalen	Faktoren
Ähnlichkeit Akzeptanz Betroffenheit Bewunderung emotionale Unterstützung instrumentelle Unterstützung Vertrautheit Wissen um Geschwister	Wärme
Dominanz Feindseligkeit Konkurrenz Streiten	Konflikt
Rivalität um den Vater Rivalität um die Mutter	Rivalität

Man beachte, dass es in der Natur der Faktorenanalyse liegt, dass die gefundenen Faktoren unabhängig voneinander sind. D. h. Menschen können ihre Geschwister durchaus als „warmherzig" und zugleich als „rivalisierend" beschreiben.

Im Rahmen einer Magisterarbeit hat Uwe Heyeres (2005) den ASRQ mit 101 Items für deutsche Verhältnisse adaptiert und veröffentlicht (vgl. Heyeres, 2006). In seiner Untersuchung an über 300 Personen stellten sich nicht nur die 14 Skalen als intern konsistent heraus, auch die Faktorenstruktur war praktisch die gleiche wie bei den US-amerikanischen Befragten: Heyeres benannte die drei Faktoren daher ebenfalls als „Wärme", „Konflikt" und „Rivalität" (2006, S. 220).

Auch erste Forschungsergebnisse, gewonnen mit dem ASRQ, konnte Heyeres berichten: Er stellte fest, dass Personen, die über häufigeren Kontakt mit ihrem Geschwister berichteten, höhere Werte auf dem Faktor „Wärme" aufwiesen. Personen, die wenig oder keinen Kontakt zu ihren Geschwistern an gaben, hatten höhere Werte auf dem Faktor „Rivalität". Diese Befunde sind plausibel und decken sich mit den Ergebnissen der Originalstudie. Heyeres unterschied nach Brüdern, Schwestern und gemischt-geschlechtlichen Geschwistersituationen. Für Schwestern fand er in der Varianzanalyse (im Vergleich zu den beiden anderen Konstellationen) zwar die meiste Wärme, aber auch – anders als man vielleicht erwarten würde – die meiste Rivalität. Den geringsten Konflikt gab es bei gemischt-geschlechtlichen Geschwistern, die geringste Rivalität bei Brüdern.

Wie gesagt sind alle Geschwisterbeziehungen verschieden. Abschließend geben wir Ihnen drei Beispiele für Geschwisterbeziehungen aus der Literatur, die Sie möglicherweise an dieser Stelle nicht erwarten. Zunächst: Der Anfang des deutschen Märchens Schneeweißchen und Rosenrot nach der Darstellung der Brüder Grimm:

„Eine arme Witwe, die lebte einsam in einem Hüttchen und vor dem Hüttchen war ein Garten, darin standen zwei Rosenbäumchen, davon trug das eine weiße, das andere rote Rosen: und sie hatte zwei Kinder die glichen den beiden Rosenbäumchen, und das eine hieß Schneeweißchen, das andere Rosenrot. Sie waren aber so fromm und gut, so arbeitsam und unverdrossen als je zwei Kinder auf der Welt gewesen sind: Schneeweißchen war nur stiller und sanfter als Rosenrot. Rosenrot sprang lieber in den Wiesen und Feldern umher suchte Blumen und fing Sommervögel: Schneeweißchen aber saß daheim bei der Mutter half ihr im Hauswesen oder las ihr vor, wenn nichts zu tun war. Die beiden Kinder hatten einander so lieb, daß sie sich immer an den Händen faßten, sooft sie zusammen ausgingen: und wenn Schneeweißchen sagte ‚wir wollen uns nicht verlassen', so antwortete Rosenrot ‚so lange wir leben, nicht', und die Mutter setzte hinzu ‚was das eine hat, solls mit dem andern teilen.'"

Dieses Beispiel verdeutlicht in bildhafter Sprache Gemeinsamkeiten und Unterschiede der Geschwister. Das zweite, völlig andere Beispiel stammt aus einem Buch des amerikanischen Psychoanalytikers Abram Kardiner (1891–1981). Es beschreibt an einer Stelle Kardiners Verhältnis zu seiner älteren Schwester. Diese übernahm nach dem frühen Tod der Mutter für ihn eine Mutterrolle:

2.3 Soziale Beziehungen in der Familie

„Leider bestand der Hauptbeitrag meiner leiblichen Mutter in dem Trauma ihres Todes. Meiner Schwester gegenüber, die meine früheste Mutter war, habe ich mein Leben lang immer wieder Mitgefühl und Schuldgefühle gehabt. Sie war ihr Leben lang vom Unglück verfolgt. Kein Wunder. Sie hatte das gleiche durchgemacht wie ich, nur über längere Zeit. Sie wurde in Rußland geboren und sie war fünf oder sechs, als sie mit meiner Mutter nach Amerika kam. Sie wurde von ständigem Unglück zerschmettert, das mit einer Pockenerkrankung kurz nach der Geburt begann. Ihre Umwelt war verwirrt und formlos. Sie war der geborene ‚Verlierer', und meines Wissens hat sie nie jemandes Liebe genossen. Sie war gut, freundlich, einnehmend, aber sie erlitt immer Niederlagen. Ich wurde der Liebling, und während sich meine Stiefmutter mir gegenüber nachgiebig verhielt, verursachte die Verachtung und Misshandlung, die sie meiner Schwester angedeihen ließ, mir Schuldgefühle, die ich heute noch mit mir herumtrage. Ich versuchte, meine Schwester davor zu warnen, einen Mann mit einem von Gelenkrheumatismus angegriffenen Herzen zu heiraten. Sie bekam einen Sohn. Ich war entschlossen, ihr zu helfen, so gut ich konnte, und überließ ihr meinen Anteil am Vermögen meines Vaters. Aber ich habe nie Liebe für sie empfunden. Sie verlangte zu wenig vom Leben und bekam gar nichts. Meine Einstellung zu ihr wurde auch davon beeinflusst, dass sie gerade jene Charakterzüge hatte, die ich bei mir selber am wenigsten leiden konnte." (Kardiner, 1979, S. 43 f.).

Ganz offenbar wird hier eine höchst problematische Beziehung beschrieben, die für die meisten Geschwisterbeziehungen eher untypisch ist. Allerdings findet man selbst in dieser Beschreibung viele Merkmale von Geschwisterbeziehungen, wie sie als Dimensionen im AESQ erscheinen und wie wir sie durch Forschungsergebnisse kennengelernt haben, darunter auch Asymmetrie, Nähe und Rivalität.

Das dritte Beispiel ist ein Auszug aus Peter Härtlings Roman „Große, kleine Schwester" (2000, S. 12 f.):

„Pünktlich zu den Nachrichten nehmen die Schwestern ihre Plätze vor dem Apparat ein.
Ruth hat noch abgetragen. Lea für einen Augenblick gelüftet.
Zum Abschluss der Nachrichten werden Bilder aus einem neuen Ballett gezeigt. Über eine graue, flimmernde Fläche springt in weitem Bogen ein junger Mann. In einem weißen Kleid folgt ihm, immer wieder innehaltend, eine Ballerina, sehr klein, beinahe noch ein Kind.
Lea nickt dem Geschöpf zu und sagt: Das Wetter bleibt sich sowieso gleich. Sie steht überraschend auf, hüpft in den freien Raum zwischen Couch und Esstisch, hebt die Arme und dreht sich vorsichtig um sich selbst.
Ruth schaut über die Sessellehne, den Mund ein wenig verrenkt und sagt ruhig und schneidend: Bist du wahnsinnig geworden, Lea? Du wirst stürzen, und ich habe die Schererei.
Lea bleibt schuldbewusst stehen. Das waren die Bilder, sagt sie. Ich habe mich angeregt gefühlt. Weiß der Himmel, wieso. Früher habe ich doch auch gern getanzt. Und gut, fügt sie hinzu, wirklich gut.
Ruth hat sich wieder zurechtgesetzt mit dem Rücken zu Lea. Übertreib nicht.
Du kannst doch nicht abstreiten, dass ich eine vorzügliche Tänzerin gewesen bin. Und du, du hast überhaupt nicht tanzen können.

Mit dem letzten Satz hat Ruth nicht gerechnet. Er macht sie klein und erbärmlich, drückt sie in den Stuhl. Es ist kaum zu hören, als sie sagt: Warum das jetzt? Warum? Und, wie um aus einem Eingeständnis Kraft zu schöpfen, gibt sie Lea recht: Wenn du auch lügst wie gedruckt, tanzen hast du können, schon als Kind, und ich hab dich beneidet. Das ist wahr."

> **Aufgabe**
> Suchen Sie in veröffentlichten Briefen, Tagebuchaufzeichnungen und Autobiographien nach Aussagen zu Geschwisterbeziehungen und vergleichen Sie diese mit den oben dargestellten empirischen Befunden.

2.4 Beziehungen am Arbeitsplatz und in der Nachbarschaft

Beiden Beziehungsarten – unter Arbeitskolleginnen und Arbeitskollegen wie Nachbarinnen und Nachbarn (im Folgenden sind immer beide Geschlechter gemeint) ist gemeinsam, dass Menschen durch äußere Umstände zusammengebracht werden, sie müssen sich über das Leben in einem geteilten Umfeld einigen und entwickeln dabei mehr oder weniger viel Sympathie für den anderen.

Die äußeren Umstände bzw. der Kontext sind wiederum einem wirtschaftlichen und gesellschaftlichen Wandel unterworfen. Während die traditionelle Gesellschaft durch direkte und enge Beziehungen gekennzeichnet war, ist die Gesellschaft heute von *Wettbewerbsorientierung* und *Individualisierung* geprägt. In diesem Zusammenhang wird häufig der Soziologe Ferdinand Tönnies (1988, Orig. 1887) zitiert. Er sah Freundschaft (zusammen mit Verwandtschaft und Wohnort) als eine der drei Säulen der traditionellen „Gemeinschaft", die sich durch Industrialisierung, Verstädterung und Kapitalismus in eine unpersönliche „Gesellschaft" verwandle. Im Gegensatz zu dieser Auffassung können vorindustrielle Beziehungen auch als (unfreiwillige) Abhängigkeiten von Familie, Religion, Stand, Stellung, Ort etc. angesehen werden. Man war aufeinander angewiesen, neue Kontakte wurden dagegen durch Vorsicht und Misstrauen gehemmt. Die gesellschaftlichen Entwicklungen um 1900 ermöglichten den Menschen ihre Sozialkontakte vermehrt aus freien Stücken und nach Sympathie auszuwählen und damit moralisch „hochwertigere" Freundschaften zu pflegen (vgl. Doyle & Smith, 2002). Andererseits erschweren Konkurrenz und Individualisierung in der von Marktwirtschaft bestimmten Gesellschaft die Aufrechterhaltung von Beziehungen.

In der gegenwärtig vorherrschenden Dienstleistung- und Informationsgesellschaft wird die Kontaktpflege immer vielfältiger: Durch die *Globalisierung* der Wirtschaft werden Arbeitskontakte heute weltweit geknüpft und in vielen Unternehmen arbeiten Menschen aus aller Welt zusammen. Diversität als kulturelle Vielfalt ist aber nicht nur für internationale Organisationen eine Herausforderung. Auch die Nachbarschaft setzt sich zunehmend „multikulturell" zusammen, wobei wiederum die einzelnen Biografien zum Teil multikulturell gestaltet sind (z. B. die in Stuttgart geborene, in Hamburg lebende Studentin mit türkischen Eltern). Durch *Virtualisierung* ist es zudem möglich an anderen Welten, Orten oder Lebensweisen im Internet virtuell teilzuhaben. Die zeit- und ortsunabhängige Kommunikation in der virtuellen Welt bietet neue Erfahrungen und Kriterien der zwischenmenschlichen Begegnung. Insbesondere die Bildung von eigenständigen Gemeinschaften, jenseits der hierarchischen Massenverteilung von Botschaften durch die Massenmedien ermöglicht neuartige Formen sowohl für informationelle als auch sozio-emotionale, gegenseitige Unterstützung (vgl. Kraus & Edding, 2006).

Es bleibt festzustellen, dass an die Stelle von relativ lange überdauernden sozialen Zuständen Entwicklungen getreten sind, die sich immer rascher vollziehen und die ein Klima ständiger gesellschaftlicher Veränderung geschaffen haben, in der Orientierung und Identifizierung immer schwieriger geworden sind. An die Stelle einer überdauernden Identitätsstruktur tritt dementsprechend eine lebenslange Identitätsarbeit, in der höchstens noch eine additive „Patchwork-Identität" (vgl. Keupp, 1988) in Erscheinung tritt. Die identitätsstützende Wirkung von Beziehungen in verschiedenen Lebensbereichen: Partnerschaft, Familie, Wohnort, Ausbildung und Tätigkeit, wird durchlässig bzw. ist ständig wechselnd. Diesen Bedingungen für und Konsequenzen von zwischenmenschlichen Beziehungen soll im Folgenden im Arbeits- und Wohnumfeld nachgegangen werden.

2.4.1 Beziehungen im Arbeitsumfeld

Das Besondere an Beziehungen zwischen Arbeitskollegen liegt in der ausgeprägten Organisiertheit des sozialen Kontextes, d. h. in der *Rolle der Organisation* für die Beziehungen ihrer Mitglieder. Beziehungen sind demnach gekennzeichnet durch (vgl. Neuberger, 1993, S. 259–260):

- Einbettung in einen größeren sozialen Kontext (Arbeitsgruppe, Abteilung, Bereich, Unternehmen, Kunden, Zulieferer, Kooperationen etc.),
- Fremdbestimmung durch allgemeine Regeln sowie durch spezielle Vorgaben von Vorgesetzten,
- partielle Intransparenz von Vorgängen und Beziehungen in der Organisation,
- Leistungsanforderung verbunden mit regelmäßigen Beurteilungen dieser Leistung und davon abhängigen Belohnungen (Entgelt, Beförderung etc.),
- Klima der Sachorientierung statt Emotionalität und
- Konkurrenz um Ressourcen.

2 Beziehungsformen

Die Bedeutung sozialer Beziehungsmerkmale wie Offenheit, Vertrauen, Achtung, Solidarität etc. für das Funktionieren von Organisationen wurde bereits in den 1920er Jahren in den sog. *Hawthorne-Studien* von Elton Mayo und Mitarbeitern entdeckt (vgl. Kap. 1). Eigentlich sollte darin z.B. der Einfluss von Lichtstärke auf die Arbeitsproduktivität untersucht werden. Es zeigte sich – unabhängig von der Lichtintensität – immer wieder unterschiedliches Arbeitsverhalten. Auch die Variation anderer Faktoren ergab, dass es eher die Aufmerksamkeit der Versuchsleiter war sowie die Bildung einer Gemeinschaft innerhalb der Versuchsgruppe, die die Versuchspersonen zu höherer Leistung motivierte (vgl. Roethlisberger & Dickson, 1939). Heute wird angenommen, dass bessere Bezahlung und bessere Arbeitszeitregelungen, also konfundierte Variablen, eine Rolle spielen. In der Folge wurde der Ansatz der *Human Relations* entwickelt, der die Qualität von Arbeitsbeziehungen unter Kollegen und zu Vorgesetzten zur Befriedigung sozialer Bedürfnisse am Arbeitsplatz und damit zur Steigerung der Produktivität in den Mittelpunkt stellt.

In der Folge des Human Relations Ansatzes ist die Berücksichtigung sozialer Beziehungen fester Bestandteil verschiedener Prozesse in Organisationen geworden: z.B. in der Teamarbeit, dem Diversity-Management und nicht zuletzt in der Führung.

Die Einführung von *Teamarbeit* bietet verschiedene Vorteile. Bei einem engen sozialen Zusammenhalt in der Gruppe (Kohäsion) identifizieren sich die einzelnen Gruppenmitglieder stärker mit der Gruppenleistung, was z.B. zu reduzierten Fehlzeiten und geringeren Fluktuationsraten führt. Darüber hinaus können Synergieeffekte erzielt werden, weil bei guter Kooperation der Informationsfluss, die Fehlererkennung und die Motivation höher ausfallen.

Die Zusammensetzung der Belegschaft eines Unternehmens bis hin zur Zusammensetzung von Arbeits- und Projektteams wird immer „vielfältiger": in Bezug auf Ausbildungshintergrund, Berufserfahrung, Internationalität, Alter und Geschlecht. Das *Diversity*-Konzept geht davon aus, dass diese Verschiedenheit kein Hindernis ist, sondern bei entsprechendem Management Vorteile bietet. Untersuchungen haben ergeben, dass homogen zusammengesetzte Gruppen zwar konfliktfreier arbeiten und schneller zu einem Ergebnis kommen, dass heterogen zusammengesetzte Teams aber kreativere Lösungen entwickeln und ihre Lösungen mehr Akzeptanz in der Anwendung finden. Doch das Zusammensetzen heterogener Teams allein reicht nicht aus, die Mitarbeiter müssen darin unterstützt werden, trotz unterschiedlicher Herangehens-, Arbeits-, und Sichtweisen gemeinsam zum Ergebnis zu kommen (vgl. Thomas, 2001).

Das Management von Teams und Diversity sind Fähigkeiten einer modernen *Führungskraft*. Sie stellt eine Persönlichkeit dar, die durch kommunikative Kompetenz sowie eigenes Vorbild statt durch Befehlsgewalt motivieren und begeistern kann. Sie fungiert nicht nur als fachlicher Ansprechpartner, sondern ist auch für das Betriebsklima (s. weiter unten) und die Arbeitszufriedenheit der Mitarbeiter verantwortlich. Führung besteht damit größten-

2.4 Beziehungen am Arbeitsplatz und in der Nachbarschaft

teils aus Kommunikation und Beziehungsmanagement: in Zweiergesprächen, Sitzungen, in der Teamleitung und der Führung über Distanz (vgl. Regnet, 2003, S. 63).

Potenzielle Mitarbeiter erwarten ihrerseits positive soziale Bedingungen von einem Arbeitgeber. So hat eine Befragung von Studenten aus technischen Fachrichtungen verschiedener Hochschulen durch die FH Würzburg 2001 ergeben, dass an einer Arbeitsstelle neben der reinen Fachaufgabe insbesondere Betriebsklima, Abwechslung und Weiterbildung wichtig sind (vgl. Regnet, 2003).

Doch nicht nur zwischenmenschliche Beziehungen am Arbeitsplatz, sondern auch die Vereinbarkeit von privaten Beziehungen und Beruf, der ausgewogenen Work-Life-Balance, werden für Berufstätige zunehmend wichtig. Der Wunsch zu arbeiten, um zu leben und nicht umgekehrt, wird zentrales Entscheidungskriterium für oder gegen einen Arbeitgeber, Auswahlmöglichkeiten vorausgesetzt (vgl. Linneweh, 2002).

Entstehung zwischenmenschlicher Beziehungen im Arbeitsfeld

Die genauere Betrachtung der Sozialkontakte am Arbeitsplatz ist durchaus sinnvoll, wenn man bedenkt, dass die meisten Männer und eine steigende Anzahl von Frauen die meiste Zeit ihres Lebens am Arbeitsplatz verbringen – bei sieben bis acht Stunden pro Arbeitstag vom 18. bis zum 65. Lebensjahr sind das nahezu 100 000 Stunden. Stewart (1985) zeigte, dass der Arbeitsplatz neben der engsten Familie das zweitwichtigste soziale Umfeld (für in Beschäftigung stehende Menschen) darstellt. Die am Arbeitsplatz verbrachte Zeit bietet zahlreiche Gelegenheiten für Kollegen, sich gegenseitig kennenzulernen (s. nächster Abschnitt). Schon die Arbeit selbst bietet gemeinsame Erfahrungen, Ziele, aber auch Schwierigkeiten, Druck und eine gemeinsame Sprache bzw. Kultur (z. B. Anglizismen im IT-Bereich). Somit ermöglicht Zusammenarbeit das Teilen bedeutsamer Lebenserfahrung, die eine gemeinsame Basis für die Anbahnung von engen sozialen Beziehungen sein kann (vgl. Pogrebin, 1987). Natürlich werden nicht alle Kollegen zu Freunden, denn häufig finden sich außer der Arbeit keine weiteren gemeinsamen Interessen. Außerdem zeichnen sich „echte" Freundschaften durch Reziprozität, Offenheit, emotionale Unterstützung und Begleitung aus (vgl. Duck, 1991), Aspekte, die im eher sachorientierten Arbeitsfeld meist keinen Platz haben.

Die Arbeit findet zu einem großen Teil unter Kollegen statt, von denen man Anordnungen erhält oder denen man welche gibt, mit denen man zusammenarbeitet, verhandelt, denen man hilft etc. Hier ist zu unterscheiden zwischen *formellen* Beziehungen (z. B. zu Vorgesetzten), die in der Struktur der Organisation begründet sind, und *informellen* Kontakten (z. B. in den Mittagspausen), die selbst gewählt werden und aus denen Freundschaften erwachsen können. Das informelle Beziehungssystem innerhalb einer Organisation hat durch die Entwicklung eigener Normen, z. B. bzgl. des Arbeitspensums und durch die Bildung von Untergruppen und Statushierarchien neben der formellen Organisation (positive oder negative) Auswirkungen auf die Arbeit selbst, die für die Unternehmensführung nicht immer sichtbar sind.

Es gibt vor allem zwei Arten gemeinsamer Aktivität mit Arbeitskollegen, die eng miteinander verbunden sind: *Kooperation* über die Arbeit und *gesellige Gemeinsamkeit* – sie bilden die Grundlage für erfolgreiche Arbeitsteams. Kirmeyer (1988) spricht von arbeitsbezogenen und nicht-arbeitsbezogenen Interaktionen. Arbeitsbezogene Interaktionen betreffen unmittelbar die Arbeitsaufgabe und beinhalten Dinge wie Anweisungen ausführen, Unterstützung anfordern, aufgabenrelevante Informationen austauschen und auf Kritik bzgl. der Arbeitsweise reagieren. Nicht-arbeitsbezogene Interaktionen beziehen sich nicht auf Arbeitsaufgaben und beinhalten Verhalten wie Witze machen oder sich gegenseitig aufziehen, Informationen über Sport und Freizeit austauschen oder über die Familie sprechen. Beide Arten sind im Arbeitsfeld bedeutsam: die eine um die Zusammenarbeit erfolgreich zu bewältigen, die andere, um soziale Beziehungen zu knüpfen, indem über die Arbeit hinausgehende gemeinsame Interessen entdeckt und gepflegt werden.

Je mehr ähnliche Attribute, ähnliche Wertvorstellungen und gemeinsame Interessen dem anderen zugeschrieben werden, umso größer wird die *Sympathie* zwischen den Interaktionspartnern sein. Als Folge davon wird sich die Interaktionshäufigkeit erhöhen und damit die Bereitschaft, diese Kontakte aufrecht zuhalten und im informellen Bereich fortzusetzen (vgl. die Ähnlichkeits-Sympathie-Hypothese von Byrne, 1971). Hatch (1993) stellte fest, dass eine Arbeitskultur (*work culture,* S. 657) am Arbeitsplatz durch geteilte Meinungen, Erwartungen, Werte und Annahmen entsteht, die die sozialen Beziehungen mitbestimmt. Abhängig vom Verhalten, das Arbeitskollegen zeigen, und wie dies als zur Arbeitskultur passend wahrgenommen wird, ergeben sich unterschiedliche soziale Beziehungen: *Arbeitsbekanntschaften, Arbeitsfreundschaften* und *private Freundschaften* (vgl. Henderson & Argyle, 1985, S. 213–230): 1. Arbeitsbekanntschaften treffen sich am Arbeitsplatz nur aufgrund formaler Kontakte, die eher oberflächlich und aufgabenorientiert sind und weder durch Sympathie oder Antipathie gekennzeichnet sind. 2. Für eine Arbeitsfreundschaft ist größere Offenheit charakteristisch, wenn Menschen am Arbeitsplatz soziale Kontakte pflegen, ohne sich jedoch privat zu Hause oder zu Freizeitaktivitäten zu treffen. 3. Haben Kollegen eine sehr enge Beziehung zueinander, sind sie private Freunde und pflegen auch soziale Treffen außerhalb des Arbeitskontextes.

Sowohl arbeitsbezogene als auch nicht-arbeitsbezogene Interaktionen vermitteln persönliche Zufriedenheit, unabhängig davon, ob es sich dabei um eine formelle oder eine informelle Beziehung handelt. Michael Argyle und Monika Henderson (1986, S. 316) haben bei einer Befragung unter Produktionsarbeitern in England herausgefunden, dass sowohl die Zusammenarbeit als auch geselliges Beisammensein im Betrieb mit privaten Freunden und Freunden am Arbeitsplatz insgesamt zu mehr Zufriedenheit führen. Doch auch Kontakte zu reinen Arbeitskollegen oder sogar zu unbeliebten Kollegen tragen zur Zufriedenheit bei. Entscheidend ist die gegenseitige Hilfe, oft auf

2.4 Beziehungen am Arbeitsplatz und in der Nachbarschaft

der Basis von Austauschgerechtigkeit, die auch über das formal Notwendige hinausgeht (s. Kap. 3.4 zu Austauschtheorien).

Die *Hierarchie* in der Organisation beeinflusst die Beziehungen zwischen Kollegen und die Art und Weise ihrer Zusammenarbeit und Kommunikation stark: *Gleichrangig* gestellte Kolleginnen innerhalb einer Arbeitsgruppe können sich auf der einen Seite helfen, auf der anderen Seite auch um Ressourcen oder eine Beförderung konkurrieren. Wenn es einer Gruppe aus fachlich qualifizierten Personen an Harmonie oder Kooperationsfähigkeit mangelt und die Gruppe durch Streitereien, persönliche Rivalität und Machtspiele gespalten ist, leidet sowohl die Qualität als auch die Schnelligkeit einer Gruppenentscheidung (vgl. Belbin, 1996). Gleichrangige Mitglieder einer Organisation außerhalb einer Arbeitsgruppe pflegen oft informelle Kontakte, um Dinge „auf dem kurzen Dienstweg" zu erledigen und Informationen (oder auch Klatsch) auszutauschen.

Beziehungen zwischen Personen mit *unterschiedlichem Status* gestalten sich meist schwieriger, weil die Machtposition des Ranghöheren eine gewisse Distanz schafft. Macht besteht z. B. darin, Untergebene zu beurteilen und zu belohnen oder zu bestrafen. Deshalb sind auch bei ranghohen Personen informelle Kontakte im Unternehmen seltener: Ihre Untergebenen sollen den Respekt vor ihnen nicht verlieren, ihre Vorgesetzten verlangen in erster Linie Leistungen und ihre Kollegen auf derselben Ebene sind meist Rivalen im weiteren Aufstieg auf der Karriereleiter (vgl. Argyle & Henderson, 1986, S. 309).

Wish, Deutsch und Kaplan (1976) unterscheiden je zwei orthogonal angeordnete Beziehungsdimensionen: a) Gleichheit und Kooperation und b) Formalität und Enge der Beziehung. Auf den beiden entstehenden Koordinatensystemen lassen sich verschiedene Arten von Arbeitsbeziehungen positionieren (vgl. **Abb. 2.9** und **2.10**).

Die Beziehung zwischen Vorgesetztem und Mitarbeiter wird beispielsweise als ungleich, aufgabenorientiert und formell, sowie eher als konkurrierend und feindselig denn als kooperativ und freundschaftlich eingeschätzt. Die Beziehung zu Arbeitskollegen wird dagegen eher als gleichberechtigt, kooperativ und freundschaftlich angesehen und in der Mitte zwischen den Polen aufgabenorientiert/formell und gesellig-emotional/informell positioniert. Andere Beziehungen wie die professionelle Beziehung zwischen Lehrer und Schüler sind ungleich, aber kooperativ und recht eng (Wish et al., 1976).

Bedeutung sozialer Kontakte für das Arbeitsfeld

Neuberger (1993) betont die Instrumentalisierung von Beziehungen in Organisationen: Sie sind nicht Selbstzweck, sondern ein Mittel, um Aufgaben, Produkte, Leistungen und Erfolge zu schaffen. Beziehungen müssen daher im Arbeitsfeld bewusst gestaltet und genutzt werden.

Der Wert oder der Nutzen von Freundschaft wirkt sich nicht nur innerhalb der Freundschaftsbeziehung aus, sondern kann auch über diese hinaus

2 Beziehungsformen

wirksam sein (Hinde, 1997). Zum Beispiel hängt die Qualität freundschaftlicher Arbeitsbeziehungen mit *beruflicher Zufriedenheit* zusammen. In einer

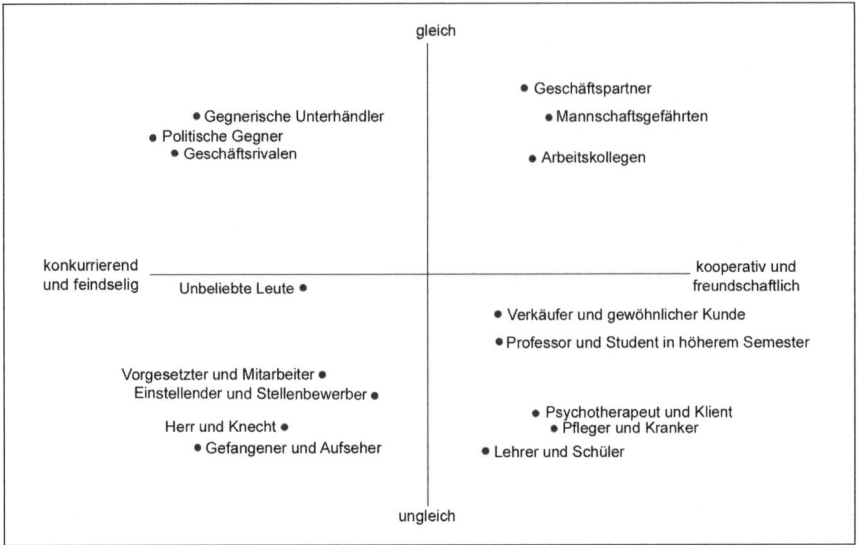

Abb. 2.9 Beziehungsdimensionen: Gleichheit und Kooperation, nach Wish et al. 1976 (Quelle: Argyle & Henderson, 1986, S. 303)

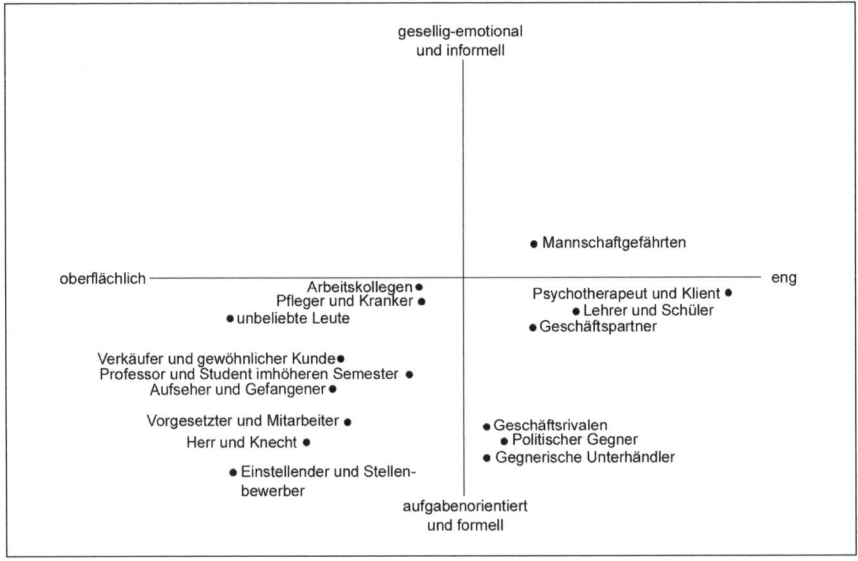

Abb. 2.10 Beziehungsdimensionen: Formalität und Enge der Beziehung, nach Wish et al. 1976 (Quelle: Argyle & Henderson, 1986, S. 304)

2.4 Beziehungen am Arbeitsplatz und in der Nachbarschaft

Untersuchung am Personal zweier Universitäten, fanden Winstead, Derlega, Montgomery und Pilkington heraus (1995), dass die Qualität der Beziehung zum „besten Freund" am Arbeitsplatz die Arbeitszufriedenheit vorhersagen konnte. Der Zusammenhang zu anderen Variablen, wie Zufriedenheit mit den Arbeitskollegen insgesamt oder den Aufstiegsmöglichkeiten, war viel geringer. Im Zusammenhang mit Arbeitszufriedenheit wird als Nutzen für das Unternehmen natürlich die Arbeitsleistung gesehen. Es wird eine Beziehung zwischen diesen Variablen angenommen, die über die Motivation und die Leistungsbereitschaft vermittelt wird (vgl. Rosenstiel, 2003).

Auf der Ebene der Organisation wird unter *Betriebsklima* die Qualität der sozialen Beziehungen im Betrieb verstanden. Es ist somit kein Merkmal einzelner Mitarbeiter oder einzelner Arbeitsplätze, sondern ein Konzept, das auf innerbetriebliche Bedingungen hinweist, die von allen Mitarbeitern wahrgenommen und bewertet werden, was wiederum ihr (Arbeits-) Verhalten beeinflusst. Die Beschreibung und Bewertung des Betriebsklimas kann z. B. mithilfe eines Fragebogens von Lutz von Rosenstiel und Rudolf Bögel (Überarbeitung 1992) erfolgen. Die inhaltliche Ausgestaltung ist nach den Autoren, entsprechend der jeweiligen Aktualität, auszuwählen, weil sie dem gesellschaftlichen Wandel unterliegen. Die relevanten Dimensionen umfassen:

- den übergreifenden, allgemeinen Eindruck vom Betrieb bei der Belegschaft,
- die Kollegen,
- die Vorgesetzten,
- die Organisationsstruktur,
- die Information und Mitsprache,
- die Interessenvertretung und die
- die betrieblichen Leistungen.

Bei der inhaltlichen Ausgestaltung der Bewertungsdimensionen geht es z. B. um die Frage des Zusammenhalts in und zwischen den Arbeitsgruppen, ob gegenseitige Rücksichtnahme und Unterstützungsbereitschaft oder eher Spannung und Misstrauen dominieren. Es geht um den Teamgeist in der Arbeitsgruppe, d. h. die Kohäsion und die wechselseitige Hilfestellung bei der Erledigung von übertragenen Aufgaben. Von Rosenstiel und Bögel (1992) sehen durch die rechtliche und technische (Über-)Regulierung von Arbeitsabläufen eine wachsende Gefahr der Entfremdung zwischen Arbeitskollegen. Da soziale Bedürfnisse aber nicht einfach ausgeblendet werden können, gewinnen formelle und informelle soziale Prozesse zusätzlich an Bedeutung. Sie sind daher ein wesentlicher Bestandteil des Betriebsklimas. Zu den Bedürfnissen eines Mitarbeiters zählt jedoch nicht nur das Bedürfnis nach Zusammenarbeit, sondern auch das Bedürfnis nach Entscheidungsfreiraum und Selbstständigkeit bei der Bearbeitung persönlich relevanter Aufgaben. Entsprechend ist für das Betriebsklima wichtig, inwieweit in einem Unternehmen Autonomie und Selbstverantwortlichkeit ermöglicht werden. Führung umfasst dabei zielorientierten Mitarbeitereinsatz sowie Koordination von Spezialisten. Wie weiter oben angeführt muss eine Führungskraft fachlicher Ansprechpartner sein, um Arbeitsziele mit ihren Mitarbeitern zu vereinbaren, die Aufgaben zu strukturieren und die Erfüllung durch die Zusammenarbeit der Arbeitsgruppe sicherzustellen. Darüber hinaus muss sie Kommunikation und Beziehungsmanagement betreiben, indem sie ihren Mitarbeitern menschlich begegnet, ihre Kompetenzen erkennt und unterstützt sowie Schwächen und Barrieren abbauen hilft und damit auch die gesamte Arbeitsgruppe fördert. Zu einer für das Betriebsklima wesentlichen und effektiven Führung gehören daher nach Paul Hersey und Ken Blanchard (1977) zwei voneinander relativ unabhängige Verhaltensweisen der Vorgesetzten, und zwar hohe Aufgabenorientierung (Führung der Mitarbeiter auf die Sachziele hin) und hohe Mitarbeiterorientierung (Berücksichtigung der menschlichen Besonderheiten, der Stärken und Schwächen, Beachtung der Erwartungen und Befürchtungen der Mitarbeiter).

Die Gestaltung zwischenmenschlicher Beziehungen durch Führungskräfte erlebt zurzeit im Begriff der *emotionalen Führung* eine gewisse Popularität. Damit wird die Idee des Human Relations Ansatzes weitergeführt, ihre theoretische Fundierung und praktische Anwendung beruht jedoch weniger auf behavioristischen Theorien als auf dem neueren Trend der neuropsychologischen und evolutionsbiologischen Forschung, z.B. zur emotionalen Intelligenz (vgl. z.B. LeDoux, 1996). Emotionale Intelligenz besteht demnach daraus, wie gut eine Person ihre eigenen Emotionen, Stärken und Schwächen, Werte und Motive wahrnimmt und damit umgeht, und wie gut sie Beziehungen gestaltet, indem sie die Emotionen anderer wahrnimmt und diese in der Überzeugungsarbeit, in der Zusammenarbeit und im Konfliktmanagement berücksichtigt (vgl. Goleman, Boyatzis & McKee, 2002). Dieser Ansatz muss sich, wie auch der Human Relations Ansatz, den Vorwurf der Manipulation von Mitarbeitern zugunsten der Produktivität gefallen lassen – nach dem Motto „glückliche Kühe geben mehr Milch". Allerdings funktioniert Manipulation auf Dauer nicht, wenn die zugrundeliegenden Werte der Führungskraft nicht authentisch sind, wie auch im später folgenden Abschnitt zu professionellen Beziehungen deutlich wird.

Auswirkung des Arbeitsfelds auf soziale Beziehungen

Aufgrund der zeitlichen Struktur fördern oder hemmen bestimmte *Tätigkeiten* mehr oder weniger das Zustandekommen von Beziehungen zu anderen Personen innerhalb oder außerhalb der Arbeit. Wer zum Beispiel Schichtarbeit verrichtet, hat einen anderen bzw. wechselnden Tagesrhythmus und daher häufig Probleme, soziale Beziehungen zu pflegen. Auch fördern Tätigkeiten in unterschiedlichem Ausmaß die sozialen Fertigkeiten, zwischenmenschliche Beziehungen aufzubauen, vgl. z.B. die Arbeit eines Sozialarbeiters im Gegensatz zu der Arbeit einer Programmiererin. Außerdem ermöglicht bzw. hemmt der strukturelle Ablauf und Inhalt der Arbeit Kontakte zwischen Arbeitskollegen während der Arbeitszeit (z.B. Teamarbeit,

2.4 Beziehungen am Arbeitsplatz und in der Nachbarschaft

Kundenkontakt oder gar keine Kontakte aufgrund von Einzelarbeit oder Lärm). Durch den Beruf wird zudem die Wahrscheinlichkeit erhöht, mit bestimmten Berufsträgern auch außerhalb der Arbeitsbeziehungen häufiger in Kontakt zu kommen als mit anderen (In-Group-Denken, vgl. Tajfel, 1982). So verkehren akademische und nicht-akademische Berufsgruppen im informellen Bereich eher selten miteinander, z. B. Ärzte und Pflegepersonal im Krankenhaus (vgl. Gaska & Frey, 1993).

Tragfähige Beziehungen am Arbeitsplatz, vor allem zu Vorgesetzten, gehen mit einem geringeren Maß an Stressempfinden und Krankheit einher. Dies stützt die *Pufferhypothese* (s. Kap. 3.7 zu sozialen Netzwerken), der zufolge konkrete soziale Unterstützung schädliche Auswirkungen einer krisenhaften Situation dämpft oder verhindert. Hier wird insbesondere die erhaltene Unterstützung wirksam. Gleichzeitig können Arbeitsbeziehungen auch eine Quelle von *Stress* darstellen, z. B. durch Gruppendruck bei Akkordarbeit, mangelnde Rücksprache, Trittbrettfahrer im Team oder Extremfälle wie sexuelle Belästigung oder Mobbing. Ärger mit dem Vorgesetzten oder seinen Kollegen, der am Arbeitsplatz nicht gelöst oder ausgetragen werden kann, wirkt sich möglicherweise auf den Umgang mit Familie und Freunden oder auf die eigene Gesundheit aus. Wer nach einer belastenden Tätigkeit oder nach Leistungs- und Zeitdruck bei der Arbeit nach Hause kommt, wird sein soziales Umfeld vielleicht mitbelasten oder vernachlässigen. Andererseits gewinnt jemand, der im Beruf erfolgreich ist, nicht nur Ansehen in seinem Betrieb, sondern auch innerhalb privater Beziehungen.

Romantische Beziehungen zwischen Arbeitskollegen können Vor- und Nachteile mit sich bringen. Zunächst einmal gehören Nähe und Kontakt unabhängig vom Kontext zu den Bedingungen von Attraktion (vgl. Kap. 2.4.2 Nachbarschaftsbeziehungen, z. B. Festinger, Schachter & Back, 1950). Anderson und Hunsaker (1985) fanden entsprechend, dass 94 % der Partner von Liebesbeziehungen am Arbeitsplatz im selben Gebäude arbeiteten und 64 % im selben Raum oder in nebeneinanderliegenden Räumen arbeiteten. Durch Intimbeziehungen zwischen Vorgesetzten und Mitarbeitern werden typische Steuerungsmöglichkeiten der Hierarchie ausgehebelt, d. h. für die Chefin kann es unter Umständen schwierig werden, ihrem untergebenen Partner eine unangenehme Arbeitsanweisung zu geben. Aber auch Intimbeziehungen unter Gleichrangigen beschränken hierarchische Steuerungsmöglichkeiten, weil sie eine besonders enge Form der Koalitionsbildung darstellen. In Untersuchungen finden sich drei zentrale Motive für sexuelle Beziehungen am Arbeitsplatz (vgl. Dillard & Miller, 1988): *Ego-Motive* (Abenteuer, Genuss, Bestätigung), *Liebe* (authentische, aufrichtige Zuneigung) und *Job-Motive* (Erwartung einer Gegenleistung z. B. Beförderung, Gehaltserhöhung). Auf der Paarebene zeigen sich drei Muster besonders häufig: 2 × Liebe = die aufrichtige Liebe (die Partner entwickeln eine tiefe, dauerhafte und partnerschaftliche Beziehung), 2 × Ego-Motive = der Seitensprung (beide suchen eine kurzes, leidenschaftliches Abenteuer), 2 × Job-Motive = die utilitaristische Beziehung (bei der von beiden der „geschäftliche" Nutzen kalkuliert wird).

Nicht immer beruht die sexuelle Anziehung auf Gegenseitigkeit. Dann kann es zu *sexueller Belästigung* kommen. In Untersuchungen wurde diese bislang unterschiedlich definiert oder vorgegeben (vgl. Neuberger, 1993):

- Hinterherpfeifen,
- Anstarren,
- Bemerkungen über das Äußere machen,
- scheinbar zufälliges Berühren,
- unerwünschtes Küssen und Umarmen,
- Zeigen pornographischer Darstellungen am Arbeitsplatz und
- Auffordern zu sexuellen Handlungen sowie deren Aufdrängen.

Leider handelt es sich hier nicht um eine Randerscheinung, sondern um ein immer noch weit verbreitetes Problem. In einer aktuellen repräsentativen Studie (vgl. Müller & Schröttle) aus dem Jahr 2004 gaben 60 % der Frauen an, eine Form von sexueller Belästigung am Arbeitsplatz erlebt zu haben; 19 % der Frauen hatten sexuelle Belästigung in den vergangenen 12 Monaten erlebt. Dabei gingen die Handlungen zu rund 46 % von Kollegen aus, in knapp 25 % von Vorgesetzten und in 8 % der Fälle von Lehrern, Professoren und Ausbildern. Eine rechtliche Handhabe schafft heute das Allgemeine Gleichbehandlungsgesetz (vgl. AGG, 2006) zum Schutz gegen Benachteiligungen aus Gründen der Rasse oder wegen der ethnischen Herkunft, des Geschlechts, der Religion oder Weltanschauung, einer Behinderung, des Alters oder der sexuellen Identität. Sexuelle Belästigung ist danach:

„(...) ein unerwünschtes, sexuell bestimmtes Verhalten, wozu auch unerwünschte sexuelle Handlungen und Aufforderungen zu diesen, sexuell bestimmte körperliche Berührungen, Bemerkungen sexuellen Inhalts sowie unerwünschtes Zeigen und sichtbares Anbringen von pornographischen Darstellungen gehören, (wenn dieses) bezweckt oder bewirkt, dass die Würde der betreffenden Person verletzt wird, insbesondere wenn ein von Einschüchterungen, Anfeindungen, Erniedrigungen, Entwürdigungen oder Beleidigungen gekennzeichnetes Umfeld geschaffen wird." (§ 3 Abs. 4 AGG)

Die durch das Gesetz geschützten Personen erhalten Rechtsansprüche gegen Arbeitgeber und Kollegen, wenn diese ihnen gegenüber gegen die gesetzlichen Diskriminierungsverbote verstoßen.

Paarbeziehungen innerhalb oder außerhalb des Arbeitsplatzes spielen auch eine Rolle beim Thema *Work-Life-Balance*. Insbesondere wenn beide Partner karriereorientiert berufstätig sind und gleichzeitig Wert auf ihre Partnerschaft oder ihr Familienleben legen, ist diese Balance nicht ganz einfach zu bewältigen. Man spricht hier auch von *Dual-* oder *Double-Career-Couples* (DCCs), wobei Karriere als eine sich stetig aufwärts (d. h. hierarchisch) weiterentwickelnde berufliche Positionsabfolge verstanden wird (vgl. Domsch & Krüger-Basener, 2003). Dass es immer mehr hoch qualifizierte Frauen gibt, die nicht auf Partnerschaft und Familie verzichten, zeigen der gestiegene Anteil der Erwerbstätigen bei verheirateten Frauen sowie die Zunahme

2.4 Beziehungen am Arbeitsplatz und in der Nachbarschaft

des Verheirateten-Anteils bei weiblichen Führungskräften (vgl. Engstler & Menning, 2003). Durch die karriereorientierte Berufstätigkeit beider Partner entfällt eine beträchtliche Unterstützung in Haushalt und Familie, die ansonsten der eine für den anderen leisten könnte. Dies führt zu einem hohen Abstimmungsbedarf bezogen auf Dinge des täglichen Lebens wie gemeinsame Freizeit, Einkaufen, Kinderbetreuung oder Organisation der Hilfe Dritter, ohne die es hier fast gar nicht geht. Zum anderen sind davon berufliche Entscheidungen betroffen, z. B. bezüglich des Wohnortes, eines Positionswechsels etc. Für karriereorientierte Paare folgt daraus eine doppelte Verknüpfung des Privatlebens mit dem Berufsleben: Das Berufsleben des einen Partners nimmt zusätzlichen Einfluss auf die Karrieremöglichkeiten des anderen Partners.

Michel Domsch und Maria Krüger-Basener (2003) beschreiben drei Typen karriereorientierter Paare: 1. Beide DCC-Partner versuchen, gleichberechtigt beruflich etwa gleich viel zu erreichen. Kompromisse müssen von beiden gemacht und abwechselnd getragen werden. 2. Die Karriere des einen Partners hat praktisch Vorrang. Der andere Partner versucht im Rahmen der vorhandenen Möglichkeiten seine berufliche Karriere optimal zu gestalten. 3. Die Doppelkarriere besteht nur für eine gewisse Zeit und wird dann zugunsten einer Zuverdiener-Ehe ohne Karriereambitionen aufgegeben.

Für Unternehmen sind DCC-Partner als Mitarbeiter durchaus interessant, weil sie als besonders leistungsorientiert gelten. Dazu kann das stimulierende Konkurrenzdenken zwischen den Partnern beitragen sowie eine gegenseitige Förderung im beruflichen Bereich, weil man sich in die Denkart des anderen gut einfühlen kann. Daher stellt sich für moderne Unternehmen die Frage, wie sie sich auf diese Veränderungen im Erwerbs- und Rollenverhalten von Paaren und den Gleichberechtigungsforderungen von Frauen einstellen können. Der Mitarbeiter muss vom Unternehmen im Grunde immer als Bestandteil einer gleichberechtigten Partnerschaft bzw. Familie gesehen werden. Durch die individuelle Karriereplanung im Rahmen der Personalentwicklung muss dabei versucht werden, die Karrierelaufbahn für den einzelnen Mitarbeiter zu finden, die die Nachteile für das Unternehmen reduziert (z. B. Unterbrechungen zugunsten der Partnerschaft oder Familie), um einen langfristig positiven Gesamtnutzen im Sinne der Work-Life-Balance für alle Beteiligten zu erreichen. Wenn beide Partner im selben Unternehmen beschäftigt sind, so bieten sich Formen des „Twin-Assignments" an, die eine gemeinsame Laufbahnentwicklung vorsehen (vgl. Domsch & Ladwig, 1998).

Im Zusammenhang mit der Work-Life-Balance ist auch die wachsende Beliebtheit des Arbeitens von zu Hause aus, z. B. *Telearbeit,* zu werten. Moderne Informations- und Kommunikationstechnologien ermöglichen Unternehmen Arbeitsverhältnisse offen zu gestalten und Sach- und Raumkosten zu sparen. Den Arbeitnehmern eröffnen sie die Möglichkeit, Arbeitsprozesse flexibel in ihre private Lebensführung zu integrieren (vgl. Jäckel & Rövekamp, 2000). Unterbrechungen am Arbeitsplatz durch Lärm oder Störungen durch Kollegen entfallen zugunsten ungestörter, konzentrierter Arbeit und Fahrtzeiten von und zur Arbeit entfallen zugunsten von mehr Familienzeit. Obwohl viele Telearbeiter diese Arbeitsform gewählt haben, um genau diese Balance zwischen Arbeit und Privatleben zu verbessern, arbeiten sie nicht selten mehr als vorher, weil die Arbeit zu Hause ständig verfügbar ist. Darüber hinaus werden sie zwar nicht von Kollegen gestört, aber dafür von der Familie, von Freunden und Nachbarn, weil sie ja zu Hause sind (vgl. Johnson, 2003). Oft fühlen sie sich von Kollegen isoliert und vermissen inhaltliche Anregungen sowie informelle Kontakte. Arbeiten von zu Hause aus bedeutet daher in der Regel für soziale Beziehungen innerhalb und außerhalb der Arbeit: „separation, togetherness, and privacy all ... be renegotiated" (Johnson, 2003, S. 31).

Die Bedeutsamkeit des Arbeitsfelds für den Einzelnen wird weiterhin klar, wenn man die Auswirkungen des Verlusts von Arbeit durch *Pensionierung* oder *Arbeitslosigkeit* betrachtet. Beide führen zu Aktivitäts- und Rollenentzug und zu einer Veränderung bestehender Beziehungsstrukturen, was nicht selten physische und psychische Probleme nach sich zieht (vgl. Kirchler, 1993). Eine *Rolle* wird in der Regel als Summe normativer Erwartungen definiert, die andere Personen an den Inhaber einer Position stellen (Elternrolle, Berufsrolle etc). Berufsrollen sind aber nicht nur als normative Einschränkung des Verhaltens zu verstehen. Sie erleichtern das menschliche Zusammenleben und -arbeiten, indem sie das Verhalten für die Beteiligten vorhersagbarer machen (s. nächster Abschnitt zu professionellen Beziehungen). Die zentrale Bedeutung der Berufsrolle besteht in der Befriedigung existentieller Bedürfnisse (sozialer wie materieller), der individuellen und sozialen Identitätsfindung; sie vermittelt Erfahrungen bezüglich der eigenen Kompetenz und hat daher einen zentralen Einfluss auf den Selbstwert eines Menschen (z.B. Frese, 1982).

Dass die Berufsrolle einen starken Einfluss auf das persönliche Erleben und die Interaktionsbeziehungen auch außerhalb des Berufes hat, wurde bereits weiter oben beschrieben, indem z.B. negative Erfahrungen im Berufsbereich körperliche Beschwerden und emotionale Störungen hervorrufen können. Doch auch ein fehlendes Berufsleben kann unglücklich oder krank machen. Untersuchungen haben gezeigt, dass Arbeitslosigkeit Probleme bei der Zeitstrukturierung, bei den Sozialkontakten sowie bei der physischen und psychischen Befindlichkeit zur Folge hat und zwar umso mehr, je länger die Arbeitslosigkeit andauert. Darüber hinaus geht mit dem Arbeitsplatzverlust gleichzeitig ein Großteil der sozialen Interaktionsbeziehungen, die sich aufgrund der Arbeitsrolle außerhalb des Arbeitslebens gebildet haben, verloren (vgl. Gaska & Frey, 1993). Auch bei der Pensionierung bleibt ein Teil des Kommunikationsbedürfnisses, das am Arbeitsplatz gestillt werden konnte, nun unbefriedigt. Das Rentnerdasein führt bei vielen Menschen zu einem geringeren Selbstwertgefühl und einem Gefühl von verminderter persönlicher Kontrolle. Dies greift umso stärker, je mehr der Rentner in der Berufsrolle verankert war (vgl. Frey, Gaska, Möhle & Weidemann, 1991).

2.4 Beziehungen am Arbeitsplatz und in der Nachbarschaft

Professionelle Beziehungen

Professionelle Beziehungen kommen durch einen direkten Austausch von Gütern und Dienstleistungen zustande. Sie bestehen in vielen sozialen Berufen z. B. zwischen Lehrer und Schülerin, Ärztin und Patient, Therapeut und Klient, aber auch Vermieter und Mieterin, Verkäufer und Käufer. Es handelt sich um einen zwar vertrauensvollen, aber in erster Linie aufgabenorientierten Kontakt, der sich im Laufe der Zeit zu einer sehr intensiven Beziehung entwickeln kann. Dabei variieren der Grad an Nähe, Offenheit, Dauer, emotionaler Bindung und Machtverteilung je nach Art der professionellen Beziehung erheblich. Gemeinsam ist ihnen die Ungleichheit der Rollen, z. B. erwartet man von einem Therapeuten nicht dasselbe Ausmaß an Mitteilung von Gefühlen und Gedanken wie auf Seiten des Klienten. Auf die Therapeut-Klient-Beziehung soll hier etwas ausführlicher eingegangen werden. In den Psychotherapie-Richtlinien von 1998 (letzte Änderung 2003) wird die therapeutische Beziehung als zentral angesehen:

„In der psychotherapeutischen Intervention kommt, unabhängig von der Wahl des Therapieverfahrens, der systematischen Berücksichtigung und der kontinuierlichen Gestaltung der Therapeut-Patient-Beziehung eine zentrale Bedeutung zu." (S. 3)

Die moderne wissenschaftliche Psychotherapieforschung bestätigt die klinische Erfahrung, dass die Qualität der therapeutischen Beziehung entscheidend für den Verlauf von Psychotherapien ist, unabhängig vom angewendeten Therapieverfahren wie Psychoanalyse, Verhaltenstherapie usw. (vgl. Orlinsky, 1994). Die formalen Grundlagen dieser Beziehung bestehen in:

- der gesetzlichen Legitimation des Kontextes durch Institutionalisierung und Wissenschaftlichkeit in Praxen oder Kliniken sowie durch Titel und Diplome,
- dem ritualisierten Ablauf in einem geschützten Raum, fernab vom Alltag in vertraulicher Atmosphäre, ohne Angst vor Nachteilen oder Schaden und
- der Anwendung eines Schemas zu Erklärung und einer „Prozedur" zur Beseitigung von Problemen und Störungen, die (im alltagspsychologischen Sinn) entlasten und Hoffnung vermitteln.

Über die formalen Voraussetzungen hinaus muss der Therapeut die folgenden Bedingungen zum Aufbau einer offenen, vertrauensvollen Beziehung erfüllen:

- Empathie: Einfühlung in die Erlebniswelt des Klienten,
- Akzeptanz: bedingungslose, positive Wertschätzung des Klienten,
- Kongruenz: Echtheit (Authentizität) in der Kommunikation.

Verwirklicht der Therapeut diese drei Verhaltensvariablen, kann sich der Klient angstfrei und immer intensiver mit seinem emotionalen Erleben auseinandersetzen und seine eigenen Ansichten, Werte, Motive und Handlungen besser verstehen. Nach Carl Ransom Rogers sind diese Bedingungen bereits hinreichend für eine therapeutische Behandlung: In diesem Prozess der Selbstexploration wird es schließlich möglich, emotionale Blockierungen – die Ursache psychischer Störungen – zu identifizieren und aufzulösen (vgl. Rogers, 1973). Studien haben jedoch gezeigt, dass diese Merkmale des Therapeuten in vielen Fällen nicht ausreichen und durch weitere, auf das spezielle Problem des Klienten abgestimmte Interventionen ergänzt werden können und müssen. Dabei ist es wichtig, dass der Therapeut seine eigenen Kompetenzen und Grenzen kennt und auf dieser Basis die Bedürfnisse und Probleme des Klienten verstehen und ihm helfend zur Seite stehen will, damit dieser sich selbst weiterentwickelt. Diese Haltung muss aufrichtig und authentisch beim Gegenüber ankommen, damit eine tragfähige Arbeitsbeziehung aufgebaut und bewahrt werden kann, ähnlich wie in der Vorgesetzten-Untergebenen-Beziehung.

Die therapeutische Beziehung verändert sich im Therapieverlauf. Grob vereinfacht sind in der *Initialphase* je nach Umfeld, Persönlichkeit, Kommunikationsstil und Störungstyp des Patienten verschiedene unterstützende Beziehungsangebote angebracht, die „den Patienten dort abholen, wo er sich befindet" und zu einer gemeinsamen Arbeit motivieren. In der *technischen Phase* überwiegen die jeweiligen Behandlungsstrategien der einzelnen Therapierichtungen. In Verhaltenstherapien werden z. B. neben Interventionstechniken im engeren Sinne gezielt unterstützende (verstärkende) Aspekte der therapeutischen Beziehung eingesetzt. Die Psychoanalyse versucht, die therapeutische Beziehung durch die Analyse von Übertragung und Gegenübertragung in ihren aktuell wirksamen unbewussten Determinanten transparent zu machen. Das Verstehen von unbewussten Phantasien über die therapeutische Beziehung ist hierbei zentral. In der *Ablösungsphase* werden in den Verhaltenstherapien positiv verstärkende Elemente der therapeutischen Beziehung dominieren. In den psychoanalytischen Therapien geht es eher um die Bearbeitung von Trennungs-, Autonomie- und Abhängigkeitskonflikten. Unabhängig vom Therapieverfahren ist in der Ablösungsphase eine besondere Sensibilität unerlässlich, um sich erfolgreich aus der Beziehung trennen zu können, in der der Therapeut den Klienten auf einem persönlich bedeutsamen Stück seines Lebensweges begleitet hat (vgl. Holm-Hadulla, 2000).

Abschließend soll auf eine besondere Form der professionellen Beziehung, das *Mentoring* eingegangen werden. Der Ausdruck „Mentor" stammt aus der griechischen Mythologie: In Homers Odyssee war Mentor der Freund, dem Odysseus die Erziehung seines Sohnes Telemach anvertraute, als er selbst in den Trojanischen Krieg zog. Unter Mentoring wird ein Beziehungsverhältnis zwischen einem Mentor (Person, die fördert) und einem Mentee oder Protegé (Person, die gefördert wird) verstanden (vgl. Mandl, Koop & Dvorak, 2004). Mentor und Protegé gehören meist dem gleichen Unternehmen an, in der der Mentor in der Regel eine gehobene Position bekleidet, das kann der direkte

2.4 Beziehungen am Arbeitsplatz und in der Nachbarschaft

Vorgesetzte des Protegés sein oder ein erfahrener Kollege. Beim Protegé handelt es sich normalerweise um einen Neueinsteiger in der Organisation oder um einen Berufsanfänger. Zwischen der erfahrenen Person und dem Einsteiger entwickelt sich eine intensive Austauschbeziehung. Ziel der Mentoring-Beziehung ist die Unterstützung der persönlichen und beruflichen Entwicklung der geförderten Person.

Dabei hat der Mentor nach Kathy E. Kram (1985, S. 24–39) drei Funktionen. 1. In der *Vorbildfunktion* stellt er Einstellungen, Werthaltungen und Verhaltensweisen zur Verfügung, die der Protegé nachahmen bzw. übernehmen kann. Später erfolgt allerdings eine Abgrenzung zwischen dem Rollenmodell des Mentors und der eigenen Person. 2. Die *Karrierefunktion* umfasst folgende Aspekte: a) Der Mentor sorgt dafür, dass der Protegé Aufgaben bekommt, deren erfolgreiche Bewältigung ihm im Unternehmen Aufmerksamkeit verschaffen. b) Der Mentor klärt den Protegé über die informellen Strukturen und „blinden Flecke" der Organisation auf (heikle Angelegenheiten, interne Rivalitäten etc.). c) Der Mentor setzt sich für Aufstiegsmöglichkeiten des Protegés ein. d) Der Mentor greift ein, wenn dem Protegé Schaden droht. 3. Die *psychosoziale Unterstützungsfunktion* äußert sich in der Akzeptanz und Wertschätzung gegenüber dem Protegé, Rat in Problemlagen und in einem freundschaftlichen Umgang. Im Austausch erfährt der Mentor Achtung und Loyalität durch den Protegé. Der Protegé versorgt den Mentor zudem mit zusätzlichen Informationen aus dem Unternehmen und hilft ihm bei dessen fachlicher Aufgabenbewältigung. Ist der Protegé erfolgreich, so erwirbt der Mentor in seiner Organisation zusätzlich den Ruf eines Förderers.

Ähnlich der therapeutischen Beziehung (s. o.) kann das Mentoring in verschiedene Phasen unterteilt werden (vgl. Kram 1983, 1985): In der *Initiationsphase* wird die Beziehung zwischen Mentor und Protegé aufgebaut (sechs Monate bis ein Jahr). In der *Kultivierungsphase* (zwei bis fünf Jahre) erreicht der wechselseitige Austausch zwischen Mentor und Protegé sein Maximum. Die *Phase der Loslösung* (sechs Monate bis zwei Jahre) kann durch Unstimmigkeiten zwischen Mentor und Protegé oder durch karrierebedingte Ereignisse eintreten, wenn z. B. der Protegé in der Organisation eine eigene Führungsposition erhält oder das Unternehmen verlässt. Zum Abschluss der Mentoring-Beziehung kommt es zum Abbruch oder zur Neudefinition der Beziehung, z. B. in Form einer gleichrangigen freundschaftlichen Beziehung.

Als theoretische Grundlage für das Mentoring wird häufig das entwicklungspsychologische Konzept der Entwicklungsphasen mit ihren Krisen und Aufgaben, die ein Mensch im Laufe seines Lebens durchläuft und bewältigt, herangezogen (vgl. Erikson, 1973, Havighurst, 1984).

„Eine Entwicklungsaufgabe ist eine Aufgabe, die sich in einer bestimmten Lebensperiode des Individuums stellt. Ihre erfolgreiche Bewältigung führt zu Glück und Erfolg, während Versagen das Individuum unglücklich macht, auf Ablehnung durch die Gesellschaft stößt und zu Schwierigkeiten bei der Bewältigung späterer Aufgaben führt." (Havighurst, 1982, S. 5).

Für Kram (1983) sind Mentor-Protegé-Beziehungen dabei komplementäre Entwicklungsbeziehungen, die der jeweiligen Bewältigung bestimmter Entwicklungsaufgaben dienen. Der Protegé steht vor der Aufgabe der erfolgreichen Bewältigung des Berufseinstiegs sowie der beruflichen Etablierung. Der Mentor hat dagegen seine beruflichen Ziele weitgehend erreicht und befindet sich auf einem Karriereplateau. Nach Havighurst (1982) muss er nun Energien auf neue Aufgaben lenken und das eigene Leben sowie dessen Endlichkeit akzeptieren. Bei Erikson (1973, S. 214–215, s. auch Kap. 3.2.5) ist diese Lebensphase gekennzeichnet durch „Generativität versus Stagnation" und „Ich-Integrität versus Verzweiflung". Der Mentor versucht demnach sein eigenen (Berufs-)Leben zu bilanzieren und Stagnation zu verhindern, indem er seine Erfahrungen weitergibt und dadurch einem jüngeren Menschen die Weiterentwicklung ermöglicht. Sind die jeweiligen Aufgaben bewältigt, wird die Beziehung aufgelöst bzw. neu definiert (s. o.).

Zahlreiche Befunde bestätigen überwiegend das Konzept der drei Mentoring-Funktionen (vgl. Überblick bei Blickle, 2000): Das Rollenmodell des Mentors vermindert Rollenkonflikte und Rollenstress, die psychosoziale Unterstützung führt zu einer höheren Arbeitszufriedenheit und die Karriereförderung mündet in ein höheres Einkommen und in einen schnelleren Aufstieg der Protegés. Weiterhin ist eine bessere Sozialisation des Protegés im Unternehmen und höhere Identifikation mit dem Unternehmen zu verzeichnen. Um die schlechteren Karrierechancen von Frauen (vgl. Stroh, Brett & Reilly, 1992) zu verbessern, werden vermehrt formale organisationale Mentoringprogramme aufgelegt.

2.4.2 Nachbarschaftsbeziehungen

Jemand, der nebenan oder in der Nähe wohnt, d.h. im selben Haus, in derselben Straße oder im selben Viertel, wird gemeinhin als Nachbar bezeichnet. Eine nachbarschaftliche Beziehung setzt voraus, dass man sich wenigstens als Nachbar erkennt und grüßt. Weitergehende Definitionen gehen über die Wohnungsnähe hinaus und schließen die Begegnung an öffentlichen Orten wie Cafés, Kneipen, Supermärkten oder in öffentlichen Einrichtungen wie Kirchen, Sportvereinen, Volkshochschulen mit ein (vgl. Argyle & Henderson, 1986, S. 350). Das „Normalniveau" nachbarschaftlicher Beziehungen liegt nach Häussermann & Siebel (2004, S. 111) bei passivem Grußkontakt und der Möglichkeit zur Aktivierung von einfachen Hilfeleistungen (z.B. mit Nahrungsmitteln aushelfen). Ansonsten wird eher Distanz gewahrt.

Nachbarschaftsbeziehungen werden häufig als Bekanntschaftsbeziehungen angesehen, die eher instrumentellen Charakter haben. Bekanntschaft ist nach Melbeck (1993, S. 239) eine Restkategorie, zu der alle Beziehungen gehören, die nicht durch Verwandtschaft, Freundschaft oder Arbeitsplatzkontakte entstehen. Für die meisten Menschen ist es dennoch wichtig, in einer „guten" Nachbarschaft zu leben. Nachbarschaftskontakte gehören, wenn

2.4 Beziehungen am Arbeitsplatz und in der Nachbarschaft

auch eher als lose Bekanntschaften, zum Alltag und werden geschätzt und gesucht, wohingegen enge nachbarschaftliche Beziehungen seltener sind. Im sozialen Netzwerk spielen sie nach Familienangehörigen, Verwandten und Freunden eine nebensächliche Rolle, sie sind weniger zeitintensiv oder verpflichtend, sie sind „Schönwetter-Beziehungen" (vgl. Rohr-Zänker & Müller, 1998, S. 16).

Entstehung zwischenmenschlicher Beziehungen in der Nachbarschaft

Früher waren die Nachbarschaften sicherlich enger, weil es kaum Mobilität gab und die Nachbarschaft eine Einrichtung mit Rechten und Pflichten war z. B. Feuerschutz, gemeinsame Bauvorhaben oder die Wasserversorgung. Basis der Nachbarschaftsbeziehungen war demnach die Gemeinsamkeit der Lebenslage und die gegenseitige Abhängigkeit. Je mehr diese Funktionen durch den Staat (z. B. Straßenbau) und den Markt (z. B. Versicherungen) übernommen wurden, wurden diese instrumentellen Beziehungen vor Ort überflüssig. Dazu kam das Auseinanderfallen von Wohn- und Arbeitsplatz sowie die Möglichkeit eines jeden, seine Freizeit individuell zu gestalten. Dadurch vervielfältigten sich die Gelegenheiten Freundschaften zu knüpfen.

Obwohl allgemein angenommen wird, dass das soziale Umfeld auch in der unmittelbaren Wohnumgebung trotz Globalisierung und Individualisierung eine unterstützende und identitätsvermittelnde Funktion beinhaltet (vgl. Beck, 1986), gibt es vergleichsweise wenig wissenschaftliche Untersuchungen zu Nachbarschaftsbeziehungen. Möglicherweise ist dies der Alltäglichkeit und Trivialität dieser Beziehungen geschuldet oder aber der pessimistischen Community-lost-Perspektive (vgl. Günther, 2005). Viele Erkenntnisse zur Nachbarschaft beruhen auf der von der Soziologie dominierten Netzwerkforschung (vgl. Kap. 3.6 Soziale Netzwerke), aber auch auf der Ökologischen Psychologie und der Sozialpsychologie, hier besonders auf dem noch recht neuen Bereich der Gemeindepsychologie.

Der englische Begriff „Community" bedeutet Gemeinschaft und auch Gemeinde. Darin wird die Verbindung von Gemeinschaft mit räumlicher Nähe deutlich. Nach Ferdinand Tönnies (1988) ist jede Person in die überschaubare Dorfgemeinschaft oder Kleinstadt, innerhalb eines engen sozialen Netzes von Verwandten, Freunden und Vereinsbeziehungen (primäre Kontakte) eingebettet, welches eine gemeinsame Geschichte, Normen und Werte besitzt und weiter herausbildet. In der Großstadt hingegen haben die Personen in einer Nachbarschaft diese nicht gemeinsam konstituiert, haben keine gemeinsamen Werte und Normen entwickelt. Großstädter unterhalten mehr Beziehungen zu Freunden und Bekannten statt zu Nachbarn, weil sie bezüglich der Anzahl und der Heterogenität potentieller Kontakte mehr Auswahl haben. Ihre Beziehungen sind eher interessengeleitet, unregelmäßiger und unbeständiger. Menschen wechseln häufiger den Wohnsitz, brechen Freundschaften ab und knüpfen neue. Höhere Mobilität und neue Wohnformen führen zu loseren Nachbarschaftskontakten. Dies kann zur sozialen Isolation führen, aber auch zu selbst gewählten Netzwerken von Bekanntschafts-, Freundschafts- und Nachbarschaftsbeziehungen. So ist auch eine neue Hinwendung zum „Kommunal-Nachbarschaftlichen" möglich (vgl. Beck, 1986, S. 137). Die Veränderung von Gemeinschaften durch Verstädterung wird heute jedoch unterschiedlich bewertet. Barry Wellman (1979) unterscheidet zwischen

- Community lost: Primäre Kontakte gehen durch Verstädterung verloren, die Möglichkeiten der Gemeinschaftsbildung sind zerstört.
- Community saved: Auch in städtischen Nachbarschaften gibt es primäre Kontakte. In größeren Städten gibt es Quartiere, deren soziale Beziehungen mit Dorfgemeinschaften oder Kleinstädten vergleichbar sind.
- Community liberated: Primäre Kontakte sind durch neue Transport- und Kommunikationstechniken auch über weite Distanzen möglich. Räumliche Nähe ist keine Voraussetzung mehr für die Bildung von Gemeinschaften.

Dies bedeutet, dass starke Verwandtschafts- bzw. Freundschaftsbeziehungen über große Distanzen hinweg aufrechterhalten werden können und Beziehungen zu Nachbarn sozial schwach sein können (starke und schwache Bindungen s. Kap. 3.6 zu Netzwerken). Für die Entstehung sozialer Beziehungen ist nicht mehr die räumliche Nähe einer Nachbarschaft relevant, sondern gemeinsame Interessen oder Probleme (z.B. Selbsthilfegruppen, s. u.). Damit wird die Fragestellung der Nachbarschaftsforschung umgekehrt: Nicht mehr die räumliche Nähe ist Ausgangspunkt der Frage nach den sozialen Beziehungen, sondern welche neuen räumlichen Konstellationen über welche Distanz soziale Beziehungen annehmen können. Die Familienforscherin Elizabeth Bott berichtete bereits 1957 in ihrer Studie zur Rollenverteilung und zu familiären Netzwerken über eine Entwicklung im Londoner East End, einem traditionellen Arbeiterwohngebiet, in dem sehr lebendige soziale Beziehungen zwischen Verwandten bestanden, obwohl die Mitglieder nicht mehr in unmittelbarer Nähe zueinander wohnten.

Nachbarschaft kann als mehrdimensionales Konzept aufgefasst werden, das nachbarschaftliche Sozialbeziehungen als Ergebnis von *sozialen* und *persönlichen* Voraussetzungen, räumlicher *Nähe* und *Zeit* betrachtet (vgl. Rohr-Zänker & Müller, 1998, S.11–14). Auf diese Dimensionen wird im Folgenden genauer eingegangen.

Eine 1996 in Deutschland durchgeführte Studie (zit. in Engstler & Menning, 2003, S. 18) zeigt, dass ein großer Teil von Eltern und erwachsenen Kindern auch in getrennten Haushalten in räumlicher *Nähe* zueinander lebt. 61,3 % der befragten Eltern, die Kinder außerhalb des Haushalts haben, gaben an, im gleichen Ort wie die Kinder zu wohnen, 12,3 % sogar im gleichen Haus und 19,4 % in der Nachbarschaft. Weiter als zwei Stunden vom nächsten Kind entfernt wohnten nur 10,1 % der Eltern. Besuche von Verwandten, Freunden, Bekannten oder Nachbarn werden natürlich grundsätzlich positiv durch räumliche Nähe beeinflusst. Vorrangig ist aber die Beziehung: Ist diese eng und beständig, wird die Häufigkeit ihrer Aktivierung durch räumliche

2.4 Beziehungen am Arbeitsplatz und in der Nachbarschaft

Nähe begünstigt, sie stiftet solche Beziehungen aber nicht unbedingt (vgl. Häussermann & Siebel, 2004).

Die räumliche Nähe ist damit eine notwendige, aber nicht hinreichende Voraussetzung für intensive Sozialbeziehungen. Das heißt zur Entwicklung von Freundschaften ist physische Nähe von Vorteil, die im Sinne einer Filtervariablen eine Interaktion zunächst überhaupt erst ermöglicht und den positiven Verlauf der Beziehung weiter fördert, indem sie Vertrauens- und Sympathiebildung unterstützt. In einer bereits als klassisch geltenden Studie in einem studentischen Appartementhaus konnten Leon Festinger, Stanley Schachter und Kurt Back (1950) zeigen, dass die architektonischen Bedingungen einen Einfluss auf die Sympathiebeziehungen der Bewohner hatten: Nachbarn auf dem gleichen Stockwerk, die sich öfter begegneten, wurden eher Freunde als die, die ein Stockwerk darüber oder darunter wohnten.

Die Wirkung gebauter Umwelten auf Verhalten ist insgesamt eher indirekt: Sie stellt den Rahmen für mögliche Interaktion dar. Idealisierend wird oft festgestellt, dass in Ein- und Zweifamilienhauswohngebieten die Nachbarschaftsbeziehungen am stärksten sind, in Hochhaussiedlungen am geringsten. Tatsächlich ist eher die homogene versus heterogene Sozialstruktur und die längere Wohndauer gegenüber der hohen Fluktuation dafür verantwortlich (vgl. Rohr-Zänker & Müller, 1998).

Gefördert werden engere nachbarschaftliche Bindungen durch homogene *soziale Bedingungen* bzgl. des sozialen Status und der Lebensphase, z.B. Kinder einer Altersstufe, ethnische Zugehörigkeit, Religion etc. Unter Angehörigen der Arbeiterschaft oder auf dem Land ist nachbarschaftlicher Kontakt und Hilfe häufiger anzutreffen. Je höher der sozioökonomische Status einer Person, desto vielfältiger und intensiver sind ihre Netzwerkkontakte und desto weniger Verwandte oder Nachbarn finden sich darunter (vgl. Diewald, 1991). Nachbarschaftsbeziehungen variieren zudem mit der Lebensphase: Für Kinder stellt die Nachbarschaft den ersten eigenen Handlungsspielraum dar, für Jugendliche ist sie ebenfalls noch ein wichtiger Bezugspunkt, zumindest so lange, bis sie ihre sozialen Netze immer mehr ausweiten. Mit der Familiengründung wird Nachbarschaft wieder zentraler und im Alter bildet sie dann oft den einzig verbleibenden sozialen Interaktionsbereich (vgl. Rohr-Zänker & Müller, 1998, S. 11).

Darüber hinaus gibt es kulturelle Unterschiede, z.B. ist in den USA die „Umzugsfreudigkeit" und damit auch die Aufgeschlossenheit gegenüber neu Hinzugezogenen sehr viel höher als in europäischen Ländern. In aktuelleren Studien geht die Anzahl der angegebenen nachbarschaftlichen Kontakte tendenziell zurück, was durch eine allgemeine Zunahme der Mobilität erklärt werden könnte (vgl. Argyle & Henderson, 1986; Melbeck, 1993).

Auch die erlebte und erwartete *Dauer* des eigenen Verbleibs und des Verbleibs der anderen Bewohner beeinflusst die Enge des Kontaktes. Dies kann die Offenheit befördern, weil sie ohne Folgen bleibt, wenn man bald wieder auseinander geht, oder es verhindert die Kontaktaufnahme, weil diese sich nicht „lohnt". Die am Wohnort verbrachte Zeit ist die Voraussetzung für gegenseitiges Wiedererkennen von Nachbarn, erhöht die Wahrscheinlichkeit von Kontakten und erhöht das Sicherheitsgefühl (Flade, 1987). Die Flexibilisierung von Arbeitszeiten, die steigende Erwerbstätigkeit von Frauen und die höhere Freizeitmobilität verringert jedoch für immer mehr Menschen die Zeit, die sie (gemeinsam mit Nachbarn) in ihrem Wohnbereich verbringen.

Zudem bringt soziale Nähe zwar Kontakt und Kommunikation, zugleich aber auch soziale Kontrolle, die individuell unterschiedlich bewertet wird (*persönliche Voraussetzungen*). Viele unerwünschte Kontakte fordern auch Abwehr und Distanzierung heraus. Insgesamt ist durchaus eine gewisse Distanz zur Nachbarschaft gewünscht und wird bewusst aufrechterhalten. Denn Nachbarn können auch Ursache von Ärgernissen sein. Die häufigsten Schwierigkeiten betreffen im allgemeinen Lärm, Dreck, Missachtung der Privatsphäre usw. In einer Telefonumfrage berichteten 60 % der Befragten von eigenen negativen Erfahrungen mit Nachbarn (vgl. Linneweber, 1990). Hier führt nicht die soziale Beziehung zu Konflikten, sondern die räumliche Nähe. Kommt es bei engeren Nachbarschaftsbeziehungen zu sozialen Konflikten, ist die Nähe von Nachteil, weil man sich nicht aus dem Weg gehen kann. Funktionierende Nachbarschaft ist somit eine Balance zwischen der Sicherung nachbarschaftlicher Unterstützung und der gewünschten Distanz.

Aktivitäten nachbarschaftlicher Beziehungen

Nachbarn verbindet keine Freizeit (wie Freunde) oder Arbeit und kein gemeinsames häusliches Leben (wie Familien), es sei denn, sie sind Mitglieder einer Wohngemeinschaft. Auf diese besondere Art von Nachbarschaft wird weiter unten eingegangen. Leider gibt es nur wenige empirisch gesicherte Erkenntnisse über nachbarschaftliche Aktivitäten. Die vorliegenden Daten entspringen hauptsächlich breiter angelegten Studien von sozialen Netzwerken, in denen Nachbarschaften nur am Rande betrachtet wurden. Diese stammen zudem meist aus dem anglo-amerikanischen Raum.

Melbeck (1993) berichtet von mehreren Untersuchungen eines sozialen Netzwerkes durch Barry Wellman und Kollegen in East York, ein Vorort von Toronto. In der letzten Folgeuntersuchung ermittelten Wellman und Wortley (1990) fünf Dimensionen sozialer Unterstützung, die alle auch von Nachbarn erbracht werden: emotionale Hilfe, kleine Dienstleistungen, große Dienstleistungen, finanzielle Hilfe und Geselligkeit (Gespräche, gemeinsame Aktivitäten und Mitgliedschaften in Organisationen). Starke Nachbarschaftsbeziehungen belegen dabei im Netz aller zur Verfügung stehenden Helfer zwar nicht den ersten, aber immer den zweiten oder dritter Platz. Selbst schwache nachbarschaftliche Kontakte unterscheiden sich hinsichtlich emotionaler Hilfe bzw. kleiner und großer Dienstleistungen kaum von schwachen Beziehungen zu engen Verwandten (Eltern, Kindern oder Geschwistern). Lediglich finanzielle Unterstützung wird unter Nachbarn kaum nachgefragt.

Nach Michael Argyle und Monika Henderson (1986) belaufen sich die üblichen Aktivitäten unter Nachbarn auf:

2.4 Beziehungen am Arbeitsplatz und in der Nachbarschaft

- Gespräche in der Regel über lokale Neuigkeiten oder Klatsch, die auf der Straße, in Supermärkten oder je nach Kultur bei Kaffeekränzchen oder Grillabenden stattfinden.
- Ordnung halten, gemeinsam protestieren z. B. gegen laute Kinder, unreine Hunde, gegen unzuverlässige Vermieter oder gegen den Flughafenausbau etc.
- Gegenseitige Hilfe wie Haustürschlüssel verwahren und Blumen gießen während der Urlaubszeit, mit Nahrungsmitteln aushelfen, Werkzeug verleihen bei Renovierungen oder Reparaturen etc.

Auch äußere Anlässe bilden Anlass für spontane Aktivitäten und Zusammenhalt. Zum Beispiel führen Naturkatastrophen wie eine Überschwemmung oder strukturelle Veränderungen wie der Bau einer Müllverbrennung dazu, dass eine Nachbarschaft gemeinsame Interessen hat und eine Aufgabe gemeinsam bewältigt, indem solidarisch geholfen oder demonstriert wird.

Julia Günther (2005) stellt zusammenfassend fest, dass Nachbarn im sozialen Netzwerk nur eine geringe Rolle spielen, in Bezug auf die Häufigkeit als auch auf die Formen der ausgetauschten Hilfen. Nachbarn werden am ehesten in unvorhergesehenen Krisenfällen um Hilfe gebeten, bei denen es auf schnelle Erreichbarkeit ankommt und andere Hilfequellen fehlen. Der Austausch beschränkt sich generell auf den oben beschriebenen kurzfristigen Transfer von benötigten Dienstleistungen oder Waren. Kontinuierliche Hilfebeziehungen bleiben in modernen Wohngebieten dagegen die Ausnahme.

Einen besonderen Nutzen stellt der Austausch von Informationen und Ratschlägen dar. Unter Nachbarn werden häufig erst einmal allgemeine Informationen zu Gesundheit, Rechtsfragen, Gartenbau etc. ausgetauscht bevor ein Experte aufgesucht wird und auch darüber, welcher Experte vor Ort zu empfehlen ist. Darüber hinaus machen besonders Nachbarinnen einander soziale Einrichtungen und Angebote im Wohnviertel bekannt und vermitteln Hilfeleistungen. Weenig & Midden (1991) zeigten, dass die Anzahl schwacher Kontakte in der Nachbarschaft positiv mit der Verbreitung von Informationen zusammenhängt, wobei Entscheidungsfindungen nur durch Bindungen in der Nachbarschaft beeinflusst werden.

Diese scheinbar geringfügigen Hilfestellungen bieten soziale Unterstützung im Alltag, bilden gegenseitiges Vertrauen und Verständnis sowie Sicherheit auch im Sinne von Abwehr von Kriminalität (Neighborhood-Watch). Allein das Wissen um die Möglichkeit, in Notsituationen nach nachbarschaftlicher Hilfe fragen zu können und diese auch zu erhalten, wirkt entlastend und unterstützend (vgl. Günther & Nestmann, 2000). Die Unterstützung bei Krankheit, die Beaufsichtigung von Kindern oder der Beistand bei einem Todesfall in der Familie ist weit seltener zu finden, weil dies über die Bekanntheit hinaus eine tiefere Vertrautheit und Verbundenheit voraussetzt. Es scheint vielmehr so zu sein, dass die Idee der früher lebensnotwendigen nachbarschaftlichen Nothilfe weiterhin überliefert wird und dies eine Art moralische Verpflichtung zur gegenseitigen Unterstützung nach sich zieht. Nichtbeachtung kann vor allem in ländlichen Räumen bei einem hohen Bekanntheitsgrad unter den Nachbarn und relativ hoher sozialer Kontrolle zu Sanktionen führen. Dort sind Nachbarn aufgrund ihrer langfristigen räumlichen Verbundenheit meist recht gut über andere informiert und wissen über viele Aspekte des Lebens des jeweils anderen Bescheid, auch über Schwierigkeiten und möglichen Unterstützungsbedarf. Bei bestimmten Problemen wird nachbarschaftliche Hilfe allerdings bewusst nicht gesucht, sondern diese im Gegenteil eher verborgen. Dazu gehören Krisen mit dem Ehepartner, finanzielle Probleme oder massive Verhaltenschwierigkeiten der Kinder (vgl. Lenz, 1990). Gerade in ländlichen Nachbarschaften ist die Angst vor Etikettierung oder sogar Ausgrenzung der Betroffenen groß.

Die Art der Aktivitäten verändert sich mit dem Lebensalter und der Lebenssituation. Junge Familien helfen sich gegenseitig bei der Beaufsichtigung der Kinder, ältere Menschen werden eher beim Einkauf unterstützt. Menschen, die viel zu Hause sind, Kinder haben und lange am selben Ort wohnen, haben häufigeren und engeren Kontakt zueinander. Junge Familien haben überwiegend Kontakt zu Gleichaltrigen, gemeinsame Aktivitäten und gegenseitige Hilfeleistungen beziehen sich hier meist auf die Kinder. Die einmal aufgenommenen Beziehungen werden dann häufig aufrechterhalten, auch wenn die Kinder groß sind. Je weniger mobil eine Person allerdings ist, desto stärker ist sie auf Kontakte zu Nachbarn angewiesen. Gerade Kinder und alte Menschen nutzen den sozialen Nahraum, weil sie noch nicht bzw. nicht mehr über die notwendigen sozialen Kompetenzen und die Mobilität verfügen. Mit zunehmendem Alter verschiebt sich allerdings das Verhältnis von Geben und Nehmen, d. h. Hilfeleistungen werden im hohen Alter eher gebraucht und die Bedeutung von sozialen Kontakten und Gesprächen steigt an, die Netzwerkgröße nimmt ab (vgl. Rohr-Zänker & Müller, 1998).

Der Fokus von Frauen mit Kindern, deren Mobilität begrenzt ist, war lange Zeit vor allem auf das Haus, die Familie und Nachbarschaft beschränkt. Sofern keine Arbeitsplätze oder Infrastruktureinrichtungen vor Ort bestanden, waren sie in ihren Aktivitäts- und Entfaltungsmöglichkeiten stark begrenzt. Informelle nachbarschaftliche Hilfe wird in der Regel von Frauen erbracht. Dabei besteht die Tendenz, dass sie zum einen mehr soziale Unterstützung bereitstellen als Männer und zum anderen mehr als sie selbst von den verschiedenen Interaktionspartnern erhalten. Dies führt aber auch dazu, dass Frauen im Alter weniger isoliert sind und ihre Nachbarn häufiger zu ihrem privaten Netzwerk zählen als Männer (vgl. Nestmann, 1997). Neue Formen nachbarschaftlicher Unterstützung durch sozialpolitische Projekte (s. u.) sind auf diesem Hintergrund durchaus kritisch zu sehen, weil sie eine erhöhte Belastung der Frauen bedeuten. Die Mobilisierung informeller Helferinnen in der Nachbarschaft wird jedoch ohnehin zunehmend schwieriger werden, da die Zahl nicht berufstätiger Hausfrauen und Mütter zukünftig immer weiter abnimmt.

Für bestimmte Gruppen kann wiederum die Schwierigkeit entstehen, dass sie die Reziprozitätsnorm nicht einhalten können (vgl. Kap. 3.5.1). Gerade

2.4 Beziehungen am Arbeitsplatz und in der Nachbarschaft

in Nachbarschaftsnetzen wird nach erfolgter Hilfe kurzfristig eine ähnliche Gegenleistung erwartet, finanzielle Entschädigung ist dagegen unüblich. Dies führt oft dazu, dass Hilfen von z. B. älteren Menschen nicht mehr gesucht oder Angebote abgewiesen werden, auch wenn sie Unterstützung nötig hätten. Auch ist zu beobachten, dass Hilfsangebote eingestellt werden, wenn keine Gegenleistungen erfolgen oder diese nicht zu erwarten sind (vgl. Günther, 2005). Manche Menschen sind offensichtlich nicht in der Lage, ihre sozialen Kontakte zu organisieren und nach dem Reziprozitätsprinzip selbst Leistungen zu erbringen: Beispielsweise junge Menschen, Alleinlebende und Alleinerziehende sind aus verschiedenen Gründen selbst wenig initiativ, obwohl sie sich nachbarschaftliche Kontakte wünschen (vgl. Rohr-Zänker & Müller, 1998). Dass sich viele Menschen dem Nachbarschaftsnetz verschließen, kann auch von einem Bedürfnis nach einem unbehelligten, anonymen Leben herrühren. Viele Menschen wollen der Reziprozitätsnorm nicht entsprechen, weil sie Sorge haben, die eigene Disponibilität könnte gefährdet sein. Sie haben Angst vor Einmischung und ungewünschter Kontrolle sowie vor Verlust von Selbstbestimmung, Unhabhängigkeit und Privatsphäre. Umgekehrt verhindert das „Prinzip der Nichteinmischung [...] jede Verantwortlichkeit und führt im Extremfall zu Passivität, Anonymität und Gleichgültigkeit" (vgl. Senchly & Rauch, 1998, S. 47). Aktuelle Medienberichte über unentdeckte Todesfälle von alleinlebenden älteren Menschen, Kindesmisshandlungen in Familien etc. scheinen diese Tendenzen zu belegen.

Aufgabe
Reflektieren Sie Ihr Verhältnis zu Ihren Nachbarn: Welche Kontakte gibt es, welche Funktion erfüllen diese (für Sie – für die anderen)? Wie bewerten Sie diese im Hinblick auf die Reziprozitätsnorm?

Neue Formen „guter Nachbarschaft"

Menschen versuchen jedoch den Verlust des emotionalen und sozialen Rückhalts durch die abnehmende Bedeutung familiärer Bindungen und die Instabilität von Arbeitsbeziehungen zu kompensieren, indem Anknüpfungspunkte in sinnvollen Freizeitbeschäftigungen und in der Reintegration der verschiedenen Lebensbereiche gerade auch im Wohnbereich gesucht werden. Neben freiwilligen Nachbarschaftsgemeinschaften, werden diese auch vermehrt extern organisiert und durch staatliche, gemeinnützige oder private Träger unterstützt (vgl. Rohr-Zänker & Müller, 1998).
   Verschiedene Formen der bewussten Inszenierung von Nachbarschaften versuchen der fortschreitenden Kontaktabnahme zwischen Nachbarn entgegenzuwirken, z. B. Wohnungs- oder Hausgemeinschaften oder auch umfassende Siedlungsprojekte. Sie versuchen Isolation und Anonymität zu durchbrechen, indem bestimmte Aufgaben z. B. Haushaltsaufgaben oder Kinderbetreuung

gemeinschaftlich organisiert werden. Diese integrativen Lebensformen sollen den Verlust traditioneller Gemeinschaften und die nachlassende Verbindlichkeit von Familie und Verwandtschaft ersetzen. Damit wird die Hoffnung verbunden, dass die örtliche Gemeinschaft die Identifikation mit der Wohnung und dem Wohnumfeld verstärkt und dadurch Abwanderung verhindert wird. Die Gefahr ist allerdings, dass dies aufgrund der hohen Anforderungen an das Zusammenleben mit einer strengen Selektion der Mitglieder einhergeht und dadurch eine soziale Segregation befördert wird. Auf diese Initiativen soll im Folgenden genauer eingegangen werden.

Eine besondere, weil vergleichsweise „enge" Form der Nachbarschaft ist die *Wohngemeinschaft (WG)*. Diese ist bevorzugt bei Menschen zu finden, die Geld sparen wollen, sozialen Anschluss suchen oder einfach Haushalt und Alltag teilen möchten. WGs gibt es meist unter Studierenden und immer häufiger auch unter alleinstehenden und/oder älteren Menschen. Dabei können bereits befreundete Personen gemeinsam eine Wohnung oder ein Haus anmieten. Oder einander vorher fremde Menschen können durch die räumliche Nähe und den Kontakt eines gemeinsamen Haushaltes Freunde werden. Diese unmittelbare Nähe kann aber auch verstärkt zu Konflikten führen: Die einzige räumliche Grenze einer geteilten Wohnung ist meist nur eine Zimmertür, hinter die man sich zurückziehen kann, sodass die Privatsphäre nicht selten zum kritischen Punkt werden kann. In einer Wohngemeinschaft sind daher eine offene Kommunikation über Störungen wichtig sowie geteilte Regeln des Zusammenwohnens, insbesondere der Haushaltsführung (Argyle & Henderson, 1986, S. 369).

In den USA sind vor ca. 30 Jahren die ersten sog. *Gated Communities* entstanden (Judd, 1995). Es handelt sich hier um in sich geschlossene und nach außen abgesicherte Siedlungen unterschiedlichen Ausmaßes wie z. B. Mietkomplexe, Einfamilienhaussiedlungen oder ganze Kleinstädte. Sie wurden in der Regel komplett neu geplant und gebaut und mit einem eigenen Überwachungs- und Sicherheitssystem ausgestattet. Nachbarschaftliche Gemeinschaft soll aus der homogenen Sozialstruktur und aus ihrem gemeinsamen Interesse an Besitz und Kontrolle ihres Eigentums entstehen, zu dem neben der Wohnung auch Gemeinschafts- und Freizeiteinrichtungen gehören können. Mit dem Erwerb einer Immobilie werden auch Regeln des Zusammenlebens vertraglich festgeschrieben, z. B. Mindest- oder Höchstalter der Bewohner, Zahl der Kinder, Besuchszeiten für Gäste und Außengestaltung von Haus und Garten. Die Anwohner glauben, dass diese Communities eine gute finanzielle Investition bedeuten und Sicherheit vor Kriminalität und vor äußerem Verfall, eine gute Umgebung für Kinder sowie Schutz vor bestimmten unerwünschten Personen oder Wohnformen in der Nachbarschaft bieten (vgl. Wilson-Doenges, 2000). Ob die Communities tatsächlich soziale Interaktion fördern oder eher zum Rückzug in die Privatsphäre führen, weil es keinen Grund mehr zu Aushandlungsprozessen gibt, ist ungewiss. Allerdings ist zu beobachten, dass sich gerichtliche Auseinandersetzungen über Bagatellen wie die Beseitigung von Hundekot, das Schneiden der Hecke, Lärmbelästigung durch Musik etc. häufen (vgl. Judd, 1995, S. 160). Es ist daher kritisch anzumerken, dass die

2.4 Beziehungen am Arbeitsplatz und in der Nachbarschaft

Vereinbarungen, die ein friedliches Zusammenleben sichern sollen, stattdessen Anlässe für Konflikte darstellen und weder ein tolerantes noch ein konstruktives Umgehen mit diesen Konflikten unterstützen. Darüber hinaus können diese Communities gegenüber neuen Bewohnern unflexibel und ausschließend sein, oder auch gegenüber Personen, deren Status sich ändert, sodass sie nicht mehr den einheitlichen Vorstellungen entsprechen.

Eine andere Variante der Bildung von Communities ist die Umgestaltung bestehender Wohngebiete. In Deutschland werden aktuell 20 Millionen Euro Fördermittel zur Verfügung gestellt, um Städte dabei zu unterstützen, Wohnquartiere kinder- und familienfreundlich zu gestalten und die Infrastruktur barrierefrei und altengerecht umzubauen, mit dem Ziel den demographischen Wandel und die Migration zu bewältigen. Zentrales Anliegen ist es, städtische Wohngebiete als Wohnort und Erlebnisraum attraktiv zu gestalten indem 1. Gemeinschaftseinrichtungen geschaffen werden, die Angebote für alle Bevölkerungsgruppen unter einem Dach vereinen, 2. Urbane Freiräume als „Orte des Alltags" gepflegt werden, an denen Bewohner sich begegnen, ihre Besorgungen erledigen, ihre Freizeit verbringen und 3. Bauliche Anpassungsmaßnahmen oder Neubauten vorgenommen werden, die für alle Gruppen geeignet sind und somit keine Gruppe ausgrenzen (BMVBS & BBR, 2007, S. 6–7). Nach Rohr-Zänker und Müller (1998, S. 46–55) kann die Stadtplanung und Stadtpolitik in folgenden Bereichen Einfluss darauf nehmen, dass in Wohnquartieren Kontakte geknüpft und Beziehungen entwickelt werden können, und zwar durch:

- eine kommunikationsfreundliche baulich-räumliche Struktur,
- eine kleinteilige wohngebietsnahe Versorgung mit Waren und Diensten,
- die Vermittlung von Kontakten und nachbarschaftlichen Aktivitäten durch Sozial- und Gemeinwesensarbeit,
- eine gemischte Bewohnerstruktur, die über größere Anpassungs- und Integrationspotentiale verfügen als homogene Strukturen und
- die Übertragung von Zuständigkeiten und Selbstbestimmungsrechten durch Selbstverwaltung und Mietermitbestimmung.

Über örtliche Institutionen z. B. über Vereine, Schulen, Kirchen, Parteien oder Bürgerinitiativen vermittelte soziale Beziehungen haben eine lange Tradition. *Verein*, Bekanntschaft und Freundschaft sind historisch eng miteinander verwoben und dieser Umstand wird im Konzept der Wohnquartiere wieder reaktiviert. Vereine werden in der Regel frei nach Interessen und Einstellungen gewählt. Als historische Vorläufer der Vereinsbildung gelten die englischen „Coffee Houses" und die französischen „Salons" (vgl. Hollstein, 2001). Sie dienten Geschäftsleuten und Adeligen als Orte des kulturellen, politischen und wirtschaftlichen Informationsaustauschs. Innerhalb der Vereine herrschten meist demokratische Strukturen, nach außen waren sie hingegen sozial exklusiv, meist nur für Männer der oberen Schichten. Die Parallele zum Wohnquartier-Konzept, in dem alle Beteiligten gleichberechtigt Zugang zur

Gemeinschaft haben, besteht in der interessengeleiteten Zusammenkunft, die soziale Kontakte fördert und dabei gemeinsam ausgehandelte Veränderungen im lokalen Umfeld ermöglicht. Seit Beginn der neunziger Jahre des letzten Jahrhunderts gibt es in Deutschland meist in Vereinen organisierte Unterstützungsnetze in Form von Tauschringen. Tauschringe sind lokale bzw. regionale Zusammenschlüsse von Privatpersonen, die Güter, Dienstleistungen, aber auch Informationen tauschen. Die Abwicklung erfolgt über ein bargeldloses Verrechnungssystem und die Bewertung der Leistung oft nach Zeitaufwand, oft aber auch auf Verhandlungsbasis.

Eine weitere Form selbst organisierter Hilfe einer Nachbarschaft im weiteren Sinne zu bestimmten Themen sind *Selbsthilfegruppen*. Durch neue Kommunikations- und Transportmöglichkeiten werden in Selbsthilfegruppen Menschen eher durch gemeinsame Interessen, als über physische Nähe zusammengebracht (s. Community liberated). Selbsthilfegruppen profitieren von der Stärke schwacher Bindungen (vgl. Granovetter, 1973). Einer weniger nahestehenden Person können oft persönliche Geheimnisse anvertraut werden, die man Mitgliedern der Primärgruppe lieber vorenthält. Gleichzeitig kann diese Person neue und andersartige Erfahrungen und Informationen vermitteln. Dafür ist eine gewisse Heterogenität der Personen und Kontexte sogar günstig. Dies geschieht in einer Selbsthilfegruppe dennoch auf eine persönlichere Art und Weise, als wenn eine Auskunft z. B. aus den Medien stammt. Die ersten Selbsthilfegruppen entstanden in den USA, wo sich auf Ortsebene Gruppen von Menschen mit ähnlichen Problemen organisierten, wie zum Beispiel die Anonymen Alkoholiker.

Diesen Gruppen sind nach Argyle und Henderson (1986, S. 356) folgende Merkmale gemeinsam:

- ein ähnliches Problem als Gesprächs- und Verständnisgrundlage,
- regelmäßige Treffen zum Austausch von Hilfe und Unterstützung,
- der Hilfsbedürftige wird in die Lage versetzt, selbst Hilfe zu leisten,
- der soziale Vergleich mit den anderen in der Gruppe führt zu einer normalisierten (statt abweichenden) Sicht der eigenen Person,
- das gemeinsame Ziel ist die Arbeit an einem ähnlichen Problem (Übergewicht, Spielsucht, etc.),
- die Gruppe bietet Information und Ausbildung und
- aktives Handeln und Engagement in der Gruppe reduzieren Passivität und Resignation.

Selbsthilfegruppen brauchen eine informelle Leitung, die auf inhaltlicher oder sozio-emotionaler Ebene für den Fortschritt der Gruppe sorgt. Zuweilen holen sich Gruppen auch Experten hinzu, um fachliche Informationen oder beraterische Unterstützung zu geben. Eine weitere Möglichkeit, Interessengruppen mit Fremden zu pflegen, ohne dabei auf die räumliche Nähe der Kontaktanbahnung angewiesen zu sein, besteht im Internet (s. dazu Kap. 2.5).

2.5 Soziale Beziehungen im Internet

Lange Zeit konnten sich Menschen nur „real" (face-to-face) kennenlernen, sich austauschen oder zusammen arbeiten. Seit der immer stärker verbreiteten und durch Neuentwicklungen vervielfachten Kommunikationsmedien wie Telefon, Fax, Handy, Videokonferenzsystem und Computer können soziale Beziehungen auch über weite Distanzen geknüpft und aufrecht erhalten werden.

Computervermittelte Kommunikation (CVK) oder *virtuelle Kommunikation* umfasst den über Computer realisierbaren Austausch von Mitteilungen in Form von Text, Ton oder Video zwischen einzelnen Personen oder Gruppen. Sie ermöglicht die Überwindung räumlicher und zeitlicher Distanzen. Zu den computerunterstützten Kommunikationsmitteln gehören die mittlerweile weit verbreiteten textbasierten *asynchronen* Internetdienste zur zeitlich versetzten Kommunikation wie E-Mails, Mailinglisten, Newsgruppen (Newsgroups), Hypertextseiten und die *synchronen* Internetdienste zur zeitgleichen Kommunikation wie Chats (IRC) und Multi-User-Domains (MUDs: virtuelle Spielwelten). Neue Techniken verändern das Internet weiter und ziehen neue Benutzerkreise an: Instant Messaging (Kurznachrichten von Person zu Person, unterstützen oft auch IP-Telefonie), Breitbandzugänge (z. B. für datenintensive videogestützte Kommunikation in Videokonferenzen oder über Video-Mail), Peer-to-Peer-Systeme (vor allem für Tauschbörsen z. B. von Musikdateien), grafische Online-Spiele (z. B. Rollenspiele, Egoshooter etc.), Wikis (frei editierbare Webseiten, d. h. jede/r kann sie mitgestalten z. B. die freie Enzyklopädie www.wikipedia.de), Weblogs (auch Blogs, individuelle Webseiten, in denen Beiträge chronologisch dargestellt werden, z. B. als persönliche Tagebücher, zur Berichterstattung etc.) und Social-Networking-Portale (Online-Netzwerke z. B. für Studierende, Berufstätige, Senioren), um nur einige Entwicklungen zu nennen. Aufgrund ihrer Vernetzung zweiter Ordnung, werden diese Entwicklungen heute unter dem Schlagwort „Web 2.0" zusammengefasst. Im „Web 1.0" existierten ebenfalls Foren, Chats und Communities, aber die Technologien des Web 2.0 ermöglichen es, „Inhalte, Orte, Menschen, Meinungen, Ereignisse zu vernetzen und so einen ganz neuen Raum von Produktivität, Interaktion und Miteinander aufzuspannen" (Schroll & Neef, 2006, S. 2). Der regelmäßigen Nutzung des Internet werden Auswirkungen auf drei Ebenen zugeschrieben (vgl. Rheingold, 1994, S. 24–27; Thiedeke, 2000, S. 25–35):

- auf individuelle Einstellungen und Verhaltensweisen: z. B. Veränderung des Kommunikationsstils,
- auf zwischenmenschliche Beziehungen: Entstehung einer neuen Form des Austauschs von sozialer Unterstützung, Wissenskapital und Gemeinschaftsgefühl (mit der austauschtheoretischen Begründung, dass das Internet hohen Nutzen bei geringen Kosten bieten kann) und
- auf der gesellschaftlichen Ebene: z. B. Demokratisierung, Egalisierung, lebenslanges Lernen.

Diese Entwicklung verläuft weniger rasant als zu Beginn des Internetzeitalters angenommen, birgt aber nach wie vor viele interessante Forschungsfragen für psychologische Studien zur Wechselwirkung zwischen computervermittelter Kommunikation und sozialer Beziehungsgestaltung. Zu Beginn war die psychologische Forschung von Laborexperimenten dominiert, die z. B. der Frage nachgingen, inwieweit verschiedene Formen medienvermittelter Kommunikation geeignet sind, die Zusammenarbeit zwischen Personen bei der Lösung verschiedener Aufgaben zu unterstützen. Eine andere häufig untersuchte Fragestellung betrifft die Wirkung von Gruppennormen, bestimmte Medien für verschiedene Kommunikationssituationen zu nutzen. Forscher untersuchten, ob die eingeschränkte soziale Präsenz (s. Kap. 2.5.3) bei der medienvermittelten Kommunikation (verglichen mit der Face-to-Face-Kommunikation) einen Einfluss auf die Wahl des Mediums (von face-to-face über Telefon usw. zum Videochat) hat, auf die Wahrnehmung der übermittelten Nachricht oder auf die Wahrnehmung der Person, von der die Nachricht gesendet wird (vgl. Döring, 2003). Im Unterschied zur alltäglichen virtuellen Kommunikation wird in Laborexperimenten die Einbindung der Kommunikationspartner in soziale Systeme außen vor gelassen und zugleich die uneingeschränkte Auswahl aller zur Verfügung stehenden Kommunikationsmedien vorausgesetzt. Auf der anderen Seite gibt es zahlreiche Forschungsergebnisse aus (teilnehmenden) Beobachtungen, Interviews und groß angelegten Befragungen, die die Beschreibung der realen und ganz alltäglichen Nutzung des Internet zum Ziel hatten. Beide Methoden sind notwendig, um zu verstehen, wie die technischen Merkmale des Internet die Möglichkeiten und Grenzen sozialer Beziehungen beeinflussen bzw. um zu verstehen, wie Menschen sich die Technik zur Beziehungsgestaltung zunutze machen.

2.5.1 Kennzeichen der Internetnutzung

Laut der aktuellen ARD/ZDF-Online-Studie wurde 2007 erstmals die 40-Millionengrenze der Internetnutzer in Deutschland überschritten. Im Rahmen dieser Studie werden seit 10 Jahren repräsentative Stichproben ausgewertet. Demnach beträgt der Anteil der Internetnutzer, definiert als „Onlinenutzung innerhalb der letzten vier Wochen" in der Bevölkerung 60,7 % (vgl. van Eimeren & Frees, 2007, S. 363). Die höchsten Zuwachsraten finden sich in den letzen Jahren bei Frauen und den über 50-Jährigen. Beide Gruppen standen zuvor dem Internet eher distanziert gegenüber. Die Gründe, warum immer mehr Ältere „online" gehen, beziehen sich auf die Kommunikationsmöglichkeit via E-Mail, die Informationen über Freizeit, Gesundheit oder Senioren-Netzwerke, und nicht zuletzt auf den sozialen Druck, ohne Internetkenntnisse nicht mehr mitreden zu können (vgl. Ernest Dichter Institut, 2005, zitiert in van Eimeren & Frees, 2007).

In der ARD/ZDF-Online-Studie wurden verschiedene Parameter von der Bedeutung des Internet im Alltag bis zu den Gewohnheiten der Onlinenutzung

2.5 Soziale Beziehungen im Internet

einer multivariaten Analyse unterzogen und sechs Typen von Online-Nutzern identifiziert, die sich in zwei übergeordnete Nutzungsmuster aufteilen lassen (s. **Tab. 2.4**).

Tab. 2.4 Die Online-Nutzer-Typologie (N = 1142, Anteile in %, Quelle: van Eimeren & Frees, 2007, S.366)

Basishabitus		Online-Nutzer-Typen	
aktiv-dynamisch	49,6	junge Hyperaktive junge Flaneure E-Consumer routinierte Infonutzer	12,9 6,5 9,0 21,2
selektiv-zurückhaltend	50,4	Selektivnutzer Randnutzer	20,9 29,5

Die aktiv-dynamischen Nutzer fallen durch einen aktiven, intensiven und gewohnheitsmäßigen Umgang mit den Internetangeboten auf. Besonders die jungen Hyperaktiven nutzen das Internet als Informations- und Kommunikationsmedium, inklusive seiner multimedialen Angebote umfassend aus. Die jungen Flaneure verwenden das Internet ebenfalls zur Informationsgewinnung und bewegen sich ganz selbstverständlich in virtuellen Welten, sind jedoch weniger emotional involviert. Bei den E-Consumern stehen Online-Informationen über Produkte, Online-Shopping und Online-Auktionen im Vordergrund. Der routinierte Infonutzer betrachtet das Internet vor allem als Online-Datenbank für berufliche und private Bereiche, Kommunikation und Shopping treten bei ihm in den Hintergrund. Die selektiv-zurückhaltende Gruppe, deren Anteil seit 2005 stabil um die 50 % beträgt, setzt sich aus den Selektivnutzern und den Randnutzern zusammen. Beide stehen dem Internet noch relativ zurückhaltend gegenüber und nutzen nur wenige, ihnen bekannte und vertraute Informationen und Angebote. Bei den Randnutzern liegt (noch) eine geringe Medienkompetenz vor. Ihr Anteil hat sich im Vergleich zum letzen Jahr um 7 % verringert. Betrachtet man Meinungen zur Nutzung genauer, zeigt sich trotz deren Heterogenität eine zunehmend konservative Einstellung. So ist der Anteil derer gestiegen, denen das providereigene Angebot bereits ausreicht (2002: 59 %, 2007: 71 %), genauso wie der Anteil derer, die angeben: „Ich habe die Seiten, die mich interessieren gefunden und suche kaum noch neue" (2002: 41 %, 2007: 55 %). Der Aussage „Ich lasse mich immer wieder gerne von neuen Seiten und Angeboten anregen" stimmen dagegen immer weniger Personen zu (2002: 50 %, 2007: 31 %). Jüngeren Internetnutzern ist vor allem der „Austausch mit unterschiedlichen Menschen im Internet wichtig, beispielsweise über Gesprächsforen, in Chaträumen, über E-Mails" (14–19 Jahre: 69 %, 20–29 Jahre: 53 %, Gesamt: 36 %). Interessanterweise sind ältern Internetnutzern Internetangebote nicht wichtig, sie interessieren sich hauptsächlich für die E-Mail-Funktion (ab 60 Jahre: 47%, Gesamt: 30 %) (vgl. van Eimeren & Frees, 2007, S. 367). Dies belegt den Wandel vom Internet als reines Informationsmedium hin zum Medium für soziale Interaktion.

Auf *virtuelle Beziehungen* treffen die gleichen Kennzeichen zu wie für soziale Beziehungen, die face-to-face bestehen (s. Kap. 2.1–2.4). Das „Virtuelle" an einer virtuellen Beziehung liegt also nur darin, dass sie computervermittelt geknüpft wurde und sich die Beziehungspartner überwiegend, aber nicht nur computervermittelt austauschen. Es finden sich auch Mischformen: Menschen, die sich virtuell kennengelernt haben (z. B. in Internet-Kontaktbörsen, in öffentlichen, themenbezogenen Newsgroups oder Chats, in virtuellen Lernplattformen etc.), treffen sich später auch real. Und in Face-to-Face-Beziehungen wird zusätzlich das Internet genutzt, um miteinander in Kontakt zu bleiben (z. B. E-Mail-Kontakte zu entfernt lebenden Verwandten, Videokonferenzen mit Arbeitskollegen in einem international tätigen Unternehmen). Durch computerunterstützte Kommunikation konstituieren sich nicht nur dyadische Beziehungen, sondern auch größere sog. *virtuelle Gemeinschaften* (z. B. auf einem Chat-Channel, in einem MUD, in einer Mailingliste, einer Newsgruppe oder in einem Social-Network-Portal). Für Howard Rheingold (1994, S. 16), der den Begriff prägte, sind virtuelle Gemeinschaften: „soziale Zusammenschlüsse, die dann im Netz entstehen, wenn genug Leute diese öffentlichen Diskussionen lange genug führen und dabei ihre Gefühle einbringen, sodass im Cyberspace ein Geflecht persönlicher Beziehungen entsteht". Von virtuellen Lerngemeinschaften ist die Rede, wenn der Erwerb von Wissen oder Fertigkeiten für die Beteiligten explizit im Vordergrund steht. Diese finden sich in den Kontexten öffentliche Wissensnetzwerke (z. B. www.wikipedia.de), berufsbezogene und fachliche Foren (z. B. www.psychotherapieforum.de), unternehmensinternes Wissensmanagement und kursbezogene Foren z. B. in der Fernlehre (vgl. z. B. Heidbrink, 2000, Schmidtmann, 2005). Social-Network-Portale unterstützen die Bildung von Communities zu den unterschiedlichsten Themen, wie geografisch oder sprachlich definierte und ethnisch, religiös und politisch motivierte Gruppen sowie andere identitätsstiftende Kategorien. Es gibt sogar Portale für Hunde und Katzen (Dogster und Catster), d. h. natürlich für ihre Halter (vgl. Boyd & Ellison, 2007).

Trotzdem erscheint das Internet auf den ersten Blick „unsozial": Wer isoliert und anonym am eigenen Rechner sitzend im Internet kommuniziert, könnte den Eindruck erwecken, er flüchte aus der realen Welt und beschränke sich auf oberflächliche, defizitäre und unverbindliche Internetkontakte, die im schlimmsten Fall zur menschlichen Verarmung führen. Tatsächlich ist die Bildung von sozialen Beziehungen im Internet jedoch in vielen Erfahrungsberichten und Umfragen eindrucksvoll dokumentiert, z. B. in einem der ersten Erfahrungsberichte bei Rheingold (1994, S. 11): „eine Gemeinschaft, mit der ich nur über den Bildschirm in Verbindung treten konnte, schien mir zunächst eine kalte Angelegenheit zu sein, aber ich machte schnell die Erfahrung, dass

Menschen bei E-Mails und Computerkonferenzen Gefühle entwickeln können" (vgl. auch Döring, 2003).

Im Internet treffen Personen eher aufgrund gemeinsamer Interessen aufeinander, face-to-face eher aufgrund räumlicher Nähe (s. Kap. 2.4). Das Internet ersetzt die in der modernen Gesellschaft weitgehend verschwundenen gesellschaftlichen Räume (Tante-Emma-Laden, Kneipe...), in denen man sonst Freunde, Bekannte, Nachbarn etc. treffen und neue kennenlernen konnte. Rheingold (1994) hält die Möglichkeiten, Freunde im Internet zu finden sogar für größer als face-to-face, denn ein gemeinsames Thema muss nicht erst gesucht werden (darüber hat man sich ja gefunden), und über das Medium Computer ist ein Kontakt technisch schnell und einfach hergestellt. Geschlecht, Alter, Nationalität und Aussehen lassen sich im Netz verbergen oder verschleiern. Dies ermöglicht vorurteilsfreiere Kommunikation, die Wahrung von Distanz, aber auch größere Öffnung als dies ohne den Schutz von Bildschirm und Pseudonym möglich wäre. Andererseits birgt diese Anonymität auch die Gefahr von Identitätsschwindel, verbalen Angriffen oder schnellem Rückzug aus der Beziehung. Auch Kommunikationspausen aufgrund mangelnder Aktivität oder technischer Probleme können Hürden für die Beziehungsentwicklung im Internet darstellen. Die Besonderheiten der computervermittelten Kommunikation und ihr Einfluss auf die Beziehungsentwicklung soll im Folgenden genauer erläutert werden.

2.5.2 Kennzeichen computervermittelter Kommunikation

Textbasierte computervermittelte Kommunikation (CVK), wie sie im Internet noch immer vorherrschend ist, ist gekennzeichnet durch *Asynchronität* (ausgenommen in Chats), *Verschriftlichung* und *Beschleunigung* des Austausches von Mitteilungen. Dies führt zur „Aneinanderreihung" der einzelnen Aussagen und macht damit Unterbrechen oder „Überbrüllen" unmöglich. Auch die Aufmerksamkeit auf den aktuellen Sprecher entfällt. Andererseits ist eine mehrspurige Kommunikationsführung möglich, indem mehrere „Unterhaltungen" in verschiedenen Internetforen parallel verfolgt und beantwortet werden können. Auf diese Weise können also mehrere Beziehungen nebeneinander gepflegt werden (vgl. Sproull & Faraj, 1997). Asynchrone Kommunikation über E-Mail oder Newsgruppen lassen den Kommunikationspartnern Zeit zum Lesen, Nachdenken und Verfassen von Beiträgen. Personen, denen spontane Antworten schwer fallen, können sich an asynchroner Diskussion leichter beteiligen. Trotzdem verläuft die Kommunikation häufig immer noch schneller als regulärer Schriftverkehr per Post oder Fax. Durch die Notwendigkeit schneller textgebundener Kommunikation, besonders bei synchroner Kommunikation im Chat ist vielfach die Verwendung von umgangssprachlichen Wendungen, Abkürzungen (z.B. lol für „laughing out loud"), Emoticons (z.B. ;-) um eine ironische Bemerkung als solche zu kennzeichnen) oder Aktionsbeschreibungen (z.B.

knuddel als freundliche Begrüßung) zu beobachten. Letztere haben auch im Hinblick auf die fehlende nonverbale Kommunikationsebene eine wichtige Funktion.

Im Internet erfolgt die schriftliche Kommunikation nicht nur weitgehend öffentlich, sondern dokumentiert sich in der Regel auch automatisch selbst. Dies öffnet persönliche Grenzen in einem nahezu unüberschaubaren Ausmaß, das vielen Nutzern gar nicht bewusst zu sein scheint. „Worte auf dem Bildschirm sind in der Lage, andere Menschen zu verletzen. Obgleich ein Online-Gespräch sich genauso flüchtig und informell anfühlen mag, wie ein Telefongespräch, hat es die Reichweite und Beständigkeit einer Publikation" (Rheingold, 1994, S. 54). Diese Protokollierung und Archivierung des sozialen Austauschs bleibt wiederum nicht ohne Einfluss auf die Wahrnehmung und Reflexion der jeweiligen sozialen Beziehung. Die Entwicklung einer Interaktion bzw. einer Beziehung lässt sich quasi nachlesen.

Auf der anderen Seite ermöglicht das Internet auch ein gewisses Maß an *Anonymität*. Diese liegt in der *Ortsunabhängigkeit* der Kommunikation begründet, die die Kopräsenz der Kommunikationspartner überflüssig macht. Ortsunabhängigkeit bedeutet zunächst einmal geringeren logistischen Aufwand. Man muss nirgendwohin fahren, um sich auszutauschen. Damit haben die Kommunikationsteilnehmer zwar Anteil an anderen Perspektiven, es verbleibt jedoch jeder in seiner physischen Umgebung. Weil sich die Kommunikationspartner im Internet in der Regel dabei nicht sehen können, haben sie keinen visuellen Zugang zu *sozialen Kontextinformationen*, die Aufschluss über den sozialen Status der Kommunikationspartner geben, wie Geschlecht, Kleidung, Herkunft oder Aussehen. Dadurch werden Beziehungen zu Personen ermöglicht, die ganz andere soziale Merkmale haben, als jene, mit denen jemand normalerweise persönlich zusammentrifft. Beziehungen können sich leichter auf der Grundlage gemeinsamer Interessen entwickeln und werden nicht bereits am Anfang durch Unterschiede im sozialen Status gehemmt (vgl. Parks & Floyd, 1996). Daher wurde angenommen, dass in virtuellen Gruppen mehr Gleichberechtigung herrscht (vgl. Kiesler, Siegel & McGuire, 1984).

Die relative Anonymität, die fehlenden Informationen über die Anzahl der angesprochenen Personen (z.B. bei Mailinglisten) und die fehlenden Hinweise auf den Status des Empfängers können *Offenheit* und *soziales Engagement* fördern, da die Hemmungen mit anderen – auch mit bisher relativ Unbekannten – in Kontakt zu treten, geringer sind. Persönliche Informationen werden im Schutze der Unverbindlichkeit leichter preisgegeben. Auch Hilfestellung wird schneller gegeben, denn der Leser eines Hilferufes auf dem Bildschirm hat den Eindruck, der einzige zu sein, der Hilfe leisten könnte (vgl. Wellman, 1997).

In virtuellen Beziehungen ist zudem die *soziale Distanz* einfacher zu regulieren: Aus belastenden Beziehungen kann man sich leichter zurückziehen (z.B. per förmlicher E-Mail oder Nicht-Antworten), erwünschte Beziehungen leichter intensivieren (z.B. durch zusätzliche Face-to-Face-Kontaktaufnahme) (vgl. Haythornthwaite, Wellman & Garton, 1998). Anonymität bietet im öffentlichen Netz außerdem die Möglichkeit, in andere Rollen schlüpfen zu können z. B. ein anderes Geschlecht, Alter oder einen anderen Status auszuprobieren (vgl. Turkle, 1999).

Das Fehlen sozialer Hinweisreize hat jedoch nicht nur positive, konstruktive Konsequenzen, es entstehen im Netz z. B. leichter Missverständnisse, weil etwa eine ironische Bemerkung nicht als solche erkannt wird. Dies eskaliert in öffentlichen Diskussionsforen schnell zu sog. Flamewars (heftige verbale Auseinandersetzungen). Dies wird mit dem Fehlen nonverbaler Kontroll- oder Sanktionsinstrumente wie ablehnende Gestik oder Mimik erklärt, die face-to-face wirksam werden (vgl. Döring & Schestag, 2000). Nach Erfahrungen im Kontext formaler Beziehungen z. B. in Arbeitsgruppen bricht hier die Eskalationsspirale früher ab, da die Anonymität durch die persönliche Identifizierbarkeit fast ganz wegfällt. Trotzdem ist die Gefahr groß, dass sich Teilnehmer, die sich angegriffen oder bloßgestellt fühlen, ganz aus der Gruppe zurückziehen (vgl. Heidbrink, 2000).

Daher wird oft versucht, das Fehlen nonverbaler Informationen bei der rein textbasierten Kommunikation durch bereits erwähnte Emoticons und Gefühls- oder Handlungsbeschreibungen zu kompensieren. Zusätzlich gewinnen Aspekte der Chronemik an Bedeutung: In der synchronen Kommunikation zeigt promptes Antworten Aufmerksamkeit und Zuwendung, in der asynchronen Kommunikation werden neben der Antwortschnelligkeit auch Absendezeiten (morgens, mittags, abends) in Bezug auf Dringlichkeit oder Intimität interpretiert (vgl. Walther & Tidwell, 1995).

2.5.3 Theorien der computervermittelten Kommunikation

Zur computervermittelten Kommunikation existieren mittlerweile eine Reihe von Theorien und Modellen. Diese lassen sich einteilen in eher pessimistische, technikdeterministische und eher optimistische, nutzerorientierte Ansätze (vgl. Döring, 2003, S.127). Zu der ersten Kategorie gehört die *Theorie der sozialen Präsenz*, die von Short, Williams und Christie (1976) auf der Basis von Beobachtungen in Audio- und Videokonferenzen aufgestellt wurde. Es wird postuliert, dass soziale Präsenz, d.h. die Wahrnehmung, dass andere „reale" Personen in die Kommunikation involviert sind, von der Anzahl der Kanäle (Ton, Bild, usw.), die ein Medium bereitstellt, abhängt. Die Autoren definieren soziale Präsenz als „degree of salience of the other person in the interaction and the consequent salience of the interpersonal relationships" (S. 65). Übertragen auf textbasierte, computervermittelte Kommunikation bedeutet dies, dass aufgrund fehlender audio-visueller Kanäle keine nonverbalen Kommunikationssignale übertragen werden können. Daraus lässt sich der Schluss ziehen, dass computervermittelte Kommunikation unpersönlich und einseitig aufgabenorientiert abläuft und es zur Verarmung zwischenmenschlicher Beziehungen kommt.

Auf der anderen Seite gibt es eine Reihe von Berichten, dass Gruppen, die über einen längeren Zeitraum computervermittelt miteinander kommunizieren, die technischen Beschränkungen der CVK überwinden. Diese Anpassungsleistung der Nutzerinnen und Nutzer wird in den nutzerorientierten Ansätzen der CVK beschrieben. Der *Ansatz der sozialen Informationsverarbeitung* (vgl. Walther, 1992) geht davon aus, dass die Entwicklung von Beziehungen über CVK lediglich länger dauert als face-to-face. Joseph B. Walther hat beobachtet, dass Menschen in computervermittelten Lernsettings einfach mehr Zeit brauchen, um ihre Unsicherheit gegenüber den anderen abzubauen und dass virtuelle Lerngruppen vergleichbare Leistungen erbringen wie Face-to-Face-Gruppen, wenn sie mehr Zeit zur Verfügung haben. Dies gibt den Teilnehmenden die Möglichkeit, das Fehlen nonverbaler Signale und sozialer Hinweisreize zu kompensieren, z. B. durch Nachfragen, Nutzen von Emoticons, Interpretieren von chronemischen Informationen usw. (s. o.). Die Symbolisierung der Beziehungsbotschaft einer Nachricht kann auf diese Weise den Bedingungen der Kommunikationssituation angepasst werden. Die früher ermittelte Sachorientierung in CVK-Gruppen kann demnach der Zeitbeschränkung von ad hoc Gruppenexperimenten zugeschrieben werden. Durch die Erwartung einer längerfristigen Zusammenarbeit in einer Gruppe z. B. in virtuellen Seminaren werden außerdem individuelle Vorstellungen wirksam, wie eine „echte" Gruppe sein sollte. Es entsteht der Wunsch nach Intragruppenbeziehungen, die durch Zusammengehörigkeit, Vertrauen, Offenheit, geteilte Normen, Reziprozität und Harmonie gekennzeichnet sind (vgl. Mack, 2003). Die Selbstdarstellung mittels CVK erfolgt daher entsprechend vorsichtig, selektiv und in eher günstigem Licht. Gleichzeitig werden minimale Informationen der anderen Gruppenmitglieder im Sinne der Erwartungen überbewertet. Die soziale Informationsverarbeitung erfolgt sozusagen aus einer *hyperpersonalen Perspektive* (vgl. Walther, 1994). Dieses Verhalten ist auch in Online-Dating-Umgebungen (Online-Partnerschaftsbörsen) zu beobachten. Die „Kandidaten" versuchen ebenfalls, sich positiv darzustellen, vermeiden jedoch Falschdarstellungen, weil das Ziel ja darin besteht, sich persönlich zu treffen und eine langfristige Partnerschaft einzugehen. Falsche Angaben würden dann zwangsläufig aufgedeckt und einer Vertrauensbasis schaden (vgl. Ellison, Heino & Gibbs, 2006).

Neben kommunikations- und sozialpsychologischen Aspekten sozialer Interaktion in virtuellen Gruppen legt Karel Kreijns (2004, S. 53) den Schwerpunkt in seiner Arbeit auf ökologische Aspekte. Aspekte der Umgebung beeinflussen die Aufnahme und Aufrechterhaltung sozialer Beziehungen, indem sie zufällige Begegnungen (z. B. im Aufzug), informellen Austausch (z. B. beim Kaffee) und die Überbrückung von Asynchronität (z. B. durch einen Notizzettel) ermöglichen. So ist z. B. die Bedeutung räumlicher Nähe für das Zustandekommen von sozialer Interaktion und für die Entwicklung von Vertrauen und Sympathie seit langem bekannt (vgl. Festinger, Schachter & Back, 1950). Zur Gestaltung einer solchen *sozialen Umgebung* für virtuelle Gruppen wird auf Erkenntnisse zur Gestaltung von öffentlichen

Plätzen in Städten (vgl. White, 1980, vgl. Kap. 2.4.2) zurückgegriffen. Sozial „erfolgreiche" öffentliche Plätze zeichnen sich danach durch folgende Qualitätsmerkmale aus:

- Zugänglichkeit: Sie müssen gut einsehbar und einfach erreichbar sein.
- Aktivität: Sie müssen Möglichkeiten bieten, etwas (gemeinsam) zu „machen".
- Komfort: Sie müssen sicher, sauber und bequem (z. B. mit Sitzgelegenheiten) sein.
- Soziabilität: Sie müssen Möglichkeiten bieten, dass Menschen sich dort treffen und austauschen können.

In Online-Umgebungen, z. B. für gemeinsames Arbeiten und Lernen, kann der Punkt „Aktivität" nach Kreijns (2004, S. 67) durch das didaktische Design erfüllt werden, die Punkte „Zugänglichkeit" und „Komfort" betreffen die Usability (Bedienungsfreundlichkeit) bzw. das gesamte Interaktionsdesign. Dieses schließt neben den Funktionalitäten, die kognitive Lernprozesse wie sozio-emotionale Prozesse unterstützen, auch die ästhetische Gestaltung und wiederum die Usability eines Systems ein und ermöglicht damit dessen „Soziabilität", die Förderung sozialer Beziehungen.

2.5.4 Online- und Offline-Beziehungen

Wie in Kap. 2.5.1 gezeigt wurde, wird das Internet zu verschiedenen Zwecken genutzt: mit Freunden und Verwandten kommunizieren, neue Kontakte knüpfen, Informationen, Entspannung und Unterhaltung suchen oder auch online einkaufen. In diesem Kapitel werden ausgewählte Forschungsergebnisse dargestellt, die die Rolle des Internet bei der Gewinnung und Pflege von Beziehungen online und offline beleuchten.

Anwendungen des Internet als Plattform für neue soziale Kontakte sind virtuelle (Spiel-)Welten oder Social-Network-Portale. Ein Beispiel für virtuelle Welten ist Second Life, das seit 2003 über die amerikanische Firma Linden Lab im Internet verfügbar ist. Second Life hat den Charakter eines Spiels, aber es gibt keine vorgegebene Handlung oder Rollen wie in anderen Online-Spielen. Der Nutzer, der Bewohner genannt wird, kann sich über die herunterzuladende Software einen Avatar gestalten. Ein Avatar ist ein künstlicher, grafischer Stellvertreter einer realen Person in einer virtuellen Umgebung. Es stehen eine Reihe von männlichen und weiblichen Standardfiguren zur Auswahl, deren Statur und Look verändert werden können. Mit diesem Avatar kann sich der Spieler durch die Second Life-Welt bewegen und mit anderen kommunizieren – mithilfe eines öffentlichen oder privaten (nur für die Kommunikationspartner lesbaren) Chats. Darüber hinaus können Bewohner die Umgebung durch neue Gegenstände z. B. Häuser mit kompletten Einrichtungen und Außenanlagen gestalten. Auf Second Life gibt es mittlerweile zahlreiche Communities, sogar von Universitäten und Unternehmen, z. B. zur Durchführung von Seminaren oder zum Angebot virtueller „Waren". Es gibt auch eine virtuelle Währung (Linden-Dollars), die in reale US-Dollars transferiert werden kann und damit echte Gewinne ermöglicht. Allerdings nehmen auch verschiedene sexuelle Angebote zu. Cyber-Sex ist laut John Suler im Interview mit „Psychologie Heute" für viele Menschen attraktiv, weil hier im Schutze der Anonymität und der Virtualität Fantasien ausgelebt werden können, die im echten Leben nicht möglich sind. Viele halten Cyber-Sex auch nicht für einen Betrug am realen Partner (vgl. Reinhardt, 2007).

Abb. 2.11 Screenshot aus Second Life (http://secondlife.com)

Diese rein virtuellen Kontakte und Beziehungen haben viel zu dem Hype beigetragen, der um das Internet gemacht wurde: die Faszination von Beziehungen und Identitäten, die keine Entsprechung in der realen Welt haben, in denen Internetnutzer völlig aufgehen und den Bezug zur realen Welt verlieren (vgl. Turkle, 1999). Tatsächlich zeigt sich, dass viele Menschen ihre länger währenden sozialen Kontakte in Second Life oder einer anderen virtuellen Community nicht nur auf der virtuellen Ebene belassen wollen, sondern versuchen sich auch real zu treffen. Zudem konnte gezeigt werden, dass Communities häufig genutzt werden, um bestehende Kontakte aufrecht zu erhalten. Zwei Studien zeigen z. B., dass Freunde, die sich in Newsgruppen kennengelernt haben, häufig den Wunsch äußern, sich auch real zu treffen (vgl. Parks & Floyd, 1996; McKenna, Green & Gleason, 2002). Das Internet kann also durchaus helfen, neue Freunde zu finden, besonders für Personen, die von körperlichen oder psychologischen Hemmnissen davon

2.5 Soziale Beziehungen im Internet

abgehalten werden, in der realen Situation Kontakte zu knüpfen. McKenna et al. (2002) fanden, dass Personen, die sich einsam fühlen und sozial ängstlich sind, eher Online-Foren nutzen, um Freunde zu finden. Sie haben den Eindruck, sich im Internet ehrlicher darstellen zu können als im persönlichen Kontakt. Aber auch hier entsteht das Bedürfnis, sich persönlich kennenzulernen, um einen breiteren Kommunikationsraum zu haben als ihn das Internet auf Dauer bieten kann. Die schrittweise Annäherung wird jedoch als angenehmer empfunden.

Social-Network-Portale wie die englischsprachigen Portale *Facebook* und *MySpace* oder in Deutschland *StudiVZ* für Studierende oder *Xing* für Berufstätige erlauben dem Nutzer 1. ein öffentliches oder halböffentliches Profil von sich zu erstellen, 2. eine Liste von anderen Nutzern aufzubauen, zu denen er Kontakt hat und 3. andere Nutzer und ihre Kontakte zu sehen (vgl. Boyd & Ellison, 2007). Sie ermöglichen dadurch dem Nutzer unbekannten Anderen zu begegnen und somit Kontakte zwischen Personen herzustellen, die sich sonst nie getroffen hätten. Ein Profil enthält typischerweise Variablen wie Alter, Wohnort, Beruf, Interessen und eine persönliche Beschreibung („about me"), oft kann ein Foto in das Profil geladen werden. Die Sichtbarkeit der Profile variiert zwischen den Portalen und ist abhängig von der Freischaltung durch den Nutzer. Die Liste der bestehenden Kontakte – manchmal aufgeteilt in Freunde, Kontakte und Fans – ist hingegen immer öffentlich, da hierin das Herzstück der Online-Netzwerke besteht: Die Möglichkeit sich über die Kontakte anderer durch das Netzwerk zu bewegen und bekannte oder unbekannte Menschen aufzuspüren. Diesen kann man dann auf ihrem Profil eine Nachricht hinterlassen und um die Aufnahme als Kontakt bitten. Meist besteht jedoch schon irgendein realer Kontakt zwischen Personen, die sich im Online-Netzwerk treffen (vgl. Haythornthwaite, 2005). So werden in vielen Online-Netzwerken lokale Kontakte oder Kontakte des erweiterten persönlichen Netzwerkes gepflegt. Die psychologische Erforschung von Social-Network-Portalen steht noch in den Anfängen. Ergebnisse einer Untersuchung von 286 Studierenden (vgl. Ellison, Steinfield & Lampe, 2007), die das amerikanische Portal Facebook nutzen, belegen, dass auf der einen Seite falsche Angaben und Datenmissbrauch bezüglich der Profile vorkommen, aber dass Facebook auf der anderen Seite dazu beiträgt, das „Soziale Kapital" der Nutzer zu erhöhen. Soziales Kapital bezeichnet allgemein die wahrgenommenen Ressourcen einer Person oder Gruppe, die durch soziale Beziehungen akkumuliert werden (vgl. Ellison, Steinfield & Lampe, 2007, S. 1145). Die allgemeine Internetnutzung konnte die soziale Kapitalbildung nicht vorhersagen, aber die intensive Nutzung von Facebook. Die Forscher fanden einen hohen Zusammenhang zwischen Facebook-Nutzung und ehemaligen High School-Kontakten der heutigen Studenten und leiten daraus eine Strategie für Online-Alumni-Netzwerke ab (s. u.).

Es ist natürlich viel einfacher alte Kontakte wiederzubeleben als neue Kontakte aufzubauen: Es gibt bereits eine mehr oder weniger vertraute Ebene der Kommunikation, man kann auf eine gemeinsame Erfahrungen zurückblicken, die einen guten Anknüpfungspunkt bieten, um wieder ins Gespräch zu kommen. Social-Network-Portale werden daher häufig genutzt, um alte Freunde wieder zu finden. Ein Beispiel hierfür sind *Alumni-Netzwerke*, die in Hochschulen in den USA, England und Frankreich eine lange Tradition haben und in Deutschland seit Ende der 1980er Jahre aufkommen. Das Wort „Alumni" kommt aus dem Lateinischen und bedeutet Zöglinge. Mit Alumni werden die Absolventen einer Hochschule oder die Stipendiaten einer Förderorganisation bezeichnet. Alumni-Netzwerke werden heute in Form der oben beschriebenen Social-Network-Portale eingerichtet, um die Bindungen der ehemaligen Studierenden an ihre Hochschule zu stärken sowie ideelle und finanzielle Unterstützung zu akquirieren. Alumni haben über diese Netzwerke die Möglichkeit, Kontakte zu ihren früheren Kommilitonen aufzunehmen und zu pflegen. Da nicht nur die Absolventen des eigenen Jahrgangs zum Netzwerk gehören, ist es darüber hinaus möglich, zum Beispiel von den Erfahrungen und Beziehungen älterer Semester zu profitieren, etwa im Hinblick auf Praktika, Stellen oder Kooperationen. Nähere Informationen zum Alumni-Wesen in Deutschland bietet die Homepage des Verbands der Alumni-Organisationen im deutschsprachigen Raum e. V.: www.alumni-clubs.net.

Michael Feldhaus und Niels Logemann (2002, 2005) sind der Frage nachgegangen, inwieweit die neuen Medien Internet und Mobiltelefon den familialen Alltag beeinflussen. Sie untersuchten diese Frage zunächst in Gruppendiskussionen mit Eltern, Studenten und Schülern (Haupt-, Realschule und Gymnasium) und anschließend in Familienfallstudien mithilfe von Einzelinterviews. Bei der Nutzung des Internet zeigte sich eher ein Konfliktpotential zwischen Eltern und Kindern. Nicht nur in Fragen der Anschaffung bzw. Aufrüstung von Hardware und Internetzugang entstehen Konflikte, sondern auch in der zeitlichen und inhaltlichen Nutzung des Internet. Eltern erwarten eher eine bildungsorientierte Nutzung des Internet, Kinder und Jugendliche nutzen das Internet primär für ihre Freizeitinteressen (s. **Tab. 2.5**).

Tab. 2.5 Internetnutzung zur Unterhaltung/zur Information (N = 1142, Anteile in %, Quelle: van Eimeren & Frees, 2007, S. 368)

Ich nutze das Internet ...	Gesamt	14–19 Jahre	20–29 Jahre	30–49 Jahre	Ab 50 Jahre
... überwiegend zur Unterhaltung	14	47	17	8	6
... überwiegend um Informationen zu erhalten	72	32	58	80	85
... sowohl als auch	14	21	25	11	10

Dem Unterhaltungsbedürfnis der Jüngeren entsprechen die aktuellen Angebote von Audio- und Videoportalen und Communities des Web 2.0 (s. o.).

2.5 Soziale Beziehungen im Internet

Gerade bei der Altersgruppe der 14–29-Jährigen ist die Internetnutzung im Alltag als Informations-, Kommunikations- und Unterhaltungsmedium selbstverständlich. Die Möglichkeiten des Internet sind für die Jugendlichen für die Bewältigung von Entwicklungsaufgaben durch das spielerische Ausprobieren von Identitäten (vgl. Turkle, 1999) und für die gruppendynamischen Prozesse in ihrer Peergruppe durch Chatten, Musik tauschen etc. nicht mehr wegzudenken. Dies zeigt sich entsprechend in der Nutzungsfrequenz und in der Nutzungsdauer von im Durchschnitt 155 Minuten am Tag. Das bedeutet, dass weniger Zeit (und Notwendigkeit) für die Beschäftigung mit anderen Medien wie Radio, Zeitung und Fernsehen übrig bleibt. Tatsächlich geben Internetnutzer an, weniger Zeit für die klassischen Medien aufzubringen. Die Nutzungsmessung der GfK-Fernsehforschung ergibt jedoch, dass Internetnutzer noch zusätzlich überdurchschnittlich viel fernsehen (vgl. van Eimeren & Frees, 2007, S. 376). Damit bleibt für „echte" soziale Kontakte am Ende weniger Zeit übrig.

Gleichzeitig sind Eltern ihren Kindern bezüglich der Medienkompetenz meist unterlegen. Eltern sind deshalb oft verunsichert, welche Gefahren das Internet für ihre Kinder tatsächlich birgt und welche Kontrollmöglichkeiten es gibt. Da Schutzsoftware von Jugendlichen teilweise leicht zu umgehen ist, empfehlen die Autoren den Eltern, den PC gemeinsam mit ihren Kindern zu nutzen und vor allem das Gespräch über die genutzten Inhalte zu suchen (vgl. Feldhaus & Logemann, 2005, S. 6). Hierin liegt auch ein positiver Aspekt der Kompetenzunterschiede zwischen Eltern und Kindern. Es stärkt das Selbstbewusstsein der Jugendlichen und ihre Position in der Familie, wenn sie ihren Eltern oder jüngeren Geschwistern etwas beibringen können (vgl. Kiesler, Zdaniuk, Lundmark, Kraut, 2000).

Feldhaus und Logemann (2002, 2005) fanden für die Nutzung von Mobiltelefonen im Gegensatz zum Internet eine überwiegend positiv unterstützende Wirkung auf familiale Prozesse. Das Mobiltelefon kann zum einen als Sicherheitsmedium dienen, indem man sich mit einem Anruf vergewissern kann, wo sich der andere befindet und ob es ihm gut geht. Das betrifft meist die Sorge der Eltern um ihre Kinder. Zum zweiten kann es als Medium zur emotionalen Stabilisierung dienen, indem man sich in Stresssituationen kurzfristig per Anruf emotionalen Rückhalt holen kann. Dies betrifft wiederum eher die Unterstützung der Kinder durch die Eltern. Eine dritte Funktion betrifft die Unterstützung der gezielten und zeitsparenden Organisation des familialen Alltags. Diese Funktionen unterstützen die zunehmend mobile Familie, in der z.B. beide Eltern berufstätig sind und Kinder und Jugendliche Freizeit und Ferien ohne die Eltern in Peer-Gruppen verbringen. Die ständige Erreichbarkeit hat auf der anderen Seite den Nachteil der sozialen Kontrolle, der dem Ablösungsprozess von Jugendlichen entgegensteht (vgl. Feldhaus & Logemann, 2002, S. 10).

Verschiedene Studien aus dem angloamerikanischen Raum belegen – im Gegensatz zu den Schlussfolgerungen von van Eimeren und Frees (2007), dass die Nutzung des Internet realen sozialen Beziehungen nicht schadet oder dadurch weniger Zeit für soziale Aktivitäten bleibt. Robinson, Kestenbaum, Neustadtl und Alvarez (2002) z. B. haben ihre 948 Probanden ein Zeit-Tagebuch führen lassen und fanden kaum Unterschiede in der Kommunikation face-to-face oder per Telefon zwischen Internetnutzern und Nichtnutzern. Stattdessen verbrachten die Internetnutzer weniger Zeit vor dem Fernseher. Eine Umfrage von Robert Kraut, Sara Kiesler, Bonka Boneva und Irina Shklovski (2006) ergab differenziertere Ergebnisse. Anstatt eines Gesamtmaßes für Internetnutzung, unterscheiden sie zwischen sechs faktorenanalytisch ermittelten Arten von Aktivitäten im Internet: 1. Kommunikation mit Freunden und Familie, 2. Unterhaltung/Zerstreuung, 3. Nachrichten und allgemeine Information, 4. Produktinformation und Einkauf, 5. Information und Beratung zu gesundheitlichen Themen, 6. Kommunikation mit fremden Personen. Die Forscher befragten 963 Personen zu zwei Zeitpunkten im Abstand von sechs Monaten und waren so in der Lage, Veränderungen zu erfassen. Es zeigte sich, dass verstärkte Internetnutzung mit einem Rückgang des Fernsehkonsums einhergeht. Bei genauerer Betrachtung der Online-Aktivitäten zeigt sich jedoch, dass die Internetnutzung für Unterhaltung und Information nicht mit einem Rückgang des Fernsehkonsums zusammenhängt; dies trifft nur für die Internetnutzer zu, die online neue, unbekannte Leute treffen wollen.

Eine Metaanalyse von 16 Studien zwischen 1995 und 2003 von Irina Shklovski, Sara Kiesler und Robert Kraut (2006) zeigt ebenfalls Unterschiede zwischen Quer- und Längsschnittstudien, die alle den Zusammenhang von Internetnutzung und Offline-Sozialkontakten untersuchten (eine Vergleichbarkeit wurde mit Hilfe der Fischers Z-Transformation hergestellt). Querschnittstudien wiesen einen negativen Zusammenhang zwischen Internetnutzung und der realen Interaktion mit Freunden nach, d.h. je mehr Zeit im Internet verbracht wird, desto weniger Zeit wird mit Freunden verbracht. Dagegen ergeben Längsschnittstudien einen positiven Zusammenhang, d.h. bei steigender Onlinenutzung steigen auch die Offline-Interaktionen mit Freunden. Darüber hinaus zeigte sich hier kein Zusammenhang zwischen Internetnutzung und der realen Interaktion mit der Familie. Zur Erklärung dieser Ergebnisse nehmen die Forscher an, dass computervermittelte Kommunikation wie z.B. E-Mails dazu genutzt werden, Freundschaften zu pflegen und reale Treffen zu organisieren. Die Freundschaftsbeziehung wird dadurch gestärkt, dass E-Mails eine zusätzliche Möglichkeit für die Freunde darstellen, sich gegenseitig in Erinnerung zu rufen und der gemeinsamen Freundschaft zu versichern. E-Mails haben den Vorteil, dass sie nicht aufdringlich sind, sondern asynchron geschrieben und gelesen werden können, wann immer die Freunde Zeit dazu haben. Ein Telefonanruf kann jedoch auch mal ungelegen kommen. Familien profitieren weniger von virtueller Kommunikation (s. a. Feldhaus & Logemann, 2002, 2005), möglicherweise weil familiale Beziehungen ohnehin enger und unmittelbarer sind und weniger „Pflege" im oben beschriebenen Sinne brauchen. Auch für Nachbarschaften konnte ein erhöhter realer Kontakt nachgewiesen werden, wenn sie das Internet genutzt haben. In dieser Studie in einem Stadtteil von Toronto wurde das Internet auch explizit dazu genutzt, lokale Belange zu organisieren wie Babysitting, Neighborhood-Watch gegen Einbrecher, aber auch für informelle Kontakte (vgl. Wellman et al., 2003).

Für geografisch besonders mobile Menschen stellt das Internet eine Möglichkeit dar, die an den verschiedenen Stationen geknüpften Kontakte aufrecht zu erhalten. Nach Auhagen (2002) wird Globalisierung auch gerade durch die Entwicklung neuer Medien und Technologien beschleunigt, die eine bessere Vernetzung von Menschen über neue Kommunikationswege bereitstellen. Kordula Kugele (2006) hat sog. *Global Nomads* untersucht, inwieweit das Aufwachsen in mehreren Kulturen und eine hohe geografische Mobilität Einfluss auf deren Freundschaftsbeziehungen nimmt. Dazu führte sie 14 problemzentrierte Interviews mit Global Nomads im Alter von 14 bis 20 Jahren durch. Bezüglich der Rolle des Internet fand sie, dass im Vergleich zu Telefon und Briefen virtuelle Kommunikation heute die weit größere Bedeutung hat. Die meisten Global Nomads schreiben regelmäßig und häufig E-Mails, d. h. mit engen Freunden etwa einmal in der Woche. Die Begrenztheit dieser Kommunikationsform wird jedoch ebenfalls erkannt und ergänzende persönliche Treffen für intensive Freundschaften als unverzichtbar angesehen. Enge Beziehungen, die durch eine große Tiefe und Verbundenheit gekennzeichnet sind, können nicht durch belangloses virtuelles oder persönliches Kommunizieren gestärkt werden. Kugele (2006, S. 168) sieht hierin eine Bestätigung der „Scheren-These" (vgl. Auhagen, 2002, S. 105), wonach eine Erhöhung der virtuellen Kommunikationshäufigkeit nicht mit einer Erhöhung der Qualität und Intimität einhergeht.

> **Aufgabe**
> Machen Sie ein Liste Ihrer sozialen Beziehungen der letzten sechs Monate: Welche Rolle spielt(e) die computergestützte Kommunikation bei der Aufnahme, der Aufrechterhaltung und gegebenenfalls der Auflösung dieser Beziehungen? Gibt es Unterschiede in der computergestützten Kommunikation je nach Art der Beziehung?

Barry Wellman (2006) geht davon aus, dass der moderne Mensch das Internet benutzt, um die ohnehin vorherrschende Entwicklung der Gesellschaft in Richtung Individualisierung und Globalisierung fortzuführen. Er hält die oben beschriebenen Theorien allesamt für technikdeterministisch und damit für nicht zutreffend. Sie erklären, wie das Internet die Menschen, ihre Beziehungen und damit die Gesellschaft verändert, indem es die Nutzer von ihrem gewohnten Leben abhält und es in eine Welt „zieht", die sich komplett von der bisherigen unterscheidet. Stattdessen sieht Wellman die Internetnutzung genauso wie die Nutzung von Telefon und moderner Transportmittel als ein Ergebnis der Bemühungen von Menschen, die Beziehungen über größere räumliche Distanzen pflegen möchten. Mit diesem Ansatz, den er „Networked

Individualism" nennt (vgl. Wellman, 2006, S. 718), verfolgt er die Annahme der „Community liberated" weiter, die in Kapitel 2.4 vorgestellt wurde. Zentrale Merkmale dieses Ansatzes sind, dass 1. Beziehungen sowohl lokal als auch über weite Distanzen existieren, 2. persönliche Netzwerke lose geknüpft sind, aber in sich eng verwobene Gruppen enthalten und 3. Beziehungen einfacher aufgenommen und wieder gelöst werden.

3 Beziehungstheorien

In der Einführung (Kap. 1.2) hatten wir bereits auf die sehr verschiedenen theoretischen Ansätze hingewiesen, die im Forschungsgebiet der Psychologie sozialer Beziehungen herangezogen, überprüft, weiterentwickelt und miteinander verbunden werden. Die nach unserer Meinung wichtigsten dieser Theorien werden in diesem Kapitel dargestellt. In der Fachliteratur gehen die Meinungen noch sehr auseinander, welches die wichtigen Theorien in diesem Bereich sind. In einer kurzen Übersicht behandeln Harvey und Wenzel (2006) folgende Theorien: 1. Evolutionstheoretische Ansätze, 2. Austauschtheorien und Gleichgewichtstheorien, 3. Kognitions-Verhaltens-Theorien, 4. Bindungstheorien. Diese Theorien – man muss eigentlich sagen: Theoriegruppen – findet man auch bei anderen Autoren, sodass sie vielleicht als die derzeit wichtigsten angesehen werden können. Wir behandeln zusätzlich systemische und netzwerktheoretische und einige weitere Ansätze, die in anderen Darstellungen seltener zu finden sind.

Wir werden aber auch Differenzierungen in jeder der Theorierichtungen darstellen, sodass ein wenig klarer wird, wie diese Theorien entstanden sind. Wir behandeln also z. B. Evolutionstheorie und Ethologie, bevor wir die neuere Evolutionspsychologie behandeln; ebenso gehen wir zuerst zur Freud'schen Psychoanalyse zurück, bevor wir die neueren, daraus hervorgegangenen Bindungstheorien darstellen.

3.1 Von der Evolutionstheorie zur Evolutionspsychologie

3.1.1 Grundgedanken der Evolutionstheorie

Erst im Jahr 1859, mehr als 20 Jahre nach der Entwicklung seiner Theorie, veröffentlicht Charles Darwin (1809–1882) sein Hauptwerk *The Origin of Species* ... (Die Entstehung der Arten durch natürliche Auslese oder die Erhaltung begünstigter Rassen im Kampf ums Dasein).

Darwin nimmt darin an, dass die Welt sich dynamisch verändert, dass alles Lebendige ein Gewordenes ist und dieses Werden sich fortsetzt. Seit Beginn der Welt seien alle heute vorfindbaren Lebensformen so entstanden. Wie Jean-

Baptiste Lamarck (1744–1829) nimmt Darwin eine Entwicklung vom Einfachen zum Komplexen an. Allerdings übernimmt Darwin nicht die Auffassung von Lamarck, Leben könne sich unter günstigen Bedingung spontan aus unbelebter Materie bilden. Biologen und Theologen im 18. und 19. Jahrhundert hatten separate Schöpfungslinien angenommen, z. B. getrennt für Pflanzen und Tiere, und wiederum davon getrennt für den Menschen. Darwin postulierte dagegen einen gemeinsamen Ursprung aller Lebewesen. Hiervon schloss Darwin auch den Menschen nicht aus. Neu war bei ihm auch der „Antriebsmechanismus" der Veränderungen. Hatten Lamarck und andere zielgerichtete Veränderungen (u. a. mit dem Ziel der Vollkommenheit) angenommen, geht Darwin von einem Vorgang der *Selektion* aus, der in zwei Stufen verlaufe: 1. Es entstehen (ungeplante) Mutationen im Erbgut, die Merkmale der Art verändern. 2. Im Existenzkampf müssen die Variationen überleben. Ist durch die Mutation eine Veränderung eingetreten, durch die gegenüber den anderen Lebewesen der eigenen Art ein Vorteil entsteht, dann erhöhen sich die Überlebenschancen und die Chance zur Fortpflanzung des mutierten Erbgutes.

Im Kontext der Psychologie sozialer Beziehungen ist von Interesse, dass Darwin in seinem Buch *The Expression of Emotions* ... (Der Ausdruck der Gemüthsbewegungen bei dem Menschen und den Thieren, 1872) einen interessanten Versuch unternahm, den Ausdruck menschlicher Affekte, wie Weinen, Lachen, Gänsehaut und viele andere Verhaltensweisen evolutionstheoretisch zu erklären. Manche der affektiven Reaktionen, so argumentiert Darwin, seien auch im Tierreich zu finden, was ein Hinweis auf die Herkunft dieser Reaktionen sei. Darwins Buch gab Jahrzehnte später Anlass, seine Thesen im Zusammenhang mit neueren Theorien der Ausdruckspsychologie und der Personenwahrnehmung zu prüfen.

Darwins Theorie hatte und hat außerordentlichen Einfluss auf viele Forschungsrichtungen – bis hin zu den Natur- und den Geisteswissenschaften. An dieser Stelle sei nur ein Beispiel genannt: Wir hatten bei der Behandlung der Geschwisterbeziehungen (vgl. Kap. 2.3) die Rivalität zwischen Geschwistern und deren Wirkungen kennengelernt. Ein Historiker, der diese Rivalität mit der Evolutionstheorie zu erklären versucht, ist Frank J. Sulloway. Sulloway vertritt die These, dass der Rivalitätskonflikt zwischen Geschwistern evolutionsbedingt ist und dass besonders Spätergeborene die (freundlichen) „Rebellen der Familie" sind (1996, 1997). Sulloway recherchierte etwa 20 Jahre lang historische Quellen zu mehreren tausend Biographien der letzten 500 Jahre. Er nimmt an, dass es zwischen Erst- und Spätergeborenen bestimmte Persönlichkeitsunterschiede gibt. So seien Einzelkinder und Erstgeborene ehrgeiziger, eher auf Status bedacht, konservativer in ihren Anschauungen und die klassischen Führungspersönlichkeiten. Spätergeborene dagegen müssten sich eine „Überlebensnische" suchen, da der Platz des Stammhalters besetzt sei. Im Streit um die Zuneigung der Eltern und im Interesse ihres Überlebens müssten sie Talente entfalten, die sie von dem erstgeborenen Kind unterscheiden. Manche Spätergeborene sind zum einen freundlicher, friedlicher, umgänglicher, zum anderen empfänglicher für Neuerungen, eher zu radikalem Denken bereit und risikofreudiger. Sulloway illustriert seine These an Persönlichkeiten wie Luther, Galilei, Newton, Voltaire und Darwin bis hin zu Fidel Castro, Joschka Fischer und Bill Gates. Überzeugende empirische Belege für diese interessante und plausible These stehen allerdings noch aus: Wir hatten oben bereits darauf hingewiesen, dass die systematischen psychologischen Untersuchungen von Persönlichkeitsunterschieden zwischen Erst- und Spätergeborenen nicht sehr ergiebig waren. Die zitierte Untersuchung von Klasen (2000) konnte zwar keinen Unterschied bezüglich konservativer Haltungen finden, immerhin jedoch die größere Risikofreude von Zweitgeborenen.

Sulloways These hat viel Interesse geweckt, doch sind die Belege nicht ganz überzeugend. Immerhin lehrt das Beispiel Sulloway, dass inzwischen selbst in den Geisteswissenschaften evolutionsbiologische Thesen aufgegriffen werden.

Eine Forschungsrichtung, die sich besonders auf die Theorie von Darwin bezieht, ist die Ethologie.

3.1.2 Ethologie

Die Entwicklung der Ethologie – auch Verhaltensforschung – ist eng mit dem Biologen Konrad Lorenz (1903–1988) verbunden, dessen Untersuchungen an Tieren ihn dazu anregten, Schlussfolgerungen für menschliches Verhalten zu ziehen. Lorenz war der Überzeugung, dass instinkthaftes Verhalten in reduzierter Form auch beim Menschen zu finden ist.

Durch Experimente – vor allem an Graugänsen – belegte Lorenz, welche Merkmale den Vorgang der sog. *Prägung* ausmachen: In einer zeitlich sehr begrenzten Phase sehr bald nach der Geburt folgt das Küken jenem Lebewesen, das in der Nähe ist und bestimmte, erkennbare Geräusche macht. Im Normalfall ist dies das Muttertier. Lorenz fand aber, dass Grauganküken auch auf Menschen geprägt werden können oder im Laboratorium sogar auf einen sich bewegenden Gegenstand – z. B. einen aufgehängten Fußball, in dem sich ein Lautsprecher befindet, aus dem gleichartige Geräusche kommen. Kennzeichen der Prägung ist, dass diese kurz nach der Geburt entstandene Bindung weitgehend *irreversibel* ist.

Aber die Vorstellungen von Lorenz bezüglich angeborener auslösender Mechanismen ging noch weiter: Er nahm zum Beispiel an, dass elterliches Hilfs- und Pflegeverhalten durch bestimmte Merkmale des Säuglings und Kleinkindes ausgelöst werden, die in ähnlicher Form auch bei Säugetieren zu finden sind: Kleine, rundliche Körperform, in Relation zum Körper großer Kopf, große, nahe beieinander stehende Augen, täppische Bewegungen. Lorenz fasste diese Merkmale zusammen mit dem Begriff *Kindchenschema* (vgl. Lorenz, 1943). Heute wird sehr bezweifelt, ob es sich um angeborene, durch ein wahrgenommenes Schema ausgelöste Handlungsbereitschaften handelt, denn es ist auch denkbar, dass es sich um eine gelernte Verhaltensweise handelt.

Ähnlich verhält es sich mit der sog. *Demutsgebärde* oder *Demutsgeste*, die von Lorenz ebenso als angeborene Verhaltensbereitschaft angesehen wurde.

Systematisch hatte Lorenz beobachtet, dass sich Säugetiere gleicher Art beim Rivalenkampf zuvor bedrohen und auch miteinander kämpfen, aber nur selten ernsthafte Verletzungen zufügen. Der Kampf werde meist durch eine Demutsstellung beendet: Das unterlegene Tier biete dem überlegenen Tier eine verwundbare Stelle (z. B. den Hals) dar, das überlegene Tier mache aber keinen Gebrauch davon, den Gegner zu töten. Hier sei eine angeborene *Tötungshemmung* wirksam.

Lorenz und einige seiner Schüler nahmen weiter an, dass es auch beim Menschen Demutsgebärden und Tötungshemmungen gebe. Zum Beispiel sei die Geste, sich bei der Begrüßung zu verbeugen oder den Hut zu ziehen, und damit den Kopf als verwundbaren Körperteil „darzubieten", als Rest der angeborenen Demutsgebärde anzusehen.

Heute haben die spekulativen Thesen von Lorenz und die Ethologie des Nobelpreisträgers insgesamt nur noch geringe Bedeutung für die wichtigen Fragen der Psychologie; doch war sein Einfluss auf die Psychologie – insbesondere auf die psychologische Aggressionsforschung und auf die Untersuchung non-verbaler Kommunikation – erheblich.

3.1.3 Soziobiologie

Als Begründer der Soziobiologie wird der Biologe Edward O. Wilson (geb. 1929) angesehen. In seinem mehr als 700 Seiten umfassenden Werk *Sociobiology: The New Synthesis* (1975) befasste sich Wilson mit der Evolution des Sozialverhaltens von Tieren. Was dieses Buch zu einem vieldiskutierten Werk machte, war ein kurzes, abschließendes Kapitel, in dem Wilson spekulativ die Übertragung der Ergebnisse auf das Sozialverhalten des Menschen versuchte.

Wilson wurde sehr bald angefeindet und bei einer Podiumsdiskussion in einer amerikanischen Universität von farbigen Studenten mit Wasser übergossen (vgl. Weber, 2000, S. 182). Warum wurde der Ameisenforscher Wilson so angefeindet und warum findet er so viel Sympathie in konservativen Kreisen?

Was die Soziobiologie so brisant macht, ist der Sachverhalt, dass in der Mitte seiner Betrachtungen stets *der Fortpflanzungserfolg* steht, der ja für die natürliche Selektion nach Darwin ausschlaggebend ist. Ferner nehmen Soziobiologen an, dass nicht nur Merkmale wie Haar- und Hautfarbe dem Selektionsdruck unterliegen, sondern auch Verhaltensweisen bzw. Verhaltensbereitschaften. Für viele Verhaltensweisen ist die Selektion plausibel. Wie aber sind Verhaltensweisen evolutionstheoretisch erklärbar, die auf den ersten Blick *nicht* in das Schema der Evolutionstheorie passen: selbstaufopfernde Hilfeleistung, Kindstötung, Vergewaltigung oder Fremdenfeindlichkeit?

Das brisante Beispiel der Kindstötung stellt sich soziobiologisch zunächst so dar: Es ist bekannt, dass z. B. Löwen und einige andere Säugetiere unter bestimmten Bedingungen Nachkommen töten. Da es um den individuellen Fortpflanzungserfolg geht, hat Kindstötung vermutlich mit der Frage zu tun, ob es eigene Kinder (des Vaters) sind. In der Tat ist beobachtet worden, dass

Löwenjunge nicht von ihren biologischen Müttern oder Vätern, sondern von Löwenmännchen getötet werden, die soeben ein Rudel Löwinnen mit Jungen übernommen haben. Soziobiologen suchten nun nach Parallelen bei den Menschen und fanden, dass Stiefkinder im Vorschulalter eine 40–100 mal größere Wahrscheinlichkeit haben, getötet zu werden, als Kinder, die mit ihren biologischen Eltern zusammenleben.

Manche der soziobiologisch gefundenen Ergebnisse decken auffällige Parallelen zwischen Tieren und Menschen auf – z. B. bezüglich der Attraktivität von Personen, der Partnerwahl und vieler anderer Themen. Viele von Wilsons Büchern sind ins Deutsche übersetzt worden; und Soziobiologie scheint in einiger Hinsicht populär zu sein. Aber natürlich gibt es auch viele Fragen, Kritikpunkte und dementsprechend viele wissenschaftliche Gegner: Ist es nicht nur eine gewisse Übereinstimmung im Verhalten? Sind es nicht nur Analogieschlüsse, von denen gesprochen wird? Noch weiter gehend kann man auch die Frage aufwerfen, ob die Befunde der Soziobiologie auch aus einem anderen Grund problematisch sind, nämlich dann, wenn sie als Rechtfertigungen für Verhaltensweisen herangezogen werden.

3.1.4 Evolutionäre Psychologie

Seit einigen Jahren gibt es unter der Bezeichnung Evolutionspsychologie oder Evolutionäre Psychologie (engl. *evolutionary psychology*) eine eingehendere Auseinandersetzung mit Evolutionstheorie, Soziobiologie usw. Waren Ethologie und Soziobiologie noch biologische Ausrichtungen, so ist die Evolutionäre Psychologie nunmehr eindeutig ein Gebiet der Psychologie, in dem ganz überwiegend Psychologinnen und Psychologen tätig sind. Das Gebiet wird inzwischen als so wichtig angesehen, dass es nicht nur in den USA große Forschungsprojekte, Professuren und Hochschulinstitute, Kongresse und Zeitschriften gibt. Auch in Deutschland ist das Interesse vielfältig.

> **Hinweis**
> Möchten Sie sich eine Meinung bilden und einen Eindruck davon bekommen, was heute unter diesem Gebiet diskutiert wird? Dann empfehlen wir einfach, „Evolutionspsychologie" bzw. „Evolutionäre Psychologie" oder „evolutionary psychology" in eine Suchmaschine einzugeben und die Suchergebnisse nicht nur auf Internetseiten, sondern auch in Foren („groups") durchzusehen. Sie bekommen dann schnell einen Eindruck davon, was heute zu diesem Thema diskutiert wird.

Kurz gesagt unterscheidet sich die Evolutionäre Psychologie von der Soziobiologie durch eine veränderte Fragestellung. Von psychologischem Interesse ist es, die vermittelnden Prozesse und Mechanismen kennen zu lernen, die bestimmte Verhaltensweisen (und deren Evolution) begünstigen bzw. begünstigt haben. Evolutionspsychologen sehen sich als Naturwissenschaftler, die in der Tradition Darwins stehen, somit eine Sonderstellung des Menschen ablehnen und nach evolutionstheoretischen Gründen für alle möglichen Aspekte menschlichen Denkens, Fühlens und Handelns suchen.

Es ist nicht falsch, die Evolutionäre Psychologie als „Hybrid-Wissenschaft" mit interdisziplinären Aktivitäten anzusehen. Gleichzeitig ist Evolutionäre Psychologie aber auch ein Paradigma bzw. eine Meta-Theorie mit spezifischem Menschenbild. So gesehen steht sie auf einer Ebene etwa mit dem Paradigma des Behaviorismus oder dem der Kognitiven Psychologie – allerdings mit ganz anderen Fragestellungen und Methoden. Was die Methoden betrifft, so arbeitet die Evolutionäre Psychologie mit dem herkömmlichen sozialwissenschaftlichen Instrumentarium, weniger mit Experimenten, allerdings mehr mit kulturübergreifenden Untersuchungen.

Für die Evolutionäre Psychologie sprechen zwei einfache Fakten:

1. Das Paradigma hat – unter Rückgriff auf die Evolutionstheorie – eine hohe Plausibilität.
2. Die weitreichenden empirischen Befunde, die inzwischen weltweit zur Bestätigung gesammelt wurden, werden immer zahlreicher und stützen die Annahmen gut.

Dem weiteren Themenbereich der Evolutionspsychologie ist auch in der Presse Beachtung geschenkt worden; einige populärwissenschaftliche Bücher über „angeborene", durch den Evolutionsprozess entstandene Unterschiede von Männern und Frauen haben weite Verbreitung gefunden. Innerhalb der Psychologie und der Sozialwissenschaften besteht jedoch Skepsis. Dies hat viele Gründe. Zum einen ist die Psychologie einerseits stark durch den Behaviorismus geprägt, der nicht von angeborenen Verhaltensbereitschaften ausging, sondern Verhalten vor allem als Resultat von Lernprozessen ansah. Auch die seit über 30 Jahren vorherrschende Kognitive Psychologie nahm selten auf angeborene Verhaltensbereitschaften Bezug, sondern betonte die Rolle von Wahrnehmung, Lernen und erworbenen Einstellungen. Schließlich kommt in Deutschland als besonderes Faktum hinzu, dass in der Nazi-Zeit der ideologische Rassismus direkt zum Holocaust führte, und sich mit der Abkehr vom Rassenwahn aus guten Gründen Skepsis bezüglich jeglicher Art von Thesen und Theorien zur Anlagebedingtheit menschlichen Verhaltens verbreitete. Doch ist inzwischen auch in Deutschland Evolutionäre Psychologie zu einer Wachstumswissenschaft geworden.

> **Hinweis**
> Zur Geschichte der Evolutionspsychologie von Darwin über Preyer, McDougall, Harlow usw. bis zur Gegenwart gibt Wulf-Uwe Meyer (2002) einen differenzierten Überblick.

3.1 Von der Evolutionstheorie zur Evolutionspsychologie

Ein wichtiger Begriff, der das Verständnis der Evolutionspsychologie erleichtert, ist der *Evolvierte Psychologische Mechanismus* (evolved psychological mechanism, EPM). So, wie die Zunge des Chamäleons, extrem lange Schnäbel mancher Kolibris und das Geweih des Hirsches durch die Evolution entstanden sind, muss man sich nach Auffassung des Evolutionspsychologen David M. Buss (1995, 2004) auch die Entstehung menschlicher Verhaltensweisen vorstellen, die das Überleben sichern halfen: Angst vor Dunkelheit, erhöhte Erregung bei Gefahr, Eifersucht usw.

Nicht alle dieser Verhaltensweisen sind heute noch zweckmäßig: In Zeiten der Knappheit waren süße und fetthaltige Nahrungsmittel für den Menschen besonders nützlich; die Evolution „sorgte" dafür, dass Süßes und Fettiges dem Menschen gut schmecken. Heute jedoch ist dieser evolvierte psychologische Mechanismus für viele Menschen lästig: Sie haben Lust auf Süßes und Fettiges, obwohl sie solche Nahrungsmittel nicht mehr benötigen. In populären Kurzfassungen zur evolutionären Psychologie heißt es daher auch gelegentlich: „Our modern skulls house a stone age mind" (Unsere modernen Schädel beherbergen den Geist des Steinzeitmenschen) (vgl. Cosmides & Tooby, 1997).

An dieser Stelle muss ein Missverständnis beseitigt werden. Evolutionspsychologen nehmen nicht an, dass alle menschlichen Verhaltensweisen durch Gene bestimmt sind. Sie akzeptieren natürlich die Überformung durch Sozialisationsprozesse, d. h. es wird eine Wechselwirkung von Genen und Umwelt angenommen. Ebenso ist die Vermutung, evolutionär entstandenes Verhalten könne nicht geändert werden, falsch. Das Beispiel vom süßen und fetthaltigen Essen zeigt: Wenn es auch nicht leicht fällt, man kann widerstehen! Anders gesagt: Wenn man weiß, dass eine Verhaltensweise evolutionär bedingt ist, dann kann dieser Einsicht ein entsprechendes Verhalten folgen.

Zur Evolutionären Psychologie ein Forschungsbeispiel: Geschlechtliche Verbindungen mit nächsten Verwandten, z. B. Geschwistern, sind für die Arterhaltung i. S. der Evolutionstheorie ungünstig: Erbkrankheiten werden häufiger, Infektionsanfälligkeit steigt und die für die Evolution günstige Variabilität nimmt ab. Die Vermeidung von Sexualbeziehungen zwischen nahen Verwandten bietet also einen Selektionsvorteil. Dies ist biologisch ein *ultimates Ziel*, das dem Individuum vermutlich nicht bewusst ist. Welche psychologisch-sozialen Prozesse steuern aber *proximal* diesen Prozess? Es ist bekannt, dass es in praktisch allen Kulturen das Verbot der sexuellen Geschwisterliebe gibt. Dass Inzest außerordentlich selten ist, liegt aber nicht so sehr an Verboten, die im Sinn von Strafandrohungen bei Gesetzesübertretung wirksam werden, sondern eher an anderen Gründen. Vermutlich liegt es daran, dass gemeinsam aufgewachsene Geschwister mit verschiedenem Geschlecht sich zwar vielleicht verstehen und schätzen, sie finden sich aber *als Sexualpartner unattraktiv*. Diese These geht auf den finnischen Anthropologen, Philosophen und Soziologen Edvard Alexander Westermarck (1861–1939) zurück. Diese These lässt sich leicht durch Befragungen bestätigen.

Es gibt aber noch andere Wege, die Richtigkeit des sog. *Westermarck-Effektes* zu prüfen: Wenn es so ist, dass Personen, die als Kinder gemeinsam aufgewachsen sind, sich gegenseitig sexuell unattraktiv finden, dann müsste dies auch für Personen gelten, die nicht als Geschwister die gleichen Eltern haben. Tatsächlich scheint dies so zu sein, wie man an Erwachsenen, die als Kinder im gleichen Kibbuz aufgewachsen sind, finden konnte (vgl. Shepher, 1983; s. auch Asendorpf & Banse, 2000, S. 166 f.). In diesem letztgenannten Fall geht also der Mechanismus, aus der Kindheit vertraute Personen sexuell als Partner unattraktiv zu finden, fehl, d.h. dieses Verhalten bietet keinen Selektionsvorteil.

Richtig spannend (und besonders umstritten) wird es schließlich, wenn man den Fortpflanzungserfolg von Männern und Frauen aus der Sicht der Evolutionspsychologie studiert. Frauen sind nur bis zu einem bestimmten Alter fortpflanzungsfähig, Männer bis ins hohe Alter. Schwangerschaft und Stillzeit bedeuten eine hohe Investition auf Seiten der Frau, während bei Männern zur Fortpflanzung im Extremfall ein einmaliger Sexualkontakt ausreicht. Wenn es um den Fortsetzungserfolg geht, wäre zu erwarten, dass Männer nach jungen, attraktiven, gebärfähigen Frauen Ausschau halten; Frauen dagegen sollten – aufgrund der eigenen hohen „Investition" einer Schwangerschaft – sehr viel mehr Wert auf „Qualität" als „Quantität" der Sexualpartner legen, sie sollten also wählerischer sein, indem sie z.B. auf vorhandene Ressourcen (Wohlstand) des Partners Wert legen und sie sollten engere emotionale Beziehungen zum Partner anstreben.

Es überrascht nicht, dass diese Annahmen zutreffen, und zwar nicht nur nach allgemeiner Lebenserfahrung, sondern auch durch systematischere Untersuchungen. Nachgewiesen hat man dies u. a. durch die quantitative Auswertung von 1000 Kontaktanzeigen (vgl. Wiederman, 1993).

Inzwischen „klassisch" ist eine andere Untersuchung, nämlich die von Buss (1989) an 37 kulturell unterschiedlichen Stichproben aus 27 Ländern mit insgesamt mehr als 10 000 Personen. Diese Personen wurden nach ihrem Partnerwahlverhalten befragt. In allen 37 Stichproben bevorzugten Männer solche Frauen als Partnerinnen, die im Durchschnitt jünger (2,66 Jahre) als sie selbst waren. Ebenso bevorzugten die Frauen in allen 37 Stichproben ältere Männer. Der Durchschnitt des gewünschten Alters lag 3,42 Jahre über dem eigenen Alter (vgl. Buss, 1989, S. 9), wobei es nennenswerte Unterschiede zwischen den Ländern bezüglich des Altersabstands gab. Ferner zeigte sich in allen 37 Stichproben, dass Männer auf das Aussehen der Partnerin mehr Wert legten als Frauen auf das Aussehen der Männer. Buss vermutete ferner aus evolutionspsychologischen Gründen, dass Männer auf die Jungfräulichkeit der Frauen mehr Wert legen würden als Frauen selbst. In 23 der 37 Stichproben war dies der Fall, bei den weiteren 14 Stichproben ergab sich kein signifikanter Unterschied zwischen den Geschlechtern (vgl. Buss, 1989, S. 12). Wohlstand *(good financial prospect)* wurde bei 36 von 37 Befragtengruppen von Frauen bezüglich des männlichen Partners höher bewertet als von Männern bezüglich der Partnerin. Auch dieses Ergebnis entsprach den Erwartungen der Evolutionären Psychologie.

In der Studie von Buss und Schmitt (1993) wurden Männer und Frauen danach befragt, wie wahrscheinlich sie in Sex mit einer attraktiven Person des

3.1 Von der Evolutionstheorie zur Evolutionspsychologie

anderen Geschlechts einwilligen würden, die sie unterschiedlich lange kennen. Während Männer angaben, bereits nach kurzer Zeit (eine Stunde, ein Abend, ein Tag) zu Sex bereit zu sein, war dies bei Frauen nicht der Fall. Hier war die Bereitschaft zum Geschlechtsverkehr erst nach längerem Kennenlernen denkbar. Wenn nach der gewünschten Anzahl von Sex-Partnern gefragt wird, gibt es ebenfalls die erwarteten Unterschiede: Über das ganze Leben hinweg ist die erwünschte Anzahl von Partnerinnen für Männer etwa dreimal so hoch wie die Anzahl der Partner, die sich Frauen wünschen (vgl. **Abb. 3.1** nach Buss & Schmitt, 1993, S. 211).

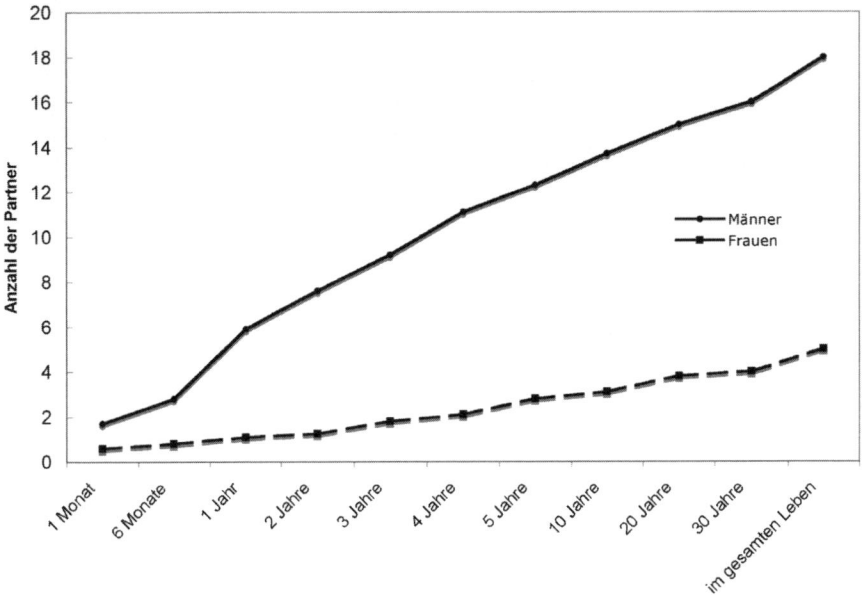

Abb. 3.1 Erwünschte Anzahl der Sexualpartner. Die Versuchspersonen (75 College-Studenten und 73 College-Studentinnen) gaben in freien Antwortfeldern für jeden Zeitabschnitt an, wie viele Sexualpartner sie idealerweise gerne haben würden. (Abb. nach den Daten von Buss & Schmitt, 1993, S. 211).

Kritisch kann man hier u. a. anmerken, dass dies Befragungsergebnisse sind und die tatsächliche Anzahl der Partner unbekannt blieb. Zurückhaltung, Bescheidenheit, Prahlerei und viele andere Motive können an der Entstehung der Ergebnisse „mitgewirkt" haben.

Ziemlich gesichert sind allerdings die bereits genannten Befunde, nach denen für Männer die Attraktivität der Partnerin wichtiger ist als umgekehrt. Frauen bewerten die finanzielle Situation der Partnerschaft dagegen als wichtiger. Dies gilt nach der Studie von Buss und Schmitt offenbar für eine Vielzahl von Ländern (vgl. **Abb. 3.2**).

3 Beziehungstheorien

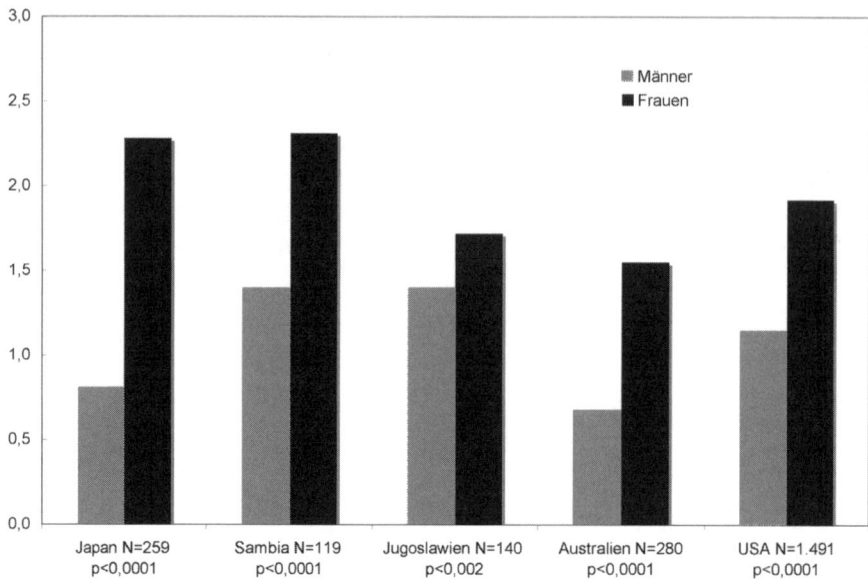

Abb. 3.2 Personen in verschiedenen Ländern sollten die Wichtigkeit der finanziellen Situation der Partnerin/des Partner für eine länger dauernde Beziehung einschätzen. Verwendet wurde eine 4-Punkte-Skala die von „unwichtig" bis „unabdingbar" reichte. (Darstellung nach den Daten von Buss & Schmitt, 1993)

Auch vielfältige Replikationen und Modifikationen derartiger Untersuchungen sind veröffentlicht worden. Zum Beispiel gibt es eine deutsche Untersuchung, die die wichtigsten Befunde bestätigt: In einer Internet-Befragung von über 200 Personen im Rahmen einer Diplomarbeit zeigte sich konsistent zu den Originalstudien, „dass Frauen im Gegensatz zu Männern eher einen Partner bevorzugen, der älter ist als sie und Attribute besitzt, die darauf schließen lassen, dass er ihnen finanzielle und materielle Sicherheit bieten kann. Männer wünschen sich hingegen eher eine Partnerin, die jünger und attraktiv ist" (Kern, 2005, S. 2). Die Präferenzen erwiesen sich als unabhängig vom monatlichen Nettoeinkommen der Befragten.

Konsistent mit der Evolutionspsychologie ist auch ein Befund von Hassebrauck (2003). In drei Studien, die mit verschiedenen Forschungsmethoden an Männern und Frauen in Deutschland durchgeführt wurden, zeigte sich, dass Frauen *beziehungsorientierter* als Männer sind: „(a) Frauen sind kommunikationsbezogene und interaktive Aspekte wichtiger als Männern, die eher den Spaß- und Vergnügungsaspekt einer Beziehung betonen, (b) Frauen sind schneller in der Verarbeitung von Beziehungsinformationen als Männer, (c) Frauen stützen Beurteilungen der Beziehungszufriedenheit mehr als Männer auf die Nähe der Beziehung zum Prototyp einer guten Beziehung" (Hassebrauck, 2003, S. 32).

3.1 Von der Evolutionstheorie zur Evolutionspsychologie

Weite Bereiche menschlichen Verhaltens kann man versuchen evolutionspsychologisch zu erklären. Viele Ergebnisse sind verblüffend. Manche menschlichen Verhaltensweisen sind evolutionspsychologisch aber ungeklärt. Wie zum Beispiel ist Homosexualität zu erklären? Wie kommt es überhaupt, dass in fast allen Kulturen ein nennenswerter Prozentsatz von Männern und Frauen gleichgeschlechtliche Interessen hat? Wie ist evolutionspsychologisch zu erklären, dass z. B. unter Homosexuellen der Partnerwechsel besonders häufig ist und – bevor AIDS bekannt wurde – noch häufiger war? Dies ist nur ein Themenbereich, für den die Soziobiologie und die Evolutionspsychologie bisher wenig befriedigende Erklärungen anbieten.

Im Kontrast zur Evolutionspsychologie stehen alle theoretischen Ansätze, die erlernte Verhaltensweisen betonen. Eine Autorin, deren Arbeiten in diesem Zusammenhang besonders herangezogen werden, ist Alice H. Eagly mit ihrer (sozialpsychologischen) *Theorie sozialer Rollen*. Diese Theorie ist also gerade *nicht* an der Evolutionstheorie ausgerichtet und bietet eine alternative Erklärungsstrategie an: Die Ursachen für verschiedenes Partnerwahlverhalten von Männern und Frauen seien in gesellschaftlichen Strukturen zu suchen. Geschlechtsabhängige Arbeitsteilung, soziale Ungleichheit in Gesellschaften, das Streben nach eigenem Nutzen in sozialen Gruppen und Organisationen bestimmen die Rollenerwartungen. Biologische und physiologische Faktoren – wie die körperliche Überlegenheit von Männern – spielen eine Rolle, aber eben nur eine unter vielen anderen gesellschaftlichen Gegebenheiten, die das Partnerwahlverhalten bestimmen.

Mit geringen Abweichungen ist die Theorie sozialer Rollen als *Theorie der strukturellen Machtlosigkeit* beschrieben worden. (Diese beruht stärker auf austauschtheoretischen Überlegungen, vgl. 3.5.) Hiernach präferieren Frauen Partnermerkmale, die mit Macht und Status assoziiert sind, wenn sie selbst aufgrund von gegebenen gesellschaftlich-strukturellen Bedingungen keine Macht erringen können. Da diese Unterschiede gesellschaftlich durch Arbeitsteilung entstanden sind, nehmen die Vertreter dieser Theorie an, dass die Unterschiede zwischen den Partnerpräferenzen in dem Maße verschwinden, in dem sich in einer Gesellschaft Gleichbehandlung durchsetzt (vgl. z. B. Kümmerling & Hassebrauck, 2001). Auch „physische Attraktivität stellt nach dieser Theorie einen Wert per se dar und kann von Frauen als handelbares Gut gegen materielle Sicherheit eingetauscht werden" (Hasenkamp, Kümmerling & Hassebrauck, 2005, S. 79).

Kritisch hat man von Seiten der Sozialpsychologie auch eingewandt, dass man die Gültigkeit der Evolutionären Psychologie letztlich nicht überprüfen könne, denn es lasse sich nicht experimentell feststellen, dass wirklich evolutionäre Faktoren der Hauptgrund für bestimmte Verhaltensweisen sind (vgl. Sternberg & Beall, 1991). Schließlich gibt es auch einige neuere empirische Untersuchungen, die Befunde von Buss, Schmitt, Cosmides und anderen führenden Evolutionspsychologen in Zweifel ziehen. Tatsächlich spricht nämlich Einiges dafür, dass einige Befragungsergebnisse der Evolutionspsychologen bei Replikationen oder leicht veränderter Fragestellung zu anderen Ergebnissen führen und somit zum Teil als Forschungsartefakte gelten müssen.

Von Seiten der Evolutionspsychologen werden die herkömmlichen Sozialwissenschaften dagegen scharf kritisiert und deren Grundannahmen als „Standard Social Science Model (SSSM)" (vgl. Tooby & Cosmides, 1992) abklassifiziert. Das SSSM ignoriere die Evolution und gehe davon aus, dass Sprache, emotionaler Ausdruck, Meinungen über Inzest usw., also so ziemlich alles außer der Wahrnehmung, erlernt seien. Eine solche Sicht des Menschen sei „radically defective" (Cosmides & Tooby, 1997). Die Evolutionäre Psychologie verwehre sich dagegen, *neben* anderen Disziplinen oder Theorien eingereiht zu werden, schreibt Buss in seinem Lehrbuch (2004, S. 19). „Vielmehr erhebt sie den Anspruch, für die meisten – wenn nicht für alle – Disziplinen und Theorien innerhalb der Psychologie eine unentbehrliche *Grundlage* abzugeben. So ist die evolutionäre Psychologie angetreten, viele Kapitel der Psychologie, wie wir sie heute kennen, neu zu schreiben oder zumindest gründlich neu zu überarbeiten" (Buss, 2004, S. 19). Man sieht: Es fehlt der Evolutionären Psychologie nicht an Optimismus und Selbstbewusstsein.

So ist die Evolutionspsychologie in den letzten Jahren zu einem außerordentlich aktiven und beliebten Gebiet geworden (vgl. z. B. diverse Foren und Zeitschriften wie *Evolutionary Psychology*, freier Zugang: http://www.epjournal.net/).

Zunehmend gibt es auch Versuche der Verbindung zwischen verschiedenen Ansätzen: Euler (2004) behandelt die evolutionspsychologischen Möglichkeiten zur Erklärung menschlicher Aggression und fordert eine Verbindung von evolutionspsychologischer Forschung und sozialwissenschaftlichen Ansätzen.

3.2 Ausgewählte psychoanalytische Ansätze

Dieser Abschnitt behandelt Grundzüge der Entwicklungstheorie von Sigmund Freud, dessen Psychoanalyse bereits mehrfach erwähnt wurde, ferner einige wenige Theorien seiner Schülerinnen und Schüler. Die Darstellungen erfolgen zur Klärung psychosozialer Entwicklung, speziell zur Klärung der Entstehung und Funktion sozialer Bindungen.

3.2.1 Sigmund Freud

Die Psychoanalyse wird im Wesentlichen als das Werk Sigmund Freuds (1856–1939) angesehen, wenngleich er selbst in seinen Lebenserinnerungen seinem älteren Kollegen Josef Breuer (1842–1925) wichtige Verdienste an der Entdeckung oder Entstehung der psychoanalytischen Methode zugeschrieben hat. Freud selbst hat sein Lehrgebäude mehrfach neu gestaltet, aber meist seine früheren Positionen nicht widerrufen, sodass sich bei dem späten Freud verschiedene Betrachtungsweisen seelischen Geschehens *überlagern*. Hinzu kommen die vielfältigen Weiterentwicklungen durch seine Schülerinnen und Schüler, die heute den gesamten Bereich der sog. *Tiefenpsychologie* sehr komplex und fast unüberschaubar machen.

Wir gehen hier auf wichtige Aspekte seiner entwicklungspsychologischen und persönlichkeitspsychologischen Lehre ein (vgl. Pongratz, 1983, Kap. 5), behandeln also nicht seine therapeutische Methode und die zahlreichen anderen Facetten seines Werks. Von den Schülerinnen und Schülern erwähnen wir nur einige wenige, um deutlich zu machen, welche vielfältigen und interessanten Beiträge die Psychoanalyse zur Beschreibung und Erklärung interpersoneller Beziehungen geleistet hat.

In die psychoanalytische Praxis Freuds in der Berggasse in Wien kamen Personen mit vielfältigen Störungen. Freud erkannte, dass ein Teil dieser Störungen Ursprünge in frühkindlichen Erfahrungen hatte. Die *Abreaktion* früherer Affekte (meist aus der Beziehung der Patienten zu ihren Eltern) in der Therapie erwies sich als hilfreich. Hierbei wurde der Therapeut – also Freud selbst – das Ziel von Wutausbrüchen, Hass und Liebe. Diese Affekte wurden in der Therapie offenbar auf den Analytiker übertragen. Diese *Übertragung* stellte (und stellt noch heute) für den Analytiker eine besondere Herausforderung dar – schließlich kann es ja nicht im Sinne des therapeutischen Prozesses sein, z. B. die Liebesbezeugungen einer Patientin zu erwidern (sog. *Gegenübertragung*). Übertragung erwies sich für die Therapie aber eindeutig als förderlich, da auf diese Weise die Bewältigung früher Beziehungsstörungen erreicht werden konnte.

3.2.2 Psychosexuelle Entwicklungsphasen

In einer Arbeit über die Sexualtheorie (1905) nahm Freud an, dass die frühkindliche Entwicklung in bestimmten Phasen abläuft. Diese Entwicklung erfolgt leibbezogen und bezogen auf die Frage, welche Organe lustbesetzt (erogen) sind. Die früheste Quelle der Lust ist der Mund und das Saugen an der Mutterbrust. Diese sog. *orale Phase* dauert etwa ein Jahr. Das Kind saugt mit Hingabe und Lust und nimmt auch Gegenstände in den Mund.

Die zweite Phase ist die *anale Phase*, benannt nach anus (After). Die Ausscheidungsfunktionen sind hier für das Kind von Interesse, die Ausscheidung wird als lustvoll erlebt. Schon hier werden kulturelle Normen wirksam, z. B. in Form der Sauberkeitsnorm. Typisch für diese Phase ist, dass das Kind die elterlichen Erwartungen erkennt, sich ihnen aber auch widersetzen kann.

Die dritte Phase, die sog. *phallische Phase*, ist nach dem männlichen Geschlechtsorgan benannt. Nach Freud entdeckt der Junge in dieser Phase, dass er etwas besitzt, das dem Mädchen fehlt. Mädchen entwickeln in dieser Zeit den sog. *Penisneid*.

Die orale, anale und phallische Phase machen zusammen den ersten, sog. *prägenitalen* Entwicklungsabschnitt aus.

In der phallischen Phase steht der Junge nach Auffassung von Freud in Konkurrenz zum Vater. In dunkler Ahnung seiner Sexualität sind seine Wünsche auf die Mutter gerichtet. Das Kind wünscht dem eigenen Vater den Tod; dieser Todeswunsch konkurriert aber mit der Bewunderung für den eigenen Vater. Diese Konfliktlage wird von Freud *Ödipus-Konflikt* genannt. König Ödipus wurde nach der griechischen Mythologie als Kind ausgesetzt. Er erschlug schließlich seinen Vater und heiratete seine Mutter – natürlich ohne zu wissen, dass diese Personen seine Eltern waren. Das Thema Ödipus hat immer wieder Künstler beschäftigt. Die psychoanalytische Bedeutung liegt in der Liebe des Jungen zur Mutter, der Feindschaft zum Vater, dem Inzest-Tabu und den Schuldgefühlen.

Auf die kindliche Entwicklung nach den prägenitalen Phasen folgt eine Zeit der *Latenz*, die zur Zeit der Pubertät in die fünfte, die *genitale Phase* einmündet, jene Zeit, die durch Fähigkeit zum Orgasmus gekennzeichnet ist.

Die psychosexuellen Entwicklungsphasen sind von Anfang an verwoben mit interpersonellen Elementen. In der oralen Phase bilden Mutter und Kind eine Einheit. In der analen Phase kommt das Thema „Geben und Nehmen" auf. Auch aggressive (oder zumindest oppositionelle) Elemente gegenüber den Eltern oder anderen Bezugspersonen werden in dieser zweiten Phase deutlich. Die phallische Phase konfrontiert Kinder mit den Elternfiguren und dem anderen Geschlecht.

3.2.3 Psychosoziale Entwicklung

Freud nimmt an, dass Störungen in der Entwicklung des Kindes den Charakter einer Person prägen und auch zu späteren psychischen Störungen führen können. So ist z. B. von Psychoanalytikern der sog. *anale Charakter* als unzugänglich, misstrauisch, methodisch, geizig usw. beschrieben worden. Empirische Untersuchungen zur Frage nach dem Einfluss frühkindlicher Entwicklung auf die Persönlichkeit haben diese Beschreibungen durchweg nicht bestätigen können, allerdings sind solche Untersuchungen methodisch auch nicht einfach durchzuführen.

Zum Verständnis der psychosozialen Entwicklung des Kindes muss in jedem Fall aus Freuds Lehrgebäude die spätere Persönlichkeitstheorie hinzugenommen werden. Hiernach hat die Persönlichkeit drei Bereiche: Es, Ich und Über-Ich. Das Es (sprich: Ees) ist der Sitz der Libido und des Todestriebes – später von Psychoanalytikern auch Eros und Thanatos genannt; das Über-Ich ist die Gewissensinstanz des Menschen; das Ich ist der „Kampfplatz" der Triebe mit dem Über-Ich. Alle drei Bereiche der Persönlichkeit haben unbewusste Anteile; allerdings ist das Es fast ganz im unbewussten Bereich zu finden. Trauminhalte, Fehlhandlungen („Freudsche Fehlleistungen") und bestimmte Erinnerungen geben Hinweise auf *Verdrängungen*, also früher bewusste Inhalte, die unbewusst oder vorbewusst geworden sind.

Die soziale Entwicklung des Kindes nach psychoanalytischer Auffassung kann man sich leicht so vorstellen, dass gesellschaftliche Erwartungen durch Normen von den Eltern verkörpert werden. Das Kind erfährt diese Normen durch Gebote und Verbote, Lob und Strafe der Eltern. Verläuft die Entwicklung erfolgreich, dann werden vom Kind die ödipalen Triebimpulse zugunsten gesellschaftlich akzeptierter Einstellungen und Verhaltensweisen aufgegeben. Wichtig bei dieser klassisch-psychoanalytischen Lehrmeinung ist einerseits der *Triebverzicht* des Kindes, da nur hierdurch Kultur entstehen kann, und zweitens die Identifikation des Kindes mit den Eltern. Diese Identifikation kann nur erfolgen, wenn die Eltern das Kind lieben und diese Liebe erwidert wird.

Die Entwicklung des Über-Ich im Jugendlichen ist abgeschlossen, wenn dieser Jugendliche die elterlichen Normen in seine eigenen Vorstellungen „hereinnimmt"; dieser Vorgang wird von Freud als *Introzeption* bezeichnet.

Man kann sich vorstellen, dass abweichendes Verhalten und psychische Störungen mit Fehlentwicklungen zusammen hängen können. Eine Person mit zu schwach ausgebildetem Über-Ich mag zur Verwahrlosung neigen, da die Triebimpulse nicht angemessen kontrolliert werden. Eine überstrenge Gewissensstruktur kann zu zwangsneurotischen oder depressiven Entwicklungen führen.

An dieser Stelle bietet es sich an, ein weiteres wichtiges Konzept der Psychoanalyse zu benennen, das auch von anderen Richtungen der Psychologie übernommen wurde, die *Regression*. Vom lat. *regredi:* „zurückschreiten" abgeleitet, bedeutet die Regression – entwicklungspsychologisch gesehen – den Rückschritt in frühere Entwicklungsphasen oder -stufen. Mit Regression ist z. B. bei Krankheiten des Kindes zu rechnen, oder bei Konflikten besonderer Art. So kann es z. B. sein, dass ein Kind wieder einnässt, wenn es ein Geschwisterkind bekommen hat, obwohl es vielleicht seit einem halben Jahr nicht mehr eingenässt hat. Die erhebliche Veränderung der Familiensituation und die starke Aufmerksamkeit der Eltern für das Neugeborene bringen hier das erste Kind in die Regression. Psychoanalytiker weisen darauf hin, dass die Regression zwar meist bei Frustrationen und Konflikten auftritt, aber auch positive Seiten für die Entwicklung des Individuums hat.

Leicht kann man sich vorstellen, dass manche der hier beschriebenen Entwicklungsprozesse Relevanz für soziale Beziehungen im Erwachsenenalter haben.

Freud selbst hatte erkannt, dass im Mittelpunkt seines Entwicklungsmodells der Junge steht. Weibliche Entwicklung und Mutterbindung – so hoffte er – würden genauer durch Analytikerinnen erforscht.

In der Tat haben sich schon in der Frühzeit der Psychoanalyse Wissenschaftlerinnen wie Helene Deutsch, Anna Freud, Melanie Klein und andere mit weiblichen Entwicklungsverläufen und der Entwicklung der Mütterlichkeit befasst (vgl. die Biographien mehrerer Psychoanalytikerinnen in Volkmann-Raue & Lück, 2002). Hierbei wurden schon Konzepte wie der Penisneid in Frage gestellt. Ein neuerer Schub erfolgte durch die Frauenbewegung bis hin zur heutigen Gender-Debatte. So heißt es sogar bei Sayers: „Die Psychoanalyse hat sich von Grund auf gewandelt. War sie einst patriarchisch und phallozentrisch, so ist sie jetzt fast gänzlich mutterzentriert" (Sayers, 1994, S. 11). Wie dem auch sei, die – durchaus kontroversen – Positionen zur Psychoanalyse weiblicher Entwicklung haben die Psychoanalyse und das Bild von den sozialen Bindungen und Beziehungen deutlich verändert.

3.2.4 Frühkindliche Deprivation

Sigmund Freuds Darstellung der frühkindlichen psychosexuellen und -sozialen Entwicklung beruhte im Wesentlichen auf Selbstbeobachtungen, d. h. Erinnerungen, Analysen eigener Träume usw. Hinzu kamen Erfahrungen aus der psychoanalytischen Behandlung. Zur Absicherung und Präzisierung der Entwicklungsphasen ist die Beobachtung hinzugekommen. So hat der Psychoanalytiker René A. Spitz das Instrumentarium der Forschung durch Beobachtung, Tests, Filmaufnahmen usw. erweitert.

René Arpad Spitz wurde 1887 in Wien geboren, studierte in Budapest Medizin, machte eine Lehranalyse bei Freud und emigrierte 1938 in die USA, wo er als Lehranalytiker arbeitete. Er starb 1974 in New York.

Spitz beschrieb in seinen Arbeiten die Wirkungen der Mutterentbehrungen und beobachtete systematisch 100 Heimkinder in einem Adoptionsheim. Diese verglich er mit Kindern, die in einem Frauengefängnis von den Müttern unter hygienisch schlechten Bedingungen gepflegt wurden. Hatten sich die Kinder im Frauengefängnis am Ende des ersten Lebensjahres normal entwickelt, verlangsamte sich das Entwicklungstempo der Heimkinder von Monat zu Monat. Am Ende des ersten Lebensjahres waren sie bezüglich ihrer Entwicklung von Debilen nicht mehr zu unterscheiden.

Nach den Beobachtungen von Spitz durchlaufen Kinder, die von ihren Müttern lange Zeit getrennt sind, eine Reihe von Phasen: Der sog. *anaklitischen Depression* in den ersten Wochen folgt das sog. *Hospitalismus*-Syndrom, das nach Wochen und Monaten in *Marasmus* (geistigen Verfall) übergehen kann. Während Störungen in den ersten Wochen noch durch intensiven Kontakt mit Bezugspersonen ausgeglichen werden können, erweisen sich Schädigungen durch lang anhaltende soziale Deprivation als irreversibel.

Die Untersuchungsergebnisse von Spitz aus der Mitte des 20. Jahrhunderts standen im Gegensatz zu Auffassungen anderer Entwicklungspsychologen. Sie belegen eindringlich die Bedeutung der Sozialkontakte für die gesunde Entwicklung des Kindes.

3.2.5 Entwicklungsphasen nach Erik H. Erikson

Freuds Entwicklungstheorie ist auf die Kindheit bezogen und endet in den Jahren der Pubertät. Man muss aber annehmen, dass die psychosoziale Entwicklung noch einige Schritte oder Stufen weitergeht. Wie dies geschehen kann, hat ein Freud-Schüler gezeigt, dessen Arbeiten u. a. auch von Soziologen und Erziehungswissenschaftlern rezipiert wurden: Erik Erikson. Die Lehre der Entwicklungsphasen von Erikson ist für uns hier vor allem deswegen von Interesse, weil Erikson – über Freud hinausgehend – besonderen Wert auf die Beschreibung der sozialen Beziehungen in den verschiedenen Lebensaltern gelegt hat.

Erik Homburger Erikson (1902–1994) wurde bei Frankfurt geboren. Er lernte erst mit etwa 30 Jahren in Wien die Psychoanalyse kennen und begann eine Lehranalyse bei Anna Freud. Bedingt durch den aufkommenden Faschismus ging Erikson in die USA, praktizierte als Kinderanalytiker und wurde – ohne über einen akademischen Abschluss zu verfügen – schließlich Assistenzprofessor an der Yale Medical School. 1960 bekam er eine Professur an der Harvard University. Seine Studien sind vielfältig: Er beobachte Indianer in einem Reservat und führte Beobachtungen von Kinderspielen durch, wobei er Spiel und Traum verglich. Eriksons Hauptwerk ist „Kindheit und Gesellschaft", in dem er eine Persönlichkeitstheorie darstellt, die – ähnlich wie die Theorien von Sigmund Freud, Abraham Maslow oder Jean Piaget – als biographische oder entwicklungspsychologische Theorie gelten kann. Hierbei lehnt sich Erikson stark an Freud an, geht jedoch über Freud hinaus. Erikson erweitert die Theorie Freuds z. B. um eine Dimension, die bislang zu fehlen scheint, nämlich die soziale Dimension der Ich-Identität.

Erikson unterscheidet acht Phasen des menschlichen Lebens, von denen die ersten fünf auch in der Entwicklungstheorie von Sigmund Freud zu finden sind. Eriksons Theorie ist recht kompliziert und wurde von ihm selbst mehrfach überarbeitet. Den Phasen hat Erikson gelegentlich Tugenden zugeordnet:

- Hoffnung
- Wille
- Absicht
- Kompetenz
- Treue
- Liebe
- Fürsorge
- Weisheit

Die nachfolgende Darstellung (**Tab. 3.1**) ist weitgehend der deutschen Übersetzung „Identität und Lebenszyklus" (1973, S. 214 f.) entnommen, wobei aber die Entwicklungsphasen – wie in den meisten Darstellungen dieses Modells – sich von I (unten) bis VIII (oben) „aufbauen". Zunächst finden sich die fünf Phasen der menschlichen Entwicklung nach Sigmund Freud, dann die drei Phasen des Jugendlichen- und Erwachsenenalters.

Tab. 3.1 Die acht Phasen der Entwicklung und deren Merkmale nach Erik Erikson

Phasen	A psychosoziale Krisen	B Umkreis der Beziehungspersonen	C Elemente der Sozialordnung	D psychosoziale Modalitäten	E psychosexuelle Phasen
VIII Reife	Ich-Integrität gegen Verzweiflung	„Die Menschheit", „Menschen meiner Art"	Weisheit	sein, was man geworden ist; wissen, dass man einmal nicht mehr sein wird	
VII Erwachsenenalter	Generativität gegen Stagnation	gemeinsame Arbeit, Zusammenleben in der Ehe	Zeitströmungen in Erziehung und Tradition	schaffen, versorgen	
VI Frühes Erwachsenenalter	Intimität gegen Isolierung	Freunde, sexuelle Partner, Rivalen, Mitarbeiter	Arbeits- und Rivalitätsordnungen	sich im anderen verlieren und finden	Liebe
V Pubertät/ Adoleszenz	Identität gegen Rollenkonfusion	Peer-groups, „die Anderen", Führer-Vorbilder	ideologische Perspektiven	Wer bin ich? (Wer bin ich nicht?) Das Ich in der Gesellschaft	Treue
IV Latenz	Leistung gegen Minderwertigkeitsgefühl	Wohngegend, Schule	technologische Elemente	etwas „Richtiges" machen, etwas mit anderen zusammen machen	Kompetenz
III Lokomotorisch-genitale Phase	Initiative gegen Schuldgefühl	Familienzelle	ideale Leitbilder	Tun (Drauflosgehen), „Tun als ob" (= Spielen)	Absicht
II Muskulär-anale Phase	Autonomie gegen Scham und Zweifel	Eltern	„Gesetz und Ordnung"	halten (festhalten) lassen (loslassen)	Wille
I Oral-sensorische Phase	Vertrauen gegen Misstrauen	Mutter	kosmische Ordnung	gegeben bekommen, geben	Hoffnung

3.2 Ausgewählte psychoanalytische Ansätze

Wie auch andere Autoren geht Erikson von einer durchschnittlich zu erwartenden Umgebung aus, u. a. von Säuglingsalter, Kindergarten, Schule, Berufsausbildung, Ehe, eigenen Kindern, Austritt aus dem Berufsleben usw. Unter anderen Lebensbedingungen, wie z. B. in anderen Kulturen, können die einzelnen Phasen anders sein oder in anderer Reihenfolge verlaufen, jedoch nimmt Erikson an, dass es immer eine bestimmte Sequenz gibt. Jede Stufe beinhaltet ihre Krise und ihre Lösung.

Die erste Krise sieht Erikson im Erwerb von Urvertrauen oder Urmisstrauen. Der Erwerb des *Urvertrauens* ist für Erikson die Basis einer gesunden Entwicklung. Das Kind fasst Vertrauen zu den immer gleichen und verlässlichen Bezugspersonen. Fehlt dieses Vertrauen, kann es nach Erikson im späteren Leben zu Regressionen in Richtung auf oralen Sadismus oder der Nicht-Annahme von Hilfe kommen.

Ähnlich sind auch die nachfolgenden Entwicklungsschritte als Phasen beschrieben, in denen der Mensch bestimmte Konflikte zu bewältigen hat. Gelingt diese Bewältigung nicht, dann kommt es zu Krisen bzw. die Person verbleibt im Prozess der Bewältigung. Betrachten wir besonders die drei letzten, von Erikson beschriebenen Phasen:

VI Frühes Erwachsenenalter: Intimität gegen Isolierung (etwa 20 bis etwa 45 Jahre)

Erikson beschreibt diese Phase als ein Sich-Verlieren und Sich-Finden im anderen. Mit Hilfe einer inzwischen gefestigten Ich-Identität wird es möglich in einer Paarbeziehung Intimität zu erleben. Durch die Identität ist es auch möglich, sich der Partnerin bzw. dem Partner zu öffnen. „Die Wahl eines Partners, die Abstimmung des eigenen Lebensrhythmus auf die Einstellungen und Gewohnheiten des anderen, die veränderte Beziehung zu Eltern und Freunden, dies sind für Erikson Grundthemen des jungen Erwachsenenalters" (Conze, 1996, S. 148). In der Bereitschaft, auch Opfer und Kompromisse einzugehen, wächst die Liebe.

Ist die Identitätsentwicklung noch nicht erfolgt, dann besteht die Gefahr der Isolierung, der Unfähigkeit, sich auf Beziehungen einzulassen. Schüchternheit, Gefühl der Leere und Distanz bei Anwesenheit des anderen Geschlechts, Unfähigkeit über eigene Gefühle zu sprechen oder Gefühle bei anderen wahrzunehmen und viele Formen der Sexualstörungen sind kennzeichnend für die Isolierung.

Es geht in dieser ersten Phase des Erwachsenenalters also um ein sinnvolles Verhältnis, das sich zwischen Intimität und Isolierung entwickeln muss.

VII Erwachsenenalter: Generativität gegen Stagnation (45 bis 65 Jahre)

Mit zunehmendem Alter wird beim Erwachsenen das Bedürfnis stärker, Werte für kommende Generationen zu schaffen, weiterzugeben und abzusichern. In dieser Altersphase sind aus der Partnerschaft meist Kinder hervorgegangen, sodass ein Hauptinhalt dieses Lebensabschnitts der Fürsorge, Erziehung, Bildung und Wertevermittlung dient. Erikson versteht unter der

3 Beziehungstheorien

Generativität (engl. *generativity*) das Erziehen der nächsten Generation. In manchen frühen deutschen Übersetzungen von Erikson wurde *generativity* noch als „Zeugende Fähigkeit" übersetzt. Heute wird auch im Deutschen nur noch von Generativität gesprochen, wobei auch ein Bedeutungswandel eingetreten ist (s. u.). Diese Haltung entwickelt sich nach Erikson nur, wenn ein grundsätzliches Gefühl des Vertrauens vorhanden ist.

Das Gegenteil wird als Stagnation oder Ich-Stagnation (engl. *ego stagnation*) bezeichnet. In früheren deutschen Arbeiten findet sich die treffende Bezeichnung der „Selbst-Absorption". Personen in der Ich-Stagnation sind übermäßig mit der eigenen Person, mit selbstbezogenen Bedürfnissen und Furcht vor der Zukunft beschäftigt.

Neuere Autoren haben darauf hingewiesen, dass man Generativität nicht nur als Ausdruck in der Zeugung und Erziehung eigener Nachkommen finden kann. John Kotre (2001) z. B. unterscheidet drei Formen der Generativität:

1. Elterliche Generativität in dem Sinn von Erikson.
2. Technische Generativität in der Bedeutung der Vermittlung von technischem Wissen, Fähigkeiten und Fertigkeiten.
3. Kulturelle Generativität. Hierbei werden kulturelle Werte, Überzeugungen, Einstellungen und Theorien an die nächste Generation weitergegeben.

So verstanden ist in der Generativität stets prosoziales Handeln enthalten – die Fürsorge für die nächste oder für kommende Generationen. Der Begriff der Generativität ist inzwischen zu einem wichtigen Konzept der Sozialwissenschaften geworden (vgl. McAdams & de St. Aubin, 1998). So gibt es inzwischen standardisierte Verfahren zur Messung der Generativität und ihrer Komponenten, erste kulturvergleichende Studien (vgl. Hofer et al., 2008) und populärwissenschaftliche Texte (vgl. Ernst, 2008).

VIII Integrität vs. Verzweiflung (65 Jahre bis Tod)
In Eriksons Originalarbeiten wird diese Phase als „Integrity vs. Despair" bezeichnet. In Übersetzungen findet sich auch die Bezeichnung „Integrität vs. Verzweiflung und Ekel" (Conzen, 1996, S. 154). Diese Übersetzung ist nicht abwegig. Im besten Fall kommt es in diesem Stadium zur vollen Reife, zur Bereitschaft, den eigenen Lebenszyklus als einmalig und als etwas zu akzeptieren, das sein musste. In dieser letzten Phase geht es also darum, dem eigenen Lebensweg „eine Abrundung zu geben, aus der Fülle der Erfahrungen und Erinnerungen ein Gefühl individueller Ganzheit und Sinnhaftigkeit abzuleiten" (Conzen, 1996, S. 154). Erikson verwendet den Begriff der *Ich-Integrität*. Dadurch wird es der Person möglich, in Ruhe zu leben und der Hilflosigkeit des Greisenalters entgegenzusehen. Diese letzte Konsolidierung der Persönlichkeit ist nicht einfach, denn die drei Organisationsprozesse des Menschen geraten in Gefährdung: 1. Die körperlichen Kräfte schwinden, 2. die Sinnesorgane und das Gedächtnis lassen nach und 3. schließlich werden durch Ruhestand, Verlust von Kollegen, Freunden, dem Partner auch soziale Anerkennungen

und Beziehungen reduziert. Falls es nicht gelingt, sein Leben in dieser letzten Phase zu akzeptieren, stellen sich Furcht, Verzweiflung und Lebensekel ein.

Eine Theorie wie die von Erikson beschreibt praktisch den „Normalverlauf" der Entwicklung und der Persönlichkeitsentfaltung in verschiedenen Lebensaltern in einer bestimmten Kultur. Im Vergleich zu Freuds Entwicklungstheorie ist die Ergänzung um Stufen des Erwachsenenalters wertvoll, auch erscheint die Darstellung phasentypischer Konflikte und „Lebensaufgaben" als realistisch.

Natürlich haben Modelle wie dieses auch ihre Kehrseite: Gibt es wirklich so deutlich abgrenzbare Stufen oder Phasen? Vermutlich nicht. Führt Urmisstrauen tatsächlich zu „oralem Sadismus"? Eine Frage wie diese müsste eigentlich an größeren Stichproben mit geeigneten Instrumenten untersucht werden, am besten sogar als Längsschnittstudie, d. h. an den gleichen Personen über längere Zeit hinweg. Das ist bisher nicht geschehen. Immerhin: Eriksons Theorie hat für die Psychotherapie und für viele Wissenschaftsdisziplinen anregend gewirkt. Auch für das Studium der Psychologie sozialer Beziehungen kann der Ansatz von Erikson Anregungen geben, wie wir am Beispiel der Generativität gesehen haben.

3.3 Bindungstheorien

3.3.1 Allgemeine Zielsetzung und Wertung der Bindungstheorien

Bindungstheorien (engl. *attachment theories*) gehen von der gesunden Entwicklung eines Kindes aus und beruhen auf empirischen Methoden, insbesondere auf der Beobachtung von Kindern, teils im Vergleich zu Primaten-Kindern. Die Bindungstheorien nehmen langfristige Wirkungen frühkindlicher Beziehungen an und untersuchen Bindungsstile über die gesamte Lebensspanne hinweg.

Nutzen hat die Bindungsstilforschung für sehr verschiedene Bereiche. Sie trägt u. a. zum besseren Verständnis von emotionalen Störungen und schwierigen Beziehungen bei, insbesondere von Bindungsstörungen, Persönlichkeit und Arbeits-, sogar Studierverhalten.

Die ermutigenden Ergebnisse der Bindungsstilforschung der letzten Jahre haben dieses Gebiet zu einem wichtigen und zukunftsträchtigen Arbeitsgebiet von Entwicklungspsychologen, Biopsychologen, Sozialpsychologen, Klinischen Psychologen, Pädagogen und Medizinern gemacht.

3.3.2 Begriffliche, historische und theoretische Grundlagen

Bindung wird als relativ dauerhafte emotionale Orientierung an eine andere Person definiert. Kennzeichen sind:

- Das Aufsuchen der Nähe zu dieser Person.
- Das Leiden unter der Trennung von dieser Person.
- Freude bei der Rückkehr dieser Person.
- Die Orientierung an dieser Person, auch wenn sie nicht in der Nähe ist.

Bindung entsteht im ersten Lebensjahr und dient vermutlich dem Schutz des Kleinkindes vor Gefahren. Die Bindungstheorie wurde zuerst in den fünfziger Jahren von dem englischen Psychiater und Psychoanalytiker John Bowlby (1907–1990) dargestellt und von dessen Mitarbeiterin Mary D. Salter Ainsworth durch empirische Untersuchungen gestützt und weiterentwickelt. Bowlbys Arbeiten wurden früh in Deutschland bekannt (vgl. Bowlby, 1959). Seine vergleichende Untersuchung über Heimkinder in verschiedenen Ländern, die er im Auftrag der Welt-Gesundheits-Organisation (WHO) durchführte (vgl. Bowlby, 1951), wurde 1971 ins Deutsche übersetzt und machte die Wichtigkeit der frühkindlichen Erziehung durch Mütter bzw. eine Mutterersatzperson deutlich.

Bowlby (1969, 1976, 1988) nimmt an, dass Erfahrungen des Säuglings in seiner Beziehung zur Haupt-Bezugspersonen von entscheidender Bedeutung für die weitere Entwicklung der Persönlichkeit, insbesondere bezüglich der Selbstsicherheit bzw. Ängstlichkeit gegenüber anderen Personen, sind. Bowlby spricht meist von „Mutter", meint aber die wichtigste Bezugsperson, die nicht die leibliche Mutter sein muss.

In Untersuchungen an Kindern, die im Krankenhaus hospitalisiert sind, verläuft nach Bowlby das Trennungstrauma in vier charakteristischen Phasen ab:

Die erste Phase ist meist eine Folge einer unvorbereiteten, abrupten Trennung von der Mutter. Das Kind weint und schreit langandauernd. Dies kann über Tage andauern. Kontaktangebote der Schwestern werden meist abgelehnt.

Es folgt eine Phase depressiven Verstummens. Das Kind ist in dieser Phase, die Tage bis Wochen dauern kann, nur bedingt bereit, Kontaktangebote von Dritten anzunehmen.

In der dritten Phase reagiert das Kind einigermaßen angepasst. Es scheint sich eingewöhnt zu haben. Zur Erleichterung von Schwestern und Ärzten schreit und weint es weniger und ist auch zur Kontaktaufnahme bereit. Allerdings sind dies eher „Scheinkontakte". Das Kind ist kaum belastbar, z. B. was medizinische Untersuchungen oder Operationen angeht. Kommt die Mutter zu Besuch, werden frühere Bindungen und Trennungsängste in Erinnerung gerufen.

Ist die Zeit der Hospitalisierung noch länger, kann es sein, dass das Kind sich von der Mutter entfremdet und die gelegentliche Anwesenheit der Mutter mit Missachtung straft.

Diese Abfolge ähnelt sehr den Beobachtungen und Beschreibungen, die der Psychiater René Spitz fast zur gleichen Zeit zum sog. Hospitalismus-Syndrom veröffentlicht hatte.

Zurück zur „Normalsituation"! Bowlby sieht – wie auch andere Psychoanalytiker vor ihm, dass eine liebevolle Zuwendung in früher Kindheit für die seelische Gesundheit des Kindes und des späteren Erwachsenen wichtig sind. Dagegen führe die Versagung kindlicher Grundbedürfnisse nach Schutz, Nahrung und Kontakt zu Spannungszunahme, Unlust, Unsicherheit und Selbstverleugnung.

In späteren Arbeiten hat Bowlby zu psychoanalytischen Konzepten auch evolutionstheoretische Konzepte hinzugenommen. Bindungsverhalten sei ein Ergebnis evolutionärer Anpassung, bei Gefahr, Schmerz, Müdigkeit usw. den Kontakt zur Bezugsperson aufzusuchen. Das Bindungsverhalten drücke sich in instinktivem Weinen, Festklammern, Nachlaufen usw. aus und werde durch die Trennung von der Mutter und durch Bedrohung aktiviert. Auf diese Weise werde sichergestellt, dass Kinder geschützt werden und das Überleben der Art gesichert wird.

Wissenschaftsgeschichtlich sei angemerkt, dass Bowlbys Annahme von derartigen frühkindlichen Instinkten dazu geführt hat, dass er von einigen Psychoanalytikern als „behavioristisch" kritisiert und abgelehnt wurde. Der Grund: Bowlby hatte mit derartigen Annahmen die in der Psychoanalyse seit Freud verbreitete Auffassung, Bindung erfolge primär über lustvolle orale Erfahrungen des Säuglings, infrage gestellt (vgl. Mertens, 1992, S. 36). (Korrekterweise muss angemerkt werden, dass die Bewertung „behavioristisch" sachlich unzutreffend ist. Die Annahme frühkindlicher Instinkte ist weniger für den Behaviorismus als für die Ethologie typisch.)

3.3.3 Bindungsstile: Die Untersuchung von Ainsworth et al.

Auf der Grundlage der Theorie von Bowlby führten Mary Ainsworth, Mary Blehar, Everett Waters & Sally Wall (1978) eine einfallsreiche Untersuchung an Kindern durch, die etwa ein Jahr alt waren. Mit dieser Untersuchung wurde ermöglicht, Bindungsstile zu klassifizieren. Der Versuch wird als „strange situation test" (Fremde Situation Test, FST) bezeichnet und sieht im Verlauf von ca. 20 Minuten Versuchsdauer acht Episoden vor:

Episode 1:
  Begrüßung durch den Versuchsleiter.
Episode 2:
  Mutter und Kind werden in einem Versuchsraum beobachtet, in dem Spielzeug vorhanden ist.
Episode 3:
  In Anwesenheit der Mutter nähert sich eine fremde Person dem Kind.
Episode 4:
  Die Mutter verlässt den Raum und kehrt nach einigen Minuten zurück. Kurze Zeit ist hierbei also das Kind nur mit einer fremden Person zusammen.

Episode 5:
Nachdem die fremde Person den Raum verlassen hat, bleibt die Mutter wieder mit dem Kind alleine im Raum.
Episode 6:
Die Mutter verlässt den Raum und das Kind ist allein im Raum.
Episode 7:
Die fremde Person betritt den Raum.
Episode 8:
Die fremde Person verlässt den Raum und die Mutter kommt in den Raum.

Die Kinder – Jungen und Mädchen – wurden in einer größeren Serie von Versuchen durch Einwegscheiben beobachtet. Die Forschergruppe konnte dann aufgrund der Verhaltensbeobachtungen die Kinder in drei Gruppen einteilen:

Vermeidende Kinder. Diese Kinder sind durch aktive Abwendung von der Mutter in den Episoden 5 und 8 gekennzeichnet. Diese Kinder suchen nicht aktiv die Nähe der Mutter auf.

Ängstlich-ambivalente Kinder. Diese zeigen häufig Widerstand gegen die Mutter sowie häufiges Weinen in den Episoden 2, 3, 5, 6, und 8 und weniger Spielverhalten in den Situationen 4, 7 und 8.

Sicher-gebundene Kinder schließlich zeigen zwar auch wenig Aufsuchen und Aufrechterhaltung des Kontaktes zur Mutter, aber sie weinen weniger und zeigen mehr Spielverhalten. Diese Kinder zeigen eine Reihe von weiteren positiven Merkmalen, die in der Familiensituation erfasst wurden: Sie weinten weniger, sie zeigten weniger Protestverhalten, wenn sie auf den Arm genommen oder abgesetzt wurden, sie zeigten mehr Folgsamkeit gegenüber den Anweisungen der Mutter.

Diese drei Bindungsstile konnten in weiteren Untersuchungen bestätigt werden. Groß angelegte Untersuchungen mit der gleichen Untersuchungsmethode in verschiedenen Ländern konnten im Wesentlichen die Ergebnisse der Forschergruppe um Ainsworth bestätigen. An fast 2 000 Kindern in acht Ländern fand man folgende Klassifizierungen:

- 65 % sicher-gebunden *(secure attachment style)*
- 21 % vermeidend *(avoidant attachment style)* und
- 14 % ängstlich-ambivalent *(anxious-ambivalent attachment style).*

Diese Größenordnungen entsprechen etwa auch den Befunden von Ainsworth et al. (1978). Es gab kulturelle Unterschiede in den verschiedenen Untersuchungen, jedoch sollte man diese nicht überbewerten, denn man fand ebenso nennenswerte Unterschiede zwischen verschiedenen Untersuchungen innerhalb eines Landes, so z. B. zwischen drei Untersuchungen in Deutschland (vgl. Ijzendoorn & Kroonenberg, 1988). In der Bundesrepublik war es vor allem Klaus Grossmann, der in Bielefeld und Regensburg zusammen mit Karin Grossmann und Mitarbeitern eine Vielzahl von Untersuchungen durchgeführt und angeregt hat – bis heute etwa ein Dutzend Dissertationen und über 100 Diplomarbeiten (vgl. Grossmann & Grossmann, 2004).

3.3.4 Entwicklung des Bindungsverhaltens

Wenn es derartige auffällige Unterschiede im Verhalten der einjährigen Kinder gibt, dann stellt sich natürlich sofort die Frage nach den Gründen. Bowlby nimmt an, dass das Kind verschiedene Phasen durchlebt, die für die Bindungsentwicklung prägend sind:

1. The initial pre-attachment phase
   Von der Geburt bis zu den ersten Lebenswochen lernt das Kind den Augenkontakt zu den Personen, die sich ihm nähern. Mit Weinen und Lachen versucht das Kind Kontakt und Nähe zu anderen zu entwickeln.
2. The phase of attachment-in-the-making
   In der zweiten Phase lernt das Kind, bekannte und unbekannte Personen voneinander zu unterscheiden. Unterschiedliches Bindungsverhalten gegenüber diesen Personen beginnt sich zu zeigen, kann aber nicht immer deutlich erkannt werden.
3. The phase of clear-cut attachment
   Etwa ab dem sechsten Lebensmonat zeigt das Kind deutliche Aktivitäten, um die bevorzugte Bindungsperson zu erreichen: Umarmen, Hochklettern, Streicheln und Befühlen. Die Bindungsperson wird als sichere „Basis" benutzt, um die Umwelt zu erkunden.
4. The phase of a goal-corrected partnership
   Durch wachsende kognitive Fähigkeiten entwickelt das Kind größere Empathie gegenüber der Bindungsperson. Dies bedeutet, dass es (begrenzt) die Bedürfnisse der Bindungsperson versteht und berücksichtigt. Nach Bowlby wird aus der Bindung allmählich eine Partnerschaft.

Bei der Suche nach den Ursachen für unterschiedliche Bindungsstile der Kinder kommt man natürlich schnell auf Verhaltensunterschiede der Bindungspersonen. Nach Bowlby und Ainsworth kommt der sog. *mütterlichen Feinfühligkeit* große Bedeutung zu. Beobachtungsstudien von Ainsworth und anderen an Müttern in Alltagssituationen zeigten, dass feinfühlige Mütter Fürsorge- und Bindungsbedürfnisse der Säuglinge schnell erkannten, aufmerksam und prompt auf die Signale der Kinder reagierten, die Kinder trösteten, Körperkontakt aufnahmen, aber auch das Explorationsverhalten der Kinder ermutigten. Weniger feinfühlige Mütter sorgten zwar auch für die Kinder, verhielten sich aber häufiger ungeduldig oder sogar schroff. Ainsworth et al. (1978) vertraten daher die Meinung, dass Bindungsstile wesentlich durch das Verhalten der Bindungspersonen geprägt werden.

3.3.5 Zur Stabilität des Bindungsstils

Beträchtliche Relevanz erhielt die Bindungsstilforschung durch eine Reihe von Untersuchungen, die nachweisen konnten, dass die in den ersten Lebensmonaten erworbenen Bindungsstile der Säuglinge und Kleinkinder über bestimmte Zeiträume stabil blieben. Als man z.B. den „strange situation test" nach sechs Monaten an den gleichen Kindern wiederholte, zeigten sich dabei hohe Übereinstimmungen mit dem Verhalten vor einem halben Jahr. Eine deutsche Längsschnittstudie, in der das Bindungsverhalten mit einem Jahr und mit sechs Jahren erfasst wurde, ergab ebenfalls Hinweise auf eine große Stabilität des Bindungsverhaltens. Für 87 % der sechsjährigen Kinder konnte der Bindungsstil aufgrund der Daten aus der Studie fünf Jahre zuvor richtig vorhergesagt werden (vgl. Grossmann & Grossmann, 1991).

Allerdings fand man auch, dass spätere gravierende Veränderungen in der Lebenssituation der Eltern Auswirkungen auf die Bindungsstile der Kinder haben.

3.3.6 Einige kritische Anmerkungen

Die Kritik an dem Bindungsstil-Konzept von Bowlby und Ainsworth ist natürlich nicht ausgeblieben. Man hat kritisiert, dass Bowlby zu einseitig nur die Mutter im Blick hat und die Bedeutung des Vaters für die Entwicklung vernachlässigt.

Eine ganz andere Kritik betrifft die Stile selbst: Gibt es wirklich nur diese drei Stile und keine Mischformen? Einige empirische Arbeiten haben weitere Bindungsstile versucht herauszuarbeiten. Auch die Kategorisierung eines jeden Kindes birgt Probleme. Vorstellbar sind ja Mischformen oder auch situationsbezogene Erziehungs- und Bindungsstile.

Dies sind nur einige wenige Kritikpunkte. Trotz aller Kritik kann man aber heute ein großes Interesse an dem Thema Bindungsforschung feststellen.

3.3.7 Studien an Jugendlichen und Erwachsenen

Längsschnittstudien über sehr lange Zeiträume gibt es noch nicht, aber es ist schon deutlich geworden, dass Bindungsstile auch im Jugendlichen- und Erwachsenenalter Bedeutung für verschiedenste Bereiche haben können. Bei diesen Untersuchungsgruppen arbeitet man natürlich nicht mit dem „strange situation test", sondern meist mit Befragungsinstrumenten zu frühen Kindheitserfahrungen und mit standardisierten Fragebögen zu derzeitigen Bindungen und Verhaltensweisen.

Untersuchungen mit derartigen Instrumenten haben die Untersuchung weiterer Fragestellungen ermöglicht. So hat man sich z.B. gefragt, welche Erziehungserfahrungen die Eltern von sicheren Kindern gemacht haben. Dabei zeigte sich eine gewisse *transgenerative Stabilität*: Eltern von sicheren Kindern haben häufiger über positive Erfahrungen mit ihren eigenen Eltern berichtet. Allerdings können gravierende Lebensereignisse auch hier zu bedeutenden Veränderungen führen.

Relevant für die Sozialpsychologie und Bereiche der angewandten Psychologie wurde die Bindungsstilforschung mit der Überlegung, dass Bindungsstile mit inneren Arbeitskonzepten, dem Selbstbild und Selbstwertgefühl zu tun haben.

3.3.8 Das zweidimensionale Modell von Bartholomew

Kim Bartholomew hat 1990 ein zweidimensionales Modell der Bindungen vorgeschlagen, das auch im deutschen Sprachbereich zu Folgeuntersuchungen angeregt hat. Die Idee: Es wird angenommen, dass die Art der Bindung sowohl dadurch bestimmt wird, wie positiv das Bild vom Partner ist als auch davon, wie positiv das Selbstbild ist. Wenn man beide Dimensionen unabhängig voneinander sieht und dichotomisiert, dann entstehen vier verschiedene Bindungsarten:

Tab. 3.2 Beziehung zwischen Bindungsstil und Partner- und Selbstbild nach Bartholomew (1990)

	positives Selbstbild	negatives Selbstbild
positives Partnerbild	sicher	ängstlich-ambivalent, besitzergreifend
negatives Partnerbild	gleichgültig-vermeidend, abweisend	ängstlich-vermeidend

Nur wenn beide Personen ein positives Selbstbild haben, kommt es nach Bartholomew zum sicheren Bindungsstil; sind beide Selbstbilder negativ, ist die Bindung ängstlich-vermeidend. Solche Personen haben in der Vergangenheit Zurückweisungen erlebt, sie leben in der Angst vor weiterer Zurückweisung und sind sozialen Beziehungen gegenüber überhaupt skeptisch bzw. vermeiden solche Kontakte. Ist das Selbstbild positiv und das Bild vom Partner negativ, kommt es zum gleichgültig-vermeidenden, abweisenden Bindungsstil. Ist das Partnerbild positiv, aber das Selbstbild negativ, kommt es zum besitzergreifenden (ängstlich-ambivalenten) Bindungsstil. Das Bindungsverhalten dieser Personen ist bestimmt durch unsensibles, inkonsistentes Verhalten, bedingt durch das Gefühl der eigenen Unsicherheit und Wertlosigkeit.

Bartholomew bezieht sich auf Bowlby, sie nimmt an, dass die mütterlichen Bindungsstile „Nachwirkungen" haben. Beim ängstlichen Bindungstyp führe das immer wieder enttäuschte Bedürfnis nach Nähe zu Selbstzuschreibungen

3 Beziehungstheorien

(Attributionen), man sei selbst wenig liebenswert, und damit zu einem negativen Selbstbild.

Bartholomew hat Interviewverfahren zur Ermittlung der Bindungsstile entwickelt und die vier genannten Bindungs-Prototypen genauer umschrieben (s. Tab. 3.3).

Tab. 3.3 Bindungs-Prototypen von Bartholomew nach der deutschen Übersetzung von Doll, Mentz & Witte (1995).

Bindungsstil	Beschreibung
sicher	Ich finde, dass es ziemlich leicht für mich ist, anderen gefühlsmäßig nahe zu sein. Es geht mir gut, wenn ich mich auf andere verlassen kann und wenn andere sich auf mich verlassen. Ich mache mir keine Gedanken darüber, dass ich allein sein könnte oder dass andere mich nicht akzeptieren könnten.
abweisend	Es geht mir auch ohne enge gefühlsmäßige Bindung gut. Es ist sehr wichtig für mich, mich unabhängig und selbständig zu fühlen, und ich ziehe es vor, wenn ich nicht von anderen und andere nicht von mir abhängig sind.
ängstlich	Ich empfinde es manchmal als ziemlich unangenehm, anderen nahe zu sein. Ich möchte Beziehungen, in denen ich anderen nahe bin, aber ich finde es schwierig, ihnen vollständig zu vertrauen oder von ihnen abhängig zu sein. Ich fürchte manchmal, dass ich verletzt werde, wenn ich mir erlaube, anderen zu nahe zu kommen.
besitzergreifend	Ich möchte anderen gefühlsmäßig sehr nahe sein, aber ich merke oft, dass andere Widerstände dagegen errichten, mir so nahe zu sein, wie ich ihnen nahe sein möchte. Es geht mir nicht gut, wenn ich ohne enge Beziehung bin, aber ich denke manchmal, dass andere mich nicht so sehr schätzen wie ich sie.

Diese prototypischen Beschreibungen sind in Befragungen zur Selbsteinschätzung verwendet worden. Durch die Typenbildung und anschauliche Beschreibung der vier Typen hat das Modell von Bartholomew offensichtliche Vorzüge. Allerdings gibt es neuere empirische Untersuchungen, die deutlich zeigen, dass die vier Bindungsstile nicht unabhängig voneinander sind. An dieser Stelle soll auf diese Untersuchungen nicht im Detail eingegangen werden. Nur so viel sei aber gesagt: Der sichere Stil und der ängstliche Stil scheinen wirklich Gegensätze zu sein (belegt durch hohe negative Korrelation), der abweisende und der besitzergreifende Stil sind dagegen nicht als Gegensätze empirisch abgesichert (vgl. Asendorpf et al., 1997).

Noch etwas anderes muss abschließend kritisch angemerkt werden. Sowohl Bowlby als auch nachfolgende Autoren und Autorinnen haben – wie Bartholomew – angenommen, dass der Bindungsstil einer Person ein stabiles Persönlichkeitskonstrukt (Bowlby: „Inneres Arbeitsmodell") ist, das sich in der Art der Beziehungen zu den Eltern als auch zu anderen Personen äußert. Die empirische Forschung legt aber nahe, dass dies nur zum Teil der Fall ist. Oft zeigen sich die Bindungsstile als Person-invariant, aber bei vielen Personen scheinen die Bindungsstile beziehungsspezifisch zu variieren. Anders gesagt: Sie können im Verhältnis zu verschiedenen anderen Personen unterschiedlich sein.

3.4 Austauschtheoretische Ansätze und Gleichgewichtstheorie

Auf den ersten Blick ist der Begriff „Austauschtheorien" (engl. *exchange theories*) etwas verwirrend, weil zunächst nicht erkennbar ist, wer oder was ausgetauscht wird. Der Begriff geht ziemlich sicher auf den amerikanischen Soziologen George Caspar Homans (1910–1989) zurück, der schon in den fünfziger und sechziger Jahren mehrere Bücher verfasste, die auch ins Deutsche übersetzt wurden.

Historisch gesehen geht wohl der Gedanke, gesellschaftliche Beziehungen als Austausch zu begreifen, auf den Soziologen Georg Simmel (1858–1918) zurück, doch gaben Homans und Peter Blau den Anstoß zu empirischer Forschung.

3.4.1 George Caspar Homans und Peter Blau

In seinen Arbeiten versuchte Homans aufgrund von eigenen Überlegungen und Erfahrungen – vor allem aber aufgrund von Forschungsergebnissen anderer Autoren – Hypothesen, Regeln oder Gesetze des menschlichen Verhaltens zu erarbeiten.

Das klingt bei Homans (1967, deutsch 1972, S. 62 ff.) so:

„**Hypothese I:** Je häufiger die Aktivität einer Person belohnt wird, mit umso größerer Wahrscheinlichkeit wird diese Person die Aktivität ausführen.

Wir nennen dies die Erfolgshypothese. Wie unsere weiteren Hypothesen ist sie nur annähernd wahr. Sie impliziert, dass die Wahrscheinlichkeit dafür, dass eine Person eine einmal, anschließend jedoch nicht mehr belohnte Aktivität ausführen wird, früher oder später auf Null sinkt. Das bedeutet, die Person wird sie überhaupt nicht mehr ausführen. In der Sprache der Psychologen heißt das, die Aktivität wird gelöscht. Aber die Hypothese sagt nicht, was mit „früher oder später" genau gemeint ist. Viel hängt von der Art des Belohnungsmusters ab. (...) Der Einfachheit halber haben wir die Erfolgshypothese absolut formuliert. (...)

Hypothese II: Wenn in der Vergangenheit ein bestimmter Reiz oder eine Menge von Reizen eine Aktivität begleitet hat, belohnt worden ist, dann wird eine Person, umso eher diese oder eine ähnliche Aktivität ausführen, je ähnlicher die gegenwärtigen Reize den vergangenen sind.

Wir nennen das die Reizhypothese. Wie die Erfolgshypothese ist auch die Reizhypothese nur annähernd wahr. Die entscheidende Variable ist die Reizähnlichkeit. Aber Ähnlichkeit braucht sich nicht nur auf eine Dimension zu beziehen – Dinge können sich auf verschiedene Weise ähneln – und es würde den Rahmen dieses Aufsatzes sprengen, wollten wir auf Einzelfragen der Wahrnehmungspsychologie eingehen. (...)

Mit den ersten beiden Hypothesen ist die bedeutsame Neigung einer Person zur Verhaltensgeneralisierung angesprochen. Sowohl der Reiz als auch die Aktivität können generalisiert werden. (...)

Die Hypothesen I und II implizieren, dass das Verhalten einer Person erlernt ist, und dass seine Vergangenheitserfahrung – sowohl die früheren Belohnungen seiner Aktivitäten wie die sie begleitenden Umstände – einen wichtigen Einfluss auf sein gegenwärtiges Verhalten hat. Die Menschen sind sich dieser Tatsachen natürlich schon seit langem bewusst, doch die moderne Psychologie hat ihre Bedeutung aufs Neue hervorgehoben. Wir wissen, dass die Vergangenheitserfahrungen einer Person (zum Beispiel solche ihrer frühen Kindheit) und ihre unbewussten Erfahrungen (unbewusst in dem Sinn, dass sie nicht darüber reden kann) die Wahrscheinlichkeit beeinflussen, mit der sie heute bestimmte Aktivitäten ausführen und auf bestimmte Reize reagieren wird. Ihre Erfahrung kann auch eher indirekt als unmittelbar sein. (...)

In den Hypothesen I und II setzen wir voraus, dass die Aktivität einer Person belohnt worden ist, aber wir haben nichts über das Maß der Belohnung gesagt. In Wirklichkeit ist natürlich das Maß der Belohnung eine Variable, die wir den Belohnungswert nennen. Wir müssen nun eine Hypothese aufstellen, die die Wirkung dieser Variablen auf andere Verhaltensvariablen beschreibt. (...) Entsprechend lautet unsere nächste Hypothese:

Hypothese III: Je wertvoller die Belohnung einer Aktivität für eine Person ist, desto eher wird sie die Aktivität ausführen.

Wir nennen dies die Werthypothese. Wir müssen bei dieser Hypothese beachten, dass sie sich auf den Wert pro Belohnungseinheit bezieht, ungeachtet, wie diese Einheit definiert ist. Denn der Wert aufeinander folgender Einheiten kann sich (wie wir noch sehen werden) ändern."

Soweit Homans. Man sieht, dass er fast behavioristisch argumentiert: Verhalten, das bekräftigt wird, hat in der Zukunft eine höhere Auftretenswahrscheinlichkeit. Mit derartigen Thesen hat Homans die sog. *Verhaltenssoziologie* be-

3.4 Austauschtheoretische Ansätze und Gleichgewichtstheorie

gründet, eine Soziologie, die das Geschehen in Gesellschaften, Organisationen und Institutionen auf das Verhalten von Individuen zu reduzieren versucht. Damit stand Homans damals im Gegensatz zur Mainstream-Soziologie. Aber auch in der Psychologie fand er nicht unmittelbar Verständnis. Denn anders als seine zeitgenössischen Psychologie-Kollegen im Fahrwasser des Behaviorismus nimmt Homans an, dass wir Menschen Belohnungen *antizipieren* können und dass unser Sozialverhalten in hohem Maßen dadurch bestimmt ist, ob es für uns belohnend ist, einfach: sich lohnt.

Eine wissenschaftsgeschichtliche Anekdote beschreibt das Verhältnis zwischen Verhaltenssoziologie und Behaviorismus: George Caspar Homans und Burrhus Frederic Skinner, der Vertreter des sog. radikalen Behaviorismus, seien Kollegen an der Harvard University in Cambridge gewesen und ihre Zimmer hätten nebeneinander gelegen. Aber die beiden Wissenschaftler hätten so gut wie nie miteinander gesprochen!

Der Grund für die geringe Verständigungsbereitschaft der beiden Wissenschaftler liegt in den Unterschieden der zunächst so ähnlich aussehenden Theorien: Bei Homans geht es zwar um Lernen, aber auch um die (kognitive) Antizipation von Ereignissen und um das Streben des Individuums nach Belohungen, Vorteilen usw.

Der Grundgedanke der Austauschtheorien ist also, dass menschliches Verhalten auf Interaktionen ausgerichtet ist, wobei das Individuum an „lohnenden" Interaktionen, oder Interaktionsverläufen, sog. Beziehungen, interessiert ist, oder simpler gesagt: an Vorteilen. Damit hält eine Betrachtungsweise in die Psychologie und Sozialwissenschaften Einzug, die aus der *Wirtschaft* entlehnt ist. Tatsächlich sind viele soziale Verhaltensweisen entweder Gegenleistungen für frühere Leistungen des anderen Interaktionspartners oder Leistungen in Erwartung von Gegenleistungen.

Der amerikanische Soziologe Alwin Gouldner (1960) hat herausgearbeitet, dass gerade in westlichen Kulturen (und dort insbesondere in der Mittelschicht) eine soziale Norm verbreitet ist, die er als Reziprozitätsnorm *(norm of reciprocity)* bezeichnet hat: Ist man geschädigt worden, bemüht man sich um Schadensausgleich durch den Schädiger; hat man selbst Schaden angerichtet, fühlt man sich zum Ausgleich verpflichtet. Auch das „Gegenstück" dazu gilt: Hat man Hilfe bekommen, dann stellen sich Verpflichtungsgefühle ein, und leistet man jemandem Hilfe, dann erwartet man vielleicht nicht unmittelbare „Kostenerstattung", aber doch vielleicht Hilfe, wenn man sie selbst benötigt.

Zurück zu Homans. Zu seinen drei Hypothesen ergänzt er (1972, S. 66):

„**Hypothese IV**: Je öfter eine Person in der nahen Vergangenheit eine bestimmte Belohnung erhalten hat, desto weniger wertvoll wird für sie jede zusätzliche Belohnungseinheit."

Diese Hypothese nennt Homans die Entbehrungs-Sättigungs-Hypothese. (Diese Hypothese findet sich in sehr ähnlicher Form auch in den Wirtschaftswissenschaften als das sog. Gesetz vom abnehmenden Grenznutzen.)

Und schließlich fügt Homans noch eine 5. Hypothese an (S. 68):

„**Hypothese V:** Wenn die Aktivität einer Person nicht wie erwartet belohnt oder unerwartet bestraft wird, wird die Person ärgerlich, und im Ärger sind die Ergebnisse aggressiven Verhaltens belohnend."

Diese Hypothese nennt Homans die Frustrations-Aggressions-Hypothese. (Diese Bezeichnung ist allerdings etwas verwirrend, weil es in der Psychologie eine ältere, allgemeinere Frustrations-Aggressions-Hypothese der sog. Yale-Gruppe gibt, nach der Aggression stets das Resultat vorausgegangener Frustrationen ist (vgl. Dollard et al., 1939).

Mit einer Reihe von Beispielen, die sich auf zwei interagierende Personen beziehen, versucht Homans die Gültigkeit seiner Hypothesen abzuschätzen. Er selbst unternimmt also keinen Versuch der empirischen (insbes. experimentellen) Prüfung. Aber die hier genannten Hypothesen wie auch die vielen anderen von ihm an anderen Stellen behaupteten Zusammenhänge sind ohne weiteres der empirischen Forschung zugänglich.

Man beachte, dass die Austauschtheorie von Homans über die Reziprozitätsnorm von Gouldner hinausgeht. Geht es in der Reziprozitätsnorm mehr oder weniger um die Wiederherstellung des früheren Zustands, kurz: um Ausgleich, so nehmen Austauschtheoretiker wie Homans an, dass Individuen subjektiv rational aufgrund von Nutzenerwartungen nach Gewinn streben. In der Terminologie von Homans ausgedrückt: Wenn die Kosten einer Beziehung über längere Zeit die Belohnungen übersteigen, wird die Person die Beziehung als unbefriedigend empfinden und eher bereit sein, sie zu beenden, als wenn die Belohungen die Kosten übersteigen. Das gilt für soziale Beziehungen in Dyaden, aber nach Homans durchaus auch für Personen in Gruppen.

> **Anregung**
> Überlegen Sie einmal, wo Kosten und Belohnungen für Sie zu finden sind, wenn Sie z. B. in einer studentischen Arbeitsgemeinschaft mitarbeiten!

Man muss nicht so weit gehen wie Homans und Prozesse wie Kooperation, Wettbewerb, Konflikt, Konformität, Macht usw. sämtlich auf austauschtheoretische Annahmen zurückführen wollen. Aber es ist sicher so, dass Geben und Nehmen, das Streben nach Erfolg, Anerkennung usw. gerade für Menschen in westlichen Gesellschaften typisch ist. Die Psychologie sozialer Beziehungen hat sich daher schon früh auf die Austauschtheorien bezogen, da hier Regeln erarbeitet wurden, die zur Vorhersage sozialer Beziehungen brauchbar sind.

Noch expliziter als Homans sieht dies der amerikanische Organisationssoziologe Peter M. Blau (1918–2002), der auch in Organisationen empirische Untersuchungen durchgeführt hat und zusammen mit Homans als Begründer der Austauschtheorie gilt (vgl. Blau, 1964).

Blau nimmt zunächst an, dass Menschen Aktivitäten entfalten, um Ziele zu erreichen. Alle sozialen Aktivitäten enthalten nach Blau Kosten (*costs*), wie z. B. Zeitaufwand, Energie, Ressourcen usw.

Ferner versuchen Personen ihre Aktivitäten so sparsam wie möglich zu entfalten, um so die Kosten geringer als den Ertrag (*rewards*) zu halten. Und nur solche Aktivitäten werden aufrechterhalten oder fortgesetzt, die in diesem Sinn „ökonomisch" sind, die „Gewinne" (*payoffs*) gebracht haben.

Da Homans für die Sozialpsychologie insgesamt größere Bedeutung erlangt hat, wird hier auf die weitere Darstellung der Arbeiten von Blau verzichtet.

3.4.2 John W. Thibaut und Harold H. Kelley

Die Austauschtheorie der beiden Sozialpsychologen John W. Thibaut und Harold H. Kelley (1959) stellt eine Weiterentwicklung der früheren Theorien von Homans und Blau dar. Thibaut und Kelley haben ihre Austauschtheorie später zur sog. Interdependenztheorie weiterentwickelt (vgl. Kelley & Thibaut, 1978; Athenstaed, Freudenthaler & Mikula, 2002). Beide Ansätze ähneln sich sehr und werden hier zusammengefasst skizziert. (Ein Hinweis: Auch in Linguistik, Politikwissenschaften und wahrscheinlich in weiteren Wissenschaftsbereichen wird von „Interdependenztheorie" gesprochen. Diese Theorien sind verschieden und haben wenig oder nichts miteinander zu tun.) Der Ansatz von Kelley und Thibaut ist für die Analyse der sozialen Beziehungen besonders wichtig geworden. Harold H. Kelley ist daher heute im Bereich der sozialen Beziehungen einer der meistzitierten Autoren (vgl. Perlman & Duck, 2006).

Neu ist an dieser Theorie ist eine differenziertere Betrachtung der subjektiven Einschätzung der betreffenden Person. Fakten werden von uns Menschen ja nicht nur objektiv als gut oder schlecht bewertet, sondern wir vergleichen sie mit einem Vergleichsniveau (*comparison level*, CL). Dieses Vergleichsniveau ergibt sich als eine Art Mittelwert aus vergangenen Erfahrungen mit Interaktionsergebnissen. Wir vergleichen Ereignisse mit diesem Vergleichsniveau. Wenn man in der Vergangenheit keine Schwierigkeiten hatte, im Urlaub andere Menschen kennen zu lernen, dann erwartet man von sich selbst, dass dies auch in der Zukunft so sein wird. Ein mäßig positives Ergebnis im letzten Urlaub – man hat vielleicht nur einige Leute kennengelernt, aber nicht so viele wie früher – kann dann zu einer negativen Bewertung führen. Wenn bei einer anderen Person das Vergleichsniveau niedrig ist, weil sie selten andere Menschen im Urlaub kennen lernt, dann würde das gleiche Interaktionsergebnis eher positiv bewertet.

Wie sich eine Person verhalten wird, hängt zum einen von der Bewertung (W) einer Handlung ab (sie will Leute kennenlernen), zum zweiten von dem Vergleichsniveau (CL), aber nach Thibaut und Kelley auch von dem sog. Vergleichsniveau von Alternativen (CL_{ALT}). Damit ist das Vergleichsniveau gemeint, das für eine Fortsetzung der Beziehung als Alternative zur Verfügung steht. Wenn das Vergleichsniveau für Alternativen sehr niedrig bewertet wird, kann es nach der Theorie sein, dass selbst eine unglückliche Beziehung nicht beendet wird.

Nun zu den Merkmalen der Interdependenz in der Theorie von Kelley und Thibaut:

Die Interdependenz wird bestimmt durch das Ausmaß, in dem eine Person die Handlungen der anderen, interdependenten Person beeinflussen kann. Ferner muss Wechselseitigkeit der Abhängigkeit gegeben sein.

Die Handlungsergebnisse müssen übereinstimmen bzw. zueinander passen. Bei großer Übereinstimmung ist Kooperation zu erwarten.

3.4.3 Kritik an den Austauschtheorien

Die Austauschtheorien und auch die Interdependenztheorie bringen eine wirtschaftliche Betrachtungsweise in die Analyse des Handelns ein. Diese Reduzierung auf Geben und Nehmen ist für einen nennenswerten Teil menschlicher Verhaltensweisen angemessen. Insofern kann man die austauschtheoretische Sicht als eine plausible Metatheorie ansehen. Viel spricht aber dafür, dass diese Denkweise sehr kulturgebunden ist. Genauer: Die Erwartung von angemessenen Gegenleistungen ist für westliche Kulturen typisch und wohl insbesondere für die Mittelschicht. Die Theorie ist daher nur begrenzt anwendbar.

Was in den Modellen als „Kosten" und – im Gegensatz dazu – als „Belohnungen" auf einer Skala verrechnet wird, muss psychologisch nicht in einer Dimension liegen.

Betrachtet wird eine Person oder bestenfalls das „Aushandeln" von Aktivitäten zweier Personen. Über die individuellen Motive der beteiligten Personen werden keine Annahmen gemacht. Anders gesagt: Persönlichkeitsdimensionen und Motive bleiben unberücksichtigt. Prinzipiell sind die Austauschtheorien aber um diese Aspekte erweiterbar (s. u.).

3.4.4 Das Investitionsmodell von Caryl E. Rusbult

Die Interdependenztheorie ist von Caryl E. Rusbult (1980, 1983) erweitert worden zum sog. Investitionsmodell. Rusbult – früher an der University of North Carolina, inzwischen an der Freien Universität Amsterdam – untersucht die Faktoren, die dazu führen, dass Partner zusammenbleiben. Abhängige Variable ist also die Stabilität einer Beziehung. Glück ist wichtig, aber nicht alle glücklichen Beziehungen sind stabil. Andererseits sind auch nicht alle stabilen, dauerhaften Beziehungen glücklich. Ein wichtiger Faktor für die Stabilität der Beziehung ist nach Rusbult das *Commitment*, die Verpflichtung, sich an den Partner gebunden zu fühlen.

3.4 Austauschtheoretische Ansätze und Gleichgewichtstheorie

Der Begriff *Investitions*modell leitet sich von den Faktoren ab, die Partner aneinander binden, durch:

- das Erbringen von Opfern,
- die Entwicklung von Freundschaften,
- das Entstehen gemeinsamer Erinnerungen und
- die Beschäftigung mit Aktivitäten, Hobbies und gemeinsamem Eigentum, das Bestandteil der Beziehung ist.

Je größer die Zufriedenheit mit der Beziehung, desto größer das Commitment. Der zweite Faktor in dem Modell sind diese Investitionen; ein dritter Faktor, der einer Beziehung Stabilität gibt, ist die Frage, ob es im Sinn der Austauschtheorie bzw. Interdependenztheorie Alternativen gibt. Gibt es wenige oder keine Alternativen, fördert dies die Stabilität.

Das Investitionsmodell von Rusbult hat also drei Faktoren: Zufriedenheit, Investitionen und Alternativen. Die folgende Abbildung zeigt die Zusammenhänge.

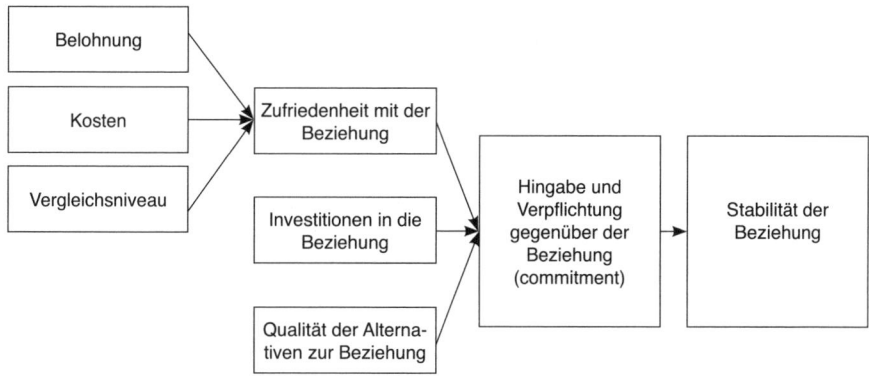

Abb. 3.3 Das Investitionsmodell von Rusbult in schematischer Darstellung

Nehmen wir ein Beispiel hierfür: Eine junge Frau ist mit dem was sie in ihrer Beziehung erwartet und bekommt, zufrieden. Sie hat auch das Gefühl, dass dies dem entspricht, was „man erwarten kann" (Vergleichsniveau). Ihre Bindung an ihren Partner hängt neben der Zufriedenheit davon ab, wie viel sie in die Beziehung investiert hat und davon, ob es für sie Alternativen gibt. Hat sie also zum Beispiel das Gefühl, dass sie nicht allzu viel investiert hat und dass es viele andere attraktive Partner für sie gibt, dann ist die Bindung gering, d. h. es kann gut sein, dass die Beziehung aufgrund des geringen Commitments beendet wird.

Inzwischen gibt es eine Reihe von Untersuchungen zu diesem Modell. Diese zeigen, dass die drei Faktoren Zufriedenheit, Investitionen und Qualität der Alternativen – jeder für sich – gute Prädiktoren dafür sind, ob eine Beziehung bestehen bleibt oder abgebrochen wird.

Die austauschtheoretische Annahme, dass es Kosten und Belohnungen gibt, muss nach diesen neueren Befunden relativiert werden, denn was sind eigentlich Kosten in einer engeren Partnerschaft? Gehe ich für die Familie einkaufen oder pflege ich ein krankes Familienmitglied, dann können diese Verhaltensweisen als Kosten interpretiert werden. Befragt man Personen eingehender, dann hört man nicht selten, dass Gutes für den Partner tun als Gutes für sich selbst tun erlebt wird, die Bewertung als „Kosten" also unzutreffend sein kann.

In den letzten Jahren hat sich Caryl Rusbult vor allem mit dem „Michelangelo Phänomen" befasst. (Achtung: Auch dieser Begriff wird in verschiedenen Bedeutungen verwendet.) Gemeint ist hier die engere psychologische Bedeutung, die zum ersten Mal in einem Aufsatz von Stephen Michael Drigotas, Caryl Rusbult und anderen auftaucht (vgl. Drigotas, Rusbult, Wieselquist, & Whitton, 1999). Der Begriff wurde von dieser Autorengruppe unter Bezug auf den italienischen Bildhauer, Maler und Architekten Michelangelo Buonarroti (1475–1564) gewählt, denn von Michelangelo wird berichtet, dass er bereits in einem unbehauenen Stein eine bestimmte Figur mit Details erkannte, die aus dem Stein sozusagen nur zu befreien war. Das Michelangelo-Phänomen nimmt dementsprechend an, dass in enger Partnerschaft die Personen ihre Partner mehr und mehr in Richtung auf ihre eigene Idealvorstellung formen und dies bezüglich Verhalten, Einstellungen, Wertvorstellungen usw. Wenn Ihr Partner Sie so sieht und sich Ihnen gegenüber so verhält, wie es Ihrem Ideal-Selbst entspricht, dann erleben Sie eine Veränderung in Richtung auf dieses Ideal-Selbst.

Verantwortlich für diese Veränderung können einfache Lernvorgänge, wie die Bekräftigung erwünschten Verhaltens sein, aber natürlich auch die Antizipation dessen, was sich der Partner von Ihnen wünscht. Einiges spricht dafür, dass in Partnerschaften die Idealvorstellungen von der eigenen und der anderen Person erhebliches Gewicht haben, mehr Gewicht vielleicht als die real vorhandenen Persönlichkeitseigenschaften (vgl. Zentner, 2005). Um die These von dem Michelangelo-Phänomen methodisch einwandfrei zu prüfen, muss man Längsschnittstudien durchführen. Dies ist in den letzten Jahren geschehen. Im Großen und Ganzen ist das Phänomen bestätigt worden.

3.4.5 Kerngedanken der Gleichgewichtstheorie

Der Gedanke der Gleichgewichtigkeit findet sich bei Homans, Blau, bei Gouldner und anderen; auch im Investitionsmodell ist er enthalten, schließlich auch in der Gleichgewichtstheorie. Die sog. Gleichgewichtstheorie (engl. *equity theory*, gelegentlich eingedeutscht zu Equitytheorie) wurde von John Stacey Adams (1965) begründet. Adams fragte sich, was – psychologisch gesehen – passiert, wenn sich eine Person für ihre Arbeit zum Beispiel unterbezahlt fühlt. Eine solche Person wird möglicherweise ihr subjektives „Gleichgewicht" dadurch finden, dass sie sich weniger anstrengt, etwas längere Pausen macht usw. Derartige psychologische Bewertungsprozesse sind leicht auch mit den Dissonanz- und Balancetheorien zu erklären, auf die sich Gleichgewichtstheoretiker auch bezogen haben.

Die späteren Gleichgewichtstheorien (z. B. Walster, Berscheid & Walster, 1973) beziehen sich explizit auf dyadische Beziehungen und sind daher für uns hier besonders interessant. Nach diesen Ansätzen müssen die Gewinne der beiden Interaktionspartner zu den Beiträgen, die jeder leistet, in Beziehung gesetzt werden. Beiträge in dyadischen Beziehungen können persönliche Beiträge sein, wie soziale Fertigkeiten, aber auch emotionale Beiträge, wie Liebe und Anerkennung. Schließlich gibt es nach der Theorie von Berscheid und Walster auch Beiträge in Form von Leistungen (z. B. Arbeit im Haushalt, finanzielle Leistungen usw.).

Diese Beiträge und Erträge werden von Berscheid und Walster sowie von anderen Autoren in Formeln verrechnet. Natürlich stellt sich die Frage, wie man so unterschiedliche Beiträge verrechnen kann. Doch stellt dies kein unüberwindliches Hindernis dar. So gilt die Gleichgewichtstheorie für dyadische Beziehungen auch als recht gut bestätigt (vgl. besonders Mikula, 1992).

Beispielhaft kann man eine Studie über Kommunikation von Paaren mit neueren Medien nennen (vgl. Döring & Dietmar, 2003). Jüngere Erwachsene in Paarbeziehungen wurden über die Nutzung von Medien wie Telefon, Handy, SMS, E-Mail usw. befragt. Es wurde angenommen, dass eine positive Kosten-Nutzen-Bilanz für beide Partner optimal ist. Die Ergebnisse zeigten, dass die Mehrzahl der Paare eine solche „Gleichgewichtigkeit" anstrebt. Typisch ist etwa die Äußerung einer Befragten zum Briefeschreiben:

„Also wenn er immer schreiben würde, wäre es schön, würde es schon gehen (...) Für mich ist es aber doof, wenn nichts zurückkommt. (...) Ich bin da auch nicht böse, aber da vergeht mir dann die Lust dran noch mal zu schreiben, wenn ich genau weiß, da kommt ja eh nichts zurück."

In einem anderen Interview hieß es zur dauerhaften Unausgewogenheit medialer Botschaften:

„Ich glaub, dass das auch nicht großartig, ich sag mal, Zukunft hätte, weil das nur so einseitig ist."

3.4.6 Austausch von Ressourcen: Uriel G. Foa und Edna Foa

Im Zusammenhang mit der Gleichgewichtstheorie von Berscheid und Walster waren Bedenken bezüglich der Vergleich- und Verrechenbarkeit von Leistungen („Beiträgen") in dyadischen Beziehungen aufgetreten.

Der Austausch von Waren gegen Geld im Vorgang des Kaufgeschäfts erscheint uns als normal. Austauschtheoretisch gesehen ist es ein Vorgang, bei

3 Beziehungstheorien

dem jeder einen Vorteil hat: Dem Käufer ist die Ware wichtiger als das Geld, das er dafür gibt; dem Verkäufer ist das Geld, das er bekommt, wichtiger als die Ware, die er abgibt. Also ein Geschäft mit Vorteilen für beide Seiten.

Nicht alle Austauschleistungen sind so selbstverständlich. Sind Anerkennung und Geld „austauschfähig"? Nicht ohne Weiteres! Foa und Foa haben ein anschauliches Modell entwickelt, dass den Austausch von Ressourcen in einen systematischen Zusammenhang bringt. Ressourcen sind für die Autoren „irgendetwas, das von einer Person zu einer anderen übertragen werden kann", ein Lächeln, eine Zeitung, ein Verrechnungsscheck, ein Haarschnitt, eine Scheibe Brot usw.

Das Modell von Foa und Foa (1980) enthält sechs Ressourcenklassen:

1. love (Liebe, Zuwendung, Wärme, Beistand)
2. status (Prestige, Achtung, Ansehen)
3. information (Rat, Aufklärung, Unterweisung, Meinung)
4. money (Geld, sowie alle Dinge mit direktem Austauschwert)
5. goods (Waren, Produkte, Objekte)
6. service (Aktivitäten, die für andere erfolgen und i. d. R. Arbeit bedeuten)

Diese Ressourcenklassen sind im Modell auf zwei Dimensionen angeordnet:
Ressourcen können weniger oder mehr *konkret* sein (concreteness).
Ressourcen können weniger oder mehr *partikular* sein (particularism).

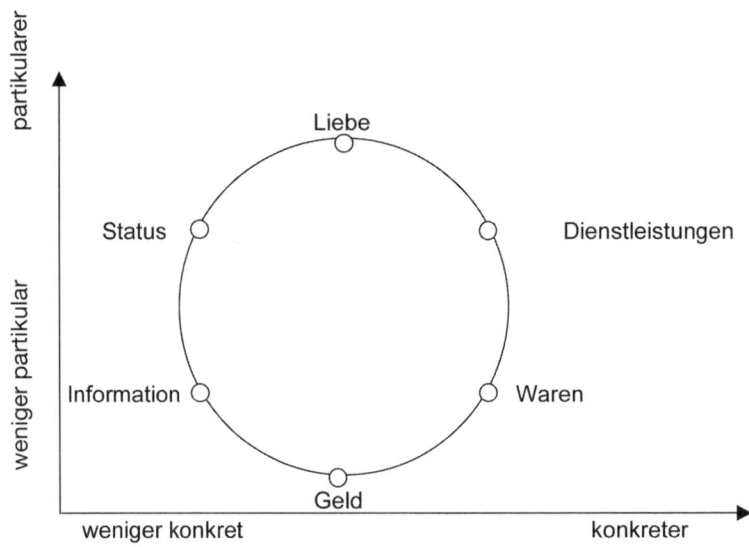

Abb. 3.4 Ressourcenmodell nach Foa und Foa (1980)

Mit Konkretheit ist das Ausmaß der Gegenständlichkeit gemeint: Waren und Geld sind z. B. sehr konkret.

Mit Partikularismus ist das Ausmaß gemeint, in dem eine Ressource an bestimmte Personen oder Situationen gebunden ist.

Foa und Foa nehmen nun an, dass die sechs Ressourcenklassen in ihrem Modell nicht einfach austauschbar sind. Vielmehr werden Leistung und Gegenleistung um so eher als „normal" akzeptiert, je näher sie in dem Modell beieinander stehen. (Tatsächlich nehmen Foa und Foa sogar an, dass zwischen den Ressourcenklassen, die „nebeneinander" liegen, fließende Übergänge bestehen.) Geld für Waren ist akzeptabel, aber Geld für Status oder gar Geld für Liebe sind eher nicht möglich.

Foa und Foa: Je partikularistischer eine Ressource ist, desto eher wird sie gegen dieselbe Ressource getauscht, d. h. Liebe wird meist gegen Liebe getauscht, Geld aber praktisch nie gegen Geld, und desto enger ist der Variationsbereich anderer Ressourcen, mit denen sie ausgetauscht wird.

Ferner: Je ähnlicher eine Ressource einem Geldwert ist, desto eher entspricht der Betrag, den der Geber verliert, jenem, den der Empfänger bekommt, sodass der Verlust des Einen dem Gewinn des Anderen entspricht. Für Liebe, die in diesem Modell der Ressource Geld entgegengesetzt ist, folgt daraus, dass hier nicht nur der Empfänger einen Gewinn hat, sondern dass auch der Geber eher einen Gewinn als einen Verlust dabei empfindet, und dass der Gewinn sogar genau so hoch sein kann wie der des Empfängers.

Eine weitere Vermutung von Foa und Foa: Wenn eine Ressource nicht verfügbar ist, wird sie eher durch eine weniger partikularistische als durch eine partikularistischere ersetzt.

Das Modell von Foa und Foa erscheint wie eine Klassifikation, es hat jedoch auch dynamische Aspekte. U. a. nehmen Foa und Foa an, dass sich die Ressourcenklassen im individuellen Entwicklungsprozess herausbilden und z. B. beim Säugling zunächst nur von „love" und „services" gesprochen werden kann. Das Modell hat also auch eine entwicklungspsychologische Komponente.

Der Nutzen und Wert bestimmter Ressourcenklassen dürfte für jede Person anders sein. Und natürlich gilt das Modell nur für zwei bestimmte Personen.

Insgesamt aber ist das Ressourcenmodell von Foa und Foa ein anschauliches Modell, das zu empirischen Fragestellungen anregt.

3.5 Systemtheoretische Ansätze

Die bislang dargestellten sozialpsychologischen Theorien bezogen sich überwiegend auf zwei handelnde und interagierende Personen. Soziale Beziehungen betreffen aber natürlich nicht nur Dyaden. Die mit den systemtheoretischen Ansätzen vorgestellte Richtung erweitert die dyadische Beziehung zur Drei- oder Mehrpersonengruppe und damit zu vielfältigen Beziehungen.

3 Beziehungstheorien

Wenn wir von Bindungstheorien, Austauschtheorien und Gleichgewichtstheorien gesprochen haben, dann sind diese und andere Theorien natürlich psychologische oder wenigstens sozialwissenschaftliche Theorien. Anders ist dies bei den Systemtheorien.

3.5.1 Der Systembegriff

Die Systemtheorien gehen auf den Biologen Karl Ludwig von Bertalanffy (1901–1972) zurück, der in Wien geboren wurde und dort sowie später in Kanada lehrte. Mit seiner Allgemeinen Systemtheorie versuchte Ludwig von Bertalanffy (1968) eine Theorie zu erarbeiten, die nicht nur für Systeme in der Biologie, sondern auch z. B. für physikalische und soziale Systeme anwendbar sein sollte.

Ein System – der Begriff kommt aus dem Griechischen – ist gekennzeichnet durch das *Zusammenwirken* von *Elementen*. Das (private) *Institut für systemische Psychologie* in Basel nennt als Beispiel für ein System das Birchermüsli:

„Wie bekannt, besteht ein Birchermüsli aus unterschiedlichen Ingredienzien (Haferflocken, Apfelstückchen, Rosinen, klein geschnittenen Bananen, frischen Beeren, Milch, Joghurt und Zucker). Die verschiedenen Zutaten sind Teile eines Systems, das Birchermüsli heißt.

Wenn wir uns die Bestandteile schön vorbereitet in verschiedenen Schälchen vorstellen, ist sofort klar, dass jede Zutat über unterschiedliche Eigenschaften (Aussehen, Haltbarkeit, Geschmack u. a.) verfügt, worin sie sich von den anderen Zutaten unterscheidet. Diese Eigenschaften können sich sehr stark verändern, wenn wir die Zutaten zusammen schütten und gut vermischen, also zu einem Birchermüsli rühren.

Die wechselseitige Beeinflussung von Zucker, Milch, Haferflocken und Erdbeere kann zum Beispiel einen Gärungs- und Fäulnisprozess in Gang zu bringen, der das ungekühlte Birchermüsli nach 2 Tagen mit einer dicken Schimmelschicht überzogen erscheinen läst. Demgegenüber wären die einzelnen Zutaten, jede in ihrem Schälchen belassen, bis auf die vertrocknete Erdbeere weitgehend noch genießbar geblieben. In der Theorie gilt der Satz: ‚Das System ist mehr als die Summe der Einzelteile'.

Die systemische Psychologie interessiert, wer an einem bestimmten Zustand oder an einer Situation mitbeteiligt ist, und wie diese Beteiligung von den am sozialen System partizipierenden Menschen gedeutet wird. Unterschiedliche, vielleicht unvereinbare Bedeutungsgebungen, oder übereinstimmende, konsensuelle Bedeutungen sind für die weitere Entwicklung eines Systems wichtig. Von ihnen leiten sich neue interaktive Handlungen der Beteiligten ab."

Nehmen wir das Birchermüsli also als vorläufige Veranschaulichung eines Systems und halten wir fest, dass das alte Credo der *Gestaltpsychologie*, das Ganze sei mehr (genauer: etwas anderes) als die Summe der Teile, auch für ein System gilt. Hierfür lässt sich auch ein einfaches Beispiel aus der Wahrnehmungspsychologie geben: Legt man zwei ähnlich gerasterte Muster oder Bilder übereinander, entstehen sog. Moiré-Effekte: Es werden neue, (bei Fotografie und Film meist unerwünschte) Linien und Muster sichtbar (vgl. Abb. 3.5).

3.5 Systemtheoretische Ansätze

Abb. 3.5 Moiré-Effekt durch Übereinanderlegen und Drehen von gleichen oder ähnlichen, gerasterten Liniengittern.

Doch fehlen noch einige wesentliche Merkmale eines Systems. Das System hat einen System*kern* und Grenzen. Man unterscheidet *offene* und *geschlossene* Systeme. Bei den offenen Systemen wird etwas über die System*grenzen* hinweg transportiert; ansonsten ist alles, was nicht zum System gehört, als sog. *Umwelt des Systems* anzusehen. Diese Abgrenzung zwischen System und Umwelt erscheint oft als unklar oder willkürlich, sie ist aber unumgänglich. Im Alltag wie in der Wissenschaft wird man auch ohne große Schwierigkeiten ein Wirtschaftssystem, das Herz-Kreislaufsystem, das System des Wasserkreislaufs in der Natur usw. von der jeweiligen Umwelt des Systems trennen können, sodass die Trennung in System und Umwelt sinnvoll und praktikabel erscheint. Beispiele für Systeme findet man in allen Bereichen:

- In der *Chemie* lässt sich z. B. Wasser als System beschreiben, da die Verbindung H_2O zwar aus Wasser- und Sauerstoff gebildet ist, aber stabil bleibt.
- In der *Biologie* kann ein Organismus als System beschrieben werden. Die Zerlegung eines Säugetieres in einzelne Bestandteile beendet das Leben des Organismus.
- In den *Wirtschaftswissenschaften* können einzelne Staatswirtschaften als System beschrieben werden.

Diese Beispiele lassen schon erkennen, dass oft mehrere Systeme zusammenwirken und den Zustand eines einzelnen Systems bedingen. Noch etwas fällt auf: Die hier als Beispiel genannten Systeme bestehen „ewig", d. h. ihr Funktionieren ist nicht an eine einfache Ursache gebunden. Die Systemtheorien unterscheiden sich daher grundlegend von den (mono)kausalen, „linearen" Betrachtungsweisen, wie man sie sonst in Naturwissenschaften und Sozialwissenschaften findet. Sie wollen sozusagen nicht erklären, warum ein System in Gang gekommen ist, sondern wie es funktioniert.

Der Theoriestatus ist bei den Systemtheorien jedoch nicht völlig anders als bei den „herkömmlichen" Theorien: Der Systembegriff beschreibt nicht eine Sache, „so wie sie wirklich ist", sondern bei der Benennung von Systemen handelt „es sich um kognitive Schöpfungen beobachtender Menschen (…), um bestimmte Aspekte ihrer phänomenalen Welt besser beschreiben, verstehen und darüber kommunizieren zu können" (Kriz, 1990, S. 97).

Das Verhältnis mehrerer Systeme zueinander kann verschieden sein. Teilweise sind Systeme *hierarchisch* organisiert. In Natur und Technik findet man aber auch, dass Systeme nebeneinander bestehen und „zusammenhängen", jedoch in nicht-hierarchischer Weise. Dies wird als *heterarchische Beziehung* von Systemen bezeichnet. Wenn man sich hierarchische Strukturen gezeichnet als Baumstrukturen veranschaulicht (Beispiel: Organigramm einer Verwaltung, bei dem z. B. jede Abteilung als ein System gesehen werden kann), dann ist dieses Bild für heterarchische Strukturen unpassend, denn diese enthalten keine übergeordneten Befehls- oder Kommunikationsinstanzen. Man wird allerdings in der Realität kaum rein heterarchische Systeme finden, sondern meist Mischformen.

Ludwig von Bertalanffy unterscheidet in seiner Systemtheorie verschiedene *Gleichgewichtszustände*. Vor allem wird unterschieden zwischen dem *Echten* Gleichgewicht in einem geschlossenen System und dem *Fließ*gleichgewicht in einem offenen System.

Die *Kybernetik* ist die Lehre von den sich selbst steuernden und regulierenden Systemen. Sie geht auf Norbert Wiener (1894–1964) zurück und hat in der Psychologie zu Beginn der sog. kognitiven Wende eine wichtige Rolle gespielt. Wichtiger Begriff in der Kybernetik ist die Rückkopplung (engl. *feedback*). Der Fliehkraftregler, z. B. an einem Motor, ist ein klassisches Beispiel für eine Rückkopplung: Je schneller der Motor läuft, desto weiter werden zwei Kugeln als Gewichte nach außen geschleudert. Hierdurch wird über ein Gestänge bewirkt, dass sich die Drosselklappe des Motors etwas mehr schließt. Dies bewirkt, dass der Motor langsamer läuft. Läuft er dann langsamer, senken sich die Fliehkraftkugeln und öffnen die Drosselklappe wieder etwas mehr.

3.5.2 Systemtheorien im Bereich sozialer Beziehungen

Systemtheoretische Betrachtungen und eigens entwickelte Systemtheorien sind in den Sozialwissenschaften etwa seit den sechziger Jahren zu finden. Allerdings gibt es auch ältere Theorien, die viele Merkmale der Systemtheorie aufweisen. Unter Bezug auf Albert Einstein hat z. B. Wolfgang Metzger (1972, S. 322) herausgearbeitet, dass sowohl die Gestalttheorie als auch die Systemtheorie von Ludwig von Bertalanffy ihrer Natur nach als *Feldtheorien* anzusehen sind.

Wie dem auch sei: Der Systembegriff ist heute in Psychologie und Sozialwissenschaften weit verbreitet, sodass sich ein eigenes Gebiet, die Systemische Psychologie herausgebildet hat (s. Strunk & Schiepek, 2006). Zu den am häufigsten genannten Systemtheorien zählt die des Soziologen Niklas Luhmann (1927–1998), auf die hier aber nicht näher eingegangen wird.

In der Psychologie wird der Systembegriff für Kommunikationsprozesse in *Dyaden* (vgl. Watzlawick, Beavin & Jackson, 1969), für *Gruppen* und insbesondere für die *Familie* verwendet.

Die bekannte und immer wieder zitierte Arbeit von Paul Watzlawick, Janet H. Beavin und Don D. Jackson (1969) steht am Anfang einer psychologischen

Rezeption der Systemtheorie, damals noch mit deutlichen Bezügen zu den Regelkreisvorstellungen der Kybernetik. Watzlawick, Beavin & Jackson sehen Interaktion als Gegenstand an, auf den die Systemtheorie anwendbar ist (1969, S. 115).

Paul Watzlawick (1921–2007) war Schüler des Anthropologen, Biologen und Philosophen Gregory Bateson (1904–1980). Bateson hatte die Vorstellung, dass unsere Kommunikation (z. B. in Form der sprachlichen Mitteilungen) begleitet ist von Äußerungen der *Metakommunikation*, wie Mimik, Gestik usw. Er nahm ferner an, dass Widersprüche zwischen Metakommunikation und Kommunikation zu schizophrenen Reaktionen oder gar zur Schizophrenie führen. Dies muss nicht unbedingt so sein, aber ein Kind, das von den Eltern hört, wie sehr es geliebt wird, dabei jedoch von diesen Eltern Missachtung oder Ablehnung erlebt, gerät in die Zwickmühle der *Doppelbindung* (vgl. Bateson, Jackson, Haley & Weakland, 1956). Soll es den Äußerungen oder dem Handeln der Eltern Glauben schenken? Batesons Konzept des *Double Bind* hat sich als sehr fruchtbar erwiesen. Ohne dass wir es immer merken, finden wir im Alltag Doppelbindungen verschiedener Art:

- Jemand sagt langsam mit trauriger Stimme: „Mir geht es gut".
- Das Unternehmen verlangt explizit: „Verbessern Sie das hier", aber implizit erfährt ein neuer Mitarbeiter: „Verändern Sie nichts!"
- Die Mutter verbietet ihrem Kind andere Kinder auf dem Spielplatz zu schlagen. Ihr Verhalten lässt jedoch erkennen, dass sie darauf stolz ist, dass sich ihr Junge nichts gefallen lässt.
- Sie sagt zu ihm: „Ich würde mich freuen, wenn Du mich mal wieder mit einem Blumenstrauß überraschen würdest."

Bekanntes Beispiel für eine sich widersprechende Botschaft ist die Aufforderung „Sei spontan!". Spontan würde die Person nur reagieren, wenn sie es nicht auf Aufforderung tut und nach einer Aufforderung kann das Geforderte nicht mehr spontan sein. Das gilt auch für unser eben genanntes Beispiel: Bringt er einen Blumenstrauß mit, ist es keine Überraschung mehr, da sie ihn darum gebeten hat. Es sollte aber eine Überraschung sein. Beides ist also unmöglich.

Bateson erweitert den Double-Bind-Begriff ohne weiteres auf mehrere Personen: Wenn ein Elternteil die Gebote eines anderen Elternteils negiert, entsteht für das Kind eine Double-Bind-Situation, an der zwei „Binder" beteiligt sind.

Inzwischen gibt es eine umfangreiche Literatur zur Doppelbindung. Ein Problem ist, dass Doppelbindungen oft versteckt sind, nicht direkt erkannt werden. Das andere Problem ist die Schwierigkeit der Auflösung. Metakommunikation in der Weise, dass vom „Opfer" darauf aufmerksam gemacht wird, beide Anweisungen oder Wünsche seien nicht zu erfüllen, gelingt nur bedingt, denn oft weiß der (oder wissen die) „Binder" gar nicht, dass eine Doppelbindungs-Situation entstanden ist.

Nun zurück zu Watzlawick. Watzlawick, Beavin und Jackson sind der Meinung, zwischenmenschliche Systeme ließen sich „objektiv am besten als mit-

3 Beziehungstheorien

anderen-Personen-kommunizierende-Personen beschreiben und nicht als eine bestimmte Zahl von Individuen" (1969, S. 116). Und: „Zwischenmenschliche Systeme sind demnach *zwei oder mehrere Kommunikanten, die die Natur ihrer Beziehung definieren*" (S. 116). Da nach dieser Autorengruppe jede Kommunikation einen Inhalts- und einen Beziehungsaspekt hat, wobei der Beziehungsaspekt den Inhaltsaspekt definiert und eine Metakommunikation ist (S. 56), kann man sagen, dass diese Autorengruppe in der systemtheoretischen Betrachtung eine Art von Metaanalyse sieht.

Wenn eben gesagt wurde, dass systemtheoretische Betrachtungen weniger auf Ursachen schauen, sondern auf Prozesse, dann gilt dies auch für Watzlawick, Beavin und Jackson. Das bekannte dritte Axiom der Autorengruppe besagt: „Die Natur einer Beziehung ist durch die Interpunktion der Kommunikationsabläufe seitens der Partner bedingt" (S. 61). Als Beispiel dient den Autoren das Ehepaar, bei dem sich der Mann zurückzieht, weil die Frau nörgelt und die Frau nörgelt, weil sich der Mann zurückzieht.

„In der gemeinsamen Psychotherapie von Ehepaaren kann man oft nur darüber staunen, welch weitgehende Unstimmigkeiten über viele Einzelheiten gemeinsamer Erlebnisse zwischen den beiden Partnern herrschen können, sodass manchmal der Eindruck entsteht, als lebten sie in zwei verschiedenen Welten. Und doch liegt ihr Problem hauptsächlich in der (...) Unfähigkeit, über ihre individuellen Definitionen der Beziehung zu metakommunizieren. Dies macht ihre Interaktion zu einer ja-nein-ja-nein-ja-nein-Oszillation, die theoretisch ad infinitum andauern kann, praktisch aber fast unweigerlich zu den typischen gegenseitigen Vorwürfen von Böswilligkeit oder Verrücktheit führt." (S. 59).

Es macht in derartigen Beziehungen wenig Sinn, nach den Anfängen dieses Interaktionsprozesses zu suchen, sondern eher Sinn, durch therapeutische Metakommunikation den Teufelskreis zu durchbrechen.

Die Arbeit von Watzlawick, Beavin und Jackson hat zu begeisterter Rezeption geführt. In Deutschland bekannt ist vor allem das Kommunikationsmodell von Friedemann Schulz von Thun (1981), das explizit auf dem Ansatz der Pragmatischen Kommunikation von Watzlawick beruht. Es hat an Watzlawicks Zugang zu Interaktionsprozessen aber auch berechtigte Kritik gegeben, an der Terminologie, an der regeltechnischen Sichtweise und an vielem mehr (vgl. Meister, 1987; Girgensohn-Marchand, 1992).

Betrachten wir das *System Familie* etwas näher: Die Familie ist ein System mit Strukturen, d. h. Regeln. Diese Regeln bestimmen die Beziehungen der Familienmitglieder untereinander und im Verhältnis nach Außen. Die Beziehungen der Personen untereinander sind vielfältig und haben Auswirkungen auf das System Familie. Veränderungen in der Beziehung der Eltern wirken sich auf die Kinder aus; die Beziehung eines Kindes zu einem Elternteil kann Auswirkungen auf die Ehepartner haben usw. Die Erkrankung eines Elternteils verändert nicht nur das Verhalten des anderen Elternteils, sondern verändert das System Familie insgesamt. Man kann sich das System Familie leicht durch eine Metapher veranschaulichen, nämlich das frei hängende Mobile, wie es der Künstler Alexander Calder (1898–1976) entwickelt hat. Stößt man ein

3.5 Systemtheoretische Ansätze

Teil des Mobiles an, bewegen sich auch andere Teile – manchmal in unerwarteter Richtung und Geschwindigkeit.

Abbildung 3.6 zeigt eine Menschengruppe in Form eines Mobiles. Es handelt sich um das Logo einer Selbsthilfegruppe, die sich bezeichnenderweise den Namen „Unser Mobile" gegeben hat.

Abb. 3.6 Menschengruppe als Mobile. Logo der DMSG-Selbsthilfegruppe „Unser Mobile" Augsburg (der Deutschen Multiple Sklerose Gesellschaft), (http://www.unsermobile-augsburg.de/). Wiedergabe mit freundlicher Genehmigung.

Das System Familie wiederum ist in größere Systeme eingebettet: weitere Verwandtschaft von Vater und Mutter, Nachbarschaft, Beruf, Vereinsleben usw. Der Entwicklungspsychologe Urie Bronfenbrenner (1915–2005) hat unter Bezug auf Kurt Lewin verschiedene Systeme unterschieden, die sich jeweils konzentrisch umfassen und einen ökosystemischen Ansatz entwickelt, in dessen Mittelpunkt das Kind in der Entwicklung steht.

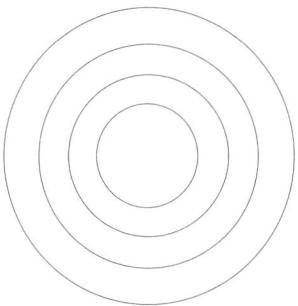

Abb. 3.7 Bildliche Darstellung von Mikro-, Meso-, Exo- und Makrosystem nach Bronfenbrenner (1981)

Im Mittelpunkt der **Abbildung 3.7** steht das *Mikrosystem*, das durch ein Muster von Rollen, Tätigkeiten und zwischenmenschlichen Beziehungen gekennzeichnet ist. Es ist umgeben vom *Mesosystem*, das die Wechselbeziehungen zwischen den verschiedenen wichtigeren Lebensbereichen (Settings) bezeichnet, an denen die sich entwickelnde Person beteiligt ist. Beide Systeme sind vom *Exosystem* umgeben (vgl. Kap. 3.7.2). Darunter werden ein oder mehrere Lebensbereiche verstanden, „an denen die sich entwickelnde Person nicht selbst beteiligt ist, in denen aber Ereignisse stattfinden, die beeinflussen, was in einem Lebensbereich geschieht, oder die davon beeinflusst werden" (Bronfenbrenner, 1981, S. 38). Ein solches Exosystem könnte z. B. die Arbeitswelt des Vaters sein, an der das Kind nicht unmittelbaren Anteil hat. Diese drei Systeme sind umgeben von einem *Makrosystem*. Hiermit ist z. B. die Gesellschaft mit ihren informalen sozialen Normen, Traditionen, Werten und Gesetzen gemeint. Alle drei Systeme sind eingebettet zu sehen in das *Makrosystem*, das Normen, Wertvorstellung, Einstellungen bzw. die ihnen zugrunde liegenden Ideologien enthält.

Schließlich beschreibt Bronfenbrenner noch das Chronosystem. Dieser Begriff bezieht sich auf langfristige Forschungsmodelle, in denen die zeitliche Veränderung oder Stabilität nicht nur der sich entwickelnden Person, sondern auch des Umweltsystems in Betracht gezogen werden können. Dies kann der Lebenslauf sein oder der Übergang von einem Lebensbereich in einen anderen (Berufseintritt, Heirat, Mutterschaft, Pensionierung usw.).

Systeme können für Austauschprozesse mit ihrer Umwelt offen sein und zwischen verschiedenen Bereichen (in Bronfenbrenners Modell: Systemen) können Austauschprozesse stattfinden. Die empirische Erfassung der Beziehungsveränderungen ist – wie man sich leicht denken kann – recht schwierig. Welche Beziehungen sind zu erfassen? Bei welchen sind Veränderungen zu erwarten? Wo sind überhaupt die Ursachen und wo die Wirkungen? Gibt es Rückkopplungen? Gibt es Gleichgewichtszustände? usw.

Schneewind (1999) hat ein sog. *Familiendiagnostisches Testsystem* (FDTS) entwickelt, das auf der Grundlage von Selbstberichten mithilfe von 29 Skalen u. a. Familienkohäsion, emotionale Beziehungsqualität, Erziehungsdimensionen und verschiedene dyadische Beziehungen (Mutter-Sohn, Mutter-Tochter, Vater-Sohn, Vater-Tochter) jeweils aus den Perspektiven beider beteiligter Personen erfragt. Statt der sehr aufwändigen vollständigen Erhebung werden für Beratungs- und Therapiezwecke meist nur einzelne Dimensionen des FDTS erhoben.

Die sog. *systemische Familientherapie* hat sich in den letzten Jahrzehnten des 20. Jahrhunderts entwickelt, wobei die Anregungen dazu aus sehr verschiedenen Richtungen kamen (Psychoanalyse, Gesprächspsychotherapie usw.). Der Begriff „Systemische Familientherapie" ist also eher ein allgemein akzeptierter Sammelbegriff. In Deutschland ist die Entwicklung der systemischen Familientherapie mit Personen wie Horst-Eberhard Richter und Helm Stirlin verbunden; Jürg Willi ist durch die Entwicklung der systemischen Paartherapie bekannt geworden.

Die systemische Familientherapie arbeitet allerdings weniger mit den o. g. Fragestellungen der allgemeinen Systemtheorie. Diese sind eher für die empirische Familienforschung typisch (vgl. Schneewind, 1999). In jedem Fall werden die Eigendynamik des sozialen Systems, Rückkopplungen, Berücksichtigung der Systemumwelt usw. betrachtet und zum Gegenstand der Therapie gemacht.

Kritisch kann man einwenden, dass die Systemtheorien das Funktionieren von Systemen beschreiben. Frühkindliche Erfahrungen, Persönlichkeitszüge usw. – bleiben (zunächst) außen vor. Genauer gesagt: Solche Erfahrungen und Merkmale werden nicht als Merkmale der Person, sondern des Systems verstanden.

3.6 Soziale Netzwerke

Der Netzwerkansatz kann als eine Erweiterung der systemischen Ansätze aus dem vorangegangenen Kapitel gesehen werden. Die systemische Sichtweise blendet aber wichtige Beziehungseinflüsse aus, wenn z.B. Familienpsychologen die Schulklasse eines Kindes als nachrangig betrachten. Aus Sicht der Netzwerkkonzepte sind *alle* Beziehungen und ihre Wechselwirkungen relevant (vgl. Asendorpf & Banse, 2000, S. 223).

Die Erforschung sozialer Beziehungen hat sich von einem zunächst vorherrschenden Schwerpunkt auf die Merkmale von Individuen hin zu einer breiteren Sichtweise auf Interaktionen und Verbindungen zwischen Personen verändert. Dieses Forschungsfeld vereint dadurch in sich eine Vielzahl von Disziplinen – ein in den Sozialwissenschaften eher seltenes Phänomen (vgl. Allan, 2006, Perlman & Duck, 2006). Ganz besonders zeigt sich dies im Bereich sozialer Netzwerke.

Der Begriff Netzwerk stammt aus der Soziologie und meint die Vernetzung einer Gruppe von Personen *(Akteuren)* durch ihre sozialen Beziehungen. Das bedeutet, dass hier relationale Merkmale statt individuelle Merkmale betrachtet werden. Der Netzwerkansatz bietet dafür zum einen Erhebungs- und Auswertungsmethoden und zum anderen eine theoretische Perspektive, in der das Eingebettetsein von Individuen in soziale Strukturen berücksichtigt wird (vgl. Jansen, 1998, S. 5).

Für die Entwicklung der Netzwerkkonzepte kamen wichtige Anstöße aus der Psychologie, insbesondere der Sozialpsychologie und der Übertragung ihrer Ansätze und Erkenntnisse aus der Kleingruppenforschung und aus gemeinde- und arbeitspsychologischen Studien. Zu nennen sind hier z.B. die *Feldtheorie* Kurt Lewins, in der das Verhalten als Funktion der Person und ihrer Umwelt beschrieben wird (vgl. Lewin, 1963); die *Soziometrie* Jacob Morenos zur Messung sozialer Beziehungen in Kleingruppen (vgl. Moreno, 1954); oder die *Hawthorne Studien* von Mayo und Mitarbeitern zum Einfluss informeller Arbeitsbeziehungen auf die Gruppenleistung (vgl. Roethlisberger & Dickson, 1939; s. Kap. 1.4 und 2.4.1). Aus der Sozialanthropologie stammen die ersten Netzwerkanalysen: John A. Barnes (1954) erfasste die Beziehungsstrukturen in einer norwegischen Hafengemeinde. Elisabeth Bott

3 Beziehungstheorien

(1957) untersuchte familiäre Netzwerke in einem Londoner Arbeiterwohngebiet (s. Kap 2.4.2).

Während Keul (1993) den Begriff Netzwerk für ein Konstrukt ohne Theorie hält, das allenfalls als Modell, Metapher oder „System sozialer Beziehungen" gelten könne (S. 48–51), wird in der Soziologie Harrison C. White mit seinen Kollegen (vgl. White, Boorman & Breiger, 1976) mit ihrer strukturalen Analyse als Begründer einer methodischen und theoretischen Auffassung von sozialen Netzwerken gesehen (Diaz-Bone, 2006). Er nimmt Bezug auf Georg Simmel, der in seiner „großen" Soziologie von 1908 den Menschen als Produkt sozialer Gruppen ansah (1992, S. 96). Der Mensch sei aber nicht einer einzigen Gruppe untergeordnet, sondern gerade in der Moderne durch sich überschneidende „soziale Kreise" geprägt. Die „Kreuzung sozialer Kreise" wiederum sei Ergebnis und Motor gesellschaftlicher Entwicklung (1992, S. 456). White et al. (1976) integrieren in der Netzwerkanalyse Methode und Theorie der Soziologie. Barry Wellman, der ein Schüler von White war und in einem Vorort von Toronto Nachbarschaftsnetzwerke untersucht hat (s. Kap. 2.4.2), beschreibt diese Flexibilität von Netzwerken (1983, S. 249):

„Network analysts try not to impose prior assumptions about the ‚groupiness' of the world. [...] Hence they avoid treating discrete groups and categories as the fundamental building blocks of large-scale social systems. Instead they see the social system as a network of networks, overlapping and interacting in various ways."

Milardo (1992) fasst vier Formen von Netzwerken, die sich in der Netzwerkforschung finden lassen, zusammen. Zwischen den Netzwerkformen bestehen durchaus umfangreiche Überlappungen.

- networks of significant others: umfassen emotional nahestehende Personen, wichtige Familienmitglieder und enge Freunde, ohne dass zu diesen besonders häufiger Kontakt bestehen muss.
- exchange networks: umfassen Personen, die Unterstützung und Hilfe geben bzw. geben würden oder die Unterstützung empfangen.
- interactive networks: umfassen Personen, mit denen ein Individuum in häufigem, regelmäßigem Kontakt steht.
- global networks: umfassen alle Personen, die ein Individuum namentlich kennt, oder die es namentlich kennen.

Zur begrifflichen Orientierung unterscheidet Schäffter (2001) fünf Aspekte von Netzwerken:

- Informationsnetze (Strukturen der Wissensgesellschaft)
- Versorgungsnetzwerke (Strukturen der Dienstleistungsgesellschaft)
- Netzwerkanalyse (Theorien und Statistik zur Analyse von Netzwerkstrukturen)
- Vernetztes Denken (Verknüpfung von Wissensstrukturen)
- Vernetztes Lernen (Strukturelle didaktische Interventionen)

3.6 Soziale Netzwerke

Nach Anton Laireiter (1993, S. 15) können drei Ebenen unterschieden werden, die jeweils die nächste mit einschließt: die *soziale Integration*, das *soziale Netzwerk* und die *soziale Unterstützung*. Diese Begriffe sind jedoch konzeptionell und methodisch noch nicht ausreichend differenziert. Vereinfacht gesagt, beschreibt soziale Integration die Beziehung eines Individuums zu seiner sozialen Umwelt und das soziale Netzwerk beschreibt das System der interpersonalen Beziehungen eines Individuums. Der Begriff der sozialen Unterstützung lässt sich in eine Reihe von Einzelbegriffen unterteilen wie Unterstützungsressourcen und Unterstützungsbedürfnisse, wahrgenommene und erhaltene Unterstützung (s. Kap. 3.6.3).

Netzwerke können z. B. privater, unternehmerischer, politischer, regionaler Natur sein. Sie werden aber nicht nur positiv gesehen, sondern auch als *Klüngel*, *Filz* oder *Seilschaften* kritisch bewertet.

Im Folgenden werden Methoden der Erhebung von Netzwerken und ihre Bedeutung in Bezug auf sich verändernde soziale Beziehungen und in Bezug auf soziale Unterstützung dargestellt.

3.6.1 Beschreibung von Mustern sozialer Beziehungen

Der Netzwerkansatz ermöglicht die Beschreibung von Mustern oder Strukturen sozialer Beziehungen. Personen (Akteure) werden als *Knoten* aufgefasst, *Linien* stehen für die Beziehungen zwischen ihnen. Ein *Gesamtnetzwerk* umfasst sämtliche Beziehungen aller Akteure aus der Sicht jedes einzelnen Akteurs.

Meist werden persönliche (*egozentrierte*) Netzwerke aus den direkten Kontakten eines Akteurs (*Ego*) zu den mit ihm verbundenen anderen Akteuren (*Alteri*) erstellt. Meist gehören aber auch die potentiellen Kontakte dazu, d. h. die Kontakte zwischen den anderen Akteuren. Aus mehreren egozentrierten Netzwerken lässt sich ein soziales System im Sinne eines Gesamtnetzwerkes konstruieren. Beispiele für persönliche Netzwerke sind Primärgruppen (z. B. Familie) und Alltagsbereiche wie Nachbarschaft, Arbeitsumfeld oder Freizeit. Netzwerke können auch nach speziellen inhaltlichen Aspekten erfasst werden, z. B. Unterstützungsnetzwerke, Kommunikations- oder Machtstrukturen.

Im Folgenden werden einige Begriffe erklärt, die in Netzwerken zur Beschreibung von Beziehungen verwendet werden. *Homogenität* meint die Ähnlichkeit der Mitglieder eines Netzwerkes. *Segmentierte* Netzwerke liegen vor, wenn mehrere Netzwerke z. B. Arbeit und Freizeit sich nicht oder kaum überschneiden. *Transitivität* bezeichnet die Beziehungen der Alteri untereinander. Wenn die Kontakte (Alteri) von Ego auch untereinander Kontakt haben, spricht man von einem transitiven Netz, wenn nicht, von einem intransitiven. Die *Multiplexität* eines Netzwerkes bezeichnet die Vielseitigkeit einzelner Kontakte, z. B. wenn man mit jemandem zusammen arbeitet und in derselben Fußballmannschaft spielt. Demgegenüber wäre ein Kontakt uniplex, wenn man nur miteinander Fußball spielt.

Die *Dichte* eines Netzwerkes bezieht sich auf das Ausmaß der Vernetzung der Akteure untereinander. Man unterscheidet in diesem Zusammenhang auch *zwischen starken und schwachen Bindungen* (vgl. Granovetter, 1973). Starke Bindungen sind dauerhafter, emotionaler, daher aber oft auch starrer, wohingegen schwache Bindungen weniger intensiv, flexibler, und z. B. hilfreich für neue Informationen sind. Sozial schwache Beziehungen ermöglichen es demnach, an Hinweise aus sozialen Gruppen zu gelangen, die über die Primärgruppe nicht erreichbar sind. Es ergibt sich das Phänomen der „Stärke schwacher Bindungen".

Eine ähnliche Unterscheidung stellt die *zwischen primären und sekundären Kontakten* dar. Die primären Kontakte sind die engeren und bestehen häufig zu Mitgliedern der Primärgruppe, sekundäre Kontakte sind dagegen eher unpersönlich, oberflächlich und segmentär. Entsprechend wird auch von primären und sekundären Netzwerken gesprochen (vgl. Melbeck, 1993).

Die Erhebung von Netzwerken erfolgt durch so genannte *Namensgeneratoren*, z. B. die Frage nach den drei besten Freunden oder nach Personen, mit denen Ego innerhalb der letzten sechs Monate wichtige Angelegenheiten besprochen hat, oder wer die Wohnung im Urlaub beaufsichtigt, wessen Meinung einem wichtig ist, von wem man sich Geld leihen würde, etc. – oder eine Kombination aus mehreren Inhalten. Die Struktur eines persönlichen Netzwerkes hängt demnach stark von der Frage ab, die gestellt wird und von der Bedeutung, die einem Kontakt im Hinblick auf diese Frage beigemessen wird. Bei der Erhebung von Netzwerken ist daher nicht der Kontakt an sich wichtig, sondern welche Eigenschaften diese Beziehung hat.

Muster sozialer Beziehungen lassen sich durch Graphen oder Matrizen darstellen und auswerten (s. **Abb. 3.8**). Die heutige sozialwissenschaftliche Netzwerkanalyse ist durch Entwicklungen der Mathematik in der Matrixalgebra und der Graphentheorie erst möglich geworden.

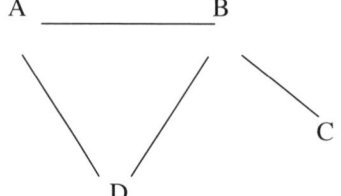

Abb. 3.8 Darstellung eines Netzwerks als Graph oder Matrix

Wenn differenziertere Aspekte der Beziehungen (Name, Alter und Geschlecht der Alteri, Kontakthäufigkeit, Zufriedenheit, Konflikthaftigkeit, emotionale Nähe, etc.) innerhalb eines Netzwerkes erhoben werden, kann man auch von einer Beziehungsmatrix sprechen. Aus diesen Merkmalen können dann Aspekte des Beziehungsstatus auf individueller Ebene ermittelt werden, z. B. der Anteil der Alteri des eigenen Geschlechts im Netzwerk, deren Altersvarianz, der Grad des Konflikts etc. (vgl. Asendorpf & Banse, 2000, S. 224).

> **Aufgabe**
> Erstellen Sie Ihr persönliches Netzwerk z. B. aus Familie, Freundschaften, Nachbarschaft, Kollegenkreis, Freizeitaktivitäten und bewerten Sie die Beziehungen z. B. bzgl. ihrer Unterstützung für Ihr Studium.

Eine andere Methode der Erhebung sozialer Netzwerke stammt von Toni C. Antonucci und Kollegen aus dem Bereich der Altersforschung (vgl. Antonucci & Akiyama, 1995). In diesem so genannten „Convoy Model" soll der Weg abgebildet werden, den „individuals move through their lifetimes surrounded by people who are close and important to them and who have a critical influence on their life and well-being" (1995, S. 356). Die Erhebung geschieht mit Hilfe eines grafischen Schemas, das aus einem inneren Kreis – mit der Person des Befragten im Zentrum – besteht, um den herum zwei oder mehr konzentrische Kreise angeordnet sind. Die Befragten werden gebeten, diejenigen Personen, die ihnen emotional so nahestehen, „dass es schwer fällt, sich ein Leben ohne sie vorzustellen", in den inneren Kreis einzutragen. Diejenigen Personen, die weniger nahestehend, aber immer noch sehr wichtig für den Befragten sind, werden in den mittleren Kreis eingetragen. Der äußere Kreis enthält Personen, die noch nicht genannt wurden, die aber nah und wichtig genug im Leben des Befragten sind, sodass sie ebenfalls einen Platz im Netzwerk haben sollten (1995, S. 381). Sobald Personen ihre verschiedenen Kontakte in die konzentrischen Kreise eingetragen haben, können sie zusätzlich gefragt werden, wie und warum sie zu dieser Entscheidung gelangt sind, welche Kriterien sie benutzen und welche Unterschiede sie machen. Zusätzlich können weitere attributionale Daten zu der genannten Alteri erhoben werden, wie z. B. die Art der Unterstützung, die sie von den Kontakten erhalten oder die sie ihnen geben. Darüber hinaus ist es möglich, die Veränderung des Netzwerkes retrospektiv oder über verschiedene Erhebungszeitpunkte hinweg zu betrachten.

Dieses Erhebungsverfahren wird der qualitativen Forschung zugeordnet, weil hier die Befragten aus ihrer Sicht und mit dem Kreisschema auch visualisierend ihr Netzwerk systematisch darstellen können (Diaz-Bone, 2006).

3.6.2 Flexibilisierung sozialer Beziehungen

Netzwerkkonzepte schlagen eine Brücke zwischen der individuumszentrierten Sichtweise der Psychologie und der sozialstrukturellen Sichtweise der Soziologie. Es geht darum, soziale Strukturen formal zu beschreiben, um sie zum einen für die Erklärung individuellen Handelns zu nutzen und zum anderen die Entstehung bzw. Veränderung von sozialen Strukturen über individuelles Handeln zu erklären.

In der Entwicklungspsychologie unterscheidet Bronfenbrenner (1981) vier verschiedene Arten von Systemen, in denen die Entwicklung des Menschen vonstatten geht, wobei jedes folgende größer und umfassender ist als das vorausgegangene: *Mikro-, Meso-, Exo- und Makrosystem* (s. Kap. 3.5.2). Netzwerke gehören zum Meso- bzw. Exosystem und bilden damit eine Verbindung zwischen dem Makrosystem gesellschaftlicher, kultureller und ökologischer Strukturen und dem Mikrosystem des unmittelbaren Erfahrungsumfelds einer Person.

Beispielsweise ermöglicht die Betrachtung von Netzwerken in der Sozialepidemiologie, „die oft sehr vage konzeptualisierten Umweltressourcen für die Bewältigung alltäglicher Krisen und Belastungen relativ präzise zu erfassen" (Keupp, 1999, S. 3151). Daraus lassen sich wiederum netzwerk- und ressourcenorientierte Maßnahmen ableiten, die einerseits beim Individuum die Wahrnehmung der eigenen Netzwerke und Mobilisierung der dort vorhandenen Ressourcen fördern sollen. Andererseits können Maßnahmen auf der Makroebene die Initiierung und Institutionalisierung sozialer Netzwerke und Unterstützungsgruppen begünstigen. Die Unterstützungsfunktionen von Netzwerken werden später noch genauer betrachtet.

Es gibt demnach verschiedene Ebenen des Kontextes, den Beziehungsforscher berücksichtigen müssen. Dazu gehören das persönliche Umfeld, die Netzwerkebene, die Gemeinschaftsebene und die Gesellschaftsebene. Die Sicht der Netzwerkebene bedeutet, dass jede soziale Beziehung zwischen Familienangehörigen, Freunden, Partnern, Kollegen, Nachbarn o. a. als Element innerhalb einer großen Konstellation von Beziehungen aufgefasst wird, in die jedes Individuum eingebunden ist. Wie sich diese Gesamtkonstellation von Beziehungen gestaltet, hängt von individuellen, sozialen und ökonomischen Faktoren ab und unterscheidet sich von Person zu Person. Die Beziehungen einer Person können aber nicht als unabhängig voneinander gelten, stattdessen beeinflussen sich die verschiedenen Beziehungen einer Person gegenseitig (vgl. Allan, 2006, S. 657).

Ein Bereich der Beziehungsforschung betrifft die Anbahnung, Aufrechterhaltung und Auflösung von Beziehungen, insbesondere Paarbeziehungen (s. Kap. 2.2). Aus der Perspektive der Netzwerkforschung lässt sich der Einfluss anderer Beziehungen auf diesen Beziehungsverlauf aufzeigen: in Bezug auf Ermöglichung, Information und Unterstützung. So finden z. B. Partner zueinander, weil sich ihre Netzwerke überlappen. Ihre Beziehungsentwicklung wird von einzelnen Netzwerkmitgliedern beeinflusst, die die Beziehung besonders unterstützen (oder auch behindern). Die feste und sichere Einbettung in ein gemeinsames Netzwerk hängt zudem mit höherer Bindung und Sicherheit in der Paarbeziehung und mit einer geringeren Wahrscheinlichkeit der Trennung zusammen (zusammenfassend s. Parks, 1997).

Heutige Lebenskontexte sind geprägt von *Wertepluralismus, Individualisierung* und auseinanderfallenden, traditionellen Sozialstrukturen (z. B. Familie). Das Individuum kann bzw. muss sich seine Kontakte selbst wählen und aufrechterhalten. Dies bringt Unsicherheiten mit sich und erfordert entsprechende Kompetenzen. An Netzwerkkonzepte wird deshalb die Erwartung geknüpft, Bedingungen zu analysieren und zu schaffen, die es jedem Menschen ermöglichen, soziale Beziehungen selbstbestimmt und zufriedenstellend zu gestalten.

Für die Beziehungsforschung aus der Perspektive der sozialen Netzwerke sind hier verschiedene Bereiche interessant. 1. Wenn Menschen mehr Freiheit in der Gestaltung ihres Lebensstils haben, so tun sie dies dennoch nicht losgelöst von ihrem sozialen Netzwerk. Ihre Entscheidung wird durch Informationen und Unterstützung oder auch Ausgrenzung von ihren Kontakten beeinflusst. 2. Durch Veränderungen wie berufsbedingter Wohnortwechsel, Arbeitslosigkeit, Scheidung oder Tod eines Partners, verändert sich ihr soziales Netzwerk. Sie knüpfen neue Kontakte, denen sie sich anpassen müssen oder die ihnen vielmehr die Chance bieten, sich entsprechend der neuen Entwicklungsaufgabe zu entfalten. 3. Das soziale Netzwerk einer Person besteht aus vielen Segmenten, die sich überlappen können oder auch vollkommen disparat voneinander sind. Die Person kann in diesen Segmenten unterschiedliche Seiten ihrer Person oder Teile ihrer Identität betonen (vgl. Patchwork-Identität nach Keupp, 1988). Ein klassisches Beispiel für ein Leben in solchen parallel existierenden Netzwerksegmenten sind schwule oder lesbische Personen, die sich außerhalb ihrer homosexuellen Gemeinschaft nicht „outen" (vgl. Allan, 2006, S. 667).

Ein Beispiel für sich verändernde Netzwerke ist die Untersuchung von Johannes Schaub (2002), in der er soziale Netzwerke in den neuen Bundesländern vor und nach der „Wende" verglichen hat. Netzwerkbeziehungen hatten in der DDR eine besondere Bedeutung, trotz oder gerade wegen des ausschließlichen Kontrollanspruchs der Partei- und Staatsführung in vielen Bereichen. Schaub ging der Frage nach, wie die Freundschaftsnetzwerke der Menschen in den neuen Bundesländern heute aussehen und was über Unterschiede zur DDR-Zeit ausgesagt werden kann (2002, S. 295). Die 83 Untersuchungsteilnehmer wurden durch die Schneeballmethode gewonnen, wodurch sich die Netzwerke stark überlappen. Der Namensgenerator zur Erhebung der Netzwerke „Wer sind Ihre Freunde?" bzw. „Wer waren damals, in der Zeit vor der ‚Wende' Ihre Freunde?" enthielt keine Beschränkung hinsichtlich der Anzahl der Nennungen. Es wurden verschiedene sozio-demografische Variablen erhoben, sowie die Beziehungsstärke (Bekanntheitsdauer, Kontakthäufigkeit und emotionale Nähe) und die Intensität (miteinander verbrachte Zeit in Stunden pro Woche). Die Ergebnisse sind uneinheitlich: Es zeigen sich „Reste" aus der DDR-Zeit, keine Unterschiede zu Studien aus den alten Bundesländern, aber auch ein stattgefundener Wandel. Beispielsweise unterschieden sich größere Freundschaftsnetzwerke vor der „Wende" hinsichtlich der Dichte und Beziehungsstärke: Die Freunde einer Person waren bei größeren Netzwerken weniger untereinander befreundet als heute und die Beziehungen in größeren Netzwerken waren schwächer. Schaub führt diesen Zusammenhang auf Schutzmechanismen zu DDR-Zeiten zurück, wo man in Bezug auf persönliche Beziehungen vorsichtig sein musste.

Im IT-Bereich (Information Technology) suggeriert die Netzwerkmetapher beispielsweise unbegrenzte technische wie soziale Möglichkeiten. Dazu zählen:

- Unabhängigkeit von räumlicher Nähe durch Vernetzung (theoretisch unendlich) vieler, verteilter Computer und deren Nutzer,
- Egalisierung trotz Verschiedenheit der beteiligten Personen mit (einem) gemeinsamen Interesse(n) durch computervermittelte Anonymität,
- Demokratisierung durch (Internet-)Öffentlichkeit der Diskussionen und Aktionen und potenzieller Beteiligungsmöglichkeit aller Internet-Nutzer
- und damit im Prinzip ständig verfügbare wechselseitige Unterstützung für jegliche Fragen oder Probleme (vgl. Rheingold, 1994 und das Kap. 2.5 zu virtuellen Beziehungen).

Doch ebenso wie kleinere, soziale Gruppen brauchen Netzwerke zumindest *gemeinsame Werte und Ziele*. Im Gegensatz zu Gruppen sind sie aber größer, flexibler und lockerer geknüpft, sodass Dropouts und Neuzugänge nicht selten sind. Das bedeutet, dass sie auf der Makroebene eine Struktur aufweisen müssen, die ihr Fortbestehen ermöglicht, auf der Mikroebene aber hohe Freiheitsgrade behalten. Dennoch entwickelt sich in einem Netzwerk in der Regel eine eigene Struktur mit eigener Identität (vgl. Schäffter, 2001). Dies ist jedoch weniger formalisiert, sondern beruht auf *Vertrauen und Commitment*, und muss „gepflegt" werden. Dafür ist kontinuierliche Kommunikation unabdingbar und dafür sind Menschen hilfreich, die als zentrale „Knoten" das Netzwerk zusammenhalten (vgl. Orthey, 2005).

Netzwerke „leben" davon, dass Unterschiedlichkeit, Individualität und Vielfalt zugelassen werden. Der Mehrwert von Netzwerken resultiert aus dem Austausch von Ressourcen, basierend auf der Aktivierung potenzieller Beziehungen. Dies sind in der Regel sozial schwache Bindungen (s. oben). Beispiele hierfür sind die in Kap. 2.5 beschriebenen Social-Network-Portale.

3.6.3 Funktionen von Netzwerken

Die bekannteste Funktion von Netzwerken ist die soziale Unterstützung, meist verstanden als affektive Unterstützung bei psychischen Belastungen. Die positive Wirkung ist hier zwar unzweifelhaft, Heiner Keupp (1999, S. 3166 f.) hält diese Sichtweise aber für zu eng und zu defensiv, weil Netzwerken nur eine kompensierende Funktion sich verschlechternder gesellschaftlicher Verhältnisse zugeschrieben wird. Stattdessen müssten soziale Netzwerke und soziale Unterstützung als analytisch voneinander unabhängige Konzepte erfasst werden.

Ralf Schwarzer und Anja Leppin (1997) trennen ebenfalls deutlich zwischen strukturellen Aspekten *sozialer Integration* in ein soziales Netzwerk und der funktionalen Bedeutung sozialer Interaktion, dem *Social Support* oder *sozialer Unterstützung*. Social Support wird außerdem nicht nur als ein soziales Verhalten, sondern auch als ein kognitives Konzept aufgefasst. Es ist nämlich nicht unerheblich, zwischen subjektiv wahrgenommener und tatsächlich erhaltener Unterstützung zu unterscheiden – und beide hängen offenbar nur geringfügig miteinander zusammen.

Sozial gut eingebettet zu sein und mit der Hilfe anderer rechnen zu können, hat eine positive Wirkung auf die Befindlichkeit. Dies wird als *Haupteffekt* bezeichnet und eher der sozialen Integration zugerechnet. Dagegen tritt der *Puffereffekt* nur im Falle einer Krise auf, bei der die konkrete Unterstützung schädliche Auswirkungen dämpft oder verhindert. Hier wird insbesondere die erhaltene Unterstützung wirksam.

Insgesamt können folgende Unterstützungsfunktionen unterschieden werden (vgl. z. B. Walker, McBride & Vachon, 1977):

- affektive Unterstützung: Emotionaler Beistand bei psychischer Belastung findet sich besonders in dichten, homogenen, räumlich engen Netzwerken,
- instrumentelle Unterstützung: Praktische Hilfe im Alltag oder in der Not steigt mit der Dichte und der Größe eines Netzwerkes,
- kognitive Unterstützung: Neue Informationen und Ideen sind eher in großen, schwach verbundenen Netzwerken zu finden,
- Unterstützung der sozialen Identität: a) In dichten, kleinen, homogenen Netzwerken wird eine einfache, starre und stabile Identität gestärkt. b) In großen, schwachen, inhomogenen Netzwerken wird eher eine komplexe, offene und flexible Identität gefördert,
- Zugang zu neuen sozialen Kontakten: Netzwerke mit vielen, schwachen Bindungen bergen mehr potenzielle Kontakte.

> **Aufgabe**
> Bitte überlegen Sie sich, wann Sie das letzte Mal soziale Unterstützung erhalten haben. Welcher Art war diese? Inwiefern war sie (nicht) hilfreich? Warum (nicht)? Welche langfristigen Effekte hatte die soziale Unterstützung (gegebenenfalls)?

Studien zum Zusammenhang von sozialer Unterstützung und *Krankheit* belegen o. g. Haupt- bzw. Puffereffekte: z. B. haben chronisch kranke Menschen bessere Chancen, sich mit ihrer Situation im Alltag zu arrangieren und die Verschlechterung ihres gesundheitlichen Zustands zu verhindern, Depressive Störungen treten seltener auf und werden schneller überwunden etc. (für einen Überblick s. Schwarzer & Leppin, 1997).

Soziale Netzwerke haben auch Einfluss auf das *Gesundheitsverhalten*: Es wird angenommen, dass sie sich günstig auf die Motivation zum Gesundheitsverhalten und auf die Entwöhnung von Risikoverhalten auswirken (s. Abschnitt zu Selbsthilfegruppen in Kap. 2.4.2). Andererseits ist zu bedenken, dass Sozialbeziehungen auch Risikoverhalten wie z. B. Rauchen und Trinken verstärken können. Häufig sind es soziale Situationen, in denen jemand zu solch einem Verhalten angestiftet wird und in denen es zu Rückfälligkeit kommt.

Daneben können soziale Beziehungssysteme natürlich auch konfliktträchtige und belastende Dimensionen beinhalten. Soziale Unterstützung kann z. B. Formen annehmen, die den Hilfeempfänger erdrücken, zu Schuldgefühlen oder zu erlernter Hilflosigkeit führen. Walker, McBride und Vachon (1977) beschreiben den Fall einer Frau, die ihren Partner verloren hat und von einem kleinen, dichten Netzwerk in der Trauerphase zunächst adäquate emotionale Unterstützung erhält. In der Phase der Neuorientierung dieser Frau kann dasselbe Netzwerk aber hemmend und einengend wirken, wenn die neuen Lebenspläne nicht im Einklang mit dem primären Netzwerk stehen.

Das aus der Gemeindepsychologie entwickelte Konzept der *Netzwerk- und Ressourcen-orientierten Beratung* fokussiert auf die positive Wirkung von sozialer Integration sowie sozialer Unterstützung. Diese Sichtweise

„befreit von der naheliegenden Fixierung professioneller institutionalisierter Hilfe auf Probleme, Fehler im Denken, Fühlen, Handeln [...]. Gesucht und gefördert werden in Personen, Kontexten und deren Transaktion Ressourcen der Bewältigung und Entfaltung, Stärken und Chancen, gelingende Anteile und Gesundheit" (Nestmann, 2004, S. 731).

Ziel Netzwerk- und Ressourcen-orientierter Beratung ist es, die sozialen Ressourcen, d. h. die natürlichen Unterstützungspotenziale der alltäglichen Lebenswelt eines Menschen, zu fördern. Die Beraterinnen übernehmen nicht die Rolle eines primären Helfers, sondern die eines Förderers:

- Anregung zu einer bewussten Auseinandersetzung auch mit den über die Familie hinausreichenden sozialen Beziehungen: Analyse förderlicher, unterstützender wie belastender und einengender Aspekte,
- Ermutigung, bestehende Kontakte zu intensivieren und frühere Kontakte zu reaktivieren und neue Kontakte aufzunehmen.

Dabei sollen *Netzwerkanalysen und Unterstützungsdiagnostik* Klarheit und Orientierung bezüglich vorhandener Netzwerke schaffen und zur Reflexion und zu ersten Schritten der Veränderung anregen. Dazu werden standardisierte, quantitative Verfahren in Form von Fragebögen oder Checklisten genutzt, ergänzt durch qualitative und gestalterische Instrumente, wie offene Interviews und Netzwerkkarten.

Netzwerkinterventionen beruhen auf einem eklektischen Methodenverständnis und bedienen sich bei z. B. personorientierten Ansätzen oder bei Verfahren angewandter Gruppendynamik, aber auch bei Methoden der Organisationsentwicklung – je nach Intervention auf der Mikro- oder der Makroebene.

Die systematische, mechanistische Erfassung von Netzwerken ist zwar aufschlussreich, aber sollte nicht zum reinen Selbstzweck verfolgt werden (vgl. Keupp, 1990, S. 3172). Darüber hinaus ist eine komplexe, ganzheitliche Erfassung von Beziehungen wichtig (vgl. Asendorpf & Banse, 2000, S. 224).

Konzepte sozialer Integration und Unterstützung sind mittlerweile gut ausgearbeitet und empirisch gestützt. Es fehlt aber noch an Erfahrungen und Evaluation im Anwendungsbereich im Sinne einer begleitenden Praxisforschung insbesondere an Langzeitstudien professioneller Netzwerkinterventionen im Rahmen beruflicher, psychosozialer und gesundheitlicher Arbeit (vgl. Nestmann, 2000, S. 260).

Ein weiteres noch recht neues Forschungs- und Anwendungsfeld bietet die Untersuchung computerunterstützter Netzwerke, wie sie sich informell in Form von Interessengemeinschaften oder auch formell z.B. in Form von Lerngemeinschaften im Internet finden (s. auch Kap. 2.5 zu Beziehungen im Internet).

4 Interpersonelle Beziehungen im Kontext globaler Veränderungen

Stellen Sie sich vor, Sie sind ein(e) engagierte Beziehungsforscher(in). Bislang haben Sie viele Paare, glückliche und unglückliche, nach ihren Vorstellungen über die Liebe, nach den Unterschieden und Gemeinsamkeiten mit dem Partner, nach ihren Wünschen, Hoffnungen und Ärgernissen befragt. Sie haben sogar die Gehirnaktivitäten verliebter Menschen untersucht und wissen daher schon einiges darüber, was sich in den Köpfen im Stadium des Verliebtseins an chemisch-neuronalen Vorgängen abspielt. Eines Tages bekommen Sie das Angebot, Ihre Theorien über die Partnerwahl praktisch zu erproben. Man hätte da eine ganze Anzahl von Personen an der Hand, die sich nichts sehnlicher wünschten, als einen Partner bzw. eine Partnerin für das weitere Leben zu finden. Da Sie wissen, dass die Partnersuche eine schwierige Angelegenheit ist, sind Sie zunächst skeptisch. Trotz Ihrer vielen Forschungen besitzen Sie ja keine Kartei mit ungezählten Traumpartnern, die Sie den Suchenden vermitteln könnten. Schnell wird Ihnen klar, dass Sie eine solche Kartei auch gar nicht benötigen. Sie sollen nur dafür sorgen, dass die Partnersuchenden untereinander den Richtigen bzw. die Richtige finden. Sie denken an Ehevermittlung und winken ab – ein nicht sonderlich angesehenes und vielfach wenig seriöses Geschäft. Ihre potenziellen Geschäftspartner lassen sich aber nicht so schnell entmutigen. Sie hätten Größeres vor, als die Gründung eines kleinen Ehevermittlungsinstituts. Sie dächten an mindestens eine Millionen Personen, alle Singles. Die gesamte Organisation und Verwaltung hätten ihre Geschäftspartner auch völlig im Griff. Sie benötigten von Ihnen nur ein Verfahren, mit dem man herausfinden könnte, wer am besten zu wem passt. Sie könnten z. B. allen Interessierten einige Fragen stellen und dann geeignete Paare anhand der Antworten zusammenstellen. Ihre Aufgabe bestände eigentlich nur darin, die Fragen zu entwerfen und eine Auswertung vorzuschlagen, die ein solches „Partner-Matching" ermögliche. Sie bekämen natürlich auch Einblick in die Daten, könnten also ständig verfolgen, ob Ihr Matching-System erfolgreich funktioniere. Nach jedem Treffen eines von Ihnen kombinierten Paares würden beide Partner unabhängig voneinander darüber befragt, ob es zwischen ihnen „gefunkt" hätte oder nicht.

Wir wissen natürlich nicht, wie Sie auf ein derartiges Angebot reagieren würden. Vor einer Entscheidung wäre es sicherlich empfehlenswert zu überprüfen, ob es tatsächlich ein derart großes Interesse an professioneller bzw.

kommerzieller Partnervermittlung gibt und – falls dies so ist – ob ein solcher Trend von Dauer sein wird oder nur eine temporäre Erscheinung darstellt. Die erste Frage lässt sich schnell überprüfen: Partnervermittlungen im Internet boomen seit einer ganzen Reihe von Jahren.

Genaue Zahlenangaben über die Nutzer von Online-Partnerschaftsbörsen sind allerdings nicht einfach zu erhalten. So berichtete die Zeitschrift der Stiftung Warentest, dass sich die Mitgliederangaben der von den Testern geprüften 16 Anbieter im Jahr 2005 auf fast 17 Millionen addiert hätten (test, 10/2005). Da es im Laufe eines Jahres in Deutschland nur ca. 15–16 Millionen Singles gibt, erscheint diese Zahl deutlich übertrieben zu sein. Nach Schätzung des Internetportals „Singlebörsen-Vergleich" sind im Jahr 2008 monatlich rund sieben Millionen deutsche Singles auf Online-Dating-Portalen aktiv. Der Branchenumsatz hat sich von 2003 auf 2007 knapp versechsfacht und lag im Jahr 2007 bei 138 Millionen Euro. In dieser Studie wird geschätzt, dass bis zum Jahr 2007 ca. sechs Millionen Deutsche über das Internet einen Partner gefunden haben. Im Mai 2007 seien von diesen Beziehungen noch 2,6 Millionen intakt gewesen (Der Online-Dating-Markt 2007–2008).

Obwohl die veröffentlichten Zahlen zur Online-Partnersuche mit einigen Vorbehalten zu betrachten sind, steht außer Zweifel, dass sich diese Art der Partnersuche in vielen Staaten weltweit als Alternative zu den traditionellen Wegen etabliert hat. Die Attraktivität der Partnersuche im Internet hat sicherlich viele Gründe. Nicht zu unterschätzen sind hierbei die niedrigschwelligen Zugangsmöglichkeiten, da man seine Erfolgschancen zunächst durch eine unverbindliche, kostenlose Anmeldung weitgehend anonym „testen" kann. Partnerschaftsbörsen organisieren gewissermaßen den Marktplatz für die Partnersuche, bieten eine ideale Kontaktanbahnung zu potenziellen Partnern, die ansonsten nur schwer zu identifizieren sind. Gegenüber anderen in den letzten Jahren entstandenen Formen organisierter Partnerwahl (z.B. „Speed-Dating") weisen Internet-Partnerbörsen durch die ungleich höhere Teilnehmerzahl, die Vorselektion geeigneter Partner sowie die Asynchronität der Kommunikation theoretisch weit höhere Erfolgschancen bei geringerem individuellen Aufwand auf. Vielleicht haben Sie auch ähnliche Erfahrungen wie die Autoren dieses Buches gemacht: Immer häufiger erfährt man nach neuen Paarbildungen im Freundes- und Bekanntenkreis, dass sich die Partner über das Internet kennengelernt haben. Da dies auch zunehmend freimütiger erzählt wird, dürfte die Anbahnung von intensiven Beziehungen im Netz immer „alltäglicher" und gesellschaftlich akzeptierter werden.

Vielleicht greift man aber zu kurz, wenn man der Erfolg der Online-Partnersuche allein den technischen Möglichkeiten zuschreibt. Nicht alles, was technisch möglich ist, setzt sich auch durch. Manchmal erweitern technische Entwicklungen nicht nur einfach unsere Möglichkeiten, die wir dann nutzen oder auch nicht, sondern sie wirken sich auch auf unsere Wahrnehmung der Welt aus:

„Welche Veränderungen müssen jetzt eintreten in unserer Anschauungsweise und in unseren Vorstellungen! Sogar die Elementarbegriffe von Zeit und Raum sind schwankend geworden. Durch die Eisenbahnen wird der Raum getötet, und es bleibt nur noch die Zeit übrig. ... Mir ist, als kämen die Berge und Wälder aller Länder auf Paris angerückt. Ich rieche schon den Duft der deutschen Linden; vor meiner Tür brandet die Nordsee" (Heine, 1843).

Heine bezieht sich auf die physikalische Entfernung, die mit der wachsenden Geschwindigkeit, mit der wir sie überwinden, subjektiv geringer wird. Dies bedeutet aber nicht nur einfach eine Zeitersparnis für den Reisenden, sondern eine psychologische Veränderung unserer Raumvorstellung. Mit zunehmender Geschwindigkeit verringern sich die subjektiven Distanzen. Wenn Heine schon 1843 den Duft der deutschen Linden in Paris „riechen" konnte, dann ist es nicht verwunderlich, wenn wir uns die Welt heute als „globales Dorf" vorstellen können. Diese Metapher verharmlost allerdings die Komplexität unserer Welt, die nichts von der Übersichtlichkeit des realen Dorfes aufweist.

Die Globalisierung der Wirtschaft stellt ganz neue Anforderungen an die Mobilität und Flexibilität der Beschäftigten. Anforderungsprofile für höher qualifizierte Tätigkeiten verlangen von erfolgreichen Bewerbern nicht nur eine optimale Passung in Hinblick auf die spezifischen beruflichen Anforderungen, sondern auch eine hohe Bereitschaft, die eigene Lebensplanung den Anforderungen global operierender Unternehmen unterzuordnen. Noch vor einiger Zeit waren es vor allem Fähigkeiten zur Team- und Gruppenarbeit, die als sog. „soft skills" bzw. „Schlüsselqualifikationen" Arbeitnehmern günstige Karriereaussichten versprachen. Mittlerweile scheinen veränderte Managementstrategien vor allem auf Mitarbeiter und Mitarbeiterinnen zu setzen, die kurzfristig, projektbezogen, multipel „einsetzbar" sind. Langfristige Bindungen in Teams und Arbeitsgruppen erscheinen unter dieser Perspektive als genauso dysfunktional wie private Bindungen an örtlich immobile Partner (und Kinder). Der Erfolg der „Netzkultur" geht nach Geißler „zu Lasten bisheriger Gruppen- und Teamkulturen" (2006, S. 21). Die früher hoch geschätzten Potenziale der Gruppen- und Teamarbeit bauen auf Face-to-Face-Interaktionen auf, die mit den Anforderungen der neuen „Netzwerkgesellschaft" konfligieren. Schardt und Bossert (2006) geben einen Einblick in die neuen Organisationsstrukturen der Globalisierung:

„Unternehmensübergreifende Aufsichtsgremien, überregionale Steuerkreise, strategische und operative Netzwerke, transnationale Projektteams auf Zeit, zeitlich befristete ‚Ad-hoc'-Arbeitsgruppen oder ‚task forces', virtuelle Arbeits- und Leitungsteams – all dies sind Arbeitsformen, die Unternehmens- und Organisationsgrenzen überwinden" (Schardt & Bossert, 2006, S. 100).

Der gesellschaftliche Prozess der Individualisierung entlässt den Einzelnen aus Bindungen, Traditionen und Zugehörigkeiten, die ihn einengen, aber eben auch halten. Nach Cornelia Edding (2006, S. 260) erleben wir gerade diese „Entlassung" in die Individualität. Natürlich sind hierbei nicht alle gleichermaßen betroffen, aber für viele sind an die Stelle langfristiger beruflicher Sicherheiten diffuse Ängste oder bereits konkrete Befürchtungen getreten. Die berufliche und private Zukunft ist für die jüngeren Generationen aufgrund vieler Eventualitäten langfristig kaum noch planbar.

Man kann diese hier nur grob skizzierten Entwicklungen durchaus auch kritisch bewerten. Den möglicherweise nur kurzfristigen wirtschaftlichen Vorteilen für „Global Players" stehen ernsthafte Belastungen für diejenigen entgegen, die sich diesen Zwängen anpassen müssen. Diese Belastungen ergeben sich nicht nur aus den direkten Auswirkungen ständiger Mobilität (z. B. Anpassung an unterschiedliche Kulturen), sondern auch aus den mit häufigem Wohnortwechsel verbundenen Einflüssen auf soziale Beziehungsnetze.

War es früher praktisch unmöglich, nach einem Umzug in ein anderes Land soziale Kontakte im Heimatort zu Freunden, Bekannten und Verwandten weiterhin intensiv zu pflegen, erscheint dies heute über die entsprechenden Kommunikationsmöglichkeiten des Internet sowie die dort gerade immens wachsenden kommerziellen und privaten Netzwerke (Web 2.0, vgl. Kap. 2.5) durchaus möglich zu sein. Gerade junge Erwachsene, die nach einer qualifizierten Ausbildung die Chancen des globalisierten Arbeitsmarktes nutzen wollen (und immer stärker auch müssen), sehen sich mit den hieraus resultierenden Erschwernissen für die Partnerschaft und Familiengründung konfrontiert. Berufstätige Partner müssen sich zunehmend größeren Problemen stellen, wenn sie versuchen, für die Familiengründung einen gemeinsamen Lebensmittelpunkt zu finden. Ein attraktives Jobangebot in Frankreich lässt sich nur schwer mit dem Wunsch nach Kindern vereinbaren, wenn die Partnerin gerade einen Studienaufenthalt in den USA absolviert und danach die besten beruflichen Chancen in Skandinavien vermutet.

Obwohl die Kinderlosigkeit von Akademikerinnen in Deutschland in der Öffentlichkeit in den letzten Jahren teilweise überdramatisiert wurde, zeigen differenzierte Statistiken, dass ca. 35 % der westdeutschen Frauen (Geburtsjahrgänge zwischen 1951 und 1965) mit einem Universitätsabschluss und 20 % mit einem Fachhochschulabschluss dauerhaft kinderlos sind. Interessant ist in diesem Zusammenhang, dass von den Frauen, die einen Hochschulabschluss in der ehemaligen DDR erworben haben, nur 7,1 % kinderlos geblieben sind (vgl. Schmitt & Wagner, 2006). Man kann hieraus zum einen die direkten Zusammenhänge von Kinderlosigkeit und fehlender gesellschaftlicher Unterstützung der Erwerbstätigkeit von Frauen erschließen (vgl. auch die deutlich geringere Kinderlosigkeit von Akademikerinnen in skandinavischen Ländern), zum anderen auch, dass zwischen Kinderlosigkeit bei Frauen und hoher beruflicher Qualifikation in der Bundesrepublik Deutschland seit Langem ein enger Zusammenhang besteht (vgl. Schmitt & Wagner, 2006, S. 316). Allerdings berichtet Hufnagel (2008), dass sich seit Mitte der 90er Jahre eine Trendwende beobachten lässt, nach der Frauen mit besserer Ausbildung in den letzten Jahren mehr Kinder bekommen als Frauen mit schlechterer Ausbildung. Vermutlich wird sich auch das seit kurzem gezahlte Elterngeld auf die Geburtenrate positiv auswirken, insgesamt dürfte die gegenwärtige durchschnittliche Kinderzahl (1,33 pro Frau nach Hufnagel, 2008) aber kaum wesentlich steigen.

Vieles deutet darauf hin, dass die gegenwärtigen gesellschaftlichen und wirtschaftlichen Entwicklungen den Trend zur seriellen Monogamie in Paarbeziehungen (vgl. Kap. 2.2) begünstigen. Sarkastisch mag man dies als einen Rückfall in die Beziehungsmuster unserer steinzeitlichen Vorfahren beklagen, diesmal allerdings nicht nur durch den unbewussten Wunsch nach genetischer Diversität, sondern vor allem durch die Folgen globalisierter Arbeitsteilung mit ihren prekären oder international nomadisierenden Arbeitsverhältnissen bedingt. Zeitgleich mit den die Organisation der Arbeit unterstützenden modernen Informationsmedien entwickelt sich auch deren Verwendung zur Organisation eines hierzu „kompatiblen" Partnerschaftsmarktes. Die immens erfolgreichen Partnerschaftsvermittlungsbörsen im Internet dienen aus dieser Perspektive nicht nur einer früher nicht zu organisierenden Vielfalt des Angebots, sondern spiegeln auch die Erfolgshoffnungen bei der Suche nach einem Partner wider, der zu den mannigfaltigen speziellen Berufs- und Lebenssituationen passend ist.

Am Anfang dieses Kapitels hatten wir Ihnen das fiktive Angebot der wissenschaftlichen Mitwirkung bei einer Online-Partnerbörse gemacht. Helen Fisher, eine amerikanische Anthropologin und Liebesforscherin (vgl. Kap. 2.2), hat ein derartiges Angebot tatsächlich im Jahr 2004 bekommen und angenommen. Match.com, eine der größten amerikanischen Internet-Partnerschaftsbörsen, bat H. Fisher, sie bei der Matchingprozedur für ihre Tochtergesellschaft Chemistry.com wissenschaftlich zu beraten (vgl. Fisher, 2007). Auch bei deutschen Partnerbörsen arbeiten eine ganze Reihe mehr oder weniger bekannter wissenschaftlicher Berater. Die bereits erwähnte Internetseite „Singlebörsen-Vergleich" (www.singleboersen-vergleich.de) enthält einen Überblick der wichtigsten deutschen Börsen und zudem aufschlussreiche Interviews mit ihren „Machern" und teilweise auch den wissenschaftlichen Beratern.

Aus der Sicht der Partnerschaftsforschung stellen die virtuellen Partnerschaftsbörsen ein geradezu ideales Forschungsdesign zur Verfügung. Implementiert in die Matchingprozeduren eines Internetportals mit Millionen Teilnehmern und Teilnehmerinnen lassen sich die unterschiedlichen wissenschaftlichen Modelle der Partnerschaftsforschung gewissermaßen im „Alltagsbetrieb" evaluieren und fortwährend optimieren. Hypothetische Präferenzen („Welches Foto finden Sie attraktiver?") werden durch tatsächliche Entscheidungen („Wer hat wem eine Kontaktmail geschickt?" – „Wer trifft sich mit wem?") ersetzt. Der Zusammenhang zwischen Einstellungen und tatsächlichem Verhalten kann in tausendfachen Variationen überprüft werden. Anhand von Online-Börsen lassen sich nicht nur psychologische Theorien, sondern auch wirtschaftswissenschaftliche Modelle testen. Beispielsweise überprüften Hitsch, Hortaçsu und Ariely (2006) mathematisch-ökonomische Heiratsmarkt-Modelle anhand ausführlicher Daten von ca. 22 000 amerikanischen Nutzern von Online-Dating-Systemen. Über die Analyse der tatsächlich versendeten E-Mails an potenzielle Partner konnten sie beispielsweise feststellen, dass Frauen deutlich stärker als Männer Partner derselben Hautfarbe bevorzugten (selbst wenn sie zunächst angegeben hatten, dass die Hautfarbe für sie keine Rolle spielen würde). Für Frauen war auch – wie in vielen Untersuchungen postuliert – das Einkommen des Partners ein deutlich stärkeres Selektionskriterium als für Männer.

Allerdings deuten sich auch die Schattenseiten der Kommerzialisierung des Partnerschaftsmarktes im Internet an. Neben den üblichen wissenschaftlich-statistischen Erfolgkriterien für die Testung von Hypothesen tritt der kommerzielle Erfolg: Eine auf unzureichenden Annahmen basierende Matchingprozedur wird nicht nur die Signifikanz bei der Hypothesentestung verfehlen, sondern auch dem betroffenen Internetportal ökonomischen Misserfolg bescheren. Da die einzelnen Anbieter mittlerweile in einem harten Konkurrenzkampf stehen, ist es nicht verwunderlich, dass sich über die genauen Details der verwendeten Matchingprozeduren kaum Angaben finden lassen. Die Mixtur der Fragen zu den Entscheidungsroutinen ist offenbar genauso Geschäftsgeheimnis wie die Rezeptur eines bekannten Colagetränks. Jeder kann zwar das Produkt kaufen, aber keiner erfährt genau, wie es zustande kommt. Fatalerweise scheinen genau in dem Moment, in dem sich der Partnerschaftsforschung ein ideales Forschungsfeld eröffnet, die öffentlichen Zugänge hierzu weitgehend versperrt zu werden.

Diese Entwicklung ist auch bedenklich, weil es gerade nicht um die Rezeptur eines Brausegetränks geht, sondern um eine der wichtigsten Entscheidungen für das Lebensglück von Menschen. Die große Verantwortung, die Partnerschaftsbörsen ihren Kunden gegenüber haben, machen Thompson, Zimbardo und Hutchinson (2005) am Beispiel der Werbung der Partnerschaftsbörse eHarmony.com aus dem Jahr 2005 deutlich. eHarmony gab an, dass ihre Partnerschaftsbörse bislang 10 000 Heiraten gestiftet hätte. Am gleichen Tag wurde damit geworben, dass seit der Gründung von eHarmony im Jahr 2000 zwischen den Mitgliedern 10 000 000 Treffen *(matches)* ermöglicht worden wären. Dies ist eine Erfolgsquote von 0,1 %! Thompson, Zimbardo und Hutchinson (2005, S. 10) fassen die sich aus der Eigenwerbung ergebende Konsequenz folgendermaßen zusammen: „For every 1 person who met their spouse on a date, 499 ended the date still single." Sie fordern die Industrie deutlich auf, die Strategie des „Zu-viel-zu-Versprechens" zugunsten einer realistischen Kundeninformation aufzugeben.

Der Online-Partnermarkt zeigt den Einfluss globaler wirtschaftlicher und technischer Entwicklungen auf unsere privaten Beziehungen besonders deutlich. Aber auch die wissenschaftliche Erforschung interpersonaler Beziehungen ist direkt von diesen Abhängigkeiten betroffen. Die immer höher auflösenden Fotos aus den Gehirnscannern werden unsere Einsichten und unser Verständnis für Liebe, Partnerschaft, Freundschaft, Moral und viele weitere Bereiche menschlichen Erlebens und Verhaltens weiter vertiefen. Die zunehmende Belichtung der „Black box" in unseren Köpfen wird die neurophysiologischen Korrelate unserer engen und weiteren Beziehungen aufklären. Als noch bedeutender könnte sich allerdings der Umstand erweisen, dass immer mehr Menschen an dem weltweiten kommerziellen Projekt einer Neukonstruktion der Wege zu Liebe, Partnerschaft, Freundschaft und Bekanntschaft teilneh-

4 Interpersonelle Beziehungen im Kontext globaler Veränderungen

men. Neben neuen Wegen zu erfolgreichen, zufriedenstellenden Beziehungen eröffnen die Netzwerke und Online-Portale aber auch die Sackgassen für die Verlierer des globalen Beziehungsmarktes.

Die schöne neue Welt des „Online Dating and Mating" wird unsere Beziehungen auf eine noch gar nicht abschätzbare Art und Weise verändern – so sieht es jedenfalls im Moment aus. Wir haben gesehen, dass sich die romantische Liebe, die Strategien der Partnerwahl, die Bindung an die engsten Bezugspersonen über unendliche Zeiträume evolutionär entwickelt haben. Die nächsten evolutionären Schritte könnten demgegenüber nicht mehr die „Natur" des Menschen, sondern die Struktur und Funktionsweise künstlicher Systeme betreffen: die Anpassung und Optimierung der Programmsysteme, die uns die „Idealpartner" vorschlagen.

Unser Szenario fürs Jahr 2018 – was halten Sie davon?
Die Antwort auf die Frage, wie sich ein Paar kennengelernt hat, lautet in zehn Jahren nicht mehr „Auf einer Feier bei Freunden", sondern „über Portal X, als die noch die Systemversion 10.1 hatten". Eingeweihte wissen dann, dass unser befragtes Paar in den wesentlichen Persönlichkeitsmerkmalen, Interessen und politischen Einstellungen zu mindestens 87 % übereinstimmt. Wenn sie länger als drei Jahre zusammen sind, dürfte sich allerdings bereits gepflegte Langeweile zwischen den Partnern ausgebreitet haben. Die Expertin empfiehlt dann später im Einzelgespräch dezent eine Anmeldung in Portal Y, da dessen neueste Matchingprozedur nun auch genetische Differenz positiv bewertet, natürlich unter Berücksichtigung der bislang bekannten K.O.-Kriterien für interpersonelle Differenzen. Und die nächste Version wird dann endlich die langerwartete Brücke zur Gehirnforschung schlagen: Die per Heimscanner abgefilmten neuronalen Aktivitäten der potenziellen Partner (direkt mit dem eigenen Hand-Held Brain Scanner in standardisierten Settings aufgenommen) werden in die Matchingprozedur aufgenommen. (Zukunftsmusik? Die japanische Firma Hitachi hat bereits im Jahr 2007 einen nur 400 g schweren tragbaren Gehirnscanner vorgestellt.)
Was sollte dann noch schief gehen?

Literatur

Adams, J. S. (1965). Inequity in social exchange. In: L. Berkowitz (Ed.) *Advances in experimental social psychology,* 2 (p. 267–299). New York: Academic Press.
Adler, A. (1927). *Menschenkenntnis.* Leipzig: S. Hirzel.
AGG (2006). *Allgemeines Gleichbehandlungsgesetz.* Online-Dokument. URL: http://bundesrecht.juris.de/agg/index.html (Abgerufen am 2.1.2008).
Ainsworth, M. D. S., Blehar, M. S., Waters, S. & Wall, S. (1978). *Patterns of attachment: A psychological study of a strange situation.* Hillsdale, N. J.: Lawrence Erlbaum.
Allan, G. (2006). Social Networks and Personal Communities. In: A. L. Vangelisi & D. Perlman (Eds.), *The Cambridge handbook of personal relationships* (p. 657–671). Cambridge: Univ. Press.
Amelang, M. (1991). Einstellungen zu Liebe und Partnerschaft: Konzepte, Skalen und Korrelate. In: M. Amelang, H. J. Ahrens & H. W. Bierhoff (Hrsg.), *Attraktion und Liebe* (S. 153–196). Göttingen: Hogrefe.
Anderson, C. A. & Hunsaker, P. L. (1985). Why there's romancing at the office and why its everybody's problem. *Personnel,* 62, 57–63.
Anshen, R. N. (Ed.) (1949). *The family: Its function and destiny.* New York: Harper & Row.
Antonucci, T. C. & Akiyama, H. (1995). Convoys of social relations: Family and friendship within a life span context. In: R. Blieszner & V. Hilkevich Bedford (Eds.). *Handbook of aging and the family* (p. 355–371). Westport, CT: Greewnard Press.
Argyle, M. & Henderson, M. (1986). *Die Anatomie menschlicher Beziehungen. Spielregeln des Zusammenlebens.* Paderborn: Junfermann. (Neuauflage: 1990: München: mvg). (Engl. Originalausgabe: *The anatomy of relationships,* London: William Heinemann, 1985).
Aron, A., Fisher, H., Mashek, D., Strong, G. & Li, H. (2005). Reward, motivation, and emotion systems associated with early-stage intense romantic love. *Journal of Neurophysiology,* 94, 327–337.
Asanger, R. & Wenninger, G. (Hrsg.) (1999). *Handwörterbuch der Psychologie.* Digitale Bibliothek, Band 23.Weinheim: Beltz.
Asendorpf, J. B. & Banse, R. (2000). *Psychologie der Beziehung.* Bern: Huber.
Asendorpf, J. B., Banse, R., Wilpers, S. & Neyer, F.-J. (1997). Beziehungsspezifische Bindungsskalen für Erwachsene und ihre Validierung durch Netzwerk- und Tagebuchverfahren. *Diagnostica,* 43, 289–313.
Athenstaedt, U., Freudenthaler, H. H. & Mikula, G. (2002). Die Theorie sozialer Interdependenz. In: D. Frey & M. Irle (Hrsg.). *Theorien der Sozialpsychologie,* Band 2 (S. 62–91). Bern: Huber.
Auhagen, A. E. (1991). *Freundschaft im Alltag. Eine Untersuchung mit dem Doppeltagebuch.* Bern, Stuttgart: Huber.
Auhagen, A. E. (2002). Freundschaft und Globalisierung. In: W. Hantel-Quitmann & P. Kastner (Hrsg.), *Die Globalisierung der Intimität. Die Zukunft intimer Beziehungen im Zeitalter der Globalisierung* (S. 87–115). Gießen: Psychosozial Verlag.

Literatur

Auhagen, A. E. & Salisch, M. von (Hrsg.) (1993). *Zwischenmenschliche Beziehungen*. Göttingen: Hogrefe.

Bank, S. P. & Kahn, M. D. (1990). *Geschwister-Bindung*. Paderborn: Junfermann. (Amerk. Orig: *The sibling bond*. New York: Basic Books, 1982).

Barbut, M. (2006). Comments on a pseudo-mathematical model in social psychology. *European Journal of Social Psychology*, 23, 203–210.

Barnes, J. A. (1954). Class and comittees in a Norwegian island parish. *Human Relations*, 7, 39–58.

Bartels, A. & Zeki, S. (2000). The neural basis of romantic love. *Neuroreport*, 11 (17), 3829–3834.

Bartels, A. & Zeki, S. (2004). The neural correlates of maternal and romantic love. *Neuroimage*, 21, 1155–1166.

Bartholomew, K. (1990). Avoidance of intimacy: An attachment perspective. *Journal of Social and Personal Relationships*, 7, 147–178.

Bateson, G., Jackson, D. D., Haley, J. & Weakland, J. H. (1956). Towards a theory of schizophrenia. *Behavioral Science*, 1, 251–264.

Batinic, B. (Hrsg.). (2000). *Internet für Psychologen* (2. überarbeitete und erweiterte Auflage). Göttingen: Hogrefe.

Beail, N. (1983). The psychology of fatherhood. *Bulletin of the British Psychological Society*, 36, 312–314.

Beck, U. (1986). *Risikogesellschaft*. Frankfurt: Suhrkamp.

Bedford, V. H. (1993). Geschwisterbeziehungen im Erwachsenenalter. In: A. E. Auhagen & M. von Salisch (Hrsg.), *Zwischenmenschliche Beziehungen* (S. 119–141). Göttingen: Hogrefe.

Belbin, M. R. (1996). *Team roles at work*. London: Butterwoth-Heineman.

Berk, L. E. (2005). *Entwicklungspsychologie*. (3. aktualisierte Auflage). München: Pearson.

Berkowitz, L. (Ed.) *Advances in experimental social psychology*. New York: Academic Press.

Berman, P. W. & Pedersen, F. A. (Eds.) (1987). *The first child and family formation*. Chapell Hill N.C.: Carolina Population Center.

Berscheid, E. & Walster, E. (1974). A little bit about love. In: T. L. Huston (Ed.). *Foundations of interpersonal attraction* (p. 355–381). New York: Academic Press.

Bertalanffy, L. von (1968). *General systems theory*. New York: Braziller.

Bierhoff, H. W. (1991). Liebe. In: M. Amelang, H. J. Ahrens H. J. & H. W. Bierhoff (Hrsg). *Attraktion und Liebe. Formen und Grundlagen partnerschaftlicher Beziehungen* (S. 197–234). Göttingen: Hogrefe.

Bierhoff, H. W. & Rohmann, E. (2004). *Liebe aus sozialpsychologischer Sicht*. Das Online-Familienhandbuch. Online-Dokument: URL: http://www.familienhandbuch.de/cmain/f_Aktuelles/a_Partnerschaft/s_692.html (Abgerufen am 17. 3. 2008).

Bierhoff, H. W. (1995). Liebe. In: M. Amelang, H. J. Ahrens & H. W. Bierhoff (Hrsg.), *Attraktion und Liebe* (S. 197–234). Göttingen: Hogrefe.

Bierhoff, H. W., Grau, I. & Ludwig, A. (1993). *Marburger Einstellungs-Inventar für Liebesstile (MEIL)*. Göttingen: Hogrefe.

Birchler, G. R., Weiss, R. L. Vincent, J. P. (1975). Multimethod analysis of social reinforcement exchange between maritally distressed an nondistressed spouse and stranger dyads. *Journal of Personality and Social Psychology*, 31, 349–360.

Blau, P. M. (1964). *Exchange and power in social life*. New York: Wiley.

Blickle, G. (2000) Mentor-Protégé-Beziehungen in Organisationen. *Zeitschrift für Arbeits- und Organisationspsychologie*, 44 (4), 168–178.

Blieznar, R. & Adams, R. G. (1992). *Adult friendship*. Newbury Park: Sage.

BMVBS & BBR (2007). *Stadtquartiere für Jung und Alt*. Bonn: Bundesamt für Bauwesen und Raumordnung.

Boase, J. & Wellman B. (2006). Personal relationships: On and off the internet. In: A. L. Vangelisi & D. Perlman (Eds.), *The Cambridge Handbook of Personal Relationships* (p. 709–723). Cambridge: Univ. Press.
Bodenmann, G. & Cina, A. (2000). Stress und Coping als Prädikatoren für Scheidung: Eine Fünf-Jahres-Längsschnittstudie. *Zeitschrift für Familienforschung*, 12, 5–20.
Bodenmann, G. (1999). Scheidung: Was wissen wir heute zu ihren Ursachen? *Zeitschrift für Familienforschung*, 11, 5–27.
Bodenmann, G., Charvoz, L., Bradbury, T., Bertoni, A., Lafrate, R., Giuliani, C., Banse, R. & Behling, J. (2007). The role of stress in divorce: A three-nation retrospective study. *Journal of Social and Personal Relationships*, 24, 707–728.
Bott, E. (1957). *Family and social network*. London: Tavistock.
Bowlby, J. (1951). Maternal care and mental health. Genf: WHO. Deutsch: Bowlby, J. (1973). *Mütterliche Zuwendung und geistige Gesundheit*. München: Kindler.
Bowlby, J. (1959). Über das Wesen der Mutter-Kind-Bindung. *Psyche*, 13, 415–456.
Bowlby, J. (1975). *Bindung*. Frankfurt: S. Fischer.
Bowlby, J. (1988). *A Secure Base. Clinical applications of attachment theory*. London: Routledge.
Boyd, D. M. & Ellison, N. B. (2007) Social network sites: Definition, history, and scholarship. *Journal of Comuter-Mediated Communication*, 13 (1), article 11. Online-Dokument. URL: http://jmc.indianaedu/vol13/boyd.ellsion.html (Abgerufen am 16.2.2008).
Bradbury, T. N. & Fincham, F. D. (1990). Attributions in marriage: Review and critique. *Psychological Bulletin*, 107, 3–33.
Brain, R. (1978). Freundschaft ist so wichtig wie die Liebe. *Psychologie Heute*, 5 (4), 14–21.
Bronfenbrenner, U. (1981). *Die Ökologie der menschlichen Entwicklung*. Stuttgart: Klett.
Bukowski, W. M., Nappi, B. J. & Hoza, B. (1987). A test of Aristotle's model of friendship for young adult's same-sex and opposite-sex relationships. *The Journal of Social Psychology*, 127, 595–603.
Buss, D. M. (1989). Sex differences in human mate preferences: Evolutionary hypotheses testing in 37 cultures. *Behavioral and Brain Sciences*, 12, 1–49. Ebenso als Online-Dokument. URL: http://homepage.psy.utexas.edu/homepage/Group/BussLAB/publications.htm (Abgerufen am 2.3.2008).
Buss, D. M. (1995). Psychological sex differences: Origins through sexual selection. *American Psychologist*, 50, 164–168.
Buss, D. M. (2004). *Evolutionäre Psychologie*. München: Pearson Studium. Amerikanische Originalausgabe: *Evolutionary psychology. The new science of the mind*. Boston, MA: Allyn and Bacon, 2004.
Buss, D. M. & Schmitt, D. P. (1993). Sexual strategies theory: An evolutionary perspective und human mating. *Psychological Review*, 100, 204–232. Ebenso als Online-Dokument. URL: http://homepage.psy.utexas.edu/homepage/Group/BussLAB/publications.htm (Abgerufen am 2.3.2008).
Butterworth, G. & Jarrett, N. (1991). What minds have in common is space: spatial mechanisms serving joint visual attention in infancy. *British Journal of Developmental Psychology*, 9, 55–72.
Byrne, D. (1971). *The attraction paradigm*. New York: Acadamic Press.
Collins, N. L. & Read, S. J. (1990). Adult attachment, working models, and relationship quality in dating couples. *Journal of Personality and Social Psychology*, 58, 644–663.
Conzen, P. (1996). *Erik H. Erikson. Leben und Werk*. Stuttgart: Kohlhammer.
Cosmides, L. & Tooby, J. (1997). Evolutionary psychology: A primer. Online-Dokument. URL: http://www.psych.ucsb.edu/research/cep/primer.html (Abgerufen am 3.3.2008).
Cowan, C. P. & Cowan, P. A. (1987). Man's involvement in parenthood: Identifying the antecedents and understanding the barriers. In: P. W. Berman & F. A. Pedersen (Eds.),

Literatur

The first child and family formation (p. 296–324). Chapell Hill N.C.: Carolina Population Center.

Csibra, G. (2003). Telelogical and referential understanding of action in infancy. *Philosophical Transactions of the Royal Society London B*, 358, 447–458.

Damon, W. (1982). Zur Entwicklung der sozialen Kognition des Kindes. Zwei Zugänge zum Verständnis von sozialer Kognition. In W. Edelstein & M. Keller (Hrsg.), *Perspektivität und Interpretation. Beiträge zur Entwicklung des sozialen Verstehens* (S. 110–145). Frankfurt a. M.: Suhrkamp.

Damon, W. (1984). *Die soziale Welt des Kindes*. Frankfurt: Suhrkamp.

Dansky, K. H. (1996). The effect of group mentoring on career outcomes. *Group & Organization Management*, 21, 5–21.

Darwin, C. (1872). *Der Ausdruck der Gemüthsbewegungen bei dem Menschen und den Thieren*. Stuttgart: Schweizerbart'sche Verlagshandlung.

Der Online-Dating-Markt 2007–2008 (2008). Online-Dokument. Singlebörsen-Vergleich. URL: *www.single-boersen.de* (Abgerufen am 27.3.2008).

Diaz-Bone, R. (2006). Gibt es eine qualitative Netzwerkanalyse? Review Essay: Betina Hollstein & Florian Straus (Hrsg.) (2006). Qualitative Netzwerkanalyse. Konzepte, Methoden, Anwendungen *Forum Qualitative Sozialforschung*, 8(1), Art. 28. Online-Dokument URL: http://www.qualitative-research.net/fqs-texte/1-07/07-1-28-d.htm (Abgerufen am: 20.1.2008)

Diepold, B. (1988). Psychoanalytische Aspekte von Geschwisterbeziehungen. *Praxis der Kinderpsychologie und Kinderpsychiatrie*, 37, 274–280.

Diewald, M. (1991). *Soziale Beziehungen: Verlust oder Liberalisierung?* Berlin: Edition Sigma.

Dillard, J. P. & Miller, C. (1988). Intimate relationships in task environments. In: S. Duck (Ed.), *Handbook of personal relationships. Theory, reseach and interventions* (p. 449–465). Chichester: Jon Wiley & Sons.

Doll, J., Mentz, M. & Witte, E. H. (1995). Zur Theorie der vier Bindungsstile: Meßprobleme und Korrelate dreier integrierter Verhaltenssysteme. *Zeitschrift für Sozialpsychologie*, 26, 148–159.

Dollard, J., Doob, L., Miller, N. E., Mowrer, O. K. & Sears, R. R. (1939). *Frustration and aggression*. New Haven: Yale University Press.

Domsch, M. & Ladwig, A. (1998). Dual Career Couples: Die unerkannte Zielgruppe. In: W. Gross (Hrsg.), *Karriere 2000. Hoffnungen – Chancen – Perspektiven – Probleme – Risiken*. (S. 126–143). Bonn: Dt. Psychologenverlag.

Domsch, M. E. & Krüger-Basener, M. (2003). Personalplanung und -entwicklung für Dual Career Couples (DCCs). In: L. v. Rosenstiel, E. Regnet & M. E. Domsch (Hrsg.). *Führung von Mitarbeitern* (5. Auflage) (S. 561–572). Stuttgart: Schäffer-Poeschel.

Döring, N. & Dietmar, C. (2003). Mediatisierte Paarkommunikation. Ansätze zur theoretischen Modellierung und erste qualitative Befunde. *Forum Qualitative Sozialforschung*, 4 (3), Art. 2. Online-Dokument. URL: http://www.qualitative-research.net/fsq-texte/3-03/3-03doeringdietmar-d.htm (Abgerufen am: 17.5.2005).

Döring, N. & Schestag, A. (2000). Soziale Normen in virtuellen Gruppen. Eine empirische Analyse ausgewählter Chat-Channels. In: U. Thiedeke (Hrsg.), *Virtuelle Gruppen. Charakteristika und Problemdimensionen* (S. 313–354). Wiesbaden: Westdeutscher Verlag.

Döring, N. (2003). *Sozialpsychologie des Internet. Die Bedeutung des Internet für Kommunikationsprozesse, Identitäten, soziale Beziehungen und Gruppen* (2. vollständig überarbeitete und erweiterte Auflage). Göttingen: Hogrefe.

Dorst, B. (1993): Die Bedeutung von Frauenfreundschaften im weiblichen Lebenszusammenhang. *Gruppendynamik*, 24 (2), 153–163.

Doyle, M. E. & Smith, M. K. (2002). ‚Friendship: theory and experience', the encyclopaedia of informal education. Online-Dokument. URL: http://www.infed.org/biblio/friendship.htm (Abgerufen am: 21.12.2007).

Drigotas, S. M., Rusbult, C. E., Wieselquist, J. & Whitton, S. (1999). Close partner as sculptor of the ideal self: Behavioral affirmation and the Michelangelo phenomenon. *Journal of Personality and Social Psychology, 77,* 293–323.

Duck, S. & Miell, D. (1986). Charting the development of personal relationships. In: R. Gilmour & S. Duck (Hrsg.), *The Emerging Field of Personal Relationships* (S. 133–143).

Duck, S. (1991). *Understanding relationships.* New York: The Guilford Press.

Duck, S. (Ed.) (1988). *Handbook of personal relations: Theory, research and interventions.* Oxford: Wiley.

Eagly, A. H. (1987). *Sex differences in social behavior: A social-role interpretation.* Hillsdale, NJ: Erlbaum.

Eberhard, H.-J. & Krosta, A. (2004). *Freundschaften im gesellschaftlichen Wandel. Eine qualitativ-psychoanalytische Untersuchung mittels Gruppendiskussionen.* Wiesbaden: Deutscher Universitäts-Verlag DUV.

Edding, C. (2006). Ist der Gruppe noch zu helfen? Eine aktuelle Bilanz. In: C. Edding & W. Kraus (Hrsg.). *Ist der Gruppe noch zu helfen? Gruppendynamik und Individualisierung* (S. 249–265). Opladen: B. Budrich.

Ellis, B. J. & Malamuth, N. M. (2000). Love and anger in romantic relationships: A discrete systems model. *Journal of Personality,* 68(3), 525-556.

Ellison, N., Heino, R. & Gibbs, J. (2006). Managing impressions online: Self-presentation processes in the online dating environment. *Journal of Computer-Mediated Communication,* 11, 425–441.

Ellison, N., Steinfield, C. & Lampe, C. (2007). The benefits of facebook "Friends": Social capital and college students' use of online social network sites. *Journal of Computer-Mediated Communication,* 12, 1143–1168.

Eimeren, B.v. & Frees, B. (2007). Internetnutzung zwischen Pragmatismus und YouTube-Euphorie. Ergebnisse der ARD/ZDF-Online-Studie. *Media Perspektiven,* 8, 362–378.

Engstler, H. & Menning, S. (2003). *Die Familie im Spiegel der amtlichen Statistik.* Dt. Zentrum für Altersfragen. Berlin: Statistisches Bundesamt.

Erikson, E. H. (1957). *Kindheit und Gesellschaft.* Stuttgart: Klett-Cotta.

Erikson, E. H. (1973). *Identität und Lebenszyklus.* Frankfurt/Main: Suhrkamp.

Ernest Dichter Institut (2005). *Web-Welten.* Frankfurt/Main, unveröffentlicht.

Ernst, C. & Angst, J. (1983). *Birth order.* New York: Springer.

Ernst, H. (2008). *Weitergeben! Anstiftung zum generativen Leben.* Hamburg: Hoffmann & Campe.

Ertel, S. (1965). Standardisierung eines Eindrucksdifferentials. 22–57. *Zeitschrift für Experimentelle und Angewandte Psychologie,* 12 (1), 22–58.

Euler, H. (2004). Die Beitragsfähigkeit der evolutionären Psychologie zur Erklärung von Gewalt. In: W. Heitmeyer & H.-G. Soeffner (Hrsg.), *Gewalt Entwicklungen, Strukturen, Analyseprobleme* (S. 411–435). Frankfurt/Main: Suhrkamp.

Faehrmann, J.-P. (1996). *Freundschaft und Partnerschaft. Zur Definition und Abgrenzung zweier sozialpsychologischer Begriffe im kritischen Lichte.* Magisterarbeit. Fernuniversität Hagen.

Farroni, T., Csibra, G., Simion, F. & Johnson, M. H. (2002). Eye-contact detection in humans from birth. *Proceedings of the National Academy of Sciences USA,* 99, 9602–9605.

Fatke, R. & Valtin, R. (1988). Wozu man Freunde braucht. *Psychologie Heute,* 15 (4), 22–29.

Feldhaus, M. & Logemann, N. (2002). *Zwischen SMS und download – Erste Ergebnisse zur Untersuchung der neuen Medien Mobiltelefon und Internet in der Familie.* kommunikation@gesellschaft, 3, Beitrag 2. Online-Dokument. URL: http://www.uni-frankfurt.de/fb03/K.G/B2_2002_Logemann_Feldhaus.pdf (Abgerufen am 16.2.2008).

Feldhaus, M. & Logemann, N. (2005). Die Kommunikationsmedien Internet und Mobiltelefon und ihre Funktionen im familialen Alltag. *merz. medien und erziehung*. 50(2), 30–37.

Felmlee, D. H. (1995). Fatal attractions: Affection and disaffection in intimate relationships *Journal of Social and Personal Relationships*, 12; 295–311.

Ferguson, J., Aldag, J., Insel, T. & Young, L. (2001). Oxytocin in the medial amygdala is essential for social recognition in the mouse. *Journal of Neuroscience*, 21(20), 8278–8285.

Festinger, L., Schachter, S. & Back, K. W. (1950). Social pressures in informal groups: A study of human factors in housing. New York: Harper Bros.

Fisher, H. (1989). Evolution of human serial pairbonding. *American Journal of Physical Anthropology*, 78, 331–354.

Fisher, H. (2005). *Warum wir lieben. Die Chemie der Leidenschaft*. Düsseldorf: Walter Verlag (amerikanischen Original: Fisher, H. (2004). Why We Love. The Nature and Chemistry of Romantic Love. New York: Holt).

Fisher, H. (2006). Lost love: The nature of romantic rejection, In: N. Bauer-Maglin (Ed.). *Cut Loose: (mostly) midlife and older women on the end of (mostly) long-term relationships* (p. 182–195). New Jersey: Rutgers University Press.

Fisher, H. (2007) The laws of chemistry. *Psychology Today Magazine*, May/Jun 2007. Last Reviewed 19 Jul 2007 Article ID: 4313. Online-Dokument. (Abgerufen am 27.3.2008).

Fisher, H. & Thomson, J. A. (2006). Lust, romance, attachment: Do the side effects of serontonin-enhancing anitdepressants jeopardize romantic love, marriage, and fertility? In: S. M. Platek, J. P. Keenan, T. K. Shackelford (Ed.). *Evolutionary cognitive neuroscience* (p. 245–283). Cambridge: The MIT Press.

Fisher, H., Aron, A. & Brown, L. (2005). Romantic love: An fMRI study of a neural mechanism for mate choice. *Journal of Comparative Neurology*, 493, 58–62.

Flade, A. (2006). *Wohnen psychologisch betrachtet* (2. vollst. überarb. Aufl.). Bern: Hans Huber.

Foa, E. B. & Foa, U. G. (1980). Resource theory: Interpersonal behavior as exchange. In: K. Gergen et al. (Eds.) *Social exchange: Advances in theory and research*. New York: Plenum Press.

Fowers, B. J., Lyons, E. M. & Montel, K. H. (1996). Positive marital illusions: Self-enhancement or relationship enhancement? *Journal of Family Psychology*, 10, 192–208.

Frazier, P. A & Esterly, E. (1990). Correlates of relationship beliefs: Gender, relationship experience and relationship satisfaction. *Journal of Social and Personal Relationships*, 7, 331–352.

Frese, M. (1982). Occupational socialization and psychological development: An underemphasized research perspective in industrial psychology. Journal of occupational Psychology, 55, 209–225.

Freud, S. (1905). *Drei Abhandlungen zur Sexualtheorie*. Leipzig, Wien: Deuticke.

Frey, D., Gaska, A., Möhle, Ch. & Weidmann J. (1991). Age is just a matter of mind. Zur (Sozial-)Psychologie des Alterns. In: J. Haisch & H. P. Zeitler (Hrsg.) Gesundheitspsychologie (S. 87–108) Heidelberg: Roland Asanger Verlag

Fthenakis, W. F. (1985). *Väter. Band 1: Zur Psychologie der Vater-Kind-Beziehung, Band 2: Vater-Kind-Beziehung in verschiedenen Familienstrukturen*. München: Urban und Schwarzenberg.

Fuller-Thomson, E. & Minkler, M. (2000). America's grandparent caregivers: Who are they? In: B. Hayslip Jr. & R. Goldberg-Glen (Eds.), *Grandparents raising grandchildren: Theoretical, empirical, and clinical perspectives* (p. 3–21). New York, NY: Springer.

Gackenbach, J. (Ed.). (1998). *Psychology and the internet. Intrapersonal, interpersonal, and transpersonal implications*. San Diego: Academic Press.

Gardner, R. A. (2002). *Das elterliche Entfremdungssyndrom (Parental Alienation Syndrome, PAS): Anregungen für gerichtliche Sorge- und Umgangsregelungen; eine empirische Untersuchung.* Berlin: VWB Verlag für Wissenschaft und Bildung.
Gaska, A. & Frey, D. (1993). Berufsbedingte Rollenbeziehungen. In: A. E. Auhagen & M. v. Salisch (Hrsg.), *Zwischenmenschliche Beziehungen* (S. 279–298). Göttingen: Hogrefe.
Geißler, K. (2006). Instant Beratung – Vom „Teamwork" zum „Netzwerk". In: C. Edding & W. Kraus (Hrsg.). *Ist der Gruppe noch zu helfen? Gruppendynamik und Individualisierung* (S. 19–42). Opladen: B. Budrich.
Gergen, K. Greenberg, M. & Willis, R. (Eds.) (1980). *Social exchange: Advances in theory and research.* New York: Plenum Press.
Gillespie, R. (1991). *Manufacturing knowledge: A history of the Hawthorne experiments.* Cambridge, MA: Cambridge University Press.
Girgensohn-Marchand, B. (1992). *Der Mythos Watzlawick und die Folgen.* Weinheim: Deutscher Studien Verlag.
Glass, H. (2008). *Weltquell des gelebten Wahnsinns. Skurriles aus der Welt der Wissenschaft.* Zürich: Kein & Aber
Goetting, A. (1986). The development tasks of siblingship over the life cycle. *Journal of Marriage and the Family,* 48, 703–714.
Goleman, D., Boyatzis, R. & McKee, A. (2002). *Emotionale Führung.* München: Econ.
Gonzaga, G., Haselton, M., Smurda, J., Davies, M. & Poore, J. (2008). Love, desire, and the suppression of thoughts of romantic alternatives. *Evolution and Human Behavior,* 29(2), 119–126.
Gottman J. (1994). *What predicts divorce?* Hillsdale, NJ: Erlbaum.
Gottman, J. & DeClair, J. (2001). *The relationship cure: A 5 step guide to strengthening your marriage, familiy, and friendships.* New York: Crown.
Gottman, J. (1995). *Glücklich verheiratet? Warum Ehen gelingen oder scheitern. Testen Sie die Chancen Ihrer Partnerschaft.* München: Heyne.
Gottman, J. (1999). *The marriage clinic.* New York: Norton.
Gottman, J. (2007). *Die 7 Geheimnisse der glücklichen Ehe.* Berlin: Ullstein.
Gottman, J., Coan, J., Carrere, S. & Swanson, C. (1998). Predicting marital happiness and stability from newlywed interactions. *Journal of Marriage and the Family,* 60(1), 5–22.
Gouldner, A. (1960). The norm of reciprocity: a preliminary statement. *American Sociological Review,* 25, 161–178.
Granovetter, M. (1973). The strength of weak ties. *American Journal of Sociology,* 78, 1360–1380.
Grimm, Brüder (1963). *Kinder- und Hausmärchen.* München: Winkler.
Grossmann, K. & Grossmann, K. E. (2004). *Bindungen – das Gefüge psychischer Sicherheit.* Stuttgart: Klett-Cotta.
Grossmann, K. & Grossmann, K. E. (Hrsg.). (2003). *Bindung und menschliche Entwicklung. John Bowlby, Mary Ainsworth und die Grundlagen der Bindungstheorie.* Stuttgart: Klett-Cotta.
Grossmann, K. E. & Grossmann, K. (1991). Attachment quality as an organizer of emotional and behavioral responses in a longitudinal perspective. In: C. M. Parkes, J. Stevenson-Hinde & P. Marris (Eds.), *Attachment across the life cycle* (p. 93–114). London: Tavistock.
Günther, J. & Nestmann, F. (2000). Quo vadis, Hausgemeinschaft? Zum Wandel nachbarschaftlicher Beziehungen in den östlichen Bundesländern. *Gruppendynamik und Organisationsberatung,* 31(3), 321–337.
Günther, J. (2005). Das soziale Netz der Nachbarschaft als System informeller Hilfe. *Gruppendynamik und Organisationsberatung,* 36, S.427–442.
Hahlweg, K. & Bodenmann, G. (2003). Universelle und indizierte Prävention von Beziehungsstörungen. In: I. Grau & H. W. Bierhoff (Hrsg.). *Sozialpsychologie der Partnerschaft.* (S. 191–217). Berlin: Springer.

Hahlweg, K. (1995): Störung und Auflösung von Beziehungen. Determinanten der Ehequalität und -stabilität. In: M. Amelang; H. J. Ahrens & H. W. Bierhoff (Hrsg.), *Partnerwahl und Partnerschaft. Formen und Grundlagen partnerschaftlicher Beziehungen* (2. Aufl.) (S. 117–152). Göttingen: Hogrefe.
Härtling, P. (2000). *Große, kleine Schwester*. München. Deutscher Taschenbuch Verlag.
Harvey, J. H. & Wenzel, A. (2006). Theoretical perspectives in the study of close relationships. In: A. L. Vangelisti & D. Perlman (Eds.), *The Cambridge handbook of personal relationships* (p. 35–49). Cambridge: Cambridge University Press.
Harvighurst, R. J. (1982). *Developmental tasks and education* (first ed. 1948). New York: Longman.
Hasenkamp, A., Kümmerling, A. & Hassebrauk, M. (2005). Blinder Mann sucht schöne Frau? Evolutionspsychologische und soziokulturelle Erklärungsansätze der Partnerwahl. *Zeitschrift für Sozialpsychologie*, 36, 77–89.
Hassebrauck, M. (2003). Romantische Männer und realistische Frauen. Geschlechtsunterschiede in Beziehungskognitionen. *Zeitschrift für Sozialpsychologie*, 34, 25–35.
Hatch, M. (1993). The dynamics of organizational culture. *Academy of Management Review*, 18, 657–693.
Hatfield, E. & Sprecher, S. (1986). Measuring passionate love in intimate relationships. *Journal of Adolescence*, 9, 383–410.
Hauser, M. D. (2007). *Moral minds. How nature designed our universal sense of wright and wrong*. London: Little, Brown.
Häussermann, H. & Siebel, W. (2004). *Stadtsoziologie*. Frankfurt: Campus.
Havighurst, R. J. (1963). *Developmental tasks and education*. New York: David McKay.
Hays, R. B. (1985). A longitudinal study of friendship development. *Journal of Personality and Social Psychology*, 48, 909–924.
Hays, R. B. (1989). The day-to-day functioning of close versus casual friendship. *Journal of Social and Personal Relationships*, 6, 21–37.
Haythornthwaite, C. (2005). Social networks and Internet connectivity effects. *Information, Communication & Society*, 8(2), 125–147.
Haythornthwaite, C., Wellman, B. & Garton, L. (1998). Work and community via computer-mediated communication. In: J. Gackenbach (Ed.), *Psychology and the internet. Intrapersonal, interpersonal, and transpersonal implications* (p. 199–226). San Diego: Academic Press.
Hazan, C. & Shaver, P. (1987). Romantic love conceptualized as an attachment process. *Journal of Personality and Social Psychology*, 52, 511–524.
Heidbrink, H. (1993). „Der Krach scheint sich wieder zu legen" – Freundschaft als Prozeß. *Gruppendynamik*, 24, 105–117.
Heidbrink, H. (1996). *Einführung in die Moralpsychologie*. 2. Aufl. Weinheim: Beltz/Psychologie Verlags Union (3. Aufl. 2008).
Heidbrink, H. (2000). Virtuelle Methodenseminare an der FernUniversität. In: B. Batinic (Hrsg.), *Internet für Psychologen* (2. überarbeitete und erweiterte Auflage) (S. 479–508). Göttingen: Hogrefe.
Heider, F. (1958). *The psychology of interpersonal relations*. New York: John Wiley & Sons. Deutsche Übersetzung: Psychologie der interpersonalen Beziehungen. Stuttgart: Ernst Klett, 1977.
Heider, F. & Simmel, M. (1944). An experimental study of apparent behavior. *American Journal of Psychology*, 57, 243–259.
Heine, H. (1843). *Säkularausgabe – Werke, Briefwechsel, Lebenszeugnisse, Bd.11, Lutezia. Berichte über Politik, Kunst und Volksleben*. Berlin: Akademie-Verlag (1997).
Henderson, M. & Argyle, M. (1985). Social support by four categories of work colleagues: relationships between activities, stress, and satisfaction. *Journal of Occupational Behavavior*, 6, 229–239.

Literatur

Hendrick, C. & Hendrick, S. S. (1986). A theory and method of love. *Journal of Personality and Social Psychology*, 50, 392–402.
Hendrick, C. & Hendrick, S. S. (Eds.). (2000). *Close relationships: A sourcebook*. Thousand Oaks, CA: Sage.
Hersey, P. & Blanchard, K. H. (1977). *Management of organizational behavior: Utilizing Human Resources*. Englewood Cliffs, NJ: Prentice-Hall.
Heyeres, U. (2005). *Adult Sibling Relationship Questionnaire. Ein Inventar zur Untersuchung von Geschwisterbeziehungen im Erwachsenenalter*. Unveröffentlichte Magisterarbeit. Fernuniversität Hagen.
Heyeres, U. (2006). Adult Sibling Relationship Questionnaire. Ein Instrument zur Erfassung von Geschwisterbeziehungen im Erwachsenenalter. *Gruppendynamik und Organisationsberatung*, 37, 215–225.
Hinde, R. (1997). *Relationships: A dialectical perspective*. East Sussex: Psychology Press.
Hinde, R. (1979). *Towards understanding relationships*. London: Academic Press.
Hitsch, G. J., Hortaçsu, A. & Ariely, D. (2006). *What makes you click? Mate preferences and matching outcomes in online dating*. Online Dokument. URL: http://home.uchicago.edu/~hortacsu/onlinedating.pdf (Abgerufen am 27.3.2008).
Hofer, J., Busch, H., Chasiotis, A., Kärtner, J. & Campos, D. (2008). Concern for generativity and its relation to implicit pro-social power motivation, generative goals, and satisfaction with life: A cross-cultural investigation. *Journal of Personality*, 76, 1–30.
Hollstein, B. (2001). *Grenzen sozialer Integration. Zur Konzeption informeller Beziehungen und Netzwerke*. Opladen: Leske & Budrich.
Holm-Hadulla, R. M. (2000). Die therapeutische Beziehung. *Psychotherapeut*, 45, 124–136.
Homans, G. C. (1967). Fundamental social processes. In: N. J. Smelser (Ed.), *Sociology: An Introduction* (p. 30–78). New York: John Wiley. – Vom Autor überarbeitete deutsche Fassung: Grundlegende soziale Prozesse. In: Homans, G. C. (1972). *Grundfragen soziologischer Theorie. Aufsätze (59–105)*. Opladen: Westdeutscher Verlag.
Homans, G. C. (1972). *Grundfragen soziologischer Theorie. Aufsätze*. Opladen: Westdeutscher Verlag.
Hufnagel, R. (2008). Kinderwunsch und Partnerwahl in Deutschland. *Hauswirtschaft und Wissenschaft – Europäische Zeitschrift für Haushaltsökonomie, Haushaltstechnik und Sozialmanagement*, 56(1), 8–25.
Ijzendoorn, M. H. v. & Kroonenberg, P. M. (1988). Cross-cultural patterns of attachment: A meta-analysis of the strange situation. *Child Development*, 59, 147–156.
Inglehart, R. (1977). *The silent revolution. Changing values and political styles among western publics*. Princeton: University Press.
Inglehart, R. (1989). *Kultureller Umbruch*. Frankfurt, New York: Campus.
Inglehart, R. (1998). *Modernisierung und Postmodernisierung. Kultureller, wirtschaftlicher und politischer Wandel in 43 Gesellschaften*. Frankfurt, New York: Campus.
Insel, T. (2003). Is social attachment an addictive disorder? *Physiology & Behavior*, 79, 351–357.
Institut für systemische Psychologie (o. J.) *Die systemische Psychologie*. Online-Dokument. URL: http://www.systemische-psychologie.ch/modules.php?op=modload&name=News&file=article&sid=11. (Abgerufen am 12.3.2008).
Jäckel, M. & Rövekamp, C. (2000). Wie virtuell ist Telearbeit? Zu den Konsequenzen einer elektronisch gestützten Arbeitsform. In: U. Thiedeke (Hrsg.) *Virtuelle Gruppen* (S. 293–420). Wiesbaden: Westdeutscher Verlag.
Jankowiak, W. R. & Fischer, E. F. (1992). A cross-cultural perspective on romantic love. *Ethnology*, 31(2), 149.
Jansen, D. (1998). *Analyse sozialer Netzwerke*. Fernstudienkurs 03746. Hagen: Fernuniversität.

Literatur

Johnson, L. C. (2003). *The co-workplace: Teleworking in the neighbourhood.* Vancouver: University of British Columbia Press.

Jones, B., DeBruine, L., Perrett, D., Little, A., Feinberg, D. R. & Law Smith, M. J. (2008). Effects of menstrual cycle phase on face preferences. *Archives of Sexual Behavior,* 37, 78–84.

Judd, D. R. (1995). The rise of the new walled cities. In: H. Liggett & D. C. Perry (Eds.), *Spatial Practices. Critical Explorations in Social/Spatial Theory* (p. 145–166). Thousand Oaks: Sage Publications:

Kaiser, P. (1993). Beziehungen in der erweiterten Familie. In: A. E. Auhagen & M. von Salisch (Hrsg.), *Zwischenmenschliche Beziehungen* (S. 143–172). Göttingen: Hogrefe.

Kardiner, A. (1979). *Meine Analyse bei Freud.* München: Kindler.

Karney, B. R. & Bradbury, T. N. (1995). The longitudinal course of marital quality and stability: A review of theory, method, and research. *Psychological Bulletin,* 118, 3–34.

Kast, B. (2006). *Die Liebe und wie sich Leidenschaft erklärt.* S. Fischer: Frankfurt/Main.

Kast, V. (1992). *Die beste Freundin. Was Frauen aneinander haben.* Stuttgart: Kreuz-Verlag.

Kasten, H. (1993). *Die Geschwisterbeziehung.* Band 1. Göttingen: Hogrefe.

Kasten, H. (2004). Geschwister – der aktuelle Stand der Forschung. In: W. E. Fthenakis & M. R. Textor (Hrsg.): *Das Online-Familienhandbuch.* Online-Dokument. URL: http://www.familienhandbuch.de/cmain/f_Fachbeitrag/a_Familienforschung/s_374.html (Abgerufen am: 13.2.2008).

Kelley, H. H. & Thibaut, J. W. (1978*). Interpersonal relations. A theory of interdependence.* New York: Wiley.

Kern, S. (2005). *Belege für eine evolutionär bedingte Partnerwahlpsychologie. Replizierungen im Rahmen der Sexual Strategies Theory (SST) von BUSS (1993) mit einer theoretischen Einführung in die evolutionäre Psychologie.* Diplomarbeit. Universität Frankfurt. Fachbereich 05. Online-Dokument. URL: http://publikationen.ub.uni-frankfurt.de/volltexte/2006/2469/ (Abgerufen am 8.3.2008).

Keul, A. (1993). Soziales Netzwerk – System ohne Theorie. In: A. Laireiter (Hrsg.), *Soziales Netzwerk und Soziale Unterstützung: Konzepte, Methoden und Befunde* (S. 45–54). Bern: Huber.

Keupp, H. (1988): Auf dem Weg zur Pachwork-Identität? *Verhaltenstherapie und psychosoziale Praxis,* 20, 425–438.

Keupp, H. (1999). Soziale Netzwerke. In: R. Asanger & G. Wenninger (Hrsg.), *Handwörterbuch der Psychologie.* Digitale Bibliothek Band 23 (S. 3148–3178). Weinheim: Beltz.

Kiesler, S. (Ed.) (1997). *Culture of the internet.* Mahwah, NJ: Lawrence Erlbaum.

Kiesler, S., Siegel, J. & McGuire, T. W. (1984). Social psychological aspects of computer-mediated communication. *American Psychologist,* 39, 1133–1134.

Kiesler, S., Zdaniuk, B, Lundmark, V. & Kraut, R. (2000). Troubles with the internet: The dynamics of help at home. *Human Computer Interaction,* 15, 323–351.

Kirchler, E. (1993). *Arbeitslosigkeit.* Göttingen: Hogrefe.

Kirmeyer, S. L. (1988). Observed communication in the workplace: content, source, and direction. *Journal of Community Psychology,* 16, 175–187.

Klasen, S. (2000). *Geschwisterposition und Persönlichkeit.* Saarbrücken: Diplomarbeit in der Fachrichtung Psychologie der Universität des Saarlandes. Online-Dokument. URL: http://www.uni-saarland.de/fak5/ronald/Klasen_S/Klasen_S.htm (Abgerufen am: 14.2.2008).

Knigge, A., Freiherr von (1975). *Ueber den Umgang mit Menschen.* München: Lichtenberg. (Erstauflage 1788).

Kohlberg, L. (1969). State and sequence: The cognitive-developmental approach to socialization. In: D. A. Goslin (Ed.), *Handbook of socialization theory and research* (p. 347–480). Chicago: Rand McNally.

Literatur

Kolip, P. (1993). *Freundschaften im Jugendalter. Der Beitrag sozialer Netzwerke zur Problembewältigung.* Weinheim, München: Juventa.

Kotre, J. (2001). *Lebenslauf und Lebenskunst. Über den Umgang mit der eigenen Biographie.* München: Hanser.

Kram, K. E. (1983). Phases of the mentor relationship. *Academy of Management Journal,* 26, 608–625.

Kram, K. E. (1985). *Mentoring at work. Developmental relationships in organizational life.* Glenview, Ill: Scott, Foresman and Company.

Krappmann, L. (1991). Vorwort. In: A. E. Auhagen (1991). *Freundschaft im Alltag. Eine Untersuchung mit dem Doppeltagebuch.* Bern, Stuttgart: Huber.

Krappmann, L. (1993). Die Entwicklung vielfältiger sozialer Beziehungen unter Kindern. In: A. E. Auhagen & M. v. Salisch (Hrsg.), *Zwischenmenschliche Beziehungen* (S. 37–58). Göttingen: Hogrefe.

Kraus, W. & Edding, C. (2006). Einleitung. Vom Wir zum Ich. Individualisierung und Gruppe. In: W. Kraus & C. Edding (Hrsg.), *Ist der Gruppe noch zu helfen? Gruppendynamik und Individualisierung* (S. 7–17). Opladen: Verlag Barbara Budrich.

Kraut, R., Kiesler, S., Boneva, B. & Shklovski, I. (2006). Examining the impact of Internet use on TV viewing: Details make a difference. In: R. Kraut., M. Bynin, & S. Kiesler (eds). *Domestication information technology.* (p. 84–110). Oxford: Univ. Press.

Kreijns, K. (2004). *Sociable CSCL environments. Social affordances, sociability, and social presence.* Dissertationschrift. Heerlen: Open Universiteit Nederland.

Kreppner, K. (1993). Eltern-Kind-Beziehungen: Kindes- und Jugendalter. In: A. E. Auhagen & M. von Salisch (Hrsg.) *Zwischenmenschliche Beziehungen* (S. 81–104). Göttingen: Hogrefe.

Kriz, J. (1990). Pragmatik systemischer Therapie-Theorie. Teil II: Der Mensch als Bezugspunkt systemischer Perspektiven. *System Familie,* 3, 97–107.

Krosta, A. & Eberhard, H.-J. (2007). Neuere Ergebnisse der deutschen Freundschaftsforschung. *Journal für Psychologie,* 15(1). Online Dokument. URL: http://www.journal-fuer-psychologie.de/jfp-1-2007-3.html (abgerufen am 24.6.2008).

Krüger, W. (1992). *Das schwierige Glück der Freundschaft. Wie man Freunde fürs Leben gewinnt.* München, Zürich: Piper.

Kugele, K. (2006). Junge Global Nomads und ihre Freundschaften. *Gruppendynamik und Organisationsberatung,* 37, 155–172.

Kümmerling, A. & Hassebrauck, M. (2001). Schöner Mann und reiche Frau? Die Gesetze der Partnerwahl unter Berücksichtigung gesellschaftlichen Wandels. *Zeitschrift für Sozialpsychologie,* 32, 81–94.

Kurdek, L. A. (1993). Predicting marital dissolution: A 5-year prospective longitudinal study of newlywed couples. *Journal of Personality and Social Psychology,* 64, 221–242.

Laireiter, A. (1993). Konzepte und Methoden der Netzwerk- und Unterstützungsforschung. In: A. Laireiter (Hrsg.), *Soziales Netzwerk und Soziale Unterstützung: Konzepte, Methoden und Befunde* (S. 15–44). Bern: Huber.

Lambertz, B. (1999). *Stimmungsverläufe in Freundschaften unter Erwachsenen.* Frankfurt/Main: Lang.

Larson, R., Mannell, R. & Zuzanek, J. (1986). Daily well-being of older adults with friends and family. *Psychology and Aging,* 1, 117–126.

Larson, R., Csikszentmihalyi, M. & Graef, R. (1982). Time alone in daily experience: Loneliness or renewal! In: L. A. Peplau & D. Perlman (Eds.), *Loneliness: A sourcebook of current theory, research, and therapy* (p. 40–53). New York: Wiley Interscience.

Lauterbach, W. (1999): Die Dauer nichtehelicher Lebensgemeinschaften. Alternative oder Vorphase zur Ehe? In: T. Klein und W. Lauterbach (Hrsg.), *Nichteheliche Lebensgemeinschaften – Analyse zum Wandel partnerschaftlicher Lebensformen* (S. 269–308) Opladen: Leske und Budrich.

LeDoux, J. (1996). *The Emotional Brain.* New York: Simon & Schuster.

Lee, J. A. (1973). *The colors of love. An exploration of the ways of loving.* Don Mills, Ontario: New Press.
Lee, J. A. (1974). A typology of styles of loving. *Personality and Social Psychology Bulletin,* 3, 173–182.
Leitner, W. & Künneth, A. (2004). Elterliches Entfremdungssyndrom (Parental Alienation Syndrome) – ein zu wenig bekanntes Misshandlungssyndrom. *Kinder- und Jugendmedizin,* 4, 8–11.
Lenz, A. (1990). Ländlicher Alltag und familiäre Probleme. Eine qualitative Studie über Bewältigungsstrategien bei Erziehungs- und Familienproblemen auf dem Land. München: Profil.
Lewin, K. (1963). *Feldtheorie in den Sozialwissenschaften. Ausgewählte theoretische Schriften.* Bern, Stuttgart: Huber.
Lim, M., Hammock, E. & Young, L. (2004a). The role of vasopressin in the genetic and neural regulation of monogamy. *Journal of Neuroendocrinology,* 16, 325–332.
Lim, M., Hammock, E. & Young, L. (2004b). Vole species as an animal model for the evolution of social behavior: from genes to brain to behavior. *Acta Zoologica Sinica,* 50(4), 479–489.
Lim, M., Liu, Y., Ryabinin, A., Bai, Y., Wang, Z. & Young, L. (2007). CRF receptors in the nucleus accumbens modulate partner preference in prairie voles. *Hormones and Behavior,* 51(4), 508–515.
Lim, M., Murphy, A. & Young, L. (2004). Ventral striatopallidal oxytocin and vasopressin V 1 a receptors in the monogamous prairie vole (Microtus ochrogaster). *The Journal of Comparative Neurology,* 468, 555–570.
Linneweber, V. (1990). Konflikte in nachbarlichen Beziehungen als Gegenstand sozial- und umweltpsychologischer Forschung. *Magazin Forschung der Universität des Saarlandes,* 1, 15–20.
Linneweh, K. (2002). *Stresskompetenz.* Weinheim: Beltz.
Lorenz, K. (1943). Die angeborenen Formen möglicher Erfahrung. *Zeitschrift für Tierpsychologie,* 5, 235–409.
Lösel, F. & Bender, D. (2003). Theorien und Modelle der Paarbeziehung. In: I. Grau, & H. W. Bierhoff (Hrsg.), *Sozialpsychologie der Partnerschaft* (S. 55–57). Berlin: Springer-Verlag.
Lowenthal, M. F., Thurnher, M. & Chiriboga, D. (1975). *Four stages of life. A comparative study of women and man facing transitions.* San Francisco: Jossey-Bass.
Lück, H. E. (2004). Geschichte der Organisationspsychologie. In: Schuler, H. (Hrsg.) Enzyklopädie der Psychologie, Band D/III/3 Organisationspsychologie, erster Halbband (S. 17–72). Göttingen: Hogrefe.
Lück, H. E. (2006). Die Heider-Simmel-Studie (1944) in neueren Replikationen. *Gruppendynamik und Organisationsberatung,* 37, 185–196.
Luef, C. (2008). Mit den Augen der Kinder – Aufwachsen zwischen Familie, Freunden und Institutionen. In: W. E. Fthenakis & M. R. Textor (Hrsg.): *Das Online-Familienhandbuch.* Online-Dokument. URL: http://www.familienhandbuch.de/cmain/f_Fachbeitrag/a_Kindheitsforschung/s_1970.html (Abgerufen am: 13.2.2008).
Macher, S. C. (2006). *Interdependenz in Paarbeziehungen. Vertraute Theorien – Neue Empirie. Eine Studie zum Investitionsmodell enger Beziehungen anhand des Actor-Partner-Interdependence Model.* Dissertation. Naturwissenschaftliche Fakultät. Universität Graz.
Mack, P. (2003). *Erwartungsbilder von virtuellen Gruppen. Eine qualitative Studie.* Unveröffentlichte Magisterarbeit. Fernuniversität Hagen.
Mandl, H., Kopp, B. & Dvorak, S. (2004). *Aktuelle theoretische Ansätze und empirische Befunde im Bereich der Lehr-Lern-Forschung.* Schwerpunkt Erwachsenenbildung – Deutsches Institut für Erwachsenenbildung. Online-Dokument. URL: http://www.die-bonn.de/esprid/dokumente/doc-2004/mandl04_01.pdf (Abgerufen am: 24.2.2008).

Maurer, J. (1998): *Freundschaftskonzepte und kognitive Differenziertheit*. Dissertation. Hagen: Fernuniversität Hagen.
Mayo, E. (1933). *The Human problems of an industrial civilization*. New York: Macmillan.
McAdams, D. P. & de St. Aubin, E. (Eds.). (1998). *Generativity and adult development: How and why we care for the next generation*. Washington: American Psychological Association.
McGonagle, K. A., Kessler, R. C. & Schilling, E. A. (1992). The frequencies and determinants of marital disagreements in a community sample. *Journal of Social and Personal Relationships*, 9, 507–524.
McKenna, K. Y. A., Green, A. S. & Gleason, M. E. J. (2002). Relationship formation on the internet: Whats the big attraction? *Jounal of Social Issues*, 58, 9–31.
Mead, G. H. (1934). *Mind, self and society*. Chicago: University of Chicago Press. (Deutsche Übersetzung: *Geist, Identität und Gesellschaft*. Frankfurt: Suhrkamp, 1968.)
Mearns, J. (1991). Coping with a breakup: Negative mood regulation expectancies and depression following the end of a romantic relationship. *Journal of Personality and Social Psychology*, 60, 327–334.
Meise, H. (2005). *Der Einfluss der Position in der Geschwisterfolge auf die geistige Entwicklung*. Dissertation, Medizinische Hochschule Hannover.
Meister, K. J. (1987). *System ohne Psyche. Zur Kritik der Pragmatischen Kommunikationstheorie und ihrer Anwendungen*. Opladen: Westdeutscher Verlag.
Melbeck, C. (1993). Nachbarschafts- und Bekanntschaftsbeziehungen. In: A. E. Auhagen & M. von Salisch (Hrsg.), *Zwischenmenschliche Beziehungen* (S. 235–254). Göttingen: Hogrefe.
Mertens, W. (1992). Bindung. In: W. Mertens (Hrsg.), *Kompendium psychoanalytischer Grundbegriffe* (S. 36–37). München: Quintessenz.
Mertens, W. (Hrsg.) (1992). *Kompendium psychoanalytischer Grundbegriffe*. München: Quintessenz.
Metzger, W. (1972). Gestalttheorie und Gruppendynamik. *Gruppendynamik*, 6, 311–331.
Meyer, W.-U. (2002). *Zur Geschichte der Evolutionären Psychologie*. Zweite, überarbeitete Fassung. Online-Dokument. URL: http://www.uni-bielefeld.de/psychologie/ae/AE02/LEHRE/EvolutionaerePsychologie.html (Abgerufen am 26.2.2007).
Mikula, G. (1992). Austausch und Gerechtigkeit in Freundschaft, Partnerschaft und Ehe: Ein Überblick über den aktuellen Forschungsstand. *Psychologische Rundschau*, 43, 69–82.
Milardo, R. (1992). Comparative methods for delineating social networks. *Journal of Social and Personal Relationships*, 9, 447–461.
Mitterauer, M. (1989). Entwicklungstrends der Familie in der europäischen Neuzeit. In: R. Nave-Herz & M. Markefka (Hrsg.), *Handbuch der Familien- und Jugendforschung, Band 1: Familienforschung* (S. 179–194). Neuwied: Luchterhand.
Moreno, J. (1954). *Die Grundlagen der Soziometrie*. Köln: Westdeutscher Verlag.
Moss, M. S. & Moss, S. Z. (1986). Death of an adult sibling. *International Journal of Family Psychiatry*, 7, 397–418.
Müller, Z. & Schröttle, M. (2004). *Lebenssituation, Sicherheit und Gesundheit von Frauen in Deutschland*. Eine repräsentative Untersuchung zu Gewalt gegen Frauen in Deutschland. BMFSFJ. Online-Dokument. URL: http://www.bmfsfj.de/bmfsfj/generator/Kategorien/Forschungsnetz/forschungsberichte,did=20560.html (Abgerufen am 5.1.2008).
Murray, S. L. & Holmes, J. (1997). A leap of faith? Positive illusions in romantic relationships. *Personality and Social Psychology Bulletin*, 23, 586–604.
Murray, S. L., Holmes, J. G. & Griffin, D. (1996a). The self-fulfilling nature of positive illusions in romantic relationships: love is not blind, but prescient. *Journal of Personality and Social Psychology*, 71, 1155–1180.

Murray, S. L., Holmes, J. G. & Griffin, D. (1996b).The benefits of positive illusions: Idealization and the constructionof satisfaction in close relationships. *Journal of Personality and Social Psychology*, 70, 79–98.

Murray, S. L., Holmes, J. G., Dolderman, D. & Griffin, D. W. (2000). What the motivated mind sees: Comparing friends' perspectives to married partners views of each other. *Journal of Experimental Social Psychology*, 36, 600–620.

Napp-Peters, A. (1995). *Familien nach der Scheidung*. München: Kunstmann.

Naqvi, N. H., Rudrauf, D., Damasio, H., Bechara, A. (2007). Damage to the insula disrupts addiction to cigarette smoking. *Science Magazine*, 315(5811), 531–534.

Nave-Herz, R. & Markefka, M. (Hrsg.) (1989). *Handbuch der Familien- und Jugendforschung, Band 1: Familienforschung*. Neuwied: Luchterhand.

Nave-Herz, R. (1988). *Wandel und Kontinuität der Familie in der Bundesrepublik Deutschland*. Stuttgart: Enke.

Nestmann, F. (1997). Familie als soziales Netzwerk und Familie im sozialen Netzwerk. In: I. Böhnisch & K. Lenz (Hrsg.), *Familien. Eine interdisziplinäre Einführung* (S. 213–234). Weinheim: Juventa.

Nestmann, F. (2000). Netzwerkintervention und soziale Unterstützungsförderung – konzeptioneller Stand und Anforderungen an die Praxis. *Gruppendynamik und Organisationsberatung*, 31, 259–275.

Nestmann, F. (2004). Ressourcenorientierte Beratung. In: F. Nestmann, F. Engel & U. Sickendiek (Hrsg.), *Das Handbuch der Beratung. Band II* (S. 725–736). Weinheim: Beltz.

Nestmann, F., Engel, F. & Sickendiek, U. (Hrsg.) (2004). *Das Handbuch der Beratung. Band II*. Weinheim: Beltz.

Nestmann, F. & Schmerl, C. (1992). Wer hilft im Alltag? *Gruppendynamik*, 23, 161–179.

Neuberger, O. (1993). Beziehungen zwischen Kolleg(inn)en. In: E. Auhagen & M. von Salisch (Hrsg.), *Soziale Beziehungen* (S. 257–278). Göttingen: Hogrefe.

Nussbaum, J. F. (1994). Friendship in older adulthood. In: M. L. Hummer, J. M. Wiemann & J. F. Nussbaum (Eds.), *Interpersonal communication in older adulthood* (p. 209–225). Thousand Oaks, CA: Sage.

Orlinsky, S. (1994). Learning from many masters. Ansätze zu einer wissenschaftlichen Integration psychotherapeutischer Behandlungsmodelle. *Psychotherapeut*, 39, 2–9.

Orthey, F. M. (2005). Lernende Netzwerke? Überlegungen zum Netzwerkbegriff und seiner Anschlussfähigkeit für Lernprozesse. *Gruppendynamik und Organisationsberatung*, 36, 7–22.

Parkes, C. M., Stevenson-Hinde, J. & Marris, P. (Eds.) (1991). *Attachment across the life cycle*. London: Tavistock.

Parks, M. (1997). Communication networks and relationship life cycles. In: S. Duck (Ed.). *Handbook of personal relationships* (p. 351–372). New York: Wiley.

Parks, M. & Floyd, K. (1996). Making friends in cyberspace. *Journal of Computer-Mediated Communication, 1 (4)*. Online-Dokument. URL: http://jcmc.indiana.edu/vol1/issue4/parks.html (Abgerufen am 24.2.2008).

Parsons, T. (1949). The social structure of the family. In: R. N. Anshen (Ed.) *The family: Its function and destiny*. New York: Harper & Row.

Perlman, D. & Duck, S. (2006). The seven seas of the study of personal relationships: From „The Thousand Islands" to interconnected waterways. In: A. L. Vangelisti & D. Perlman (Eds.), *The Cambridge handbook of personal relationships* (p. 11–34). New York: Cambridge University Press.

Perrett, D. I., Lee, K, Penton-Voak, I., Burt, D. M., Rowland, D., Yoshikawa, S., Henzi, S. P., Castles, D. & Akamatsu, S. (1998). Sexual dimorphism and facial attractiveness. *Nature*, 394, 884–886.

Petzold, M. (1999). *Entwicklung und Erziehung in der Familie. Familienentwicklungspsychologie im Überblick*. Baltmannsweiler: Schneider Verlag Hohengehren.

Pfisterer, S. (2006). *Face-to-Face und Side-by-Side – Ein Vergleich von Frauen- und Männerfreundschaften unterschiedlicher Intensität*. Hagen: Fernuniversität Hagen, unveröffentlichte Magisterarbeit.

Piaget, J. (1932). *Le jugement moral chez l'enfant*. Paris: Alcan. (Deutsch: *Das moralische Urteil beim Kinde*. Frankfurt: Suhrkamp, 1973, 2. Aufl. 1976).

Pogrebin, L. C. (1987). *Among friends*. New York: McGraw-Hill.

Pongratz, L. J. (1983). *Hauptströmungen der Tiefenpsychologie*. Stuttgart: Kröner.

Premack, D. (1990). The infant's theory of self-propelled objects. *Cognition*, 36, 1–16.

PTT 1998, 2003. *Psychotherapie-Richtlinien*. Online-Dokument. URL: http://www.bptk.de/service/rechtsquellen/92808.html (Abgerufen am 2.1.2008).

Regnet, E. (2003). Der Weg in die Zukunft – Anforderungen an die Führungskraft. In: L. v. Rosenstiel, E. Regnet & M. Domsch (Hrsg.), *Führung von Mitarbeitern* (5. Auflage) (S. 51–66). Stuttgart: Schäffer-Poeschel.

Reinhardt, S. (2007). Ein anderer sein. Das Phänomen Second Life. *Psychologie Heute*, 11, 40–44.

Reissman, C., Aron, A. & Bergen, M. (1993). Shared activities and marital satisfaction: Causal direction and self-expansion versus boredom. *Journal of Social and Personal Relationships*, 10, 243–254.

Rheingold, H. (1994). *Virtuelle Gemeinschaft: Soziale Beziehungen im Zeitalter des Computer*. Bonn: Addison-Wesley.

Robinson, J. P., Kestenbaum, M., Neustadtl, A. & Alvarez, A. (2002). Information technology and functional time displacement. *IT and Society*, 1, 21–36.

Roethlisberger, F. J. & Dickson, W. J. (Eds.). (1939). *Management and the worker. An account of a research program conducted by the Western Electric Company, Hawthorne Works, With the assistance and collaboration of Harold A. Wright*. Chicago. Cambridge, MA: Harvard University Press.

Rogers, C. R. (1973). *Die nicht-direktive Beratung*. München: Kindler.

Rohr-Zänker, R. & Müller, W. (1998). *Die Rolle von Nachbarschaften für die zukünftige Entwicklung von Stadtquartieren*. Expertise im Auftrag der Bundesforschungsanstalt für Landeskunde und Raumordnung. Arbeitspapier Nr. 6 des Bundesamtes für Bauwesen und Raumordnung. Online-Dokument. URL: http://www.stadtregion.net/fileadmin/downloads/Rolle_von_Nachbarschaften.pdf (Abgerufen am 28.1.2008).

Rosenstiel, L. v. & Bögel, R. (1992). *Betriebsklima geht jeden an*. München: Bayer. Staatsmin. ASFFG.

Rosenstiel, L. v. (2003). Arbeitszufriedenheit. In: L. v. Rosenstiel, E. Regnet & M. Domsch (Hrsg.), *Führung von Mitarbeitern* (5. Auflage) (S. 217–228). Stuttgart: Schäffer-Poeschel.

Rossi, A. & Rossi, P. (1990). *On human bonding: Parent-child relationships accross the life course*. Nawthorne, NY: Aldine and Gruyter.

Rubin, L. B. (1985). *Just friends. The role of friendship in our lives*. New York: Harper & Row.

Rubin, Z. (1970). Measurement of romantic love. *Journal of Personality and Social Psychology*, 16, 265–273.

Rusbult, C. E. (1980). Commitment and satisfaction in romantic associations: A test of the Investment Model. *Journal of Experimental Social Psychology*, 16, 172–186.

Rusbult, C. E. (1983). A longitudinal test of the Investment Model: The development (and deterioration) of satisfaction and commitment in heterosexual involvements. *Journal of Personality and Social Psychology*, 45, 101–117.

Salisch, M. von (1993). Kind-Kind Beziehungen: Symmetrie und Asymmetrie unter Peers, Freunden und Geschwistern. In: A. E. Auhagen & M. von Salisch (Hrsg.), *Zwischenmenschliche Beziehungen* (S. 59–78). Göttingen: Hogrefe.

Literatur

Sayers, J. (1994). *Mütterlichkeit in der Psychoanalyse: Helene Deutsch, Karen Horney, Anna Freud, Melanie Klein*. Stuttgart: Kohlhammer. (Engl. Original: Mothering Psychoanalysis. London: Hamish Hamilton, 1991.)

Schäffter, O. (2001). *Weiterbildung in der Transformationsgesellschaft. Zur Grundlegung einer Theorie in der Institutionalisierung*. Baltmannsweiler: Schneider Verlag Hohengehren.

Schandry, R. (2006). *Biologische Psychologie*. 2. Auflage. Weinheim: Beltz.

Schardt, C. & Bossert, J. (2006). Globalisierung braucht neue Organisationsstrukturen – eine Herausforderung für Führungskräfte. In: C. Edding & W. Kraus (Hrsg.), *Ist der Gruppe noch zu helfen? Gruppendynamik und Individualisierung* (S. 95–116). Opladen: B. Budrich.

Schaub, J. (2002). Freundschaftsnetzwerke in den neuen Bundesländern. *Gruppendynamik und Organisationsberatung, 33*, S. 295–310.

Schmid, C. (2004). Der Einfluss von Geschwistern auf die Entwicklung von Kindern und Jugendlichen. In: W. E. Fthenakis & M. R. Textor (Hrsg.), *Das Online-Familienhandbuch*. Online-Dokument. URL: http://www.familienhandbuch.de/cmain/f_Fachbeitrag/a_Kindheitsforschung/s_1483.html (Abgerufen am: 13.2.2008).

Schmid-Kloss, G. (2004). *Die glückliche Partnerschaft bis ins Alter – Eine Interviewstudie zu Gemeinsamkeiten und Unterschieden der Ursachenzuschreibung in langandauernden Partnerschaften*. Unveröffentlichte Magisterarbeit, Fernuniversität Hagen.

Schmid-Kloss, G. (2006). Glückliche Partnerschaft bis ins Alter. Eine Interviewstudie zu Ursachenzuschreibung in langandauernden Partnerschaften. *Gruppendynamik und Organisationsberatung, 37*, 197–214.

Schmidt-Denter, U. & Beelmann, W. (1995). *Familiäre Beziehungen nach Trennung und Scheidung: Veränderungsprozesse bei Müttern, Vätern und Kindern*. Forschungsbericht: Universität Köln.

Schmidtmann, H. (2005). *Gruppenbasiertes Lernen in virtuellen Seminaren*. Frankfurt: Peter Lang.

Schmitt, C. & Wagner, G. G. (2006). Kinderlosigkeit von Akademikerinnen überbewertet. *DIW-Wochenbericht Nr. 21/2006, 73*, 313–317.

Schneewind, K. A. & Wunderer, E. (2003). Prozessmodelle der Partnerschaftsentwicklung. In: I. Grau & H. W. Bierhoff (Hrsg.), *Sozialpsychologie der Partnerschaft* (S. 221–255). Berlin: Springer-Verlag.

Schneewind, K. A. (1999). *Familienpsychologie* (2. Aufl.). Stuttgart: Kohlhammer.

Schneider, N. F. (1991). Warum noch Ehe? Betrachtungen aus austauschtheoretischer Perspektive. *Zeitschrift für Familienforschung, 3*, 49–72.

Schöningh, I. (1996). *Ehen und ihre Freundschaften. Niemand heiratet für sich allein*. Opladen: Leske und Budrich.

Schroll, W. & Neef, A. (2006). Web 2.0 – Was ist dran? *ChangeX Partnerforum*. Online-Dokument. URL: http://www.changex.de/pdf/d_a02307.pdf (Abgerufen am: 18.2.2008).

Schubert, B. & Heidbrink, H. (2006). Partnerwahl und Wertewandel – Die Veränderung von Präferenzen der Partnerwahl im Wertewandel vom Materialismus zum Postmaterialismus. *Gruppendynamik und Organisationsberatung, 37*, 173–184.

Schubert, B. (2005). *Partnerwahl und Wertewandel. Die Veränderung von Präferenzen der Partnerwahl im Wertewandel vom Materialismus zum Postmaterialismus*. Unveröffentlichte Magisterarbeit, Fernuniversität Hagen.

Schulz von Thun, F. (1981). *Miteinander reden. 1. Störungen und Klärungen. Allgemeine Psychologie der Kommunikation*. Reinbek bei Hamburg: Rowohlt.

Schulze, G. (1992). *Die Erlebnisgesellschaft. Kultursoziologie der Gegenwart*. Frankfurt/Main: Campus.

Schütze, Y. (1993). Beziehungen zwischen erwachsenen Kindern und ihren Eltern. In: A. E. Auhagen & M. von Salisch (Hrsg.) *Zwischenmenschliche Beziehungen* (S. 105–118). Göttingen: Hogrefe.

Schwarzer, R. & Leppin, A. (1997). Sozialer Rückhalt, Krankheit und Gesundheitsverhalten. In: R. Schwarzer (Hrsg.), Gesundheitspsychologie (2. überarbeitete und erweiterte Auflage) (S. 349–373). Göttingen: Hogrefe.

Schwarzer, R. (Hrsg.) (1997). *Gesundheitspsychologie* (2. überarbeitete und erweiterte Auflage). Göttingen: Hogrefe.

Selman, R. L. (1976). Social-cognitive understanding: A guide to educational and clinical practice. In: T. Lickona (Ed.), *Moral development and behavior. Theory, research, and social issues* (p. 299–316). New York, Chicago: Holt, Rinehart and Winston.

Selman, R. L. (1984). *Die Entwicklung des sozialen Verstehens. Entwicklungspsychologische und klinische Untersuchungen.* Frankfurt/Main: Suhrkamp.

Shaver, P. & Hazan, C. (1988). A biased overview of the study of love. *Journal of Social and Personal Relationships*, 5, 473-501.

Shaver, P., Hazan, C. & Bradshaw, D. (1988). Love as attachment: The integration of three behavioral systems. In: R. J. Sternberg & M. L. Barnes (Eds.). *The psychology of love* (p. 68–99). New Haven, CT: Yale University Press.

Shepher, J. (1983). *Incest: The biosocial view.* Cambridge, MA.: Harvard University Press.

Shklovski, I., Kiesler, S. & Kraut, R. E. (2006). The internet and social interaction: A meta-analysis and critique of studies, 1995–2003. In: R. Kraut, M. Brynin & S. Kiesler (Eds.), *Domesticating information technology.* (p. 765–797). Oxford: Univ. Press.

Short, J., Williams, E. & Christie, B. (1976). *The social psychology of telecommunication.* London: Wiley.

Silverstein, M. & Ruiz, S. (2006). Breaking the chain: How grandparents moderate the transmission of maternal depression to their grandchildren. *Family Relations*, 55, 601–612.

Simmel, G. (1992). *Soziologie. Untersuchungen über die Formen der Vergesellschaftung* (Originalausgabe 1908). Frankfurt/Main: Suhrkamp.

Smelser, N. J. (Ed.). (1967). *Sociology: An introduction.* New York: John Wiley.

Sohni, H. (2004). *Geschwisterbeziehungen in Familien, Gruppen und in der Familientherapie.* Göttingen: Vandenhoeck & Ruprecht.

Spanier, G. B. & Lewis, R. A. (1980). Marital quality: A review of the seventies. *Journal of Marriage and the Family*, 42, 825–839.

Sponsel, R. (2007). *Das Elterliche Entfremdungs Syndrom. PAS – Parental Alienation Syndrome nach Richard A. Gardner. Kernphänomen, Syndrom und Diagnostik, Ätiologie und Therapie.* Online-Dokument. URL: http://www.sgipt.org/forpsy/pas01.htm (Abgerufen am 22.2.2008).

Sprecher, S. & Metts, S. (1989). Development of the romantic beliefs scale and examination of the effects of gender and gender-role. *Journal of Social and Personal Relationships*, 6, 387–411.

Sproull, L. & Faraj, S. (1997). Atheism, sex and databases: The net as a social technology. In: S. Kiesler (Ed.), *Culture of the internet* (p. 35–51). Mahwah, NJ: Lawrence Erlbaum.

Sproull, L. & Kiesler, S. (1991). *Connections. New ways of working in the networked organization.* Cambridge, MA: MIT Press.

Statistisches Bundesamt (2006). *Zwei von drei Kindern werden mit Geschwistern groß.* Pressemitteilung 388 vom 19. September 2006. Online-Dokument. URL: http://www.destatis.de/jetspeed/portal/cms/Sites/destatis/Internet/DE/Presse/pm/2006/09/PD06__388__122.psml (Abgerufen am 17.3.2008).

Stenchly, S. & Rauch, G. (1989). Hallo, Nachbarn! *Psychologie Heute*, 16(1), 42–47.

Sternberg, R. J. (1986). A triangular theory of love. *Psychological Review*, 93, 119–135.

Sternberg, R. J. & Beall, A. (1991). How can we know what love is? An epistemological analysis. In G. J. O. Fletcher & F. D. Fincham (Eds.), *Cognition in close relationships* (pp. 257–278). Hillsdale, NJ: Lawrence Erlbaum Associates.

Stewart, N. (1985). *Winning friends at work.* New York: Ballantine Books.

Stocker, C. M., Lanthier, R. P. & Furman, W. (1997). Sibling relationships in early adulthood. *Journal of Family Psychology*, 11, 210–221.
Stroh, L. K., Brett, J. M. & Reilly, A. H. (1992). All the right stuff: A comparison of female and male managers' career progression. *Journal of Applied Psychology*, 77, 251–260.
Strunk, G. & Schiepek, G. (2006). *Systemische Psychologie. Eine Einführung in die komplexen Grundlagen menschlichen Verhaltens*. München: Elsevier (Spektrum).
Sulloway, F. J. (1996). *Born to rebel: Birth order, family dynamics and creative lives*. New York: Pantheon.
Sulloway, F. J. (1997). *Der Rebell der Familie: Geschwisterrivalität, kreatives Denken und Geschichte*. Berlin: Siedler.
Tagiuri, R. & Petrullo, L. (Eds.) (1958). *Person perception and interpersonal behavior*. Stanford CA: Stanford University Press.
Tajfel, H. (1982). Social psychology of intergroup relations. *Annual Review of Psychology*, 33, 1–39.
test (2005). Im Netz der einsamen Herzen. *Stiftung Warentest*, Heft 10, 72–77.
Thibaut, J. W. & Kelley, H. H. (1959). *The social psychology of groups*. New York: Wiley.
Thiedeke, U. (2000). Virtuelle Gruppen. Begriff und Charakteristik. In: U. Thiedeke (Hrsg.), *Virtuelle Gruppen. Charakteristika und Problemdimensionen* (S. 23–73). Wiesbaden: Westdeutscher Verlag.
Thiedeke, U. (Hrsg.) (2000). *Virtuelle Gruppen. Charakteristika und Problemdimensionen*. Wiesbaden: Westdeutscher Verlag.
Thomas, R. R. (2001). *Management of diversity – Neue Personalstrategien für Unternehmen. Wie passen Giraffe und Elefant in ein Haus?* Wiesbaden: Gabler.
Thompson, M., Zimbardo, P. & Hutchinson, G. (2005). *Consumers are having second thoughts about online dating. Are the real benefits getting lost in over promises?* Online Dokument. URL: weAttract.com (Abgerufen am 27.3.2008).
Thornhill, R. & Gangestadt, S. W. (1999). Facial attractiveness. *Trends in Cognitive Science*, 3, 452–460.
Toman, W. (1959). Die Familienkonstellation und ihre psychologische Bedeutung. *Psychologische Rundschau*, 10, 1–15.
Toman, W. (1964). Familienkonstellationen. Ihr Einfluß auf den Menschen und sein soziales Verhalten. München: C. H. Beck'sche Verlagsbuchhandlung.
Toman, W. (1969). *Family constellation*. New York: Springer.
Tönnies, F. (1988). *Gemeinschaft und Gesellschaft*. Grundbegriffe der reinen Soziologie (Originalausgabe 1887). Darmstadt: Wissenschaftliche Buchgesellschaft.
Tooby, J. & Cosmides, L. (1992). The psychological foundations of culture. In: J. Barkow, L. Cosmides & J. Tooby (Eds.), *The adapted mind: Evolutionary psychology and the generation of culture*, (p. 19–136). New York: Oxford University Press.
Turkle, S. (1999). *Leben im Netz. Identität in Zeiten des Internet*. Reinbek: Rowohlt Verlag.
Valtin, R. & Fatke, R. (1997). *Freundschaft und Liebe. Persönliche Beziehungen im Ost/West- und im Geschlechtervergleich*. Donauwörth: Auer Verlag.
Vangelisti, A. L. & Perlman, D. (Eds.), (2006). *The Cambridge handbook of personal relationships*. New York: Cambridge University Press.
Volkmann-Raue, S. & Lück, H. E. (Hrsg.) (2002). *Bedeutende Psychologinnen. Biographien und Schriften*. Weinheim: Beltz Taschenbuch Verlag.
Wagner, J. W. L. (1991). *Freundschaften und Freundschaftsverständnis bei drei- bis zwölfjährigen Kindern*. Berlin: Springer Verlag.
Walker, K. W., McBride, A. & Vachon, M. L. S. (1977). Social support networks and the crisis of bereavement. *Social Science and Medicine*, 11, 35–41.
Walster, E., Berscheid, E. & Walster, G. W. (1973). New directions in equity research. *Journal of Personality and Social Psychology*, 25, 151–176.

Walter-Busch, E. (1989). *Das Auge der Firma: Mayos Hawthorne Experimente und die Harvard Business School, 1900–1960.* Stuttgart: Enke.

Walther, J. B. & Tidwell, L. C. (1995). Nonverbal cues in computer-mediated communication, and the effects of chronemics on relational communication. *Journal of Organizational Computing*, 5(4), 355–378.

Walther, J. B. (1992). Interpersonal Effects in Computer-Mediated Interaction: A Relational Perspective. *Communication Research*, 19, 52–90.

Walther, J. B. (1994). Anticipated ongoing interaction versus channel effects on relational communication in comuter mediated interaction. *Human Communication Research*, 20, 473–501.

Watzlawick, M. & Clodius, S. (2007). Ich mag dich und du mich (nicht)? Die gegenseitige Beurteilung der Geschwisterbeziehung von Zwillingen und Nicht-Zwillingen. *Zeitschrift für Entwicklungspsychologie und Pädagogische Psychologie*, 39, 196–205.

Watzlawick, P., Beavin, J. & Jackson, D. (1969). *Menschliche Kommunikation. Formen, Störungen, Paradoxien.* Göttingen: Hans Huber. (Englisches Original 1967).

Weber, Thomas P. (2000). *Darwin und die neuen Biowissenschaften. Eine Einführung.* Köln: DuMont.

Weenig, M. & Midden, C. (1991). Communication network influences on information diffusion and persuation. *Journal of Personality and Social Psychology*, 61, 734–742.

Wellman, B. & Wortley, S. (1990). Different strokes from different folks: community ties and soical support. *American Journal of Sociology*, 96, 558–588.

Wellman, B. (1979). The community question. *American Journal Sociology*, 84, 1201–1231.

Wellman, B. (1983). Network analysis: Some basic principles. *Sociological Theory*, 1, 155–200.

Wellman, B. (1997). An electronic group is virtually a social network. In: S. Kiesler (Ed.), *Culture of the internet* (p. 179–205). Mahwah, NJ: Lawrence Erlbaum.

Wellman, W., Quan-Haase, A., Boase, J., Chen, W., Hampton, K., Díaz, I. & Miyata, K. (2003). The social affordances of the internet for networked individualism. *Journal of Computer-Mediated Communication*, 8 (3). Online-Dokument. URL: http://www.blackwell-synergy.com/doi/full/10.1111/j.1083-6101.2003.tb00216.x (Abgerufen am: 23.2.2008).

White, H. C., Boormann, S. & Breiger, R. L. (1976). Social structure from multiple networks: I. Blockmodells of roles and positions. *American Journal of Sociology*, 81, 730–780.

White, W. H. (1980). *The social life of small urban spaces.* Washington, DC: Conservation Foundation.

Wiederman, M. W. (1993). Evolved gender differences in mate preferences: Evidence from personal advertisements. *Ethology and Sociobiology*, 14, 331–352.

Wilson, E. O. (1975). *Sociobiology: The new synthesis.* Cambridge: Belknap Press.

Wilson-Doenges, G. (2000). An exploration of sense of community and fear of crime in gated communities. *Environment and Behavior*, 32, 597–611.

Winstead, B. A., Derlega, V. J., Montgomery, M. J. & Pilkington, C. (1995). The quality of friendships at work and job satisfaction. *Journal of Social and Personal Relationships.* 12, 199–215.

Wish, M., Deutsch, M. & Kaplan, S. J. (1976). Perceived dimensions of interpersonal relations, *Sociometry*, 40, 234–246.

Wright, P. H. (1982). Men's friendships, women's friendships and the alleged inferiority of the latter. *Sex Roles*, 8, 1–20.

Wright, P. H. (1988): Interpreting research on gender differences in friendships. *Journal of Social and Personal Relationships*, 5, 367–373.

Youniss, J. (1982). Die Entwicklung und Funktion von Freundschaftsbeziehungen. In: W. Edelstein & M. Keller (Hrsg.), *Perspektivität und Interpretation. Beiträge zur Entwicklung des sozialen Verstehens* (S. 78–109). Frankfurt/Main: Suhrkamp.

Zajonc, R. B. (1976). Family configuration and intelligence. *Science*, 192, 227–236.

Zajonc, R. B. (1983). Validating the confluence model. *Psychological Bulletin*, 93, 457–480.

Zajonc, R. B. (2001). The family dynamics of intellectual development. *American Psychologist*, 56, 490–496.

Zajonc, R. B. & Markus, G. B. (1975). Birth order and intellectual development. *Psychological Review*, 82, 74–88.

Zentner, M. R. (2005). Ideal mate personality concepts and compatibility in close relationships: A longitudinal analysis. *Journal of Personality and Social Psychology*, 89, 242–256.

Zühlke-Kluthke, K. (2002). Zerbrochene Liebe: Unterschiede und Gemeinsamkeiten in den Ursachenzuschreibungen der beiden Partner – Eine Interviewstudie. *Gruppendynamik und Organisationsberatung*, 33, 257–273.

Sachregister

A
ADF-Skalen 32
Adoleszenz 72
Adult Sibling Relationship Questionnaire 81
Aggression 51, 52, 158
Akzeptanz 63, 97, 99
Alumni 122
Amphetamine 48
Amygdala 48
Anonymität 107, 115–117, 180
Antidepressiva 49, 64
Arbeitsmodell, inneres 69
ASRQ 81
Artefakt 17, 138
Attraktivität 47
Attributionen 19, 53
Aufklärung 9, 10
Aufregung im Alltag 63
Austauschtheorie 54, 72, 155, 159, 160

B
Balzverhalten 47
Barriere 68
Behaviorismus 157
Belästigung, sexuelle 94
Belohnungssystem, neuronales 48, 50
Betriebsklima 86, 87
Bewältigungsprozesse 56
Bindung 39
Bindungsprozess 42
Bindungsstil 56, 147, 152, 153
Bindungstheorie 147, 148
Bindungstypen 42
Bindungsverhalten 47, 48
Blindheit 45

C
Chronosystem 172
Close Relationships 7
Commitment 161, 180
Community 101, 108, 120
Coping, dyadisches 57

D
Definition 13
Demutsgebärde 129
Depression 73
Depression, anaklitische 142
Depressionsphase 52
Deprivation 142
Destruktivität *Siehe Aggression*
Diversity 86
DNA-Test 43
Dopamin 48, 52, 64
Double Bind 169
Double-Career-Couple 94, 95
Dreiecks-Theorie der Liebe 39, 40
Drogensucht 48
Dual-Career-Couples 94

E
Ehe 36, 37
Empathie 40, 97
Entwicklungsaufgabe 79, 99, 123
Entwicklungspsychologie 67
Equitytheorie 45
Erbanlagen 44

Eros 140
Es 140
Ethologie 129
Evolutionspsychologie 131, 136
Evolutionstheorie 46
Evolvierter Psychologischer Mechanismus 42, 133
Exosystem 172

F
Familiendiagnostisches Testsystem 172
Familienpsychologie 11
Familientherapie 172
Feldtheorie 168, 173
Fluoxetin 49
fMRT 49, 50, 51
Frauenfreundschaften 32
Fremde Situation Test 149
Freunde 25
Freundschaft 89, 22–27, 38, 62, 67, 73, 78, 79, 84, 87, 88, 101, 109, 124, 161, 189
Freundschaft als Prozess 28
Freundschaftsbegriff 26
Freundschaftskonzepte 32
Freundschaftsnetzwerke 179
Freundschaftsprozess 30
Freundschaftsregeln 30
Frustrations-Aggressions-Hypothese 51, 158
Führung 86, 92, 91, 128

G
Generativität 145
Geschichte 11, 65
Geschlechtsspezifische Asymmetrien 43
Geschwister 73, 77, 79, 82, 128
Geschwisterliebe 133
Geschwisterrivalität 81, 80, 83
Gesichtsmerkmale 43
Gesprächspsychotherapie 17
Gestaltpsychologie 166
Gleichaltrigenbeziehungen 27
Gleichgewichtstheorie 45, 162

Globalisierung 15, 84, 85, 101, 186
Global Nomads 125
Großeltern 73
Gruppendynamik 65

H
Hass 51
Haupteffekt 181
Hawthorne-Studien 15–17, 86, 173
Heiratsmarkt 58, 188
Hierarchie 89
Hormon, adenocorticotropes 48
Hospitalismus 142, 148
Human Relations 17, 86, 92

I
Ich 140
Ich-Identität 143, 145
Ich-Integrität 100, 146
Illusionen, positive 63
Individualisierung 84, 101, 125, 178, 186
Integration, soziale 175, 180
Interdependenztheorie 159, 160
Intimität 39
Investitionsmodell 160
Inzest 133

K
Kapital, soziales 121
Kibbuz 134
Kindchenschema 129
Kindererziehung 56
Kinderlosigkeit 187
Klinische Psychologie 11
Klinische Soziologie 16
Kokain 48
Kommunikation, computervermittelte 111, 115
Kommunikationspsychologie 11
Kompetenz, soziale 69
Konfluenzmodell 66, 67
Konkurrenz 89
Kooperation 27, 86, 88, 89, 158
Krise 80, 72
Kritik 60

Kybernetik 168

L
Lebensgemeinschaften 37
Lebenshilfe 10, 21
Lebenszufriedenheit 69
Leidenschaft 39, 41
Libido 140
Liebe 24, 36, 38, 40, 93, 140–145, 163–165, 184
– altruistische 41
– besitzergreifende 41
– freundschaftliche 40
– leidenschaftliche 39
– partnerschaftliche 39
– pragmatische 41
– romantische 38–42, 47, 50
– spielerische 40
– verlorene 64
Liebeshass 51
Liebesheirat 64
Liebesstile 41, 54

M
Machtdemonstration 61
Magnetresonanztomographie 49
Makrosystem 171, 172
Männerfreundschaften 32
Mentor 98
mesolimbisches System 48, 50
Mesosystem 172, 178
Metakommunikation 169
Michelangelo-Phänomen 162
Mikrosystem 172
Minderwertigkeit 75
Mittelalter 64
Mobilität 7, 103, 125, 186, 187
Moiré-Effekt 166
Monogamie
– serielle 60, 188
Multiplexiät 175
Mutterliebe 50

N
Nähe, räumliche 80, 101, 102, 104, 108

Namensgenerator 176, 179
Netzwerk, egozentriertes 175
Neue Väter 70
Nikotin 50
non-verbale Kommunikation 12
Norepinephrin 48
Nucleus accumbens 48
Nucleus caudatus 50

O
Onlinenutzung 112, 124
Online-Partnerschaftsbörsen 118, 185
Östrogene 43
Oxytozin 47, 48, 50

P
Paarzufriedenheit 57, 56
Parental Alienation Syndrome (PAS) 71
Partnerschaft 36, 37, 53, 57, 54
Partnerschaftsmarkt 188
Partnerwahl 42, 47
Passionate Love Scale 50
Patchworkfamilie 64
peers 77
Personal Relationships 7
Persönlichkeit 128, 155
Persönlichkeitsentwicklung 76
Persönlichkeitspsychologie 11
Perspektivenübernahme 26
Phase, orale, anale und phallische 139
Pheromone 48
Prägung 129
Präriewühlmäuse 48
Psychoanalyse 74, 75, 78, 127, 138, 142
Psychotherapie 65, 97
Puffereffekt 181
Pufferhypothese 93

R
Raucher 50
Rebellen 128
Rechtfertigung 61
Regression 141
Reiter, apokalyptische 60

Renaissance 64
Ressourcenmodell 164, 165
Ressourcenorientierte Beratung 182
Reziprozitätsnorm 106, 157, 158
Rivalität 80
Rivalitätskonflikt 128
Rolle 96, 117, 172
Rollentheorie 69, 70
Rückzug 61

S
Scheidungen 36, 37, 60, 71
Selbsthilfegruppe 110, 171
Selbstverwirklichungsmilieu 34
Selektion 128
Serotonin 48, 49
Sexualität 47
Sexualtheorie 71, 139
sexuelle Belästigung 94
Social-Network-Portale 121
Soziabilität 119
soziale Milieus 34
soziale Präsenz 112, 117
soziale Unterstützung 93, 104, 105, 175, 180
Soziobiologie 130
Soziologie 11
Soziometrie 173
Speed-Dating 185
split-parent identification 77
Standard Social Science Model 138
Stellung in der Geschwisterreihe 75, 76
Still-face-Experiment 68
Streifraum 68
Stress 56, 93
Sympathie 24, 88, 103
Systemtheorie 166–168, 173

T
Testosteron 44
Thanatos 140
Theorie, alltagspsychologische 21
Theorie der strukturellen Machtlosigkeit 137

Theorie sozialer Rollen 137
Therapeut-Klient-Beziehung 97
Todestriebes 140
Tötungshemmung 130
Transitivität 175
Trennungen 37

U
Über-Ich 140
Unterhaltungsmilieu 34
Unterstützung, soziale 22, 33, 175, 180
Untreue 57
Urvertrauen 145

V
Valenz 68
Variation 128
Vasopressin 47, 48, 51
Verachtung 61
Verein 109
Verhaltenssoziologie 156
Verwandtschaftsbeziehungen 26
Vielfalt, genetische 60
virtuelle Gemeinschaften 114
virtuelle Welten 119
Vulnerabilitäts-Stress-Bewältigungsmodell 54, 55

W
Werte 59
Westermarck-Effekt 133
Wir-Gefühl 62, 63
Wohngemeinschaft 108
Work-Life-Balance 94, 95
Wut 52

Z
Zeitreihenanalysen 31
Zorn 51
Zuwendung 62
Zwillinge 78
Zyklus, weiblicher 44

Personenregister

A
Adams, J. S. 162
Adams, R. G. 28
Adler, A. 75, 76
Ainsworth, M. D. S. 148–152
Akiyama, H. 177
Allan, G. 173, 178, 179
Alvarez, A. 124
Amelang, A. 41
Anderson, G. A. 93
Angst, J. 76
Antonucci, T. C. 177
Argyle, M. 10, 13, 25, 26, 28–30, 33, 34, 71, 72, 88–90, 103–105, 108, 110
Ariely, D. 188
Aristoteles 32
Aron, A. 49, 50, 63
Asendorpf, J. B. 43, 71, 134, 154, 173, 177, 182
Athenstaed, V. 159
Auhagen, A. E. 23, 26, 30, 125

B
Back, K. W. 93, 103, 118
Bank, S. P. 75, 76, 78
Banse, R. 43, 71, 134, 173, 177, 182
Barbut, M. 66
Barnes, J. A. 173
Bartels, A. 50, 51
Bartholomew, K. 153, 154
Bateson, G. 169
Beail, N. 70
Beall, A. 137

Beavin, J. H. 168–170
Beck, U. 101, 102
Bedford, V. H. 80
Beelmann, W. 37
Belbin, M. R. 89
Bender, D. 58
Bergen, M. 63
Berk, E. 27
Berscheid, E. 11, 38, 163
Bertalanffy, K. L. v. 168
Bierhoff, H.-W. 41, 42, 54
Birchler, G. R. 62
Blanchard, K. 92
Blau, P. M. 155, 158, 159, 162
Blehar, M. 149
Blickle, G. 100
Bliezner, R. 28
Bodenmann, G. 57, 60, 61
Bögel, R. 91
Boneva, B. 124
Boorman, S. 174
Bossert, J. 186
Bott, E. 102, 173
Bowlby, J. 42, 51, 148, 149, 151–153, 155
Boyatzis, R. 92
Boyd, D. M. 114, 121
Bradbury, T. N. 54, 55, 57, 58
Bradshaw, D. 38
Brain, R. 22
Breiger, R. L. 174
Brett, J. M. 100
Breuer, J. 138
Bronfenbrenner, U. 171, 172, 178
Bukowski, W. M. 25

215

Buss, D. M. 36, 43, 133–138
Byrne, D. 12, 88

C
Calder, A. 170
Castro, F. 129
Chiriboga, D. 23
Christie, B. 117
Cicero 32
Cina, A. 57
Clodius, S. 78, 79
Collins, N. L. 42
Conzen, P. 146
Cosmides, L. 133, 137, 138
Csibra, G. 20
Csikszentmihalyi, M. 7

D
Damon, W. 26
Darwin, C. 127–130, 132
DeClaire, J. 62
Derlega, V. J. 91
de St. Aubin, E. 146
Deutsch, H. 141
Deutsch, M. 14, 89
Diaz-Bone, R. 174, 177
Dickson, W. J. 16, 86, 173
Diepold, B. 74, 75
Dietmar, C. 163
Diewald, M. 103
Dillard, J. P. 93
Dollard, J. 51, 158
Doll, J. 154
Domsch, M. 94, 95
Döring, N. 112, 115, 117, 163
Dorst, B. 32
Doyle, M. E. 84
Drigotas, S. M. 162
Duck, S. 7, 11, 12, 30, 87, 159, 173
Dvorak, S. 98

E
Eagly, A. H. 137
Eberhard, H.-J. 25, 26, 34, 35
Edding, C. 85, 186

Eimeren, B. v. 112–114, 122, 123
Einstein, A. 168
Ellis, B. J. 51
Ellison, H. E. 121
Ellison, N. B. 114, 118, 121
Engstler, H. 95, 102
Erikson, E. H. 99, 100, 143–145
Ernst, C. 76
Ernst, H. 146
Ertel, S. 24
Esterly, E. 54
Euler, H. 138

F
Faehrmann, J.-P. 37
Faraj, S. 115
Farroni, T. 20
Fatke, R. 22, 26, 27
Feldhaus, M. 122–124
Felmlee, D. H. 53
Ferguson, J. 48
Festinger, L. 93, 103, 118
Fincham, F. D. 54
Fischer, E. F. 47
Fischer, J. 129
Fisher, H. 47–52, 60, 63, 188
Flade, A. 104
Floyd, K. 116, 120
Foa, E. B. 163–165
Foa, U. G. 163–165
Fowers, B. J. 36
Frazier, P. A. 54
Frees, B. 112–114, 122, 123
Frese, M. 96
Freud, A. 141
Freud, S. 138–141, 143
Freudenthaler, H. H. 159
Frey, D. 23, 93, 96
Fthenakis, W. F. 70
Fuller-Thomson, E. 73
Furman, W. 81

G

Galilei, G. 129
Gangestadt, S. W. 43
Gardner, R. A. 71
Garton, L. 117
Gaska, A. 23, 93, 96
Gates, B. 129
Geißler, K. 186
Gibbs, J. 118
Gillespie, R. 16, 17
Girgensohn-Marchand, B. 170
Glass, H. 58
Gleason, M. E. J. 120
Goetting, A. 79
Goleman, D. 92
Gonzaga, G. 51
Gottman, M. 60–62
Gouldner, A. 157, 162
Graef, R. 7
Granovetter, M. 110, 176
Grau, I. 41
Green, A. S. 120
Griffin, D. 63
Grossmann, K. 150, 152
Grossmann, K. E. 150, 152
Günther, J. 101, 105, 107

H

Hahlweg, K. 37, 61
Haley, J. 169
Hammock, M. 48
Hampe, A. 8
Härtlings, P. 83
Harvey, J. H. 127
Hasenkamp, A. 45, 46, 137
Hassebrauck, M. 45, 46, 54, 136, 137
Hatch, M. 88
Hatfield, A. 50
Hauser, M. D. 20
Häussermann, H. 100, 103
Havighurst, R. J. 79, 99, 100
Hays, R. B. 30
Haythornthwaite, C. 117, 121
Hazan, C. 38, 42

Heidbrink, H. 24, 27, 30, 31, 59, 114, 117
Heider, F. 11, 13, 17–19, 20
Heine, H. 186
Heino, R. 118
Henderson, M. 10, 13, 25, 26, 28–30, 33, 34, 71, 72, 88–90, 103–105, 108, 110
Hendrick, C. 41
Hendrick, S. 12, 41
Hersey, P. 92
Heyeres, U. 81, 82
Hinde, R. 12, 90
Hitsch, G. J. 188
Hofer, J. 146
Holmes, J. 63
Holm-Hadulla, R. M. 98
Homans, G. C. 11, 155–159, 162
Hortaçsu, H. 188
Hoza, B. 25
Hufnagel, R. 187
Hunsaker, P. L. 93
Hutchinson, G. 189

I

Ijzendoorn, M. H. 150
Inglehart, R. 59
Insel, T. 48

J

Jäckel, M. 95
Jackson, D. D. 168–170
Jankowiak, W. R. 47
Jansen, D. 173
Johnson, L. C. 96
Johnson, M. H. 20
Jones, B. 44, 45
Judd, D. R. 108

K

Kahn, M. D. 75, 76, 78
Kaiser, P. 64, 73
Kaplan, S. J. 14, 89
Kardiner, A. 82
Karney, B. R. 54, 55, 57, 58

Kast, B. 43, 45, 62, 63
Kast, V. 32
Kasten, H. 74, 75
Kelley, H. H. 13, 159, 160
Kern, S. 136
Kessler, R. C. 61
Kestenbaum, M. 124
Keul, A. 174
Keupp, H. 85, 178–180, 182
Kiesler, S. 116, 123, 124
Kirchler, E. 96
Kirmeyer, S. L. 88
Klasen, S. 76
Klein, M. 141
Knigge, A. v. 9, 10
Kohlberg, L. 12, 26
Kolip, P. 23
Koop, B. 98
Kotre, J. 146
Kram, K. E. 99, 100
Krappmann, L. 22, 27
Kraus, W. 85
Kraut, R. 123, 124
Kreijns, K. 118, 119
Kreppner, K. 68, 70
Kriz, J. 167
Kroonenberg, P. M. 150
Krosta, A. 25, 26, 34, 35
Krüger-Basener, M. 94, 95
Kugele, K. 125
Kümmerling, A. 45, 46, 137
Künneth, A. 71
Kurdek, L. A. 54

L
Ladwig, M. 95
Laireiter, A. 175
Lamarck, J.-B. 128
Lambertz, B. 30, 31
Lampe, C. 121
Lanthier, R. P. 81
Larson, R. 7, 28
Lauterbach, W. 37
LeDoux, J. 92
Lee, J. A. 40, 41

Leitner, W. 71
Lenz, A. 106
Leppin, A. 180, 181
Lewin, K. 68, 171, 173
Lewis, R. A. 54, 55, 57, 58
Lim, M. 48
Linneweber, V. 104
Linneweh, K. 87
Logemann, N. 122–124
Lorenz, K. 129, 130
Lösel, F. 58
Lowenthal, M. F. 23
Lück, H. E. 17, 19, 142
Ludwig, A. 41
Luhmann, N. 168
Lundmark, V. 123
Luther, M. 129
Lyons, E. M. 36

M
Mack, P. 118
Malamuth, N. M. 51
Mandl, H. 98
Mannell, R. 28
Markus, G. B. 66
Maurer, J. 32
Mayo, E. 15–17, 86, 173
McAdams, D. P. 146
McBride, A. 181, 182
McGonagle, K. A. 61
McGuire, T. W. 116
McKee, A. 92
McKenna, K. Y. A. 120
Mead, G. H. 26
Mearns, J. 52
Meise, H. 67
Meister, K. J. 170
Melbeck, C. 100, 103, 104, 176
Menning, S. 95, 102
Mentz, M. 154
Merkel, U. 8
Mertens, W. 149
Metts, S. 54
Metzger, W. 168
Meyer, W.-U. 132

Michelangelo Buonarroti 162
Midden, C. 105
Miell, D. 30
Mikula, G. 159, 163
Milardo, R. 174
Miller, C. 93
Minkler, M. 73
Mitterauer, M. 64, 65
Möhle, Ch. 96
Montel, K. H. 36
Montgomery, M. J. 91
Moreno, J. 173
Moss, M. S. 80
Moss, S. Z. 80
Muchow, M. 68
Müller, W. 101–103, 106, 107, 109
Müller, Z. 94
Murphy, A. 48
Murray, S. L. 63

N
Nappi, B. J. 25
Napp-Peters, A. 37
Naqvi, N. H. 50
Nave-Herz, R. 66
Neef, A. 111
Nestmann, F. 22, 105, 106, 182, 183
Neuberger, O. 85, 89, 94,
Neustadtl, A. 124
Newton, I. 129
Nussbaum, J. F. 28

O
Orlinsky, S. 97
Orthey, F. M. 180

P
Parks, M. 116, 120, 178
Parsons, T. 69
Perlman, D. 11, 12, 159, 173
Perrett, D. I. 44
Petzold, M. 64, 71, 72
Pfisterer, S. 32, 33, 35
Piaget, J. 12, 26

Pilkington, C. 91
Poensgen, R. 8
Pogrebin, L. C. 87
Premack, D. 20

R
Rauch, G. 107
Read, S. J. 42
Regnet, E. 87
Reilly, A. H. 100
Reinhardt, S. 120
Reissman, C. 63
Rheingold, H. 111, 114–116, 180
Richter, H. E. 172
Robinson, J. P. 124
Roethlisberger, F. J. 16, 86, 173
Rogers, C. R. 17, 98
Rohmann, E. 41, 42
Rohr-Zänker, R. 101–103, 106, 107, 109
Rosenstiel, L. v. 91
Rossi, A. 72
Rossi, P. 72
Rövekamp, C. 95
Rubin, L. B. 23
Rubin, Z. 38
Ruiz, S. 73
Rusbult, C. E. 160–162

S
Salisch, M. v. 77
Sayers, J. 142
Schachter, S. 93, 103, 118
Schäffter, O. 174, 180
Schandry, R. 48, 49, 50
Schardt, C. 186
Schaub, J. 179
Schestag, A. 117
Schiepek, G. 168
Schilling, E. A, 61
Schmerl, C. 22
Schmid, C. 77, 81
Schmid-Kloss, G. 53
Schmidt-Denter, U. 37
Schmidtmann, H. 114

Schmitt, C. 187
Schmitt, D. P. 134–137
Schneewind, K. A. 57, 172, 173
Schneider, D. F. 36
Schöningh, A. 26
Schroll, W. 111
Schröttle, M. 94
Schubert, B. 59
Schulze, G. 34
Schulz von Thun, F. 170
Schütze, Y. 72
Schwarzer, R. 180, 181
Selman, R. L. 12, 26
Senchly, S. 107
Sewz, G. 8
Shaver, P. 38, 42
Shepher, J. 134
Shklovski, I. 124
Short, J. 117
Siebel, W. 100, 103
Siegel, J. 116
Silverstein, M. 73
Simion, F. 20
Simmel, G. 11, 155, 174
Simmel, M. 17–19, 20
Skinner, B. F. 157
Smith, M. K. 84
Sohni, H. 75, 76
Spanier, G. B. 54, 55, 57, 58
Spitz, R. A. 142, 148
Sponsel, R. 71
Sprecher, S. 50, 54
Sproull, L. 115
Steinfield, C. 121
Sternberg, R. J. 39, 40, 137
Stern, W. 68
Stewart, N. 87
Stirlin, H. 172
Stocker, C. M. 81
Stroh, L. K. 100
Strunk, G. 168
Suler, J. 120
Sulloway, F. J. 128

T
Tagiuri, R. 11
Tajfel, H. 93
Thibaut, J. W. 159, 160
Thiedeke, U. 111
Thomas, R. R. 86
Thompson, M. 189
Thomson, J. A. 49
Thornhill, R. 43
Thurnher, M. 23
Tidwell, L. C. 117
Toman, W. 75, 76
Tönnies, F. 84, 101
Tooby, J. 133, 138
Turkle, S. 117, 120, 123

V
Vachon, M. L. S. 181, 182
Valtin, R. 22, 26, 27
Vangelisti, A. L. 12
Volkmann-Raue, S. 141
Voltaire 129

W
Wagner, G. G. 187
Wagner, J. W. L. 31
Walker, K. W. 181, 182
Wall, S. 149
Walster, E. 12, 38, 163
Walster, G. W. 163
Walter-Busch, E. 17
Walther, J. B. 117, 118
Waters, E. 149
Watzlawick, P. 168–170
Watzlawik, M. 78, 79
Weakland, J. H. 169
Weber, T. P. 130
Weenig, M. 105
Weidemann, J. 96
Wellman, B. 102, 104, 117, 125, 126, 174
Wenzel, A. 127
Westermarck, E. A. 133
White, H. C. 174

White, W. H.   119
Whitton, S.   162
Wiederman, M. W.   134
Wiener, N.   168
Wieselquist, J.   162
Wiese, L. v.   11
Williams, E.   117
Willi, J.   172
Wilson-Doenges, G.   108
Wilson, E. O.   130, 131
Winstead, B. A.   91
Wish, M.   14, 89, 90
Wiswede, G.   13
Witte, E. H.   154
Wortley, S.   104

Wright, P. H.   32, 33
Wunderer, E.   57

Y
Young, L.   48
Youniss, J.   26

Z
Zajonc, R. B.   66
Zdaniuk, B.   123
Zeki, S.   50, 51
Zentner, M. R.   162
Zimbardo, P.   189
Zühlke-Kluthke, K.   53
Zuzanek, J.   28

Stephan Baas/Marina Schmitt
Hans-Werner Wahl

Singles im mittleren und höheren Erwachsenenalter

Sozialwissenschaftliche und psychologische Befunde

2008. 140 Seiten mit 3 Abb. und 6 Tab. Kart.
€ 25,-
ISBN 978-3-17-019984-2

Die zunehmende Individualisierung wird voraussichtlich zu einem deutlichen Anstieg von Singles im mittleren und höheren Lebensalter führen. Das Buch, dem eine von der Bertelsmann Stiftung geförderte Forschungsarbeit zugrundeliegt, bietet einen Überblick zu definitorischen und quantitativen Aspekten, zur sozialen Einbindung, zu Persönlichkeit und Werten, zu Gesundheit, zu Zukunftsperspektiven und zur gesellschaftlichen Wahrnehmung von Singles in der zweiten Lebenshälfte.

Stephan Baas ist Diplom-Soziologe und wissenschaftlicher Mitarbeiter des Instituts für Sozialpädagogische Forschung in Mainz.

Marina Schmitt ist wissenschaftliche Mitarbeiterin der Abteilung für Psychologische Alternsforschung an der Universität Heidelberg.

Hans-Werner Wahl ist Professor für Psychologische Alternsforschung sowie Leiter der Abteilung für Psychologische Alternsforschung der Universität Heidelberg.

▶ www.kohlhammer.de

W. Kohlhammer GmbH · 70549 Stuttgart
Tel. 0711/7863 - 7280 · Fax 0711/7863 - 8430

Angela Ittel/Maria von Salisch (Hrsg.)

Lügen, Lästern, Leiden lassen

Aggressives Verhalten von Kindern und Jugendlichen

2005. 336 Seiten mit 24 Abb., 51 Tab. und 2 Kästen. Kart.
€ 33,–
ISBN 978-3-17-018468-8

Das Spektrum aggressiver Verhaltensweisen ist viel breiter als gemeinhin angenommen wird. Anderen körperliche Schmerzen zuzufügen ist nur eine und dabei eine vergleichsweise grobe Form, Mitmenschen Leid zu bereiten.

Neben dem bekannten offen aggressiven Verhalten sind in den letzten Jahren Ausgrenzungen, Intrigen und Rufmord als verdeckte Formen aggressiven Verhaltens untersucht worden. Lügen und Lästern ist zwar subtiler, aber nicht minder wirksam, wenn es darum geht, Mitmenschen Leid zu bereiten. Dieses Buch verknüpft neue Ergebnisse der psychologischen Forschung und der therapeutischen Praxis zu einem breiten Spektrum von aggressivem Verhalten. Wissenschaftler und Praktiker aus Deutschland und Nordamerika berichten über aktuelle theoretische Erkenntnisse und konkrete Erfahrungen in Prävention und Intervention.

Privat-Dozentin **Angela Ittel**, Ph.D., lehrt am Arbeitsbereich Empirische Erziehungswissenschaft an der Freien Universität Berlin.

Professor Dr. Maria von Salisch lehrt am Institut für Psychologie der Universität Lüneburg.

▶ www.kohlhammer.de

W. Kohlhammer GmbH · 70549 Stuttgart
Tel. 0711/7863 - 7280 · Fax 0711/7863 - 8430

Gisela Steins

Sozialpsychologie des Körpers

Wie wir unseren Körper erleben

2007. 196 Seiten mit 17 Abb., 19 Tab.
und 4 Kästen. Kart.
€ 27,–
ISBN 978-3-17-019661-2

Wie wir unseren Körper erleben, bestimmt, wie wir uns in unserer sozialen Welt bewegen. So muss es alarmieren, dass viele Frauen und Männer mit ihrem Körper unzufrieden sind. Wie kommt es dazu? Diese Frage wird in diesem Band umfassend beantwortet, indem die Einflüsse unseres Alltags und unserer Kultur auf das Körpererleben aufgedeckt und diskutiert werden. Die Autorin beschreibt auch, wie mit pathologischen Formen von Körperunzufriedenheit und -modifikationen präventiv umgegangen werden kann. Dabei wird der Bereich „Körper und Schule" vertieft behandelt.

Professor Dr. Gisela Steins lehrt Allgemeine und Sozialpsychologie am Fachbereich Bildungswissenschaften der Universität Duisburg-Essen.

▶ www.kohlhammer.de

W. Kohlhammer GmbH · 70549 Stuttgart
Tel. 0711/7863 - 7280 · Fax 0711/7863 - 8430